Jahrbuch für Sozialökonomie und Gesellschaftstheorie

Karriere oder Kochtopf?

Jahrbuch für Sozialökonomie
und Gesellschaftstheorie

Karriere oder Kochtopf?

Frauen zwischen Beruf und Familie

Veröffentlichung der Hochschule für
Wirtschaft und Politik Hamburg

Westdeutscher Verlag

Umschlaggestaltung: Horst Dieter Bürkle, Darmstadt
Druck und buchbinderische Verarbeitung: Lengericher Handelsdruckerei, Lengerich

Printed in Germany

ISBN 3-531-11733-5

Inhalt

Verzeichnis der Autorinnen und Autoren

Bergen, Monika, geb. 1941; Verwaltungsjuristin, seit Ende 1980 in der Verwaltung der Universität Hamburg tätig.

Bischoff, Sonja, geb. 1947; Dipl.-Kaufmann, Dr. rer. pol., Dozentin für Betriebswirtschaftslehre an der Hochschule für Wirtschaft und Politik (HWP) Hamburg, Forschung und Lehrtätigkeit in den Gebieten Rechnungs- und Prüfungswesen, Investitionen und Finanzierung, Unternehmensplanung; Erhebung, Aufbereitung und Einsatz von Praxisfällen, veröffentlicht in: „Investitionsmanagement – Methoden, Fälle, Lösungen", München 1980.

Fesel, Verena, geb. 1935; Professorin an der Fachhochschule Hamburg, Fachbereich Sozialpädagogik. Tätigkeitsschwerpunkte: Familien- und Jugendhilferecht, Rechtsfragen in psychiatrischen Arbeitsbereichen, Frauenkriminalität.

Gensior, Sabine, geb. 1945; Dr. rer. pol., Erfahrungs- und Forschungsschwerpunkte: gewerkschaftliche und politische Bildungsarbeit, Lehre an Hochschulen (seit 1971), Forschung u. a. am Wissenschaftszentrum Berlin und am Berliner Institut für Sozialforschung und sozialwissenschaftliche Praxis sowie Veröffentlichungen im Bereich der Arbeitsmarktpolitik, Industriesoziologie/Arbeitspolitik, sozialwissenschaftliche Technikanalyse sowie Frauenarbeit.

Gunkel-Henning, Doris, geb. 1945; Dipl.-Soziologin, wissenschaftliche Mitarbeiterin an der HWP. Forschung und Lehrtätigkeit auf den Gebieten Soziologie der Entwicklungsländer, Probleme der „Dritten Welt" und Jugendsoziologie.

Hansen, Rose Marie, geb. 1943; Dipl.-Soziologin, Dr. rer. pol. Wissenschaftliche Mitarbeiterin an der HWP. Lehr- und Forschungstätigkeit auf den Gebieten der Konsumsoziologie, Sozialpsychologie, Sozialisationstheorie, Soziologie sozialer Probleme und empirischer Sozialforschung.

Haug, Frigga, geb. 1937; wissenschaftliche Mitarbeiterin an der HWP; Frauenbewegung, Frauenforschung, Automations- und Arbeitsforschung, Verhältnis Erfahrung und Theorie, Marxismus. Automationsarbeit und soziale Folgen – 7 Bücher, 1975–1983; Frauenformen 1. (Weibliche Sozialisation) 1980 und 2. (Sexualisierung) 1983; Kritik der Rollentheorie 1972 und gesellschaftliche Produktion und Erziehung, 1977.

Hoerning, Erika M. geb. 1941; Dr. rer. pol. Dipl.-Soz., wissenschaftliche Angestellte im Max-Planck-Institut für Bildungsforschung, Forschungsbereich: Bildung, Arbeit und gesellschaftliche Entwicklung, Schwerpunkt: Lebenslauf- und Biografieforschung; Forschungsprojekt: Passagen im Lebenslauf: Biografie und historisches Ereignis. Veröffentlichungen: „Zweiter Bildungsweg. Auslese statt Förderung". In: Das Mitbestimmungsgespräch, Teil 1: 26 (1980), 9, 205–207, Teil 2: 26 (1980), 10, 241–243. „Biografische Methode in der Sozialforschung". In: Das Argument, 123 (1980), 22, 677–687. mit Garms-Homolová, V., und D. Schaeffer (Hrsg.): Intergenerational Relationships – Concepts and Findings. Toronto/Göttingen: Hogrefe, erscheint 4/ 1984.

Mattfeldt, Harald, geb. 1943; Prof. Dr. rer. pol., Dozent für Volkswirtschaftslehre an der HWP – Veröffentlichungen zur Allgemeinen Wirtschaftspolitik, Geldtheorie, Konjunkturpolitik, Neuen Politischen Ökonomie. Derzeitiger Arbeitsschwerpunkt: Wirtschaftswissenschaften und Nationalsozialismus.

Milz, Helga A. geb. 1945; wissenschaftliche Mitarbeiterin an der HWP für Soziologie/Industrie und Arbeit; Forschungs- und Lehrtätigkeiten in den Gebieten: Arbeitsbewußtsein, Kooperationsprojekte, neue gewerkschaftliche Handlungsstrukturen; Frauenbewegung, Institutionalisierung von Frauenstudien.

Pusback, Bärbel, geb. 1942; Diplom-Soziologin, wissenschaftliche Mitarbeiterin an der HWP, Fachgebiet Soziologie. Arbeitsgebiete: Sozialgeschichte der Arbeiterbewegung, speziell der Arbeiterbildung, Bildungssoziologie, Probleme der Wirtschaftsordnung und der Gemeinwirtschaft, Sozialgeschichte der Wirtschaftswissenschaften zwischen Kameralismus und Liberalismus. Veröffentlichungen zur Geschichte der HWP, zur Sozialgeschichte der Kameralwissenschaften an der Universität Kiel und zur regionalen Sozialgeschichte Schleswig-Holsteins.

Raasch, Sibylle, geb. 1949; wissenschaftliche Mitarbeiterin an der HWP im Fachgebiet Rechtswissenschaft im Bereich öffentliches Recht/Völkerrecht. Langjährige Mitarbeit in der Studienreform und Auseinandersetzung mit Fragen der Wissenschaftsfreiheit. Derzeitiger Arbeitsschwerpunkt im Bereich Industrieländer – Dritte Welt – Internationale Gewerkschaftsbewegung. Veröffentlichungen: Internationales Recht der Arbeit und Wirtschaft (mit U. Mayer); Studienreform im Schnittpunkt von staatlicher Berufsausbildungspolitik und Wissenschaftsfreiheit; Institutionalisierung des Projektstudiums an der HWP (mit H. Spilker).

Ralfs, Ulla, geb. 1951; wiss. Angestellte und Lehrbeauftragte im Fachgebiet Soziologie der HWP, Erfahrungen in der gewerkschaftlichen Bildungsarbeit der IG Metall. Veröffentlichungen über Rationalisierung, Gewerkschaftstheorie und Geschichte, Entwicklung der Frauenarbeit und Frauenbildungsarbeit sowie zur Geschichte der Frauenbewegung.

Saß, Peter, geb. 1936; Dr. rer. pol., Dozent für Volkswirtschaftslehre an der HWP, Veröffentlichungen auf den Gebieten der Einkommensverteilung, Wettbewerbs- und Profitratenanalyse, Beschäftigungspolitik und der postkapitalistischen Ländern.

Sibylle Raasch

Vorwort

Die Hochschule für Wirtschaft und Politik Hamburg ist schon seit Jahren auf verschiedenste Art und Weise mit dem Thema „Frau“ befaßt. Seit 1978 gibt es einzelne Lehrveranstaltungen mit frauenspezifischen Themenstellungen. Ab Sommersemester 1983 sind zwei derartige Veranstaltungen zum festen Bestandteil des regulären Kursplans geworden. Die Hamburger Frauenwoche wird seit 1981 einmal jährlich von der Hochschule als Mitveranstalterin zusammen mit dem Verein „Frauen lernen gemeinsam e.V.“ in ihren Räumen durchgeführt. Schließlich hat sich die Hochschule seit 1982 an dem kürzlich abgeschlossenen hochschulübergreifenden Frauenforschungsprojekt „Bedingungen und Möglichkeiten zentraler und dezentraler Institutionalisierung von Frauenstudien und Frauenforschung“ beteiligt und beabsichtigt, die dort vorliegenden positiven Ansätze auch gemeinsam mit den anderen beteiligten Hochschulen fortzuführen. Damit ist spezifische Lehre und Forschung zum Thema „Frau“ bereits seit langem vermittelt über einzelne Hochschullehrer/innen ein Aktivitätsschwerpunkt an der Hochschule, der sich in jüngster Zeit auch institutionell zu verankern beginnt.

Diese Entwicklung nahmen lehrende Frauen an der Hochschule im Sommer 1983 zum Anlaß, sich zusammenzusetzen und über diesbezügliche Forschungsaktivitäten und Arbeitsprobleme auszutauschen. Überraschendes Eregebnis war, daß vielmehr Kolleginnen als allgemein vermutet und bekannt über frauenspezifische Fragestellungen arbeiten. Aus dem anfänglichen Wunsch, sich innerhalb der eigenen Gruppe über die Inhalte dieser Arbeit auszutauschen, entstand die Idee zu diesem Jahrbuch, die in den Hochschulgremien positiv aufgenommen wurde.

In der Folgezeit kamen einige Kollegen mit ihren Beiträgen hinzu. An Punkten, die für das historisch gewachsene Forschungsprofil der Hochschule für Wirtschaft und Politik von besonderer Bedeutung sind, nämlich zu den Bereichen „Erwerbstätigkeit“ und „Erwachsenenbildung“, wurden zudem Beiträge von außen eingeworben. Im Ergebnis dokumentiert dieses Jahrbuch aber die Ansatzpunkte und den Entwicklungsstand von Frauenforschung an der Hochschule für Wirtschaft und Politik getragen von der Hoffnung, daß Wissenschaft zur Erklärung und Verbesserung der Position der Frau in unserer Gesellschaft beitragen möge.

Frigga Haug

Marxismus und Frauenpolitik oder: Was ist feministischer Marxismus?[1]

Die Zustände sind merkwürdig. Etwa 200 Jahre nach ihrer Ausrufung gelten bürgerliche Gleichheiten vor dem Gesetz immer noch nicht überall für beide Geschlechter. Viel entscheidender aber noch ist die praktizierte Ungleichheit, die als ,,Benachteiligung", ,,Diskriminierung" wie Kitt die Gesellschaft zusammenhält und durchsetzt. Das gilt nicht nur für kapitalistische Gesellschaftsformationen. Anders, aber als Unsichtbarkeit sichtbar ist die Benachteiligung der Frauen in allen Führungspositionen sozialistischer Gesellschaften, die fast bis zum faktischen Ausschluß reicht. Wenn man davon ausgeht, daß Frauenunterdrückung in der Trennung des Privatem vom Öffentlichen einen Nährboden findet und die Zuweisung des privaten Ortes an die Frauen andere Unterdrückungspraxen begründet, wird man schließen müßen, daß überall dort, wo die Frauen nicht selbstverständlich einen halben Teil der Öffentlichkeit besetzen (etwa auf Kongressen, in Parlamenten, aber auch in Kneipen usw.), ihre Unterdrückung fortdauert. Der Schritt in die Öffentlichkeit ist der Anfang der Frauengeschichte. Frauenbefreiungsbewegung, so meint z. B. eine trotzkistische Autorin[2], beginnt dort, wo Frauen sich öffentlich artikulieren; und umgekehrt: der Ausschluß aus der Politik begründet die Frauenfrage und verbindet sie mit der Rassenfrage.

Nun wird kein Marxist ernsthaft die Auffassung vertreten, es sei eine Menschheitsbefreiung ohne Frauenbefreiung denkbar oder anzustreben. Jedoch scheint es, als ob dieser allgemeine Konsens Folgen haben müßte – sowohl für Politiker als auch für marxistische Theorie, wenn er nicht als ewiges Lippenbekenntnis die überwiegend männlichen Kongreße zieren soll.

Nachdem sich in allen Ländern der Welt die ungleiche Verteilung der Geschlechter auf öffentliche und private Räume trotz aller Einsicht in die Notwendigkeit einer Veränderung ständig reproduziert, wird zumindest offenkundig, daß es gezielter bewußter politischer Strategien bedarf, um solche Ungleichheit zu ändern. Diese Strategien müssen wohl auf *ungleicher* Behandlung beruhen, um Gleichheit zu erzielen – in solchem Rahmen sind die Quotierungen, die in einigen Fällen angewandt werden, um den Frauenanteil zu erhöhen, sicher ein unumgängliches Mittel. (Zur Nachahmung propagiert sei hier der Beschluß der Parteikonferenz in Rumänien in diesem Sommer, den Anteil der Frauen an führenden Parteipositionen von jetzt 6 auf 27 % zu erhöhen und in Bereichen der Volkswirtschaft ihre Beteiligung an Führungsposten von jetzt 14 auf 30 % zu steigern.[3])

Daß solche politischen Maßnahmen notwendig sind, um Gleichheit wenigstens als Fernziel vorzubereiten, verweist auf die unter Marxisten beiderlei Geschlechts umstrittene Annahme eines patriarchalischen Herrschaftsverhältnisses; Produktionsverhältnisse sollen nicht nur als ökonomische Ausbeutungsverhältnisse – etwa zwischen Kapital und Lohnarbeit – begriffen werden, sondern auch als Geschlechterverhältnisse.

Die Geschlechterverhältnisse als Teil der Produktionsverhältnisse zu denken, ist eine Herausforderung an jene marxistische Theoriebildungstradition, die im Umkreis der organisierten Arbeiterbewegung gewachsen ist. *Für die westlichen Industrieländer,* in denen es eine nennenswerte Frauenbewegung gibt, enthält sie zugleich das politische Problem für die Marxisten in beiden Bewegungen, die Frauenbewegung im Verhältnis zur Arbeiterbewegung wahrzunehmen und entsprechend zu handeln.

1. Der Rückgriff auf Marx

Der Begriff „marxistisch-feministisch“ ist eine Kampfansage gegen das umstandslose Einverständnis mit dem verbreiteten Gedanken, im tradierten Marxismus sei die Frauenfrage schon ausreichend aufgehoben und behandelt. In der Zusammenziehung der beiden Begriffe marxistisch und feministisch äußert sich ein Programm: marxistisch soll die Frauenfrage bearbeitet werden und für diesen Zweck der herkömmliche Marxismus neu studiert, umgebaut, wo nötig, erweitert, kritisch genutzt werden. Er hat nicht „Theorie“, „Grundlage“ und „Schlüssel“ bereits für die Frauenfrage geliefert (wie im Programm des MSB zur Frauenfrage nachzulesen), aber es ist von ihm zu lernen, um eben diese Lieferung nachzuholen.

In der internationalen Frauenbewegung ist, soweit dort marxistisch gearbeitet wird, der Rückgriff auf Marx ganz verschieden. Aus Frankreich, Jugoslawien und Indien kommt der Vorschlag, noch einmal die Frühschriften zu studieren, die Philosophischökonomischen Manuskripte, in denen Marx das Geschlechterverhältnis und die Frage der geschlechtsspezifischen Arbeitsteilung verband mit der Teilung der Arbeit in Kopf- und Handarbeit und der Trennung von Stadt und Land. Diese Entwicklungen der verschiedenen Trennungen zu verfolgen, ihr Ineinanderverschränktsein und wechselseitige Bedingtheit, ist ein Forschungsvorschlag an Anthropologie und Geschichte[4]. Dunayevskaja (aus den USA) empfiehlt, nicht nur die „Deutsche Ideologie“ zum Ausgangspunkt feministischer Überlegungen zu nehmen, in der Marx praktisch vorschlage, die Geschlechterverhältnisse als Teil der Produktionsverhältnisse in ihrer Vermittlung durch Familien- und Heiratsformen zu untersuchen; sondern vor allem die erst jetzt zugänglichen ethnologischen Notizbücher zu studieren, in denen Marx die Permanenz der kulturellen Revolution begründe, die Notwendigkeit einer ständigen Neukonstruktion von gesellschaftlichen Beziehungen, die für die Frauenfrage unerläßlich sei. Aus England schließlich liest man im Beitrag zum 100. Todestag von Marx[6] *nicht nur* die Belege, die es wenig nützlich erscheinen lassen, eine Lösung für die Frauenfrage aus den Äußerungen von Marx herauszulesen, die sich unmittelbar zu den Frauen verhalten; Barrett empfiehlt zudem, Marx' Schrift zur Judenfrage für eine Frauenbefreiungsstrategie neu zu lesen. Seine Auffassung, daß alle Probleme von Minderheiten, alle Fragen der Gleichberechtigung im Prinzip bürgerlich seien und daher „bloß politisch", müsse in der Judenfrage kritisch zum Ausgangspunkt gemacht werden für die Frauenfrage. Nicht vom Marxismus weg, sondern: ein fruchtbares Neudenken des Marxismus, nicht in Marx, sondern mit Marx die Frauenfrage bearbeiten, so und ähnlich diskutierten Frauen auf einer Marxismus-Feminismus-Tagung in Paris (1981).[7]

Ein intensives Studium der Marxschen Schriften in kritischer Absicht wird zweifellos die Kräfte der Frauenbefreiung stärken können; zugleich werden wir Frauen wohl unsere Fragen, unsere Geschichte selbständig bearbeiten müssen. In den berühmten Feuerbach-Thesen schrieb Marx, der Hauptmangel allen bisherigen Materialismus sei, „daß der Gegenstand, die Wirklichkeit, Sinnlichkeit nur unter der Form des Objekts oder der Anschauung gefaßt wird, nicht aber als sinnlich-menschliche Tätigkeit, Praxis, nicht subjektiv". Er schlägt vor, „die sinnliche Welt als die gesamte lebendige Tätigkeit der sie ausmachenden Individuen aufzufassen"[8]. Darin steckt die Aufforderung, nicht die fertigen Formen anschauend zu betrachten, sondern zu studieren, wie die Menschen praktisch vorgehen und ihre Tätigkeiten und Praxen als Wirklichkeit zu fassen. Wir lesen dies als ein Programm, einen Vorschlag zur Forschung. Marx selber analysierte im Hauptwerk „Das Kapital" die politische Ökonomie, schrieb ihre Kritik. Er untersuchte die Formen, in denen die Menschen ihre Lebensmittel produzieren, wie sie durch Austausch ihre Existenz regulieren. Seine Forschungsgegenstände waren also Formen und die in ihnen steckenden Triebkräfte, Widersprüche und Ansatzpunkte für Entwicklung, Anknüpfungspunkte für revolutionäre Umschwünge. Er untersuchte also, wie die Menschen sich in der Verfolgung der Organisation ihres Lebens in Widersprüche verwickeln, die sie notwendig lösen müssen, durch revolutionäre Lösungen für eine menschliche Gesellschaft, wenn ihre bewußtlose Lösung durch Chaos und Krieg ausgeschlossen werden soll. Von daher erschien ihm das Proletariat als die praktisch tätige Menschengruppe, die keine Privilegien, Zunftvorteile, ständische Fesseln am Bestehenden hält. Ihre Praxis, die Arbeit, als Beschaffung der gemeinsamen Lebensmittel war verallgemeinerbar. Zugleich sind die Arbeiter die Klasse, die keine Klasse mehr unter sich hat – im Unterschied zu den Bürgern oder Feudalherren – und die daher ihre Befreiung als Befreiung aller vorantreiben müssen. Das heißt keineswegs, daß die konkreten Arbeitergruppen dies auch tun und daß von daher zu jedem historischen Zeitpunkt Forderungen und Taten wirklicher Arbeiter in den Auseinandersetzungen mit dem Kapital denen der Frauen etwas Befreiendes oder Revolutionäres voraushätten.

2. Frauen, Kapital und Staat

Denkt man die Frauenfrage in einem so vorgestellten Spannungsfeld von Lohnarbeit auf der einen, Kapital auf der anderen Seite, bleibt als Frauenfrage und spezifische Frauenunterdrückung die Lohnungleichheit und der Status als besondere Reservearmee. Allein schon auf der Ebene des betrieblichen Klassenkampfes gerät man in Schwierigkeiten mit der Frauenfrage. Sie ist vom bloßen Klassenstandpunkt aus nicht faßbar. Zum Beispiel sorgen Sonderregelungen dafür, daß Frauen weniger gut ausbeutbar sind als Männer – z. B. der Mutterschutz –; solche Schutzmaßnahmen – zu denen etwa auch das Verbot der Nachtarbeit für Frauen gehört, verweisen auf die Rolle des Staates, der den als einfachen Interessengegensatz gedachten Ort der Frauenunterdrückung schon ein wenig komplizierter bestimmen läßt.[8a] Aber nicht nur die Schutzregelungen für Frauen verdanken sich staatlichen Eingriffen; auch die meisten Objekte traditioneller Frauenpolitik – wie die Forderung nach mehr Kindergärten, mehr sozialen Diensten etc. befinden sich im staatlich geregelten Raum. Im Marxismus der Arbeiterbewegung heute ist es üblich, die Frauenfrage im Spannungsverhältnis von Lohnarbeit und Kapital zu formulieren und dabei gleichzeitig ohne weitere Beunruhigung Forderungen aufzustellen, die alle an den Staat gerichtet sind. Damit ist implizit eine Staatsauffassung festgeschrieben, die zumindest expliziert gehört, um diskutierbar zu sein. Der Staat erscheint als bloßes Instrument in den Händen der herrschenden Klasse, bzw. identisch mit ihr. Zugleich scheint der Klassenwiderspruch alle Lebensbereiche durchgängig zu bestimmen. Unter solchen Voraussetzungen wird allerdings traditionelle Frauenpolitik bzw. ihre theoretische Begründung zirkulär. Ausgangspunkt und Resultat der Analyse ist die Auffassung, daß das Kapital die Frauen unterdrücke und untersucht werden nur Bereiche, in denen es dieses auch tut. Marx so zu verstehen, tut ihm ebenso Unrecht, wie der Frauenfrage.

Begreifen wir Marx als Aufforderung, von den Praxen der Menschen auszugehen und die Formen zu studieren, in denen sie ihr Leben organisieren, so scheinen alle Feministinnen von Marx mehr begriffen zu haben als traditionelle sich auf Marx berufende Frauenpolitik. Sie gehen nämlich in allen ihren Aktionen von den Erfahrungen der Frauen aus: Gesundheitsgruppen, Körpergruppen, Selbsterfahrungsgruppen, praktische Angriffe auf die herkömmliche Kleiderordnung, Vorschläge für eine menschlichere Sprache – dies alles sind Eingriffe in sinnliche Aktivitäten. Die Vielfalt sagt nicht, daß es bereits genug sei. Zunächst bewegen sich alle diese Aktivitäten noch in den gesellschaftlichen Strukturen, denken, handeln widerständig in ihnen gefangen, nicht über sie. Es fehlt vor allem das Studium der Formen, in denen die Menschen ihr Leben produzieren, die sie wiederherstellen, fertig vorfinden und in denen sie sich entwickeln, die ihre Kämpfe mitbestimmen.

Von daher heißt marxistisch-feministisch forschen, Praxen und Erfahrungen in ihren Formierungen begreifen, um zu Vorschlägen zu kommen, die über die fesselnden Formen hinausweisen. Es gilt, die Lücke zu schließen, die zwischen den sich gegenüberstehenden Politikformen klafft: der Erforschung verinnerlichter kapitalistisch-patriarchalischer Strukturen und ihrer Effekte (die Betroffenheit erzeugen) und der Politik im unmittelbar staatlich-parlamentarischen Raum. Ein Ziel muß sein, die Erfahrungen in die politische Artikulation so zu übersetzen, daß sie als allgemeine Widerstände ihre Wirkung entfalten können.

3. Was ist die Frauenfrage?

Entstanden in einer politischen Landschaft, in der genau angebbare Ursachen von Unterdrückung – Profitgier und Eigentum an Produktionsmitteln – das Befreiungsziel und den Weg dorthin wenigstens in Umrissen vorgaben, war die neue Frauenbewegung von Anfang an ein Paradox. Im Abschwung der Studentenbewegung verkündeten die Frauen den Entschluß zu eigenem Kampf, autonomen Gruppen, Recht auf den eigenen Körper, Protest gegen den Abtreibungsparagraphen, riefen zu Selbsterfahrungsgruppen auf usw. – die Geschichte der Anfänge ist vielfach dokumentiert.[9]

Und von Anfang an fanden sich diese Aktivitäten vor dem Richterstuhl sozialistischer Politik, vor der als Gewißheit propagierten Behauptung, Frauenunterdrückung habe schließlich mit Kapitalprofit und ungenügender Erwerbstätigkeit zu tun (die magische Zahl von ca. 30 bis maximal 40 Prozent weiblicher Erwerbstätigkeit wird nur in wenigen kapitalistischen Ländern überschritten: den skandinavischen und Finnland). Diese Sicherheit über die zwei logisch nicht einmal aufeinander beziehbaren Grundlagen der Frauenunterdrückung, die zumindest in der Bundesrepublik Deutschland in den Arbeiterorganisationen unermüdlich wiederholt werden, grenzte die schnell anwachsende Frauenbewegung einerseits als kleinbürgerliches Grüppchenwesen aus der ernst zunehmenden sozialistischen Politik aus und prägte zugleich als eine Art theoretischer Handlungs- und Denkdruck von Anfang an die Diskussion um die theoretische Grundlegung der Bewegung, die Ausarbeitung feministischer Theorie. Schließlich gehörten der neuen Bewegung auch langjährige Sozialistinnen und Marxistinnen an, die gleichsam unter Rechtfertigungsdruck versuchten, für die buntscheckige Vielfalt der Praxen in der Bewegung eine einheitliche Grundlage, eine Verursachung als Ausgangspunkt für Frauenunterdrückung zu finden, von der „alles Übrige" abgeleitet werden könne. Dabei wollten sie das Ungenügen an der bisherigen Formel – Frauen seien unterdrückt wegen des kapitalistischen Extraprofits und ihrer Funktion als Reservearmee – so überwinden, daß eine Frauenbewegung zusätzlich zur Arbeiterbewegung, ja sogar im Konflikt mit ihr, in einem gemeinsamen sozialistischen Projekt theoretisch begründet werden könne.

Im Folgenden sollen die Diskussionen um die wichtigsten Bestimmungen auf internationalem Maßstab vorgestellt werden. Es ist unübersehbar, daß marxistisches Denken und Vokabular die Debatten bestimmte und daß sie von vornherein international ähnlich geführt wurden.

Am Anfang steht als eine Art Opposition zur theoretischen Dominanz, die die Kapitalherrschaft in den bisherigen Befreiungstheorien hat, der *Patriarchat*sbegriff. Er soll eine alternative eine zusätzliche Kraft formulieren, die bisherige Herrschaftstheorie herausfordert. In seinem Gefolge werden wiederum vielfältige, die Frauenunterdrückung anders begründende Faktoren herausgearbeitet: grundlegend sei die *Aneignung weiblicher Arbeitskraft* durch Männer; Frauen seien eine eigene *Klasse;* die *Aneignung und Ausbeutung der weiblichen Körper als Produzentinnen von Kindern* sei Grundlage und insofern *Sexuelle Ausbeutung* Fundament der Frauenunterdrückung; die *geschlechtsspezifische Arbeitsteilung* bestimme die Frauenfrage; die

Heiratsform sei Basis und mit ihr der *Arbeitsvertrag* zwischen Mann und Frau; die *Familienform* sei grundlegend für die Unterwerfung der Frau; mit dem Begriff *Schwesterlichkeit* soll eine gemeinsame Politik angezielt werden.

Am bekanntesten wurde die Debatte über die *Hausarbeit.* Sie soll eine eigene bisher theoretisch vernachlässigte Produktionsweise bestimmen, die zudem in ihrer faktischen Bedeutung für die industrielle Produktion bislang unterschätzt wurde. Notwendig wäre die Umformulierung des *Wertgesetzes,* um Frauenunterdrückung in ihrem globalen Zusammenhang mit der imperialistischen Ausbeutung der Dritten Welt zu begreifen. Schließlich resultiert diese Debatte bei einigen Frauengruppen in der Forderung nach *Lohn für Hausarbeit,* bis diese von den bundesrepublikanischen christdemokratischen Parteien ebenfalls aufgegriffen wurde. Die einzelnen Argumentationslinien widersprechen und durchkreuzen einander, sind teils Spezifizierungen oder Ergänzungen von Grundannahmen. Eine systematische Vorstellung der einzelnen theoretischen Annahmen gibt unvermeidlich den falschen Anschein, es herrsche eine ähnliche Systematik in der Frauenbewegung selbst. Das ist nicht der Fall. (Einige Argumentationen sollen im Folgenden vorgeführt werden.)

4. Die Hausarbeitsdebatte

In den verschiedenen westeuropäischen Ländern führten die Aktionen um den Abtreibungsparagraphen, die der neuen Frauenbewegung zu ihrer Größe und Popularität verholfen hatten, zu unterschiedlichen Kompromißlösungen und damit zu einem vorläufigen Ende. Mit dem Verlust dieses Kampfpunktes habe die Frauenbewegung ihre Einheit und damit ihre Kraft verloren, konstatierte Simone de Beauvoir in einem Artikel in Le Monde (März 1983) und fuhr fort: „wenn wir nicht untergehen wollen, brauchen wir eine neue Gemeinsamkeit." Dafür schlug sie die Hausarbeit vor, „weil schließlich alle Frauen Hausfrauen (sind), unabhängig von Klasse und Schicht, Status usw.", wie auch alle Frauen vom Abtreibungsparagraphen irgendwann in ihrem Leben betroffen waren. Die Einfachheit, mit der hier aus strategischen Gründen eine Einheit vorgeschlagen wird, verdeckt die Umkämpftheit der Bestimmung. Schon im engeren Kreis der theoretisch-feministischen Zeitschriften Frankreichs gibt es konträre Positionen zu diesem Thema, die kurz in ihren politischen Konsequenzen skizziert seien (auch sie gelten nicht nur für Frankreich):

Erstens: *Hausfrauenarbeit sei unproduktiv,* weil sie keinen Mehrwert schaffe und nicht direkt unter dem Kommando des Kapitals geschehe. Gerade weil sie in ihrer Zurückgebliebenheit gleichwohl für den kapitalistischen Produktionsprozeß sozialisiere, gehöre sie abgeschafft, vergesellschaftet. Eine politische Strategie müsse ausgearbeitet werden, die das patriarchalische Unterdrückungssystem mit seiner Basis, der Familie, analysiere, mit dem Ziel, die Familie abzuschaffen. Die Vertreterinnen dieser Position berufen sich weitgehend auf Marx und Engels, auch Lenin[10]. Die Position findet sich in Frankreich in Opposition zur offiziellen Politik der FKP, wiewohl sie von Frauen aus der Partei vertreten wird.

In den Richtlinien der französischen kommunistischen Partei wird die Hausfrauenarbeit in ihrer privaten Form nicht prinzipiell infrage gestellt, sondern für gleichmäßige Verteilung plädiert und technische Erleichterung, damit für die Frauen Berufstätigkeit und Mutterschaft vereinbar sind. Damit wird der schon bei Marx und Engels herausgearbeitete Zusammenhang von Arbeits*inhalt* und Arbeits*form* zerrissen und die Familie und ihre Stellung im Gesamt der Produktionsverhältnisse naturalisiert[11]. In gleicher Weise wie die FKP argumentieren die kommunistischen und sozialistischen Parteien in allen westlichen Industrieländern, auf jeden Fall in der Bundesrepublik Deutschland.

Die zweite Position geht davon aus, daß *Hausarbeit produktiv sei,* weil sie in der Form von persönlichen Dienstleistungen die Arbeitskraft als Ware herstelle und für die damit hinter dem Rücken der industriellen Produktion erfolgende Vergrößerung der Mehrwertproduktion sorge. Die Rolle der Frau sei durch ihre Zugehörigkeit zur Familienproduktionsweise unsichtbar gemacht. Indem sich die Verfechterinnen dieses Theorems auf Marie Rosa dalla Costa[12] berufen, formulieren sie Familie und Frauenunterdrückung als eine von der Klasse und dem kapitalistischen System abhängige Beziehung und fordern Lohn für die Hausarbeit.

Die gleiche Forderung kann sich auch aus der Behauptung ergeben, Hausarbeit sei eine nicht durch das kapitalistische System bestimmte eigene Produktionsweise mit eigenen Gesetzen und eigener Logik. Umgekehrt kann wiederum diese Auffassung zur Ablehnung der Forderung nach Lohn für Hausarbeit führen und statt dessen eine Politik der Verallgemeinerung und Aufwertung des Haussektors verfolgen[13]. Ferner ist dieser Gedanke, daß Hausarbeit eine eigene Produktionsweise sei, ebenso Resultat von Überlegungen, die von der Unproduktivität von Hausarbeit ausgehen. Delphi[14] etwa vertritt die Auffassung, daß die Tatsache, daß Frauen keinen Mehrwert produzierten, nicht bedeute, daß sie aus der Ökonomie im Ganzen ausgeschlossen seien, sondern nur besage, daß sie ihre Arbeitskraft nicht ohne Umstände auf den Arbeitsmarkt bringen könnten und ebensowenig ihre Arbeitsprodukte verkaufen könnten. Dies heiße nichts anderes, als daß sie nicht frei seien im Sinne der Freiheit der Lohnarbeiter, also ihre eigne Arbeitskraft nicht besäßen. Die Familie als Ort partriarchalischer Ausbeutung sei unabhängig vom kapitalistischen System, sei eine eigene Produktionsweise, die lediglich Beziehungen mit dem Kapital unterhalte. Von daher folgert sie, daß alle Frauen (als eigene Klasse) gegen alle Männer zu mobilieren seien.

Eine andere Diskussion tendiert dahin, die Lohndiskriminierung der Frauen damit zu erklären, daß sie real weniger Wert schüfen, eben weil ein Teil ihrer Arbeit – die Reproduktion der Ware Arbeitskraft – im Extramehrwert unsichtbar sei. Da Frauen nur Männer sozusagen zusätzlich reproduzierten, ihre eigene Reproduktion aber von ihren Kräften abzuziehen sei, besäßen sie eine faktische geringere Werthaftigkeit für die Unternehmer. Diese Argumentation[15] kommt dabei nicht zu dem Ergebnis, Lohn für die Hausarbeit zu fordern, sondern plädiert für die Abschaffung dieser Sphäre des Extraprofits, die das kapitalistische System über die Zeit am Leben erhalte und Frauenlohndiskriminierung verewige.

Die Debatten sind nicht nur vielfältig, sondern auch verwirrend. Gleichwohl haben sie eine große Bedeutung für die Frauenbewegung überhaupt als auch für die Aufmerksamkeit, die dem Hausarbeitssektor insgesamt in den Gesellschaften geschenkt wird. Dies gilt insbesondere für die zunächst spektakuläre Forderung nach Lohn für die Hausarbeit. Diese ist zwar theoretisch umstritten, hat jedoch nicht nur die Sphäre der Hausarbeit überhaupt auf die Tagesordnung politischer Überlegungen gebracht, sondern auch die Notwendigkeit, den Zusammenhang von politischen Praxen und theoretischen Überlegungen neu zu durchdenken.

Kritisch wird eingewand, wenn Hausarbeit die Domäne der Frauenunterdrückung sei, sollte sie nicht entlohnt werden, weil damit Frauen noch stärker in den Familienrahmen eingebunden würden, ihre Stellung dort naturalisiert und verewigt würde und die Entlohnung zudem eine Möglichkeit zusätzlicher Kontrolle böte. So richtig solche Überlegungen wohl sind, belehrt uns doch die Politik der Frauen, die diesen Hausfrauenlohn fordern, mehr als alle *bessere* Theorie zuvor, daß das patriarchalische System in seiner Verschränkung mit dem kapitalistischen in seinen sozialen, ökonomischen, politischen und ideologischen Dimensionen Gegenstand marxistisch-feministischer Analyse sein muß und Lösungen noch einen weiten Weg brauchen.

Dabei ist die Debatte um die Hausarbeit noch weit differenzierter, enthält Überlegungen zur Subsistenzproduktion und zum Verhältnis imperialistischer Länder zur Dritten Welt ebenso wie neue begriffliche Vorschläge: etwa den Begriff der Hausfrauisierung der Lohnarbeit[16], mit dem die Tendenz, immer weitere Bereiche der gesellschaftlichen Produktion im Weltmaßstab nicht zu industrialisieren, gemeint sein soll.

Im Anschluß und in Umarbeitung von Luxemburg vertritt C. v. Werlhoff[17] die These, daß der Kapitalismus eine permanente ursprüngliche Akkumulation brauche, als die sie die Hausarbeit, bzw. ihre Aneignung begreift.

Die Verwirrung, die die Debatten um die Hausarbeit und ihre Produktivität oder Unproduktivität, ihren Wert und ihre Analyse hinterlassen, sind weniger der Unplausibilität der einzelnen Argumentationen geschuldet, als vielmehr ihrer Plausibilität. Die einzelnen Momente, die jeweils hervorgehoben werden, sind zweifellos alle existent. Es gibt Hausarbeit und sie ist unbezahlt. Sie ist weltweit die Domäne der Frauen, gilt gesellschaftlich wenig und gehört irgendwie in den Bereich der individuellen Konsumtion, der Wiederherstellung der Arbeitskraft, der individuellen Subsitenzproduktion. Hausarbeit hält die Frauen abhängig und untergeordnet und steht in einem relativ ungeklärten Verhältnis zur kapitalistischen, aber auch zur sozialistischen Gesellschaftsformation und zu den gemischten Produktionsweisen der Entwicklungsländer. Die Globalität des Phänomens macht die werttheoretischen Überlegungen in der gesamten Debatte ein wenig suspekt, wiewohl vermutlich eine plötzliche Vergesellschaftung der Hausarbeit und ihrer wertmäßigen Bezahlung den Kapitalismus in den meisten Ländern in eine noch größere Krise stürzen würde als es derzeit ohnehin der Fall ist. Inwieweit der Kapitalismus flexibel genug ist, auch eine solche Bewegung noch abzufangen und inwieweit er dann noch der gleiche Kapitalismus wäre, bleibt solange Spekulation, wie wir gar nicht in der Lage sind, diese Vergesellschaftung der Hausarbeit auch praktisch durchzuführen. Dies ist unter anderem auch ein kulturelles Problem.

Immerhin können wir zweierlei aus den werttheoretischen Debatten lernen: 1. es ist sicher wichtig und nützlich über den besonderen Charakter weiblicher Hausarbeit und ihrer Stellung im Reproduktionszusammenhang der Gesellschaft nachzudenken und uns nicht mit den Ausführungen von Marx im Kapital zu begnügen, die ja wesentlich den industriellen Arbeitsprozeß betreffen. 2. Der Vorgang, daß die kapitalistische Produktionsweise, einmal vorherrschend, sich alle anderen Weisen zu produzieren unterwirft, sie durchdringt und unter ihre Gesetze zwingt, ist in diesen feministischen Analysen zur Hausarbeit zum großen Teil ernst genommen und versuchsweise durchgeführt. Wir können dies als Aufforderung begreifen, weitere empirische Untersuchungen zum Thema kapitalistische Produktionsverhältnisse und private Hausarbeit durchzuführen.

5. Hausarbeit als gesellschaftliches Verhältnis

Daß Hausarbeit eine eigne Produktionsweise sein soll, mit eigner Logik und in einem untergeordneten Verhältnis zur herrschenden Produktionsweise, leuchtet unmittelbar ein. Schließlich wird im Haus nicht nach Tauschgesetzen produziert und erst recht lassen sich Geburt und Aufzucht der Kinder nicht profitlogisch erklären. Eigentümlicherweise äußern sich erste Befreiungsversuche in dieser Sphäre in Begriffen der Tauschlogik: die Partnerehe, die Berechnung der anfallenden Arbeiten und ihrer Verteilung nach Äquivalenzgesichtspunkten unter die Beteiligten, die Minimierung der in den Haushalten stattfindenden lebendigen Arbeit usw.

Herrscht im Haushaltssektor also eine unterentwickelte Produktionsweise und ist er von daher vergleichbar mit den Entwicklungsländern (wie z. B. C. v. Werlhoff vorschlägt) und faßbar in ähnlichen Begriffen wie diese? Der Versuch, hier konkrete Parallelen zu ziehen, verschlägt uns den Atem. Sollen wir etwa die Lage in einem übervölkerten Land wie Indien, in dem vor den gleichgültig-hilflosen Augen unterernährter arbeits- und obdachloser Menschen täglich unzählige Kinder in den Straßen hungers sterben und die Weise, wie das internationale Kapital davon profitiert, gleichsetzen mit den Leben der Hausfrauen z. B. in der Bundesrepublik, deren Unterdrückung in der Abhängigkeit und Begrenztheit relativen Wohllebens besteht? Die Langeweile am Hotelstrand in Mallorca, die Unsinnigkeit wöchentlicher Frisörgänge, die Frustration leerer Abende, die Einsamkeit und Hilflosigkeit unselbständigen Lebens, all dies wollen wir zur Frauenunterdrückung rechnen. Aber die globaltheoretische Einordnung erreicht hier eine Stufe der Abstraktion von den unterschiedlichsten Formen des Elends, die gerade in der Frauenbewegung auf lebendige Weise überwunden war. Problematisch scheint mir nach bisherigen Überlegungen die in dem globaltheoretischen Entwurf erfolgende Setzung einer umfassenden Herrschaftssystematik und die damit erfolgende Absehung von den vielfältigen historischen Ungleichzeitigkeiten, kulturellen Unterschieden, Andersartigkeiten der je spezifischen Unterdrückungen. Für weitere Internationalisierung braucht es wohl Begriffe, die über die Kulturgrenzen hinaus tragfähig sind. Sie müssen gleichwohl konkretisierbar sein und konkretisiert werden auf kulturelle, historische, ökonomische und politische Besonderheiten, da diese die praktischen Kämpfe in den einzelnen Ländern hier und heute bestimmen.

Dabei geschieht in der Debatte um die Hausarbeit zweierlei; die Begriffe sind nicht nur zu abstrakt, sie verdanken die Absehung von wichtigen Unterschieden einem Ausgangspunkt, der selber gewissermaßen nicht abstrakt genug ist. Der Begriff der Hausarbeit ist nur scheinbar ein Formbegriff. In Wirklichkeit verbindet dieser Name höchst unterschiedliche Formen und Organisationen der Arbeit in den unterschiedlichen Ländern (Entwicklungsländern und westlichen Industrieländern). Unser Untersuchungsgegenstand für die Frage der Frauenunterdrückung wäre aber die *Form,* in der Frauenarbeit geschieht, im Vergleich und im Verhältnis zu anderen Formen. Nicht die Inhalte von Hausarbeit und auch nicht, daß sie im Haus geschieht (statt in der Fabrik oder auf dem Feld), wären demnach unser Untersuchungsfeld, sondern daß bestimmte Arbeiten im Verhältnis zu anderen Arbeiten von bestimmten Personen im Verhältnis zu anderen an systematisch getrennten Orten und in unterschiedlicher Form (privat/Lohn) geleistet werden. Unsere Untersuchung gälte der Herausbildung jener Trennung der Bereiche und ihrer Anordnung im Zusammenhang der gesamten Produktionsverhältnisse. Indem wir das Verhältnis der Formen zueinander untersuchen, stellen wir uns damit auch zugleich die Frage nach der Beziehung der um die Formen gebildeten Bewegungen zueinander.

Gingen wir in unserer Analyse von der Arbeit aus, so verstrickten wir unsere Überlegungen in unendliche Debatten über die Fragen etwa von Produktivität oder Nichtproduktivität von Hausarbeit. Weiter fragten wir, ob Geburten nicht etwa auch Arbeit seien und produktiv und klemmten uns auswegslos ein in Überlegungen, daß schließlich auch alle Tiere Junge zur Welt bringen, ohne daß wir den Arbeitsbegriff in dieser Weise zur Bedeutungslosigkeit strapazieren wollten. Und wohin mit unseren Gedanken darüber, daß Kinderbekommen tatsächlich anstrengend, verzehrend und große Lebenszeiten von Frauen ausfüllende „Tätigkeit" ist? Folgen wir in diesen Punkten D. Harraway[18], die empfiehlt, die erkenntnisleitenden Kategorien nicht so zu wählen, daß man beständig auf die Früchte der Bewegungen der Menschen starrt (Arbeit und Geschlecht) und dieses Denken selber als bürgerliches Produkt vorführt.

Wenden wir uns statt dessen – in der gleichen Weise wie auch Marx – den Verhältnissen zu, die die Menschen in der Produktion ihres Lebens eingehen, den Beziehungen, die sie dabei organisieren. In der Geschichte der großen Trennungen – der von Stadt und Land, Kopf und Hand, Mann und Frau, schließlich der des Öffentlichen vom Privaten – und der je konkreten Bezüge – also der Art und Weise, wie die getrennten Bereiche miteinander verknüpft sind – kann uns die Frauenfrage nicht entgehen. Sie steckt in der Art und Geschichte der Arbeitsteilung und des Zusammenhangs der getrennten Arbeiten in der Gesamtgesellschaft. Ich möchte dies einen Trennungszusammenhang nennen. Eine so erarbeitete Frauenpolitik würde sich langfristig auf Aufhebung der Trennungen, auf Grenzüberschreitungen, Vermischungen, Infragestellungen richten. Dies folgt genau den Aktionen der Frauenbewegung. Hier werden nicht Bereiche infrage gestellt, sondern ihre Konstruktion als getrennte Formen, weil in der Konstruktion auch Herrschaft reproduziert wird und sich festigen kann. Die Untersuchung der Konstruktion von Bereichen, die sich einerseits gegeneinander verselbständigen und andererseits in eben diesem Prozeß in ein Unter/Überordnungsverhältnis zueinander treten, geht weit über den Bereich der Hausarbeit hinaus. Von daher vermittelt sie uns das Unbehagen, überall forschend und verändernd tätig sein zu müssen. Zugleich erlöst es uns von dem anderen Unbehagen, mit der Frage der Hausarbeit und ihrer Bestimmung schon die Frauenfrage und ihre Reichweite erschöpft zu haben.

Wie die Produktion des Lebens perspektivisch organisiert sein soll, ist einerseits eine praktische Frage, die nur die Menschen gemeinsam lösen können, die in dieser Perspektive leben. Andererseits ist jeder Kampf gegen Unterdrückung ein Stück Leben in der Perspektive und von daher leben wir praktisch auch heute schon ein Stück alternative Formen. Theoretisch finden wir in den bisherigen Marxschen oder marxistischen Entwürfen wenig Vorarbeiten, die ein Gemeinwesen nicht nur als Ort der Lebensmittelproduktion, sondern auch als Lebensproduktion begreifen. Ebensowenig wurden die Produktionsverhältnisse als Geschlechterverhältnisse ausreichend analysiert.

6. Geschlechterpolitik

Nachdenklich macht ein Beitrag von Fox-Genovese[19], zur Frage des Funktionalitätsdenkens bei der Untersuchung der Frauenfrage und speziell der Rolle der Familie in diesem Zusammenhang. Sie führt vor, daß die Frage nach der Funktion der Familie für die Reproduktion der Gesamtgesellschaft wichtige weitere Fragen nach der Rolle von Werten und Institutionen, nach den die Gesellschaft stabilisierenden und reproduzierenden Kulturen möglich gemacht hat. Zugleich problematisiert sie, daß alle solche funktionalen Untersuchungen von Anfang an den in ihnen enthaltenen Vorschlag, mit Erfahrungen zu arbeiten, schon wieder verhindern. Theoretisch gingen sie nämlich davon aus, daß die gesellschaftlichen Anforderungen – etwa an eine Hausfrau – den Wirklichkeiten gelebten Lebens entsprächen. In dieser Weise müßten ihnen Einordnungsaktivitäten, Anpassung und Widerstand systematisch entgehen. Dies sei für die Frauenfrage besonders fatal, weil solcherart das Geschlechterverhältnis nicht als ständige Auseinandersetzung begriffen werden könne, von dessen konkret-historischer Füllung eine Befreiungspolitik abhängig sei, sondern als statisch unwandelbare Größe aufgefaßt werde. In dieser Weise müßte auch jeder Funktionalitätsforschung das Verhältnis des Geschlechterkonflikts zu den ökonomisch-politischen Verhältnissen entgehen.

Fox-Genovese ersetzt die Arbeitshypothese von der Abhängigkeit der Frauen und der Verantwortlichkeit und Autonomie der Männer durch die Arbeitshypothese von der Abhängigkeit aller Menschen, um die unterschiedlichen und auch im Geschlechter-, nicht nur im Klassenverhältnis gegeneinander gerichteten Kämpfe um Unabhängigkeit zu untersuchen. Auf diese Weise gelingt es ihr auch, Verhältnisse zwischen Männern als Herrschaftsverhältnisse abzubilden und das Ineinander von bürgerlich(männlicher) Befreiung, Gleichheitsproklamation und Frauenunterdrükkung vorzuführen. – Dabei empfiehlt sie dringend, alle Vorteile, die das kapitalistische System den Frauen gebracht habe, zu untersuchen und zur Kenntnis zu nehmen (mehr Gleichheit mit Männern, die Reduktion des Gewichts physiologischer Unterschiede durch die Technik (Maschinisierung) und Medizinentwicklung (Empfängnisverhütung), die Möglichkeit, überhaupt ohne Familie überleben zu können usw.). Die Besichtigung dieser Vorteile ermögliche erst, die Härte zu sehen, mit der im politisch-ideologischen Raum für die Legitimierung der Minderwertigkeit und Unterwerfung der Frau gekämpft werde. Sie schlägt vor, den Ausschluß der Frauen aus den öffentlichen Geschäften als vornehmlich politische Tat zu sehen, die so tief in die gesellschaftlich-ökonomischen Verhältnisse eingelassen sei, daß „Frauen wie eine Klasse aussehen“[20].

7. *Produktionsverhältnisse und Frauenpolitik*

Die vielfältigen Diskussionen um Frauen als Klasse[21], um das Patriarchat[22] um Kultur, Ideologie und Staat[23] zeigen eine exemplarische Problemkonstellation. Praktisch-politisch handelt es sich immer um die Fragen von Herrschaft und Befreiung, genauer um die Begründung und Reproduktion von Herrschaft und die Formen aktueller Befreiungspolitik und der notwendigen und möglichen Bündnisse. Theoretisch folgen die feministischen Diskussionen (oder eilen ihnen gar voraus) den gegenwärtigen Auseinandersetzungen im Marxismus. Die einzelnen Positionen radikalisieren durch ihre praktische Einbindung und massenhafte Aufnahme bestimmte Positionen und Denkweisen im Marxismus, markieren so Lücken und Notwendigkeiten von Rekonstruktion.

Eine starke theoretische Front formieren dabei diejenigen, die man vielleicht in Analogie zu *Ableitungsmarxisten*[24] Ableitungsfeministinnen nennen könnte. Hierunter fasse ich alle die Positionen, die in *Analogie* zur Arbeiterklasse, Frauen als Klasse ausrufen oder analog zum Kapitalismus ein Patriarchat sich denken oder parallel zur Aneignung der Ware Arbeitskraft durch das Kapital, welches sie als den Kernpunkt marxistischer Kapitalismusanalyse auffassen, die Aneignung weiblicher Arbeitskraft durch die Männer (in der Familie und in der Fabrik) als Kern weiblicher Unterdrückung formulieren[25]. Immer geht es um einen Kern, ein Wesen, eine Ursache, um polare Konstruktionen, Freunde und Feinde.

Alle diese Analysen sind nützlich zu lesen und zu studieren. Sie verweisen uns nicht nur auf eine Vielzahl von bisher schlecht bearbeiteten Feldern in den Fragen von Herrschaft und Ausbeutung und auf die stets sorgfältig vernachlässigte Frauenfrage. Die Radikalität, mit der sie an den strategischen Punkten analogisch zur Klassenunterdrückung die Frauenunterdrückung einsetzen, führt in gewisser Weise diese ganze Denktradition von Wesen und Erscheinung, Kern und Oberfläche, Ursache und Wirkung, Freund und Feind ad absurdum. Ja, es scheint, als ob die Ausblendung der Frauenfrage – also eines Widerspruchs, der im Lohnarbeit/Kapital-Verhältnis nicht umstandslos aufgeht – die Stabilität jener Erklärungsweisen erlaubt hätte, die Althusser als hegelianisches Relikt „expressiver Totalität“ begriff[26]. Die einseitigen Repressions- und Verschwörungstheorien, die jene Denktradition im Marxismus – etwa in der Kritischen Theorie der Frankfurter Schule hervorbrachte, werden von jenen feministischen Überlegungen durch Zuspitzung unfreiwillig karikiert, die im strengen Verfolg dieses Denkens eine bewußte Allianz von Männern und Kapital zur Frauenunterdrückung annehmen müssen.

8. Frauen, Kultur und Ideologie

Daß Herrschaftsbildung und -erhaltung selbst ein politischer Akt der Konsensbildung sei und also auch Frauenunterdrückung nichts an sich Gegebenes, sondern ständig zu Reproduzierendes – solche Überlegungen im Anschluß an Althusser stehen im Zentrum anderer feministischer Diskussionen um Kultur und Ideologie. Die Konstruktion von Weiblichkeit, die Organisation der Körper, ihre Indienstnahme zu Werbezwecken, die Mütterlichkeitsideologie, die Einspannung weiblicher Werte in politische Diskurse usw. – solche Diskussionen laufen praktisch getrennt von den oben genannten um „den Kern" weiblicher Unterdrückung. Sie liefern wichtige Untersuchungen über das Verhältnis von sex und gender und die Bedeutung von Kultur und Ideologie für die Frauenunterdrückung[27]. Aber ebenso wie in der allgemeinen Diskussion um die Krise des Marxismus verlieren diese Theoreme an Boden unter den Füßen. Der notwendige Blick auf die soziale Konstruiertheit des Weiblichen und damit der Unterordnung der Frauen öffent den Blick für ein Netzwerk von sich wechselseitig bestätigenden und unterstützenden Unterordnungspraxen und ideologischen Instanzen, die die Anordnungen festigen. Die Absage an *eine* Verursachung gibt die Möglichkeit, *viele* zu denken und damit eine Politik mit vielen Subjekten, Polen, Aktionen, Zentren.

Die Stärke der Frauenbewegung, an den Erfahrungen, Betroffenheiten der Einzelnen anzusetzen, schiebt ihre Politik fast zwangsläufig in den kulturell-ideologischen Bereich. Auf diesen Vorgang antworten solche kritischen Überlegungen zum Marxismus, die auf eine Reihe von als fest angenommenen Rahmenbegriffen, wie Klasse, Ökonomie, Interesse, zu verzichten empfehlen. Indem die herrschende Anordnung in den kapitalistischen Gesellschaften die Frauen an den Rand der gesellschaftlichen Produktion drängt und ihren Konsens zu solchem Vorgehen damit in der politisch-kulturellen Sphäre herstellt, scheint angemessener Frauenkampf sich ebenso ausschließlich dort abspielen zu müssen.

Der Versuch, hier eine neue Theorie zu formulieren, führt dabei zu einem eigentümlichen Verzicht auf Macht und Politik. Indem die Arbeit in der Produktion der gesellschaftlichen Lebensmittel für die meisten Frauen nicht im Zentrum ihres Lebens steht, fordern Theorien, die von daher auch den Verzicht auf die Zentralität ökonomischer Kategorien empfehlen, zwar dazu auf, die Bedeutung der Kulturgesellschaft für die Reproduktion des Ganzen zu untersuchen, nicht aber dazu, den Skandal, daß die meisten Menschen und fast alle Frauen aus der Kontrolle der Lebensbedingungen ausgeschlossen sind, zu beheben.

Frauenpolitik muß offenbar beides, von den Orten der Reproduktion der weiblichen Ohnmacht ausgehen und in die Orte der männlich-kapitalistischen Macht hineingehen. Das erfordert Analysen zur Politikform und zum Verhältnis von Frauen und Staat. Und praktisch fordert dies die Artikulation der Bewegung in den parlamentarischen Raum.

9. Für eine autonome sozialistische Frauenpolitik

Um die Annahme von Verschwörungstheorien und -Praxen der Männer oder einer Theorie weiblicher Subjektwerdung unter Verzicht auf eine auch nur denkbare Beteiligung der Frauen an der Macht zu vermeiden, möchte ich probeweise versuchen, Frauenunterdrückung und die Frauenfrage an einen Ort zu knüpfen, der die Vernetzung mit vielen Orten und Praxen gleichwohl nicht ausschließt und der es ermöglicht, Unternehmer, Männer und Frauen selber als *Akteure von Herrschaft und Unterdrückung* auszumachen — dies als Voraussetzung für eine Befreiungsstrategie und -politik. Ich bin mir dabei darüber klar, daß ich die fruchtbare Verunsicherung durch die Diskussion um die soziale Konstitution von Weiblichkeit wieder aufgebe und ein Stück sicheren Bodens erkaufe um den Preis einer neuerlichen teilweisen „Zentrierung". Ich rekapituliere die offenen Fragen: es gibt das Phänomen der Frauenunterdrückung in allen Kulturen und allen Bereichen. Sie ist kulturell, politisch, ökonomisch, sexuell und findet an den entsprechenden Orten statt: Frauen nehmen keinen Anteil an der Macht, sie verdienen weniger als Männer bis zur rechtlich abgesicherten ökonomischen Abhängigkeit in einzelnen Ländern; sie sind sexuell ausgebeutet, unterdrückt; die herrschende Kultur, Sprache, Literatur, Wissenschaft, Kunst sind männlich dominiert. An den einzelnen Orten finden zwar Kämpfe statt, sie enden jedoch „weltweit mit der Niederlage des weiblichen Geschlechts" (Engels). Daß auch die meisten Männer nicht an der Macht im politischen und ökonomischen Sinn teilhaben, verdunkelt und marginalisiert das Frauenproblem. Immerhin wirft es die Frage auf nach dem Verhältnis der Unterdrückungen zueinander. Das zweite Problembündel sucht nach den Verursachern. Wir haben ohne Zweifel in kapitalistischen Ländern eine Nutznießung von Frauenunterdrückung durch die Unternehmer. Wir haben in allen Gesellschaften eine Nutznießung durch die Männer. Ebenso finden wir in allen Gesellschaften den Staat an der Frauenunterdrückung beteiligt, sei es durch direkte diskriminierende Gesetzgebung, sei es durch kompensatorische Maßnahmen, die zugleich Kontrolle ausüben und Ortszuweisungen vornehmen (Familienfürsorge, Mutterschaftsschutz, Abtreibungsparagraphen usw.).

Der dritte Problemkomplex läßt sich bestimmen als Schwierigkeit mit der bisherigen Form, die Frauenfrage im Marxismus zu behandeln bzw. nicht zu behandeln. Sehr knapp zusammengefaßt können wir behaupten, daß die Lesart des Marxismus, die für die theoretische Begründung der heutigen Arbeiterbewegungspolitik Geltung hat (soweit Marxismus hier überhaupt eine Rolle spielt), die Frauenfrage nicht begreift, die Frauen marginalisiert, die Frauenbefreiung als mögliches Resultat sozialistischer Umwälzung bloß behauptet.

Zwar finden wir in allen gesellschaftlichen Orten Frauenunterdrückung – das macht eine zusammenfassende Erklärung dieses Phänomens so schwierig. Bisherige Versuche, die die Familie, die Hausarbeit, die Eheschließung, die Mutterschaft zum Fundament der Frauenunterdrückung erklären, beziehen sich damit implizit auf eine der großen Trennungen in unserer Gesellschaft: der von öffentlich und privat. Im öffentlichen Raum werden die Bedingungen für den privaten Raum (staatlich) geschaffen in der Form kontrollierender Einmischung, die die Grenzen befestigt. Schlechte soziale Einrichtungen jenseits der Familiengrenzen korrespondieren gleichzeitigem öffentlichen (staatlichen) Bemühen, die familiären Zuständigkeiten für alle Fragen der menschlichen Reproduktion, wo nicht gesetzlich, so mindestens moralisch zu behaupten (Aufsichtspflicht, Sorgerecht, Altenpflege). Die Opposition privat/öffentlich gibt faktische Trennungen an: die Abschottung der Privatsphäre vor der Öffentlichkeit ebenso wie die Entprivatisierung des Öffentlichen.

Der Slogan der Frauenbewegung „das Private ist politisch" besagt, daß im Privaten – eben durch seine getrennte Konstituierung – Politik stattfände und im privaten Leben selber die gesellschaftlichen Verhältnisse reproduziert würden. Die Absehung vom Persönlichen und Privaten ist demnach selber eine Form der Politik, die die Erfahrungen der Vielen als eigenes Feld für irrelevant erklärt und damit in ihrer Brisanz entnennt. Die Frauenbewegung begann insofern ihre Aktionen anders als die Linke, aus der sie kam, indem sie die Effekte privatwirtschaftlicher Produktion auf die Lebensweise verändern wollte statt ihre Verursachung, und so die Bereiche Kultur, Ideologie, „Subjektwerdung" in den Vordergrund rückte. Die implizite Behauptung hieß, daß Veränderungen in diesen Bereichen sowohl möglich seien als auch einen für das Gesamtsystem destabilisierenden Effekt hätten.

Auch in dieser Betrachtung der Bereichskonstruktionen und ihrer Trennungen – hier öffentlich und privat – haben wir Männer als Nutznießer von Frauenunterdrükkung und als deren Vollstrecker. Wir haben die Form der Familie, in deren heutiger vorherrschender Form sich die Trennung von öffentlich und privat manifestiert und verewigt. Hier finden wir den Staat, der die Grenzen besetzt hält und die Familie ideologisch reproduziert, ebenso, nach Ländern verschieden, die Kirche. So finden wir die verschiedenen Mächte der Gesellschaft bei der Unterdrückung der Frauen versammelt, sehen den jeweiligen, meist sogar materiellen Nutzen und stehen dennoch vor dem Problem, irgendwie eine Verschwörung der Kapitalisten, Machthunger und Schlechtigkeit der Männer annehmen zu müssen, wenn wir eine tragfähige Erklärung für die verschiedenen Allianzen bei der Frauenunterdrückung geben wollen: etwa der von Lohnarbeitern und Kapitalisten oder Lohnarbeitern und Staat in der Familienfrage. Zudem fehlt uns eine Erklärung für das weitgehende Einverständnis der Frauen etwa mit der Form der Familie, die wir gleichwohl als eine Reproduktionsstätte von Unterdrückung entziffern können.

Die einzig mögliche Antwort, die das Ineinander der Herrschaftsarten, Gegensatz und Allianz von männlicher Lohnarbeit und Kapital ohne Rückgriff auf unhaltbare Verschwörungstheorien erklären könnte, wäre die, daß die Familie in ihrer heutigen Gestalt selber, weit entfernt davon, einfacher Unterdrückungszusammenhang in den Händen von Unternehmern und Staat zu sein, ein Produkt der Klassenkämpfe zwischen Lohnarbeit und Kapital ist und auf die Seite der Siege der Arbeiterbewegung gehört[28]. Damit wäre sie den Unternehmern in ihren Befestigungen Stück um Stück abgerungen. Die Befestigung und der staatliche Schutz im weitgehenden Einverständnis mit den Frauen sind dann Produkt eines Herrschaftsverhältnisses, in dem die Siege sehr stark die Male der Herrschaft tragen, unter der sie erstritten wurden. Jedes Stück Privatheit ist eine Flucht vor kapitalistischen Produktionsverhältnissen und von ihnen strukturierten Öffentlichkeiten und in eben dieser Privatheit die Einmauerung der Frauen. Die Verteidigung der Frauenunterdrückung wäre damit ein Element der spezifischen Form, in der die Arbeiterklasse gegen das Kapital antritt.

Unter solchen Bedingungen ist deutlich, warum die Arbeiterbewegung eine kulturell männliche Bewegung ist. Zugleich finden wir einen Zusammenhang von Kapitalherrschaft und Frauenunterdrückung. Es ist ein *Trennungszusammenhang,* der folgenschwer für eine wirksame Frauenpolitik sein wird. Wenn im Verhältnis von Lohnarbeit und Kapital die den Unternehmern und dem Staat abgerungenen Vorteile für die Arbeiterklasse nicht etwa nur die Frauenfrage nicht berücksichtigen oder dies zuwenig tun, sondern die Siege sogar eingespannt sind in Formen, die Frauenunterdrückung festigen und ausbauen, so folgt daraus, daß die Kämpfe von Arbeiterbewegung und Frauenbewegung in einer bestimmten historischen Phase in einigen Punkten sich antagonistisch zueinander verhalten müssen. Der Schutz der privaten Familie und ihre Entprivatisierung sind gegensätzlich Strebungen. Frauenpolitik verlangt also insoweit den getrennten autonomen Frauenkampf. Die gemeinsame sozialistische Perspektive der Befreiung wird die Konstruktion von Bündnissen nötig machen, die die Artikulation von entgegengesetzten Interessen erlauben.

10. Noch einmal: Frauenfrage und Marxismus

In der Wirklichkeit kapitalistischer Gesellschaftsformationen steht die Produktion der Lebensmittel im Zentrum; sie ist profitlich organisiert. Insofern ist die Arbeiterklasse im Zentrum von Machtstrategien, ist ohne sie an eine andere Gesellschaftskonstruktion nicht zu denken. Die Zentralität der Lebensmittelproduktion und ihrer Organisation geht einher mit der Trennung der Bereiche öffentlich und privat und der Zuweisung von Personen an Bereiche und Funktionen. Im Privaten findet sich die Produktion des Lebens, die Reproduktion der Art, in gewisser Weise also die *Erhaltung der Natur.* Diese Aufteilung macht sie zu randständigen, unwesentlichen Bereichen, die den zentralen, der profitlichen Lebensmittelproduktion, untergeordnet sind.

Wenn wir von dieser Trennung der Bereiche ausgehen als Grundlage von Frauenunterdrückung, so können wir die historisch unterschiedlichen Formen der Organisation der Produktion (und Aufzucht) des menschlichen Lebens je konkret untersuchen; begreifen die gesellschaftlichen Unterschiede in der Stellung der Frau ebenso wie die Kontinuität von Unterdrückung; sehen die Verschärfung im heutigen Kapitalismus, die einhergeht mit größeren Rechten und mehr Gleichheit von Frauen. Wir können die Bedeutung des Ideologischen für die Reproduktion der Gesellschaft ebenso erfassen wie für die Frauenfrage, und wir können erfassen, warum Frauenunterdrückung an so vielen Orten stattfindet und dennoch ein gemeinsames Fundament hat. Wir sehen die Rolle der Biologie und ihre gesellschaftliche Konstruktion. Auch beginnen wir zu begreifen, wohin eine Gesellschaft geht, die die Erhaltung des Lebens zu einer Privatsache gemacht hat und damit die unbeschränkte Produktion von Lebensmitteln vorantreibt auf Kosten des Lebens, zu dessen Erhalt sie dienen sollten. So einfach dieser Sachverhalt der gesellschaftlichen Trennung der Bereiche von Lebens- und Lebensmittelproduktion klingt, so scheint mir doch auch, daß die derzeitigen Überlebensfragen der Menschheit – die Ökologiekatastrophe, die Rohstofferschöpfung und der Atomkrieg – Resultat einer solchen Trennung und der folgenden profitmäßig betriebenen Produktion der Lebensmittel sind.

Bisheriger Marxismus hat sich der Frage der Vergesellschaftung der Lebensmittelproduktion gewidmet, der Überführung des Privateigentums an Produktionsmitteln in genossenschaftliches. Die Erweiterung und Umgestaltung des Marxismus durch die Frauenbewegung wird die gesellschaftliche Organisation der Erhaltung, Produktion und Aufzucht des Lebens in die sozialistische Perspektive einschreiben und die Lücken im Marxismus zu füllen versuchen, deren Vernachlässigung die Geschichte von Kapitalismus und Imperialismus befördert hat.

Unmittelbar stellen sich neben den Fragen theoretischer, empirischer und historischer Forschung politische Fragen. Die im Verfolg kapitalistischer Produktionslogik betriebene Zerstörung von Natur und Menschen, die Verschränkung der Frauenfrage mit der Kapitalismusfrage zwingt die Frauenbewegung – will sie nicht esoterische Spielwiese sein – in die vorhandene Machtpolitik – als autonome Bewegung. Zur Zeit müssen die Anstrengungen darauf gerichtet sein, eine Form für die politische Artikulation der Bewegung zu finden und durchzusetzen. Die Internationalisierung der Erfahrungen auf diesem Gebiet wird eine Chance sein.

Anmerkungen

1 Dieser Beitrag ist eine überarbeitete und stark gekürzte Fassung eines Aufsatzes, den ich unter dem Titel „Geschlechterverhältnisse" zusammen mit Kornelia Hauser für einen Band über das Verhältnis von Frauen- und Arbeiterbewegung „Geschlechterverhältnisse und Frauenpolitik" verfaßte. Argument-Sonderband 110, Berlin 1984.

2 Vgl. Raya Dunayevskaja, Rosa Luxemburg, Women's Liberation and Marxist Philosphy of Revolution, New Yersey 1982.

3 Vgl. Monika Bergen, Verena Fesel, Sibylle Raasch, Frauenquoten im Hochschulbereich; in diesem Band.

4 Vgl. dazu Rada Ivecović, Noch einmal über Marxismus und Feminismus, in: Geschlechterverhältnisse und Frauenpolitik, a.a.O.; ferner: Gabriele Dietrich, Die unvollendete Aufgabe einer marxistischen Fassung der Frauenfrage, in: Geschlechterverhältnisse und Frauenpolitik, a.a.O.; ferner: Marxisme et Féminisme, Edition Tierce, Paris 1981 – vgl. dazu meine Rezension in Argument Beiheft 1983.

5 Vgl. Lawrence Krader (Hrsg.): Karl Marx. Die ethnologischen Exzerpthefte, Frankfurt 1976.

6 Vgl. Michèle Barrett, Marxist-Feminism and the Work of Karl Marx. In: Betty Metthews (Hrsg.): Marx,100 Years on, London 1983.

7 Vgl. dazu den in Anmerkung 4 erwähnten Kongreßband „Marxisme et Féminisme", a.a.O.

8 Marx Engels Werke (MEW) 3, Berlin/DDR 1978, S. 45.

9 Vgl. u. a. Ulla Jelpcke (Hrsg.), Das höchste Glück auf Erden. Frauen in linken Organisationen. Hamburg 1981; Jutta Menschik, Feminismus. Geschichte, Theorie, Praxis. Köln 1977; Ursula Linnhoff, Die neue Frauenbewegung. USA – Europa seit 1968, Köln 1974.

10 Vgl. dazu Nicole-Edith Thévenin, Identité et Politique. Féminisme, quel avenir? , in: Elles voient Rouge, 6/7 1982; ferner diesselbe in Marxisme et Féminisme, a.a.O.; und die Zeitschriften La revue d'enface; L'Insoumise; Mignonnes u. a.

11 Dies wird ausgezeichnet herausgearbeitet von Danièle Leger, in: dieselbe, Le Féminisme en France, Paris 1982.

12 Vgl. dazu Maria Rosa dalla Costa, The Housewife and her Labour under Capitalism, in: New Left Review, 1, 2, London 1974.

13 Vgl. dazu die obengenannten Zeitschriften und ferner die in Frankreich einflußreiche belgische Zeitschrift Cahiers de Grif.

14 Christine Delphy, Un Féminisme matérialiste est possible, in: Nouvelles Questions féministes, Automne 1982.

15 Vgl. zusammenfassend Sigrid Pohl, Frauenlohn und Werttheorie, in: Das Argument 7/8, 1983.

16 Der Begriff stammt von Maria Mies, vgl. dazu u. a. ihren Beitrag: Marxistischer Sozialismus und Frauenemanzipation, Den Haag, 1981.

17 Claudia von Werlhoff, Frauenarbeit: Der blinde Fleck in der Kritik der Politischen Ökonomie, in: Beiträge zur feministischen Theorie und Praxis, 1, Köln 1978.

18 Donna Harraway, Rasse, Klasse, Geschlecht als Objekte der Wissenschaft, in: Das Argument 132, 1982.

19 Elisabeth Fox-Genovese, Der Geschichte der Frauen einen Platz in der Geschichte. In: Das Argument 141, 1983.

20 Fox-Genovese, Placing Women's History in History, in: New Left Review 133, 5/6 1982, S. 20.

21 Vgl. dazu Christine Delphi, op.cit. und in Kritik an Delphi, Michèle Barrett und Mary McIntosh, Christine Delphi: Vers un Féminisme matérialiste, in: Nouvelles Questions Féministes, Herbst 1982.

22 Stellvertretend die Darstellung und Kritik bei Fox-Genovese 1982 und 1983 op. cit.

23 Hier empfiehlt sich die Lektüre von Althusser, insbesondere das Buch: Ideologie und ideologische Staatsapparate, Hamburg/Westberlin 1977; ferner Projekt Ideologietheorie: Theorien über Ideologie, Argument-Sonderband 40, Berlin/West 1979, sowie Wolfgang Fritz Haug, Strukturelle Hegemonie, in: Das Argument 129, 1981.

24 Unter Ableitungsmarxisten ist eine auch im Ausland unter eben diesem Begriff bekannte Tradition gemeint, als Marxismus eine Denkweise zu behaupten, die aus obersten Prinzipien und/oder Gesetzen alle konkrete Wirklichkeit ableitet und von daher sich die Mühe sparen kann, die empirische Vielfalt tatsächlich (marxistisch) zu erforschen und so zu neuen Einsichten zu kommen. Im hier diskutierten Zusammenhang wähle ich den Begriff „Ableitungsfeministinnen", weil mir ein Hauptmangel der vorgestellten Verfahren zu sein scheint, daß nicht aus der empirischen Vielfalt der Frauenunterdrückungen im Verhältnis zu vorhergehenden kategorialen Überlegungen Einsichten gewonnen wurden, sondern durch ein begriffliches Analogieverfahren, einzelne Begriffe den Rang oberster Prinzipien erhielten, aus denen dann die Frauenunterdrückung abgeleitet werden konnte.

25 Vgl. dazu etwa die wichtige Analyse von Heidi Hartmann, The Unhappy Marriage of Marxism and Feminism, in: Women and Revolution, Boston 1981.

26 Vgl. dazu Louis Althusser, Pour Marx, deutsch: Für Marx, Frankfurt 1968.

27 Vgl. u. a. Chantal Mouffe, The Sex/Gender System and the Discursive Construction of Women's Subordination. In: Rethinking Ideology, Argument-Sonderband 84, Berlin 1983.

28 Vgl. dazu den Beitrag von Barbara Ketelhut u. a., Die Familie als Brutstätte der Revolution, in Geschlechterverhältnisse und Frauenpolitik, op. cit.; ferner Birgit Köhn u. a., „Verläßliche Frauenspersonen" und „Luxusdamen", ebenda.

Peter Saß

Die Verteilung der Arbeitseinkommen zwischen den Geschlechtern und Besonderheiten weiblicher Berufsarbeit

Vorbemerkungen

Über die Unterschiede zwischen männlichen und weiblichen Arbeitsentgelten sind in den letzten Jahren wichtige Untersuchungsergebnisse veröffentlicht worden.[1] Diese Arbeiten belegen in differenzierter Weise, daß, wann und wo Frauen schlechter als Männer entlohnt werden. Die theoretische Aufarbeitung dieser Befunde und ihre Integration in ein allgemeines gesellschaftliches Selbstverständnis sind bisher erst zögernd in Angriff genommen worden. Auf die Frage, warum Frauen in entwikkelten Industriegesellschaften – gleichgültig, ob spät- oder nachkapitalistisch organisiert – schlechter als Männer bezahlt werden, bildet eine Herausforderung für jede umfassende Gesellschaftswissenschaft, die ihrem eigenen Anspruch gerecht werden möchte.

Die institutionalisierte Wissenschaft ist arbeitsteilig organisiert und bearbeitet daher den gesellschaftlichen Tatbestand „Lohnstruktur" im Rahmen partikularer Aufgabenstellungen. Die Einbeziehung der Entlohnungsunterschiede zwischen Mann und Frau in eine allgemeine Theorie der Lohnstruktur zwingt uns zunächst zu einer Auseinandersetzung mit den herrschenden ökonomistischen Lohnstruktur-Konzepten, die sich an elementaren Beziehungen des tauschwirtschaftlichen Kalküls orientieren.

Im Anschluß daran wollen wir versuchen, einen anderen Weg für die Analyse der zwischen den Geschlechtern bestehenden Lohnunterschiede aufzuzeigen. Dabei werden wir uns mit den besonderen gesellschaftlichen Bedingungen zu beschäftigen haben, denen die Entwicklung und Realisierung des weiblichen Arbeitsvermögens in Haushalt und Beruf unterliegen. Die Aufgabenteilung und Rollentrennung zwischen den Geschlechtern bringt für die Frauen bei der Aufnahme von beruflicher Arbeit besondere Probleme mit sich, die sich nicht in einer zeitlichen Mehrbelastung erschöpfen und nicht ohne Konsequenzen für die Bedingungen eines Lohnarbeitsverhältnisses bleiben können. Die Berücksichtigung dieser Umstände und die Verarbeitung von Ergebnissen der segmentationstheoretisch orientierten Arbeitsmarktanalyse scheint uns ein mehr Erfolg versprechender Weg in der Erklärung der geschlechtsspezifischen Lohnstruktur zu sein.

1. Entlohnungsunterschiede im Licht der neoklassischen Theorie

Die im Bereich der universitären Ökonomie herrschende wissenschaftliche Doktrin soll in diesem Beitrag nur knapp durch zwei Bemerkungen charakterisiert werden:

a) einen großen Teil ihrer Anstrengungen richtet die Neoklassik auf die *allgemeine* Bestimmung tauschwirtschaftlicher Gleichgewichte, bei denen die Mengen und Preise auf sämtlichen Märkten die Vereinbarkeit aller auf individuelle Vorteils-Maximierung errichteten Interessen gestatten; dieses fiktive Bild der tauschwirtschaftlichen Variablen ist abhängig von einer Reihe technischer, psychischer, geographischer und institutioneller Voraussetzungen (z. B. von Geschmacksrichtungen der Konsumenten oder den Vorkommen an Bodenschätzen in einer Volkswirtschaft), die als *Daten* der ökonomischen Analyse behandelt werden;
b) in der empirischen Analyse konkreter wirtschaftlicher Befunde dient den Neoklassikern das fiktiv denkbare tauschwirtschaftliche Gleichgewicht als Interpretationshilfe; immer dann, wenn sich besondere Preisverhältnisse oder Mengenrelationen auf den untersuchten Märkten langfristig als konstant erweisen, werden sie im Rahmen der gegebenen Daten prinzipiell als Ergebnis kompatibler individueller Interessen interpretiert.

Im Bereich der Arbeitsmarktanalyse deduziert die Neoklassik[2] aus dem Gewinnmaximierungskalkül die Gleichheit von Lohnsatz und monetärer Grenzproduktivität (dem Wertzuwachs, der sich bei sukzessiver Ausdehnung des Arbeitseinsatzes bei gegebener Produktionstechnik ergibt). Haben alle Unternehmen Zugang zu den jeweils modernsten produktionstechnischen Kenntnissen, so können nach der neoklassischen Logik dauerhafte Unterschiede in den Lohnsätzen und damit zugleich dauerhafte Unterschiede in der Grenzproduktivität der Arbeit nur auf Unterschieden in der Qualifikation der Arbeitskräfte beruhen. Lohnunterschiede zwischen Männern und Frauen müssen demnach aus neoklassischer Sicht bei gleichen Arbeitsaufgaben auf unterschiedliche Arbeitsvoraussetzungen auf Seiten der Arbeiter (bzw. Angestellten) zurückgeführt werden.

Lohnunterschiede, durch die eine Gruppe von Arbeitskräften diskriminiert wird, kann die Neoklassik nur bei sehr engen Voraussetzungen zugestehen, wobei zugleich die Annahme der Gewinnmaximierung durch die Unternehmen aufgegeben werden muß.[3] In der Perspektive der neoklassischen Diskriminierungstheorie müßte unser Problem der geschlechtsspezifischen Lohnunterschiede auf die Frage zugespitzt werden: warum sollten gerade Firmen, die Frauen nur ungern einstellen und bei gleichen Aufgaben und gleicher Qualifikation schlechter als Männer bezahlen, von der Zielsetzung der Gewinnmaximierung abweichen? Das Zusammentreffen beider Annahmen – Frauendiskriminierung und Nicht-Gewinnmaximierung – läßt sich kaum plausibel begründen. Für die neoklassische Lohntheorie bleibt also nur die Möglichkeit, den Lohnabstand der weiblichen gegenüber den männlichen Arbeitskräften durch Unterschiede in der Produktivität und Qualifikation zu erklären.

2. *Lohnunterschiede als Ausdruck unterschiedlicher Reproduktionskosten der Arbeitskraft*

Die klassische Ökonomie erblickte die Grundlage für den Wert der Güter in der für ihre Produktion notwendigen Arbeitsmenge. Dieser Ansatz wird auch für die Bestimmung des Wertes der Arbeitskraft zugrundegelegt: kennt man die für die Subsistenz bzw. Reproduktion der Arbeitskraft notwendigen Güter (hinsichtlich der Menge und der Qualität), so kann der Wert dieser Güter als Wert der Arbeitskraft identifiziert werden. Im Mittelpunkt des klassischen Erkenntnisinteresses stand die Frage nach der langfristigen Entwicklung der kapitalistischen Ökonomie; von der Analyse des Güterüberschusses (= produzierte Gütermenge ./. in der Produktion verbrauchte Gütermenge ./. von den Arbeitern verbrauchte Gütermenge) erhofften sich die klassischen Autoren Aufschluß über die Bestimmungsfaktoren der langfristigen wirtschaftlichen Entwicklung. Dabei wurde der Aufwand für die Arbeitskraft unter Beachtung des Subsistenz- bzw. Reproduktionsansatzes behandelt. Ob dieser Ansatz jedoch für die Erklärung der Unterschiede in der Entlohnung der Arbeitskräfte fruchtbar ist, muß bezweifelt werden.[4]

Die klassischen Ökonomen machten einen bewußten Unterschied zwischen Wert und Preis eines Gutes. Dieser begriffliche Unterschied wurde auch in der Untersuchung der Bezahlung der Arbeitskräfte beachtet. Weicht der Preis für die Arbeitskraft (= Lohnsatz) – als Ergebnis des Zusammenwirkens von Angebot und Nachfrage am Arbeitsmarkt – vom Reproduktions-Niveau ab, so kommt es langfristig nach dem Malthusianischen Bevölkerungsgesetz zur Erweiterung bzw. Verringerung des Bevölkerungsbestandes und damit auch des Arbeitskräfteangebots; dieser Mechanismus sorgt dafür, daß sich der Lohnsatz dem Reproduktions-Niveau immer wieder anpaßt.

Die Schlüsselfrage von Marx galt den historischen Grenzen der kapitalistischen Produktionsweise. In der kritischen Auseinandersetzung mit den Positionen der klassischen Ökonomie versuchte Marx die Notwendigkeit einer krisenhaften Entwicklung des Kapitalismus und letztlich seine Ablösung durch eine klassenlose Gesellschaft zu beweisen. Dabei war er ein strenger Vertreter der Arbeitswertlehre und bestimmte den Wert der Arbeitskraft in Abhängigkeit von biologischen und moralisch-kulturellen Einflüssen auf die Reproduktion der Arbeiter*familie.* Marx hat hierbei die männliche Lohnabhängigkeit im Auge („Die durch Abnutzung und Tod dem Markt entzogenen Arbeitskräfte müssen zum allermindesten durch eine gleiche Anzahl neuer Arbeitskräfte beständig ersetzt werden. Die Summe der zur Reproduktion der Arbeitskraft notwendigen Lebensmittel schließt also die Lebensmittel der *Ersatzmänner* ein, das heißt der Kinder der Arbeiter, so daß sich diese Rasse eigentümlicher Warenbesitzer auf dem Warenmarkt verewigt.")[5]

Analog zu den Klassikern beachtet auch Marx den Unterschied zwischen Preis und Wert der Arbeitskraft, weist aber die Bevölkerungstheorie von Malthus als theoretische Basis zur Erklärung der Lohnbewegung entschieden zurück. Stattdessen ist nach Marx die Kapitalakkumulation und damit der Umfang der angebotenen Arbeitsplätze (= Nachfrage nach Arbeitskräften) die elastische Variable, die bei gegebenem Arbeitskräfte-Angebot den Lohnsatz zur Anpassung an das Reproduktionsniveau zwingt.[6]

Unterschiede im Wert der Arbeitskraft resultieren bei Marx aus ungleichen Ausbildungskosten und den hieraus hervorgehenden Ungleichheiten der Qualifikation. Daneben kann bei gleicher Qualifikation der Arbeitskraft eine ungleiche Belastung durch den Arbeitsprozeß die Ursache ungleicher Reproduktionskosten sein. Die langfristige Sicherung des Arbeitskräfte-Bestandes erfordert in der Theorie von Marx, daß den oben aufgezeigten Unterschieden in der Höhe der Reproduktionskosten ungleiche Lohneinkommen der Arbeiter entsprechen.

Die Lohndifferenzen zwischen männlichen und weiblichen Arbeitskräften sind von marxistischen Theoretikern (und auch von Marx selbst) bisher kaum diskutiert worden. Dieses Thema wurde in jüngster Zeit von feministischer Seite aufgegriffen. Autorinnen wie beispielsweise A. Joosten[7] und S. Pohl[8] bemühen sich, einen Zusammenhang zwischen der Reproduktion der Arbeitskraft, geschlechtsspezifischer Arbeitsteilung und Entlohnungsnachteilen von weiblichen Arbeitskräften aufzuzeigen. Danach fällt im Arbeiter-Haushalt auf dem Hintergrund der traditierten Familienstruktur der nichtberufstätigen Ehefrau die Hauptlast der mit der Reproduktionsarbeit verbundenen Dienstleistungen zu. Der Lohn des männlichen Arbeiters muß ausreichen, die kommerziellen Vorleistungen für seine unmittelbare Reproduktion (Ersatz des Arbeitskraftverschleißes von Arbeitstag zu Arbeitstag), die Reproduktion seiner Haushälterin (= Ehefrau) und die Aufzucht der Kinder als Ersatzkräfte für die Produktions- und Reproduktionsarbeit in der nächsten Generation zu sichern.[9] Der Lohn der männlichen Arbeitskraft, der diesen Ansprüchen genügt, kann als reproduktionsadäquat gelten: Preis und Wert der Arbeitskraft sind identtisch. Falls nun die Ehefrau des Arbeiters eine Erwerbstätigkeit aufnehmen sollte, würde der Bedarf des Haushaltes an Dienstleistungen wachsen. Der reproduktionsadäquate Lohn des Ehemanns und seiner berufstätigen Ehefrau muß als Summe also größer sein als der Lohn des allein erwerbstätigen Arbeiters. Bis hierher wäre dieser Gedankengang auch mit der Bestimmung des Wertes der Arbeitskraft bei Marx vereinbar.[10]

Offen ist jedoch die Aufteilung der reproduktionsadäquaten Lohnsumme auf beide Arbeitskräfte, Ehemann und Ehefrau. Nach Auffassung von Joosten und Pohl werden die Reproduktionskosten für Nahrung, Kleidung und Wohnung der Ehefrau auch im Falle ihrer Erwerbstätigkeit im Lohn des Mannes abgegolten, während der Frau diese Komponente vorenthalten wird. Überträgt man diesen Aufteilungsmodus[11] allgemein auf männliche und weibliche Arbeiter – gleichgültig ob verheiratet oder ledig – so muß der männliche Lohn stets höher als der Lohn der Frau sein. Damit glauben die Autorinnen den Grund für die Lohn-Benachteiligung der Frau entdeckt zu haben. Nach Joosten wäre die Frau mit ihrem Lohn bei getrennter Haushaltsführung nicht reproduktionsfähig und daher ökonomisch zur Heirat gezwungen.[12]

Marx selbst zieht die von diesen Feministinnen aus der weiblichen Erwerbstätigkeit gezogenen Schlußfolgerungen nicht: „Indem die Maschinerie alle Glieder der Arbeiterfamilie auf den Markt wirft, verteilt sie den Wert der Arbeitskraft des Mannes über seine ganze Familie. Sie entwertet daher seine Arbeitskraft. Der Ankauf der in 4 Arbeitskräfte z. B. parzellierten Familie kostet vielleicht mehr als früher der Ankauf der Arbeitskraft des Familienhaupts . . ."[13]

Marx sah in der Frauen-(und Kinder-)Arbeit also eher eine Ursache für den Wert- und Preisrückgang der männlichen Arbeitskraft, keinesfalls aber eine Basis für die Lohnbenachteiligung der berufstätigen Frauen. Aber auch wenn man Marx nicht als Kronzeugen für den korrekten Umgang mit der von ihm entwickelten Theorie akzeptieren und mit Joosten und Pohl die Annahme von der Abgeltung der weiblichen Reproduktionskosten im Lohn des Mannes machen sollte, wäre die These von der Reproduktionsunfähigkeit der Lohnarbeiterin zu verneinen. Nehmen wir nämlich mit beiden Autorinnen an, daß der Lohn des männlichen Arbeiters die Reproduktion der Arbeitskraft mit Hilfe unentgeltlicher Dienste der Hausfrau (= Ehefrau) gestattet, so bedeutet die schlechtere Entlohnung der Frau nur soviel, daß ihr Lohn für die Führung eines Haushalts mit unbezahlten Diensten durch eine weitere Person nicht ausreicht. Ein ökonomischer Zwang zur Heirat kann hieraus nicht abgeleitet werden. Die Reproduktion der (männlichen wie weiblichen) Arbeitskraft wird im herkömmlichem Rahmen durch die Haushaltsgemeinschaft von 2 Generationen erreicht. Von Reproduktionsunfähigkeit unter Berücksichtigung der gesellschaftlichen Konsumnormen könnte deshalb allenfalls dann gesprochen werden, wenn der Lohn von 2 Arbeitskräften (Frau + Ehemann oder Frau + Frau) zur Dekkung des Güter- und Dienstbedarfs in einem Mehrpersonen-Haushalt (einschl. Kinder) nicht ausreichen sollte.

Im übrigen würde die These von der Reproduktionsunfähigkeit des weiblichen Lohnes einschließen, daß der Lohn lediger Männer über dem Reproduktionsniveau läge. Die von einigen Feministinnen betriebene Korrektur der Marxschen Theorie würde demnach zu dem Ergebnis führen, daß in der Bezahlung der Arbeitskräfte permanent gegen das Äquivalenzprinzip verstoßen würde – ganz offensichtlich ohne damit die Reproduktion der Arbeitskraft als Klasse zu gefährden. Eine am Reproduktionsansatz orientierte Lohntheorie hat also ähnlich wie die Neoklassik erhebliche Schwierigkeiten, mit plausiblen Argumenten befriedigende Antworten auf die Frage nach den Ursachen der geschlechtsspezifischen Entlohnungsunterschiede zu finden.

3. Besonderheiten des weiblichen Arbeitsvermögens

Die bisher behandelten *allgemeinen* Ansätze zur Erklärung der Lohnstruktur gehen auf Prinzipien zurück, die in (unterschiedlichen) Theorien des *Gütertausches* entwickelt worden sind. Diese ökonomischen Theorien setzen die Akzeptanz der Konkurrenzregeln durch die Marktparteien voraus und umgehen die Frage, in welchem Rahmen Arbeitskräfte diese Akzeptanz erwerben. Die Behandlung des üblicherweise von der Soziologie untersuchten Zusammenhangs zwischen Arbeitseinsatz im Beruf und Arbeitskrafterneuerung im Haushalt ist jedoch erforderlich, um die Besonderheiten des Arbeitsvermögens von Frauen erkennen zu können. Zur Beantwortung dieser Frage werden wir uns im folgenden hauptsächlich an Untersuchungsergebnissen und Thesen einer Veröffentlichung der Soziologin I. Ostner[14] orientieren.

Auch in Gesellschaften mit entwickelter Warenproduktion absorbiert der private Haushalt einen erheblichen Teil des gesamtgesellschaftlichen Arbeitspotentials. Arbeitaufgaben in Haushalt und Betrieb sind grundverschieden. Während der Haushalt die Reproduktion der Individuen – d. h. die Deckung ihrer unmittelbaren Bedürfnisse – unter Gewährleistung eines besonderen emotionalen Milieus sichern soll,[15] unterliegt die berufliche Arbeit im Betrieb der Distanz zu den unmittelbar-subjektiven Bedürfnissen, um unter Beachtung der Zeit- und Kostenökonomie eng umrissene spezielle Funktionen zu erfüllen. Während die Arbeit im Haushalt tauschfrei organisiert ist, wird die berufliche Arbeit von den Notwendigkeiten des Konkurrenzkampfes beherrscht. Herkömmlicherweise wird der Bereich der häuslichen Arbeit den Frauen übertragen, während sich die Männer mit Vorrang den Anforderungen des Berufes widmen.

Nach Ostner geraten nun Frauen, die eine berufliche Arbeit aufnehmen, in die Situation, ganz unterschiedlichen und letztlich widersprüchlichen Arbeitsanforderungen gerecht werden zu müssen. Berufstätige Frauen versuchen dieser Belastung dadurch auszuweichen, daß sie sich um Arbeitsplätze mit einer engen Affinität zur Hausarbeit bemühen. Ihr Arbeitsvermögen – ursprünglich für die häusliche Arbeit entwickelt – bleibt auch im Beruf reproduktionsbezogen. Dem entspricht die unternehmerische/staatliche Besetzung von Arbeitsplätzen mit Frauen nach dem Kriterium „unmittelbar reproduktiver Arbeit".[16] Für un- und angelernte Tätigkeiten in der Produktion und in der Verwaltung können vor allem die sensumotorischen Fähigkeiten (Fingerfertigkeit, Geschicklichkeit) und „soziale" Fertigkeiten (Ausdauer, Geduld) der Frauen genutzt werden.[17] Vor diesem Hintergrund wird die Konzentration weiblicher Erwerbsarbeit auf wenige Bereiche verständlich: Elektro-, Textil-, Bekleidungs- sowie Nahrungs- und Genußmittelindustrie bei den Arbeiterinnen – Handel und Dienstleistungen bei den weiblichen Angestellten.

Ein Aufstieg zu fachlich anspruchsvolleren Aufgaben gelingt den Frauen dort, wo der Arbeitsgegenstand eine Ähnlichkeit mit der häuslichen Reproduktion aufweist (Beispiel: Lehrerin, Krankenschwester).[18] Hieraus darf jedoch nicht geschlossen werden, daß der berufliche Aufstieg von den Frauen als Ziel an sich betrachtet wird. In Bereichen ohne Nähe des Arbeitsgegenstandes zur häuslichen Reproduktion bleibt der berufliche Aufstieg den Frauen meistens verwehrt; vielfach wird er auch nicht angestrebt.[19] Die Internalisierung der Reproduktionsaufgabe und der Struktur der Hausarbeit bildet für die Frauen vielfach ein Hindernis bei der Bewältigung von Arbeitsproblemen im Beruf.

4. Die Chancen weiblicher Lohnarbeit in segmentationstheoretischen Untersuchungen

In verschiedenen empirischen Untersuchungen zur Situation am Arbeitsmarkt hat sich seit einiger Zeit der herkömmliche Ansatz der neoklassischen Theorie als zu eng erwiesen. Im Mittelpunkt der Aufmerksamkeit steht dabei vor allem die Abtrennung von Teilbereichen des Arbeitsmarktes durch bewußte Entscheidungen der *Unternehmen,* die bei der Besetzung bestimmter Arbeitsplätze Marktzutrittsbarrieren für die Arbeitskräfte errichten.[20] Unter dem Dach der Segmentationstheorie werden verschiedene Begründungen für die Schaffung von Teilarbeitsmärkten durch die Unternehmen gegeben. Im folgenden wollen wir hauptsächlich auf einige Arbeiten zurückgreifen, die sich an der Theorie *interner* Arbeitsmärkte orientieren.

Den Zutritt zu internen Arbeitsmärkten haben nur Arbeitskräfte, die einem Unternehmen bereits angehören. Hierin liegt der wesentliche begriffliche Unterschied zu *externen* Arbeitsmärkten. Wenn Unternehmen einen attraktiven Arbeitsplatz nur mit internen Bewerbern besetzen wollen, statten sie diese Arbeitskräfte zugleich mit Chancen aus, die den Arbeitskräften auf externen Arbeitsmärkten fehlen. Interne Arbeitsmärkte werden nach Ahner und Keller[21] in erster Linie deswegen geschaffen, weil – besonders in größeren Unternehmen – häufig ein Bedarf an eher betriebsspezifisch als an beruflich-allgemein ausgebildeten Arbeitskräften besteht. Diesen Arbeitskräften werden nach einer Bewährung im externen Segment Chancen eines innterbetrieblichen Aufstiegs angeboten, wobei mit der betrieblichen Arbeit am Arbeitsplatz ein Qualifikationszuwachs verbunden ist, der von den Arbeitskräften nur firmenintern eingesetzt werden kann. Insofern besteht ein symmetrisches Interesse der Firmen und begünstigten Arbeitskräfte an stabilen Beschäftigungsverhältnissen. Gelingt die Integration einer Arbeitskraft in das interne Segment, so ist für den Betreffenden (die Betreffende) mit der Veränderung der Arbeitsaufgaben in der Regel ein Lohngruppenaufstieg verbunden. Im Vergleich zum externen Segment sind Entlohnung und betriebliche Verweildauer der Arbeitskräfte im internen Segment überdurchschnittlich hoch.[22]

Für die Untersuchung der geschlechtsspezifischen Lohnunterschiede ist nun die Tatsache wichtig, daß Frauen an internen Arbeitsmärkten nur sehr schwach beteiligt sind.[23] Nach den empirischen Befunden fällt bei den weiblichen Arbeitskräften der weitgehende Ausschluß von innerbetrieblichen Aufstiegsmöglichkeiten mit kürzeren Verweilzeiten in der Firma zusammen. Die Tabellen 1 und 2a/2b belegen diesen Umstand recht eindeutig.

Bei der Interpretation der tabellarischen Daten müssen wir beachten, daß in den Werten der 3 bzw. 5 tariflichen Verdienstgruppen nicht nur Angaben aus unterschiedlichen Wirtschaftszweigen, sondern auch Angaben benachbarter Lohn- bzw. Gehaltsstufen zusammengefaßt sind. Die Daten können deshalb nicht die These belegen, daß Frauen bei gleichen Aufgaben und Leistungen schlechter als männliche Arbeitskräfte entlohnt werden. Wenn diese These auch hier nicht weiter geprüft werden kann, läßt das Datenmaterial doch andererseits eindeutige Schlußfolgerungen zu: Frauen schneiden einmal bei der Einstufung in Lohn- und Gehaltsgruppen schlechter als Männer ab; zum anderen ist die Dauer ihrer Arbeitsverhältnisse (bezogen auf eine Firma) kürzer als die der männlichen Kollegen. Segmentationstheoretisch werden die oberen Lohn- bzw. Gehaltsgruppen jeweils dem internen Segment zugerechnet. Der Eintritt in dieses Segment und der firmeninterne Aufstieg sind jedoch an die Voraussetzung einer längeren Zugehörigkeit zum Unternehmen gebun-

Tabelle 1: Einkommen, Anteilsquoten und Dauer der Unternehmenszugehörigkeit (UZD) männlicher und weiblicher Arbeitnehmer in der Gesamtindustrie nach Tarifgruppen-Einstufung 1972

Tarifgruppen*	Männer			Frauen		
	Einkommen in DM	UZD in Jahren	Anteile in v.H.	Einkommen in DM	UZD in Jahren	Anteile in v.H.
Arbeiter:						
Leistungsgruppe 3	1.036	5,9	11,0	869	5,8	36,1
Leistungsgruppe 2	1.466	8,0	23,0	930	6,6	29,4
Leistungsgruppe 1	1.676	10,2	42,0	1.031	7,4	3,8
Angestellte:						
Leistungsgruppe III	2.159	15,2	4,0	1.518	14,3	0,1
Leistungsgruppe V	1.402	9,1	2,0	1.005	5,6	17,0
Leistungsgruppe IV	1.899	10,2	10,0	1.396	8,4	12,2
Leistungsgruppe II	2.494	11,9	7,0	1.944	12,3	1,4
Leistungsgruppe I	3.521	13,3	1,0	2.767	4,7	0,1

Quelle: Keller, Interne Arbeitsmärkte und Arbeitsmarktstruktur, Tübingen 1981, S. 94 (Tab. B 1.1)

*Leistungsgruppe 3: Zusammenfassung von Arbeitern für einfache Aufgaben in den unteren Tariflohngruppen
Leistungsgruppe 2: Zusammenfassung der Arbeiter mit speziellen Aufgaben ohne allgemeine Berufsbefähigung in den mittleren Tariflohngruppen
Leistungsgruppe 1: Zusammenfassung der Arbeiter mit besten Fachkenntnissen und schwierigsten Aufgaben in den höchsten Tariflohngruppen
Leistungsgruppe V: Zusammenfassung von Angestellten für einfache Aufgaben in den unteren Tarifgruppen
Leistungsgruppe IV: Assistenten ohne Entscheidungsbefugnisse mit Fachkenntnissen (z.B. Berufsausbildung)
Leistungsgruppe III: Zusammenfassung von Angestellten mit besonderen Fachkenntnissen und Berufserfahrung für schwierige Aufgaben (z.B. Meister)
Leistungsgruppe II: Zusammenfassung von Angestellten mit eingeschränkter Dispositionsbefugnis, besonderen Erfahrungen und selbständigen Leistungen (z.B. Planungspersonal, Obermeister)
Leistungsgruppe I: Zusammenfassung der leitenden Angestellten mit Dispositionsbefugnis.

den. Da Frauen diese Voraussetzung weniger häufig als Männer erfüllen, sind – so dürfen wir folgern – ihre Chancen im betriebsinternen Arbeitsmarkt auch schlechter als die männlicher Arbeitskräfte.

Es muß noch einmal betont werden, daß das Interesse der Unternehmen am internen Arbeitsmarkt weniger auf formalisierte Ausbildungsabschlüsse als auf betriebsspezifische Qualifikationen gerichtet ist. Daher lassen sich auch die ungünstigen Chancen der Frauen am internen Arbeitsmarkt nicht mit einer im Vergleich zu Männern schlechteren Berufsausbildung erklären; damit soll nicht bestritten werden, daß die Berufsausbildung in besonderen Fällen den betriebsinternen Aufstieg

Tabelle 2a: Brutto-Stundenverdienst und Anzahl männlicher sowie weiblicher Arbeiter im Produzierenden Gewerbe der Bundesrepublik Deutschland nach Dauer der Unternehmenszugehörigkeit (UZD) und tariflicher Lohngruppen-Einstufung 1966

tarifliche Lohngruppen nach UZD	Männer			Frauen		
	Brutto Stunden-verdienst in DM	Anzahl absolut	Anzahl in v.H.	Brutto Stunden-verdienst in DM	Anzahl absolut	Anzahl in v.H.
Leistg.GrI						
UZD (i.J.)						
unter 3	5,15	645.620	14,2	3,74	19.330	2,0
3 bis 15	5,25	1.458.760	32,1	3,90	36.820	3,8
über 15	5,24	541.590	11,9	4,00	7.580	0,8
insgesamt	5,22	(2.645.970)	(58,2)	3,86	(63.730)	(6,6)
Leistg.Gr II						
UZD (i.J.)						
unter 3	4,60	466.860	10,3	3,47	166.190	17,2
3 bis 15	4,80	709.580	15,6	3,62	261.250	27,0
über 15	4,75	223.860	4,9	3,66	40.870	4,2
insgesamt	4,72	(1.400.290)	(30,8)	3,57	(468.310)	(48,4)
Leistg.Gr III						
UZD (i.J.)						
unter 3	4,27	249.180	5,5	3,31	185.130	19,1
3 bis 15	4,37	196.580	4,3	3,46	220.390	22,8
über 15	4,27	53.520	1,2	3,53	29.900	3,1
insgesamt	4,31	(499.280)	(11,0)	3,40	(435.420)	(45,0)
	4,97	4.545.550	100,0	3,51	967.450	100,0
Alle Leistg. Gruppen						
UZD (i.J.)						
unter 3	4,80	1.361.650	30,0	3,40	370.640	38,3
3 bis 15	5,04	2.364.920	52,0	3,57	518.460	53.6
über 15	5,04	818.970	18,0	3,64	78.350	8,1
	4,97	4.545.550	100,0	3,51	967.450	100,0

Quelle: Statistisches Bundesamt (Hrsg.), Fachserie M, Reihe 17 I. Gehalts- und Lohnstrukturerhebung 1966 (Arbeiterverdienste) (Berechnung der Anteile in v.H. durch den Verf.)

Zur Erläuterung der Begriffe ‚Leistungs-Gruppe' vergl. Tabelle 1.

Tabelle 2b: Brutto-Monatsverdienste und Anzahl männlicher kaufmännischer sowie weiblicher Angestellter im produzierenden Gewerbe und Dienstleistungsbereich der Bundesrepublik Deutschland nach Dauer der Unternehmenszugehörigkeit (UZD) und tariflicher Gehaltsgruppen-Einstufung 1966

tarifliche Gehaltsgruppen nach UZD	männl. kaufm. Angestellte			weibliche Angestellte		
	Brutto Monatsverdienst in DM	Anzahl absolut	Anzahl in v.H.	Brutto Monatsverdienst in DM	Anzahl absolut	Anzahl in v.H.
Leisg. Gr. Ib						
UZD: unter 3 J.	1.990	8.670	0,7	1.530	800	0,1
3 bis 15 J.	2.070	33.000	2,8	1.490	2.800	0,2
über 15 J.	2.120	23.620	2,0	1.580	1.960	0,2
insgesamt	2.080	(65.290)	(5,5)	1.530	(5.560)	(0,5)
Leistg. Gr. II						
UZD: unter 3 J.	1.440	47.360	4,0	1.130	9.400	0,7
3 bis 15 J.	1.500	132.070	11,2	1.140	27.730	2,0
über 15 J.	1.560	84.140	7,1	1.260	13.720	1,1
insgesamt	1.510	(263.570)	(22,3)	1.180	(48.850)	(3,8)
Leistg. Gr. III						
UZD: unter 2 J.	1.050	159.900	13,6	800	118.850	9,3
3 bis 15 J.	1.120	301.080	25,6	860	213.630	16,6
über 15 J.	1.220	111.990	9,5	1.000	56.860	4,4
ingesamt	1.130	(572.980)	(48,7)	870	(389.340)	(30,3)
Leistg. Gr. IV						
UZD: unter 3 J.	760	91.040	7,7	660	310.450	24,2
3 bis 15 J.	780	123.750	10,5	650	362.740	28,3
über 15 J.	940	27.070	2,3	800	34.610	2,7
insgesamt	800	(241.860)	(20,5)	640	(707.800)	(55,2)
Leistg. Gr. V						
UZD: unter 3 J.	690	14.970	1,3	500	80.770	6,5
3 bis 15 J.	750	16.160	1,4	600	46.670	3,6
über 15 J.	840	3.250	0,3	660	4.020	0,3
insgesamt	740	(34.380)	(3,0)	550	(131.460)	(10,2)
	1.190	1.178.070	100,0	730	1.283.000	100,0
Allg. Leist. Gruppen						
UZD: unter 3 J.	1.030	321.940	27,3	650	520.270	40,5
3 bis 15 J.	1.180	606.060	51,5	740	651.570	50,8
über 15 J.	1.380	250.070	21,2	970	111.160	8,7
insgesamt	1.190	1.178.070	100,0	730	1.283.000	100,0

Quelle: Statistisches Bundesamt (Hrsg.), Fachserie M, Reihe 17 I Gehalts- und Lohnstrukturerhebungen 1966 (Angestelltenverdienste) (Berechnung der Anteile in v.H. durch den Verf.)

Zur Erläuterung der Begriffe „Leistungs-Gruppe“ vergl. Tabelle 1 beschleunigen kann.[24] Vorrangig wäre jedoch die Frage zu beantworten, warum die Beschäftigungsverhältnisse von Frauen weniger stabil als die von Männern sind.

Es liegt nahe, eine erste Antwort auf diese Frage mit Hilfe des Drei-Phasen-Theorems (1. Phase: temporäre Berufstätigkeit, 2. Phase: Vorrang familiärer Pflichten, 3. Phase: Rückkehr ins Berufsleben) zu versuchen. Demnach würde die stärkere zeitliche Beanspruchung der Frau durch ihre Pflichten als Mutter zu einem befristeten Ausscheiden aus dem Erwerbsleben und damit tendenziell zu kürzeren Beschäftigungsverhältnissen (im Durchschnitt betrachtet) führen. Empirische Untersuchungen zeigen jedoch, daß der Wiedereintritt von Müttern in das Berufsleben weder automatisch erfolgt noch zeitlich eindeutig bestimmt werden kann; außerdem kann eine längere Unterbrechung der Erwerbstätigkeit bei ledigen Müttern ausgeschlossen werden.[25] Vielmehr wird die Fortsetzung bzw. Wiederaufnahme einer beruflichen Tätigkeit bei den meisten Frauen von ihrer Haltung in dem Konflikt zwischen Familienorientierung und Erwerbstätigkeit beeinflußt.[26] Wenn die Entscheidung der Frauen über ihre berufliche Tätigkeit generell immer wieder durch ihren Bezug zur häuslichen Reproduktion in Frage gestellt wird, kann auch nicht erwartet werden, daß ihre Bindung an eine Firma dieselbe zeitliche Dauer wie bei männlichen Arbeitskräften erreicht. Die kürzere Dauer weiblicher Arbeitsverhältnisse steht somit in einem engen Zusammenhang mit der prinzipiellen Reproduktionsorientierung des weiblichen Arbeitsvermögens. Die mangelnde Integration der Frauen in betriebsinterne Arbeitsmärkte läßt sich also weder auf allgemeine Qualifikationsdefizite noch auf besondere weibliche Arbeitsmarktkalküle zurückführen. Die gesellschaftlich vorgegebene Trennung von Berufsarbeit und Reproduktion schafft vielmehr für die Frauen einen Orientierungs-Notstand, der eine prinzipielle Entscheidung für den beruflichen Aufstieg erschwert, weil dieser Weg den Frauen die Realisierung ihrer reproduktiven Arbeits- und Handlungsmöglichkeiten verbietet.

5. *Zusammenfassung*

Der reale Anknüpfungspunkt für diesen Beitrag war die relativ schlechte Bezahlung weiblicher Lohnarbeit. Probleme unterschiedlicher Entlohnung gehören prinzipiell zum Aufgabenbereich der ökonomischen Theorie, die u. a. auch Bestimmungsgründe der Lohnstruktur untersuchen muß. Unsere Prüfung der klassischen (einschl. der Marx'schen) und der neoklassischen Lohntheorie führten zu dem Ergebnis, daß diese ihrem Anspruch nach allgemeinen Ansätze doch aus sehr speziellen Fragestellungen entwickelt worden sind und somit nicht für jedes Problem der sozioökonomischen Struktur unserer Gesellschaft eine überzeugende Interpretationsbasis bilden können. Die Analyse des Lohnabstandes zwischen männlichen und weiblichen Arbeitskräften erfordert eine Berücksichtigung des Zusammenhangs zwischen weiblicher Berufsarbeit im Betrieb und weiblicher Reproduktionsarbeit im Haushalt. Die hiermit verbundenen widersprüchlichen Anforderungen an das weibliche Arbeitsvermögen erschweren die Integration der Frauen in das Berufsleben. Frauen partizipieren daher weniger an der allgemeinen Schul- und Berufsausbildung als Männer (die sich hieraus ergebenden Einkommensunterschiede wurden in diesem Beitrag nicht untersucht) und haben – selbst bei gleichen Bildungsabschlüssen wie Männer – geringere berufliche Aufstiegschancen. Die widersprüchlichen Anforderungen der Gesellschaft an das weibliche Arbeitsvermögen erschweren den Frauen den Zutritt zu betriebsinternen Arbeitsmärkten und damit den Zugang zu besser entlohnten Arbeitsaufgaben. Hierauf muß ein Teil der Einkommensunterschiede zwischen männlichen und weiblichen Lohnabhängigen zurückgeführt werden.

Anmerkungen

1 Für die Bundesrepublik Deutschland legte J. Langkau, Lohn- und Gehaltsdiskriminierung von Arbeitnehmerinnen in der Bundesrepublik Deutschland, Bestimmung und Analyse des geschlechtsspezifischen Einkommensabstandes 1960–1976, Bonn 1979, eine wichtige empirische Untersuchung vor. Vgl. daneben Dobberthien, M., Frauenarbeit zwischen Chance und Diskriminierung, in: L. Pusch (Hrsg.): Feminismus. Inspektion der Herrenkultur, Frankfurt/M. 1983, S. 421 ff.

2 Ausführlich wird die neoklassische Position in dieser Frage von Dirk Ahner referiert; vgl. Ahner, D., Arbeitsmarkt und Lohnstruktur, Tübingen 1978, S. 8 ff.

3 Vgl. Ahner, a,a,O., S. 47 ff.

4 Zweifel an der empirischen Relevanz des Reproduktionskosten-Ansatzes ergeben sich auch in der Analyse der Lohnunterschiede zwischen großen und kleinen Unternehmen; s. hierzu Saß, P., Warum können Arbeiter in Großunternehmen mehr verdienen oder wie die Lohnstruktur sozialökonomisch betrachtet werden kann, in: Jahrbuch für Sozialökonomie und Gesellschaftstheorie – Verteilungsprobleme in Industriegesellschaften, 1982, S. 56 ff.

5 Vgl. Marx, K., Das Kapital, Bd. I, Frankfurt/M. 1968 (Lizenzausgabe), S. 186 (Sperrung auf meine Veranlassung, P.S.).

6 Vgl. Marx, K., a.a.O., S. 647 f. Marx berücksichtigt bei einem Geschwindigkeits-Vorsprung der Kapitalakkumulation gegenüber dem Arbeitskräfteangebot (unter der Annahme einer gleichbleibenden Produktionstechnik) zwei Entwicklungsmöglichkeiten:
a) die Kapitalakkumulation geht bei höheren Lohnansätzen und verringerter Mehrwertrate weiter;
b) dank des steigenden Lohnes schwindet der Anreiz zur Kapitalakkumulation, so daß die Nachfrage nach Arbeitskräften zurückgeht und der Lohnsatz sinkt.
Die 1. Variante (a) schließt die Möglichkeit eines dauerhaften Überschusses des Lohnes über den Wert der Arbeitskraft ein; ob Marx sich dieser Konsequenz bewußt war, kann nicht geklärt werden.

7 A. Joosten: Mann, Marx spricht nicht über Hausarbeit, Berlin 1980.

8 S. Pohl: „Frauenlohndiskriminierung. Feministische Überlegungen zur Marx'schen Arbeitswertlehre," in: Argument H. 140/1983, S. 525 ff.

9 Einige Feministinnen beziehen in den Wert der Arbeitskraft auch nicht vergesellschaftete Arbeiten (= häusl. Dienste der Frau) ein und kommen so zu einem ‚gesellschaftlichen Wert der Arbeitskraft', der höher als der Marx'sche Wert ist; vgl. Joosten, a.a.O., S. 79 ff. Dabei wird unterstellt, daß die häuslichen Arbeiten auch unter Konkurrenz-Voraussetzungen organisierbar wären.

10 Vgl. auch Marx, a.a.O., S. 417.

11 Joosten und Pohl gehen allerdings einen andern Weg. Sie setzen den für reproduktionsfähig erklärten Lohn des Mannes als Datum und subtrahieren davon die Unterhaltskosten der Frau. Joosten erhält in ihrem Zahlenbeispiel so einen Frauenlohn von DM 1.200 (Männerlohn DM 1.600 ./. weibl. Reproduktionskosten DM 400). Dieses Vorgehen wäre nur bei mit Kindern allein lebenden Frauen oder unter der Annahme plausibel, daß in einem Arbeiterhaushalt die männliche durch die weibliche Erwerbstätigkeit ersetzt wird und der Mann die häuslichen Dienstleistungen erbringt. Die korrekte Einarbeitung der Annahme, wonach die weiblichen Unterhaltskomponente im Männerlohn erscheint, in die Marx'sche Theorie würde (bei gemeinsamer Erwerbstätigkeit von Ehemann und -frau) zu einem andern Resultat füh-

ren: Wert der weiblichen Hausarbeit DM 1.800 (Betrag bei Joosten) ./. Unterhaltskosten der Frau DM 400 (Betrag nach Joosten) = Frauenlohn DM 1.400. Auch dieser Lohn wäre noch niedriger als der des Mannes.

12 Vgl. Joosten, a.a.O., S. 100.

13 Marx, a.a.O., S. 417.

14 I. Ostner, Beruf und Hausarbeit. Die Arbeit der Frau in unserer Gesellschaft. Frankfurt/New York, 2. Auflage, 1979.

15 Vgl. Ostner, a.a.O., S. 186.

16 Vgl. Ostner, a.a.O., S. 198.

17 A.a.O., S. 207 f.

18 A.a.O., S. 214 ff.

19 A.a.O., S. 209.

20 Vgl. Keller, B., Interne Arbeitsmärkte und Arbeitsmarktstruktur, Tübingen 1981, S. 3, sowie Biehler, H./Brandes, W., Arbeitsmarktsegmentation in der Bundesrepublik Deutschland, Frankfurt/New York, 1981, S. 155 f.

21 Vgl. Keller, S. 29 ff., sowie Ahner, S. 87 ff.

22 Vgl. Biehler/Brandes, S. 176.

23 Vgl. Keller, S. 114, dasselbe Ergebnis wird auch von Biehler/Brandes (S. 237 u. 243), festgestellt, die in ihrer Analyse ausdrücklich zwischen berufsfachlichen und betrieblichen (internen) Segmenten unterscheiden.

24 Vgl. Biehler/Brandes, 1981, S. 258.

25 Vgl. Weltz, F., Bestimmungsgrößen der Frauenerwerbstätigkeit, in: Mitteilungen aus der Arbeitsmarkt- und Berufsforschung, 1971, S. 208.

26 Vgl. Weltz, S. 212 f.

Harald Mattfeldt

Doppelverdienertum und Ehestandsdarlehen

Zur Reglementierung der Frauenerwerbstätigkeit am Beispiel des Nationalsozialismus

I. Vorbemerkung

Der Versuch, mit ideologischen und/oder praktischen Mitteln die Frauenerwerbstätigkeit zu vermindern, ist fast eine gesetzmäßige Begleiterscheinung der Krise. Dies läßt sich sowohl am Beispiel der Weltwirtschaftskrise in der Endphase der Weimarer Republik und im Dritten Reich wie am Beispiel der Bundesrepublik spätestens seit den Anfang der 70er Jahre beginnenden Zyklen zeigen. Lohnabhängig erwerbstätige Frauen sind von der Krise mehrfach betroffen, als potentielle Angehörige der Reservearmee und als „Spielmaterial“ besonderer beschäftigungspolitischer Maßnahmen. Hierin sind sie vergleichbar mit ausländischen Arbeitskräften, denen ebenso wie den Frauen eine „Alternative“ zur Arbeitslosigkeit aufgedrängt wird, nämlich das Land, in dem sie bisher als Arbeitnehmer beschäftigt waren, zu verlassen und in ihre „angestammte Heimat“ zurückzukehren. Dies schönt die Arbeitslosenstatistik und lenkt, bei gegebener und zunehmender – häufig genug geschürter – Ausländerfeindlichkeit von den eigentlichen Ursachen der Krise ab. Die Entwicklung in der BRD zeigt, daß den Ausländern sogar finanzielle Angebote gemacht werden, damit sie das Land verlassen. Auch hier ließe sich ohne Schwierigkeiten ein Vergleich zu den Frauen ansetzen, wie für die Zeit des deutschen Faschismus und seiner Spielart von Ausländerfeindlichkeit auf dem Arbeitsmarkt, der Frauenfeindlichkeit, noch zu zeigen sein wird.[1]

Die „Alternative“ für die Frau ergibt sich aus ihrem „Doppelcharakter“ in unserer Gesellschaft als Arbeitnehmerin und – als (tatsächliche oder potentielle) Ehefrau und Mutter – als Hüterin von Herd und Kindern, ihrer (behaupteten) „angestammten“ oder „natürlichen“ Heimat. Der männliche Arbeitnehmer besitzt im traditionellen Rollenverständnis, und dies dürfte auch heute noch in der Mehrheit der Arbeitnehmerhaushalte ein patriarchalisches sein, keine entsprechende „Beschäftigungsalternative“ zur Arbeitslosigkeit. Insofern scheint der Zusammenhang zwischen kapitalistischer Krise und doppelter Diskriminierung der Frauen in der Krise nur über die herrschenden patriarchalischen Verhältnisse vermittelbar zu sein. Hieraus läßt sich jedoch nicht schließen, daß der besonders stark ausgeprägte Antifeminismus der deutschen Nationalsozialisten allein patriarchalanalytisch und nicht kapitalökonomisch erklärt werden könnte.

Wenn wir den Faschismus im wesentlichen begreifen als Herrschaftsform zur Aufrechterhaltung der kapitalistischen Produktionsweise, die zu einem Zeitpunkt einsetzt, zu dem das Funktionieren der privatwirtschaftlichen Kapitalverwertung auf der Grundlage anderer staatlicher Herrschaftsformen nicht mehr gesichert werden kann, ist jede Erscheinung unter dieser Herrschaftsform auch nach ihrer Kapiralrationalität zu hinterfragen. Geschieht dies nicht, so lassen sich viele wesentliche Entwicklungen im deutschen Faschismus (so auch die Judenverfolgung und -vernichtung) nur noch als ökonomisch irrational, d. h. nicht mehr kapitalismustheoretisch, oder bestenfalls individual- oder sozialpsychologisch erklären. Dies zerreißt dann den Zusammenhang zwischen Kapitalismus und Faschismus[2] – ein allerdings von zahlreichen Faschismus-„theoretikern" und ihren Mäzenen beabsichtigter Effekt – und führt letztlich zu solchen viel gebrauchten Formeln wie „Insgesamt war das Dritte Reich gar nicht so schlecht, nur das mit den Juden und dem Krieg hätte er (Hitler) nicht machen sollen!".

Eine Diskussion um einen Primat der Ökonomie oder einen Primat patriarchalischer Frauenideologie und -unterdrückung im Kapitalismus, insbesondere im Dritten Reich, soll hier nicht geführt werden. Überschriften wie „Frauenarbeit versus Frauenideologie"[3] legen die Berechtigung einer solchen Diskussion nahe. Nach dem Inhalt dieser und anderer Abhandlungen scheint es im deutschen Kapitalismus der Zeit von 1933 bis 1945 keinen eindeutigen Primat der Ökonomie zu geben, sondern über weite Strecken der faschistischen Herrschaftsperiode die nationalsozialistisch-erzpatriarchalische Frauenideologie, insbesondere die Hitlers, über die akkumulations- und rüstungsökonomischen Notwendigkeiten obsiegt zu haben. Für einen patriarchalischen und damit, gemessen an den programmatischen Aussagen der Nationalsozialisten zur Frauenfrage, politischen Primat scheint zu sprechen, daß in der Krise eben nicht die Forderung nach Mehreinstellung von im Lohnniveau niedriger liegenden Frauen artikuliert wird, sondern nach ihrer Verdrängung vom Arbeitsmarkt. In solch einer Diskussion ließe sich auch die extreme Frauenfeindlichkeit des Nationalsozialismus dem Liberalismus gegenüberstellen, der Antifeminismus in diesem Sinne nicht kennt, sondern die Gleichberechtigung auf sein (privatkapitalistisches) Banner geschrieben hat, um so die Voraussetzungen zu schaffen, daß alle vorhandenen Arbeitskraftressourcen für die Ökonomie nutzbar gemacht werden können.

Sowohl für die Berechtigung der einen wie der anderen Position bezüglich eines Primats können zahlreiche empirische Beispiele für die Zeit des Dritten Reichs angeführt werden. Dies zeigt aber nur, daß es für diese Frage *keine eindeutige empirische Entscheidungsregel* gibt. Dies gilt insgesamt für die Problemstellung des Primats der Politik bzw. des Primats der Ökonomie in der Faschismusforschung, wobei aus dem Primat der Politik schnell und unvermutet eine „Hegemonie der Ideologie" werden kann. Die Nazis selbst gehen in ihrem Selbstverständnis immer von einem Primat ihrer politischen Zielsetzungen aus, d. h. von der Annahme, daß sie den von ihnen beherrschten Staat nach ihren politischen Vorstellungen und Zielen umbauen können und, auf der Erscheinungsebene, auch umgebaut haben. Hieraus läßt sich jedoch nicht schließen, daß „Nazilogik" im Sinne eines Primats der Politik mit „Kapitallogik" im Sinne eines Primats der Ökonomie unvereinbar sei. In dieser Weise soll im folgenden der Zusammenhang zwischen kapitalistischer Ökonomie und Patriarchat gesehen werden.

Allgemein gilt, daß sich die private Kapitalverwertung immer vorhandener (vorgefundener) oder selbst fabrizierter Diskriminierungen und Spaltungen bei den abhängig Beschäftigen bedient, seien sie rassischer, altersmäßiger, geschlechtsspezifischer oder sonstiger Art, um z. B. über hierauf aufbauende Lohndifferenzierungen Rentabilität zu verbessern. Patriarchalische und ökonomische Verhältnisse können, wenn man diese Unterscheidung überhaupt für analytisch tragfähig hält, sehr wohl ein Bündnis eingehen. Dies schließt nicht aus, daß zwischen patriarchalischer Ideologie und aktueller ökonomischer Entwicklung bzw. Notwendigkeit Widersprüchlichkeiten entstehen können, daß patriarchalische Ideologeme eine auch materielle Eigendynamik entwickeln können, die mit ökonomischen Notwendigkeiten nicht immer synchron laufen und umgekehrt.

Unsere Aufgabe wird es ein, unabhängig von der Frage eines Primats, die Reglementierungen der Frauenerwerbstätigkeit im Dritten Reich in der Phase des stärksten, auch staatlicherseits propagandistisch unterstützten Antifeminismus auf dem Arbeitsmarkt, d. h. von 1933 bis ca. 1936 unter ökonomischen Gesichtspunkten einzuschätzen. Allerdings, das sei hier noch angemerkt, sind wir nicht positionslos in dem Sinne, daß wir uns vor dem Hintergrund der geschichtlichen Erfahrungen eine faschistische Herrschaftsform als antipatriarchalische vorstellen können.[4]

II. Nationalsozialistische Frauen- und Familienideologie

Im konservativen und faschistischen Denken und politischen Handeln spielen familien- und damit, im herkömmlichen Verständnis, auch frauenpolitische Fragen eine wichtige Rolle. Die Familie war und ist selten der Ort, von dem gesellschaftliche Auseinandersetzungen und Veränderungen ausgehen. Sie ist vielmehr ein stabilisierender Faktor in allen Gesellschaften und von daher ein geeignetes Strukturelement des Konservatismus.

Das Familien- und Frauenbild der Nationalsozialisten unterschied sich grundsätzlich nicht von dem konservativer Parteien und Gruppierungen in der Weimarer Republik. Die Verbindung der konservativen Frauen- und Familienauffassung mit der Rassenideologie des Nationalsozialismus bewirkte, daß die Frau nicht wie der Mann als menschliches Wesen mit intellektuellen, psychischen und körperlichen Qualitäten in ihrer Ganzheit gesehen wurde, sondern schon immer reduziert als zukünftige Mutter reinrassiger arischer Kinder und darauf bezogenen gefühlsmäßigen Fähigkeiten.[5] Die *biologistische Definition* der Frau führte dazu, daß ihr „natürliches" Tätigkeitsfeld im häuslichen Bereich angesiedelt wurde. Da auch in den Mädchen lediglich die kommende Mutter und Ehefrau gesehen wurde, sollte die berufliche Ausbildung der Mädchen vorwiegend auf solche Bereiche beschränkt werden, die mit einer späteren Mutterschaft verbunden werden konnten. Die Frau galt im wesentlichen als naturbestimmtes Wesen, deren Wert sich von ihrer Gebärleistung herleitete. Hitler hatte schon in „Mein Kampf" formuliert: „Das *Ziel* der weiblichen Erziehung hat unverrückbar die kommende Mutter zu sein."[6] und auf dem Nürnberger Parteitag 1936: „Die Welt der Frau ist, wenn sie glücklich ist, die Familie, ihr Mann, ihre Kinder, ihr Heim."[7] Herabsetzende Äußerungen über die geistigen Fähigkeiten der Frauen, gemacht von führenden Nationalsozialisten, sind vielfach dokumentiert und gehören ebenfalls zum Antifeminismus der Nazis.[8] Zwar wurden die Frauen öffentlich verbal von den Machthabern hofiert und, wegen ihrer Mutterschaft, dem Mann gegenüber nicht nur als gleichberechtigt, sondern sogar überlegen hingestellt.[9] Da die gesellschaftliche Funktion und Wertschätzung der Frau in der nationalsozialistischen Ideologie aber allein an ihre biologischen Fähigkeiten des Kinderkriegens gekoppelt war, sind solche Äußerungen als Propaganda zu werten. Die biologistische Reduktion der Frau offenbart vielmehr, daß die nationalsozialistische Frauenideologie extrem frauenfeindlich war. In der Frau wurde, verglichen mit dem Mann, ein inferiores Wesen gesehen, daß es zu unterwerfen galt und das den Zielen des nationalen und völkischen Staates als „Fortpflanzungsmaschine" nutzbar zu machen war, damit die rassistischen, expansionistischen und kriegerischen Zielsetzungen auch verwirklichbar wurden. Schoenbaum spricht in diesem Zusammenhang von einem „sekundären Rassismus", weil die Frauen hier als Menschentypus gesehen werden, der „von Natur aus" als minderwertig gilt.[10]

Allerdings konnten die Nationalsozialisten nicht ganz daran vorbeigehen, daß wegen des hohen Frauenüberschusses und vielfach vorhandener Frauenerwerbstätigkeit schon vor 1933 nicht alle Frauen den „Idealzustand" als Mutter und Hausfrauen objektiv erreichen konnten, zumal viele Frauen die einzigen Ernährerinnen ihrer Familien blieben, da die Männer arbeitslos oder aber im ersten Weltkrieg gefallen waren. Für die alleinstehenden oder berufstätigen Frauen propagierten sie deshalb frauenspezifische Tätigkeiten im Bereich der sozialen, pflegerischen, landwirtschaftlichen sowie erzieherischen Berufe, in denen sie ihre „natürlichen" Fähigkeiten und „mütterlichen Instinkte" einbringen konnten.[11]

Das nationalsozialistische Frauenbild war vielfach propagandistisch nutzbar. Es appellierte an vorhandene Wunschvorstellungen von der „heilen" Familienwelt, und zwar bei Männern wie bei Frauen. Die gesetzliche Gleichberechtigung von Mann und Frau und die wirtschaftliche Entwicklung in der Weimarer Republik hatte den Frauen zwar auch erweiterte Möglichkeiten beruflicher Betätigungen gebracht, häufig genug aber auch zur verstärkten Doppelbelastung durch Beruf, Familie und Haushalt geführt. Besonders die Krisenzeiten in der Weimarer Republik führten zu hoher physischer und psychischer Belastung, wenn die Frau die einzige in der Familie war, die noch einen Arbeitsplatz hatte.[12] Die Familienidyll-Ideologie der Nationalsozialisten bot in dieser Situation die Möglichkeit, von den aktuellen Problemen der Arbeit und der Politik abzulenken. Für den entfremdeten Lohnarbeiter und den von Konzentration und Zentralisation bedrohten mittelständischen Unternehmer im krisengeschüttelten Kapitalismus ist die Erzielung von Lohn bzw. kaum akkumulationsfähigem Gewinn als wesentlichem Lebensinhalt und Ziel aller Bemühungen nicht propagierbar. „Die Familie kompensiert und rechtfertigt nach allgemeiner Auffassung die ängstliche und entfremdende Plackerei, sie ist der Zufluchtsort nach den Anstrengungen der Arbeit und zugleich der Lohn und der Grund für all die Opfer, die man dem öffentlichen Leben darbringt; die Familie ist warm und stärkend, individuell, vertraut und sicher, sie umschließt den Einzelnen, ist klein und überschaubar, in ihr wird auch der gute Wille und nicht nur die meßbare Leistung honoriert."[13]

Die Aufwertung der Schutzfunktion der Familie für das Individuum in ökonomischen und politischen Krisenzeiten wurde von den Nationalsozialisten propagandistisch geschickt genutzt und unterstützt. Die Frau als ein im wesentlichen biologisch determiniertes und, dazu komplementär, gefühlsbetontes Wesen wurde als „natürliche" Produzentin von Emotionalität und heimeliger Wärme in diese Familienideologie eingepaßt und ließ sich ziemlich widerspruchslos in das vorherrschende Bild der Frau als Ehefrau und Mutter einfügen. „Die Alptraumwelt der Diktatur, der riesigen Fabriken, der allesverschlingenden Verwaltung und der organisierten Inhumanität lebte parasitär von der eigenen ideologischen Antithese, von der Kleinstgemeinschaft von Eltern und Kindern."[14] Die Frauen- und Familienideologie des Nationalsozialismus hatte nicht nur ablenkende, sondern, wie Mason betont, auch hinsichtlich der politischen und ökonomischen Verhältnisse versöhnende Funktionen, denn „je größer die Ausbeutung der Arbeitskräfte und die Konzentration des Kapitals, je willkürlicher, unüberschaubarer und unverständlicher die staatliche Gewalt, um so wichtiger wurde die vermeintlich komplementäre, tatsächlich versöhnende Funktion des Instituts Familie."[15]

Diese Ausführungen dürfen nicht in der Weise interpretiert werden, daß der NS-Staat die Familie als Rückzugs- und Ausweichort, als politik- und ökonomiefrei tolerierte. Die Eltern nahmen quasi als Delegierte von Staat und Partei den Auftrag wahr, die Kinder im Sinne der Volksgemeinschaftsideologie zu erziehen. Das Sorgerecht konnte entzogen werden, wenn die Eltern z. B. ihren Kindern verboten, der Hitlerjugend beizutreten.[16] Die Aufopferung der Frau in der Familie galt als beispielbildend für die Opfer, die alle für die gemeinsame völkische Sache, falls dies notwendig werden sollte, zu erbringen hatten. In diesem Sinne war die Familie immer auch, als Ur- und Keimzelle der völkischen Gesamtgemeinschaft definiert, nutzbar für die gesamtpolitischen und gesamtökonomischen Zielsetzungen des deutschen Faschismus.

III. Die Beeinflussung der Frauenerwerbstätigkeit in der ersten Phase der wirtschaftlichen Entwicklung im Dritten Reich

Die wirtschaftliche Entwicklung, die Entwicklung des Arbeitsmarktes und die Entwicklung der Frauenerwerbstätigkeit im Dritten Reich läßt sich in *drei Phasen* einteilen. Die erste Phase stand im Zeichen der Arbeitsbeschaffungsmaßnahmen, mit deren schnellem und nachhaltigem Erfolg die Legitimation der nationalsozialistischen Machtübernahme und der weitere Einfluß der NSDAP eng verbunden waren. Die wesentlichen Grundlagen für die Regulierung des Arbeitsmarktes wurden in dieser ersten Phase, die sich von 1933 bis Ende 1936 datieren läßt, gelegt. Die zweite

Phase von 1937 bis zum Kriegsbeginn ist die Zeit, die mit dem Zweiten Vierjahresplan beginnt und die den Rüstungsboom und die Vollbeschäftigung bringt. Sie endet mit dem Beginn des zweiten Weltkrieges. Dieser läßt sich insgesamt als dritte Phase behandeln. Wir wollen uns insbesondere mit der ersten Phase beschäftigen, weil sich hier am ausgeprägtesten Inkongruenzen zwischen Ideologie und Kapitalrationalität zu zeigen scheinen. Wir müssen uns dabei auf wenige Punkte konzentrieren. Für Einzelheiten sei auf die auch im Datenmaterial ausführlicheren Arbeiten von Dörte Winkler und Stefan Bajohr verwiesen.[17]

Die nationalsozialistische Frauenarbeitsmarktpolitik in der ersten Phase wird in der Regel als direkter Ausfluß der antifeministischen Naziideologie betrachtet. Die erlassenen Gesetze und Verordnungen im Verein mit der schon geschilderten Frauen- und Familienideologie ergeben ein Bild, das als Versuch der Verdrängung der Frauen vom Arbeitsmarkt gedeutet werden muß. Die Kampagne gegen die (weiblichen) „Doppelverdiener" sowie die Einführung der Ehestandsdarlehen sind Hinweise dafür, daß kurzfristig und verstärkt gleich nach der Machtübernahme versucht wurde, die Frauen entweder zurück oder neu an den Herd zu bringen oder sie in die „typisch weiblichen" Berufe als Hausgehilfinnen oder in die Landwirtschaft abzudrängen.

Die Auseinandersetzung um die „Doppelverdiener" war nicht neu und keine Erfindung der Nationalsozialisten. Schon gleich nach dem ersten Weltkrieg, im März 1919, wurde in einer Demobilmachungsverordnung bestimmt, daß weibliche Arbeitskräfte entlassen werden sollten, um den aus dem Krieg zurückkehrenden Männern Arbeitsplätze zu verschaffen. Diese Bestimmung hatte die Zahl der weiblichen lohnabhängig Beschäftigten in der Tat erheblich verringert.[18] Im Gefolge der Weltwirtschaftskrise ab 1929 kam es ebenfalls zu einer Kampagne gegen die weiblichen „Doppelverdiener",[19] die im „Gesetz über die Rechtsstellung der weiblichen Beamten" vom Mai 1932 kulminierte, das eindeutig einen Verstoß gegen den Gleichberechtigungsgrundsatz der Weimarer Verfassung (Art. 109) darstellte. Nach diesem Gesetz konnten Beamtinnen, die verheiratet waren, entlassen werden, wenn ihre wirtschaftliche Versorgung durch die Einkünfte des Ehemannes gesichert war. Diese von den Kabinetten Brüning und von Papen eröffneten gesetzlichen Möglichkeiten der Diskriminierung von Frauen im öffentlichen Dienst wurde von den Nationalsozialisten erweitert („Gesetz zur Änderung der Vorschriften auf dem Gebiet des allgemeinen Beamten- und Versorgungsrechts" vom 30.6.1933). Wegen der Proteste aus der Bevölkerung und vor allem Schwierigkeiten bei der praktischen Handhabung dieser Gesetze kam es jedoch nicht zu einer längerfristigen konsequenten und allgemeinen Anwendung. Insgesamt dürften diese Maßnahmen neben ihrem propagandistischen Effekt – vor allem auch auf die eigenen Parteimitglieder – deswegen getroffen worden sein, um verdiente Parteimitglieder in einige von Frauen gehaltene und gut besoldete Stellen des öffentlichen Dienstes, insbesondere solche mit akademischen Eingangsvoraussetzungen, zu bringen.[20] Als quantitativ bedeutsame Arbeitsbeschaffungsmaßnahmen für Männer können sie nicht interpretiert werden.

Von noch geringerem Erfolg gekrönt war der Versuch, ein Doppelverdienerverbot in der privaten Wirtschaft durchzusetzen. Da die Löhne der Frauen im Durchschnitt 25 bis 40 Prozent unter den Männerlöhnen lagen und außerdem die meisten Arbeitsplätze für Frauen in der privaten Wirtschaft nicht ohne Verzögerungen hätten von Männern übernommen werden können (Anlern- und sonstige Ausbildungszeiten hätten keinen nahtlosen Übergang der Frauenarbeitsplätze auf Männer ermöglicht, selbst wenn diese gewollt hätten), hatten die Unternehmer kein Interesse an einem undifferenzierten Doppelverdienerverbot. Versuche von Arbeitsverwaltungs- und Parteidienststellen, ein solches Verbot dennoch im privatwirtschaftlichen Bereich durchzusetzen, hätten nur über massive Eingriffe in die Personalautonomie der Unternehmen zum Erfolg geführt. Dort, wo solche Versuche unternommen wurden, kam es zu entsprechenden Protesten von Unternehmern und wurden von der obersten Parteiführung schnell unterbunden. Rudolf Heß erließ schon Ende 1933 eine Verfügung, die es unteren Parteistellen verbot, von sich aus Regelungen in der Doppelverdienerfrage zu treffen.[21] Außerdem untersagten das Reichsarbeits- und das Reichswirtschaftsministerium in diesem Zusammenhang jegliche Eingriffe unterer Behördendienststellen in die Personalhoheit der Arbeitgeber.[22]

Es läßt sich festhalten, daß die Kampagne gegen das Doppelverdienertum, d. h. gegen die lohnabhängige Erwerbstätigkeit verheirateter Frauen, nur geringe Erfolge im Sinne der Verdrängung von Frauen von ihren Arbeitsplätzen zugunsten arbeitsloser Männer gehabt haben dürfte. Statistisch läßt sich der Erfolg bzw. Mißerfolg dieser Kampagne schwerlich belegen. Versuche einer tatsächlichen Durchsetzung für den Bereich der privaten Wirtschaft sind schon Ende 1933 von der obersten Parteiführung und der Regierung angehalten worden. Als antifeministische ideologische Figur dürfte das Doppelverdienertum allerdings einige Wirkung auf das Bewußtsein gehabt haben, auch auf das Bewußtsein von Frauen gegenüber ihrer eigenen Erwerbstätigkeit. Seit es auch in der BRD Arbeitslosenzahlen in Millionenhöhe gibt, sind vergleichbare Argumente gegen das Doppelverdienertum, gerade auch im öffentlichen Dienst, wieder aufgetaucht, wenn sie auch von staatlicher Seite noch nicht intensiv propagiert werden.[22 a]

Qualitativ erfolgreicher, wenn auch nicht allein als Arbeitsbeschaffungsmaßnahme, sondern gerade auch als Maßnahme zur Verwirklichung nationalsozialistischer frauen- und familienpollitischer Zielsetzungen war das sog. Ehestandsdarlehen. Das „Gesetz zur Verminderung der Arbeitslosigkeit“ vom 1. Juli 1933 sah in einem seiner Abschnitte (Abschnitt V) die Gewährung von Darlehen zur Unterstützung von Eheschließungen vor. Zinslose Darlehen zur Anschaffung von Möbeln, Hausrat u. ä. bis zu einer Höhe von 1000 Reichsmark konnten gewährt werden, wenn die Ehefrau vor der Eheschließung berufstätig war und sich verpflichtete, spätestens im Zeitpunkt der Eheschließung ihre Tätigkeit als Arbeitnehmerin aufzugeben und solange nicht wieder auszuüben, wie der Ehemann nicht arbeitslos und das Ehestandsdarlehen nicht restlos getilgt war. Jede Geburt eines Kindes in einer Darlehensehe wurde mit der Streichung von 25 Prozent der Darlehenssumme belohnt.[23] Da die höchstmögliche Darlehenssumme von 1000 Reichsmark dem acht- bis neunfachen Monatslohn eines Industriearbeiters entsprach, dessen Frau nach dem ersten Kind häufig genug ihre Berufstätigkeit entweder unterbrach oder ganz einstellte, bewirkte dieses Darlehen zweifellos eine Steigerung der Heiratsziffern. Das Ehestandsdarlehen strebte neben einer, der Naziideologie entsprechenden Reduzierung der Frauenerwerbstätigkeit eine Erhöhung der Geburtenziffern und eine Absatzsteigerung und damit Ankurbelung in den Branchen dauerhafter Konsumgüter an, die von der Wirtschaftskrise besonders in Mitleidenschaft gezogen waren. Das Darlehen wurde nämlich nicht in bar ausbezahlt, sondern in Form von Gutscheinen, die zum Bezug der genannten Güterarten berechtigten. In der Zeit von August 1933 bis Januar 1937 wurden ca. 700 000 Darlehensehen geschlossen, aus denen ca. 500 000 Kinder (ebenfalls bis Januar 1937) hervorgingen.[24]

Über den Erfolg bzw. Mißerfolg des Ehestandsdarlehens unter dem Aspekt der Zurückdrängung der Frauenerwerbstätigkeit gibt es unterschiedliche Interpretationsmöglichkeiten. Da sich die Gesamtzahl der in der Zeit von 1933 bis 1936 beschäftigten Frauen erhöht hat, könnte man zu dem Schluß kommen, daß diese Maßnahme, auch gekoppelt mit der Doppelverdienerkampagne, nicht erfolgreich war.[25] Dieser Eindruck wird unterstützt durch die Gegenüberstellung der prozentualen Verminderung der Arbeitslosigkeit bei Männern und Frauen. Nimmt man die Arbeitslosenzahlen von 1933 als Ausgangspunkt, so hat sich die Arbeitslosigkeit bis 1936 bei den Männern um rund 66 Prozent, bei den Frauen aber um fast 73 Prozent verringert. Messen wir jedoch die Anteile der weiblichen Beschäftigten an der Gesamtbeschäftigtenzahl, so ist hier ein deutlicher Rückgang von 35,4 Prozent im Jahre 1933 auf 31,3 Prozent im Jahre 1936 festzustellen.[26] Noch deutlicher wird der relative Rückgang der Frauenerwerbstätigkeit, wenn man die Wachstumsraten der Beschäftigungsentwicklung von Frauen und Männern heranzieht (Arbeiter und Angestellte zusammen). Die Zuwachsraten für die Frauen betrugen 1933 (jeweils gegenüber dem Vorjahr) 3,2 Prozent, für die Männer 9,7 Prozent; 1934 – nach Einführung des Ehestandsdarlehens – bei den Frauen 6,3 Prozent, bei den Männern jedoch 20 Prozent. Für die Jahre 1935 und 1936 sind die Zuwachsraten bei den Frauen ebenfalls geringer als bei den Männern (1935: Frauen 3,8 Prozent und Männer 7,3 Prozent; 1936: Frauen 5 Prozent und Männer 8,1 Prozent). Der relative Umfang der Frauenerwerbstätigkeit in der ersten Phase der faschistischen Herrschaft hat in der Tat abgenommen. Dies gilt auch für die Gruppe der Industriearbeiterinnen. Ihr Anteil ist von 29,3 Prozent im Jahre 1933 auf 24,7 Prozent im Jahre 1936 gesunken.[27] Als Vergleich zu den letztgenannten Zahlen sei noch angegeben, daß der Anteil in der Weimarer Republik im Jahre 1928 bei 36,8 Prozent lag. Es ist den Nationalsozialisten also gelungen, die relative Bedeutung der weiblichen Erwerbstätigkeit zu verringern. Ob dies ihren ideologischen Vorstellungen ausreichend entsprach, läßt sich nur spekulativ beantworten. Sie werden aber wohl kaum davon ausgegangen sein, daß die Frauen ganz vom industriellen, also im engeren Sinne „nicht frauengemäßen" Arbeitsmarkt verdrängt werden könnten.

Zur Unterstützung der These eines Erfolgs des Ehestandsdarlehens in der beabsichtigten Weise sollte auch bedacht werden, daß die verheirateten bzw. kurz vor der Heirat stehenden Frauen ihrer Verdrängung vom industriellen Arbeitsmarkt kaum großen Widerstand entgegengesetzt haben dürften, um nicht als Ehefrau und zukünftige Mutter an den heimischen Herd zu müssen. Gerade die zweite und dritte Phase der Entwicklung im Dritten Reich geben hierüber Hinweise. In diesen Phasen gab es ja erhebliche Schwierigkeiten, die Frauen wieder zurück in die Fabriken zu bringen. Ein Hinweis mag hier genügen. Es ist eine unsinnige Vorstellung anzunehmen, daß die Frauen sich im Bereich eintöniger industrieller Fabrikation wohl gefühlt hätten. Bei ausreichendem Verdienst des Mannes und keinen alternativen Berufs- und/oder Ausbildungsmöglichkeiten dürften sie den „Arbeitsplatz Haus und Herd" dem der Fabrik vorgezogen haben. Auch von hierher scheint es plausibel, daß das Ehestandsdarlehen, verbunden mit Kinderbeihilfen und Steuervergünstigungen für Familien sehr wohl eine von den Nazis angestrebte Wirkung gehabt hat. Selbst wenn in den genannten Zeitraum nicht entsprechend der Zahl der Ehestandsdarlehen in gleicher Höhe Arbeitsplätze, schon gar nicht nur für Männer, freigeworden sein dürften[28], war das Ehestandsdarlehen zumindest als Arbeitsbeschaffungsmaßnahme ein Erfolg. Darüberhinaus, und darauf wird noch genauer einzugehen sein, half es dabei, die Aufwendungen zur Reproduktion der Gruppe der abhängig Beschäftigten zu vermindern.

Die Nazis waren sich bei ihrer Machtübernahme angesichts der fast 6 Millionen Arbeitslosen gewiß nicht sehr sicher, daß sie in doch relativ kurzer Zeit die Massenarbeitslosigkeit so schnell und erfolgreich würden besiegen können und daß schon ab 1937 die ersten Engpässe auf dem Arbeitsmarkt auftreten würden. Die „praktische" Nutzanwendung ihrer Frauenideologie war daher ursprünglich offenbar längerfristig angelegt. Von daher ist auch die Vehemenz verständlich, mit der sie anfangs immer wieder ihr Frauenbild propagierten. Die zunehmenden Engpässe auf dem Arbeitsmarkt in Verbindung mit der Aufrüstung führten aber bekanntlich dazu, daß sie ihr völkisches, erzpatriarchalisches und rassistisches Gebräu von Frauen- und Familienideologie in kürzester Zeit neu aufmischen und durch einige Zutaten „im Geschmack" revidieren mußten, ohne daß sich aber die „Geschmacksnerven" der weiblichen und männlichen Volksgenossen so richtig und schnell daran gewöhnen konnten. Auf diese zweite Phase soll hier unter diesem Gesichtspunkt nicht eingegangen werden, aber unter einem anderen.

Neben der Beeinflussung der Frauenerwerbstätigkeit durch Doppelverdienerkampagne und Ehestandsdarlehen sollen kurz noch die Versuche angesprochen werden, die Frauenerwerbstätigkeit auf Hausgehilfinnen- und landwirtschaftliche Tätigkeit auszurichten, d. h. bei den weiterhin erwerbstätigen Frauen eine Veränderung der Inhalte ihrer Tätigkeit zu erreichen. Ziel der Frauenarbeitsmarktpolitik der Nationalsozialisten war ja nicht nur eine Verringerung der Bedeutung weiblicher Erwerbstätigkeit unter quantitativen Aspekten, sondern auch die Änderung der Ausrichtung der weiblichen Erwerbstätigkeit auf die Bereiche Haus- und Landwirtschaft sowie der Wohlfahrts- und Krankenpflege.

Im Verlaufe der Rationalisierungsmaßnahmen der Industrie in den 1920er Jahren konnten in zahlreichen industriellen Bereichen mehr und mehr Frauen auf Arbeitsplätzen eingesetzt werden, die bisher den Männern vorbehalten waren. Wegen der geringeren Frauenlöhne war dies für die Unternehmer attraktiv, da kostensenkend und damit gewinnsteigernd. Die geregelten Arbeitszeiten, insgesamt die Arbeitsbedingungen in der Industrie verglichen mit denen in der Landwirtschaft, wo auch die relativ geringsten Löhne gezahlt wurden, führten dazu, daß viele in der

Landwirtschaft beschäftigte Frauen (hier arbeitete der größte Teil der Frauen zu der Zeit) und Männer in die Fabriken abwanderten. Das bewirkte, daß selbst in der tiefsten Depression nach 1929 teilweise Arbeitskräftemangel in der Landwirtschaft herrschte und die dort Verbliebenen noch länger und härter als schon bisher arbeiten mußten. Bezogen auf die Männer hielt dieser Trend weg von der landwirtschaftlichen Lohnarbeit auch im Dritten Reich an.

Der Beruf der Hausgehilfin verlor vor diesem Hintergrund gleichfalls zunehmend an Anziehungskraft. Hier gab es keinen Achtstundentag, keinen geregelten Urlaub. Bei Unterbringung im Haushalt des Arbeitgebers waren Hausgehilfinnen ständiger Überwachung und Arbeitsbereitschaft ausgesetzt. Die Entlohnung war ebenfalls vergleichsweise gering.[29] Auf der anderen Seite entsprach gerade die Tätigkeit im Bereich von Land- und Hauswirtschaft dem nationalsozialistischen Frauenbild. Zusammen mit der speziell auf die Landwirtschaft gemünzten Blut- und Boden-Ideologie und den frühzeitig einsetzenden Autarkiebestrebungen für den Bereich der Ernährung mußte der NS-Staat versuchen, der Landwirtschaft ausreichende und billige Arbeitskräfte zur Verfügung zu stellen. Die Hausgehilfinnentätigkeit bot sich an, um einen Teil der ab Mitte der 30er Jahre auf den Arbeitsmarkt strömenden, wegen der geburtenstarken Jahrgänge nach dem ersten Weltkrieg zahlreichen Mädchen nach dem Schulbesuch zu absorbieren und sie für den späteren „Naturberuf" auszubilden, für den sie von den Nazis, als Ehefrauen und Mütter, vorgesehen waren. Diese „Ausbildung" in Privathaushalten hatte weiterhin den Vorteil, daß sie für den Staat sehr billig war und keine anderen Ausbildungsstätten geschaffen werden mußten. In den Bereichen der Kranken- und Wohlfahrtspflege gab es keinerlei Mangel an weiblichen Arbeitskräften. Insofern bedurfte es hier auch keiner besonderen Propaganda und sonstigen Reglementierungen.

Die Propagierung des landwirtschaftlichen Bereichs für weibliche Arbeitskräfte war nicht besonders erfolgreich. Selbst gesetzliche Regelungen, die Landarbeiterinnen und Landarbeiter „an die Scholle" zu binden und abgewanderte Landarbeiterinnen etwa zurückzuverpflichten, bewirkten wenig.[30] Auch die Umorientierung des freiwilligen Frauenarbeitsdienstes, der schon 1931 gegründet wurde, auf die Vermittlung von Stellen auf dem Land brachte nicht die gewünschten Erfolge.[31] Die schlechten Arbeitsbedingungen und die geringe Bezahlung in der Landwirtschaft erforderten zur Erreichung der Zielsetzungen die Unterstützung durch Zwangsmaßnahmen. Diese begannen mit der Verkündung des Reichsarbeitsdienstgesetzes vom Juni 1935. Im Jahre 1938 wurde dann das Pflichtdienstjahr für alle unverheirateten Frauen bis zum 25. Lebensjahr eingeführt. Es verpflichtete diese Frauen, ein Jahr in der Land- oder Hauswirtschaft tätig zu sein. Allen öffentlichen und privaten Arbeitgebern wurde untersagt, Frauen einzustellen, die ihr Pflichtjahr noch nicht abgeleistet hatten.[32]

Diese Maßnahmen staatlicher Arbeitskräftelenkung für die Frauen waren insgesamt wirksam. Hatte die Zahl der Männer, die im Jahre 1933 in der Landwirtschaft beschäftigt waren, die der Frauen noch um 50 000 überstiegen, so gab es 1939 schon 800 000 beschäftigte Frauen in der Landwirtschaft mehr als Männer.[33] Die Versuche, Frauen die Hausgehilfinnentätigkeit nahe zu bringen, waren gleichfalls erfolgreich. Vom Juli 1933 bis Juli 1934 erhöhte sich ihre Zahl von rund 660 000 auf ca. 750 000, also um fast 14 Prozent in einem Jahr. Bis Ende 1936 stieg die Zahl der Hausgehilfinnen stetig weiter an auf rund 918 000, was einer Steigerung gegenüber der Julizahl von 1933 von 39 Prozent entspricht. Die höchste Zahl der Hausgehilfinnen wurde kurz vor Kriegsausbruch im Juli 1939 mit 1,05 Millionen erreicht. Allerdings muß dazu bemerkt werden, daß die Fluktuation in diesem Berufszweig sehr hoch war.[34] In diesem Sinne war die nationalsozialistische Frauenideologie und waren die Versuche des NS-Staates, über sie die Frauenerwerbstätigkeit nachhaltig zu verändern, nicht so wirksam. Für den Bereich der Landwirtschaft und ihren Arbeitskräftebedarf stellte sie zwar eine passende ideologische Position bereit, deren materielle Macht hinsichtlich der angesprochenen Zielgruppe lohnabhängiger Frauen aber gering war. Ohne die Propaganda- und Zwangsmöglichkeiten des NS-Staates wären die Schwierigkeiten der Gewinnung von billigen Arbeitskräften für die Landwirtschaft nicht einmal teilweise behoben worden. Eine billige Ernährungsbasis war aber eine Notwendigkeit, um die auch in der Industrie Beschäftigten preiswert ernähren, d. h. auch ihre Löhne entsprechend niedrig halten zu können, damit die hohen Akkumulationsfonds für die Investitionsgüter- und Rüstungsindustrie bereitgestellt werden konnten.

Schon in den bisherigen Ausführungen wurde deutlich, daß nicht etwa allein die nationalsozialistische Frauen- und Familienideologie die treibende Kraft der quantitativen und qualitativen Beeinflussungsbemühungen der Nationalsozialisten auf dem Frauenarbeitsmarkt war. Sie können auch nicht auf eine allein patriarchalanalytische Kurzformel einer Verdrängung der Frauen vom industriellen Arbeitsmarkt und den des öffentlichen Dienstes zugunsten der Männer gebracht werden. Vielmehr waren es ökonomische Interessen, Notwendigkeiten und Zielsetzungen, mit denen sich zahlreiche Reglementierungen immer auch erklären lassen. Die Feststellung: „Je nach Bedarf der Wirtschaft wird den familialen oder den produktiven Aufgaben der Frau eine besondere Bedeutung zugesprochen. Bei Arbeitslosigkeit der Männer wird die Frau aus dem Produktionsprozeß verdrängt, bei gesteigertem Arbeitskräftebedarf der Wirtschaft wird sie durch „Arbeitszwang" dem Produktionsprozeß einverleibt"[35], bedarf einer genaueren polit-ökonomischen Analyse. Es würde sonst nicht deutlich werden, warum z. B. nicht grundsätzlich die „billigeren" Frauen den Männern vorgezogen werden oder warum bei Arbeitskräftebedarf nicht ausländische männliche Arbeitskräfte ins Land geholt werden, wie dies etwa seit Anfang der 1960er Jahre in der BRD der Fall war. Im folgenden Abschnitt soll deshalb versucht werden, einige Grundzüge einer solchen Analyse vorzustellen, d. h. etwas allgemeiner auf den Zusammenhang zwischen Frauenerwerbstätigkeit und Versuchen einzugehen, die Frauen in Krisenzeiten an den eigenen oder fremden Herd zu drängen.

IV. Zur Interpretation der Beeinflussung der Frauenerwerbstätigkeit in der Krise

Bei der Bewältigung kapitalistischer Krisen geht es immer auch darum, das gesamte erstellte Nationalprodukt zugunsten der Erhöhung der Rentabilität des privat genutzten Produktivvermögens neu zu verteilen. Deshalb gehören Ökonomisierungsversuche für alle gesellschaftlichen Fonds, die nicht direkt der Rentabilitätsverbesserung dienen bzw. dieser sogar im Wege stehen, zu den typischen Sanierungsstrategien. Der größte gesellschaftliche Fonds, der hierfür zur Verfügung steht, ist der Reproduktionsfonds für die Arbeitskräfte, einschließlich der Mittel für den Unterhalt der Familien der abhängig Beschäftigten. Hier nun kommt der eingangs schon angesprochene „Doppelcharakter" der weiblichen Arbeitskraft „ins Spiel".

Bei gegebener geschlechtlicher Arbeitsteilung ist die Frau wesentliche Trägerin der Subsistenzproduktion, d. h. der Verausgabung von Arbeit (als Ehefrau, Hausfrau und Mutter) zur Herstellung konsumtiver Gebrauchswerte im Bereich des Wohnens, Essens, Saubermachens, der Aufzucht und Erziehung von Kindern etc.[36] Mit zunehmender lohnabhängiger Erwerbstätigkeit der Frauen führt diese geschlechtsspezifische Arbeitsteilung zur bekannten kräftezehrenden Doppelbelastung der Frauen, die entweder der Produktion häuslicher Gebrauchswerte Grenzen setzt oder zu Grenzen bei der Ausbeutung ihrer Arbeitskraft im Bereich der lohnabhängigen Erwerbstätigkeit führt, soll die Reproduktion der Arbeitskraft nicht gefährdet werden. Ein Teil der Subsistenzarbeit kann ersetzt werden dadurch, daß die bisher selbst erstellten Produkte fertig gekauft bzw. Hausgeräte angeschafft werden, die die weiterhin notwendige Hausarbeit erleichtern. Darüberhinaus ist es notwendig, um die Reproduktion von Arbeitskräften während der Erwerbstätigkeit der Frauen nicht zu unterbrechen, Institutionen – häufig gebührenpflichtig für die Benutzer – für die Aufbewahrung der Kinder zu schaffen, wie Kinderkrippen, Kindergärten, Ganztagsschulen usw., sobald die Kleinfamilie der vorherrschende Familientypus geworden ist. Letzteres trifft für Deutschland für die Zeit nach dem ersten Weltkrieg, spätestens für die Zeit nach 1930 zu.[37] Einzelökonomisch, aus der Sicht des einzelnen Haushalts, führt die Lohnarbeit der Frau also nur dann zu einer Erhöhung des Lebensstandards der Familie, wenn ihr Verdienst höher ist als der Aufwand für die von ihr nicht mehr leistbaren Subsistenzarbeiten.[38] Der „psychische Ertrag" einer eigenständigen Erwerbstätigkeit der Frauen gegenüber dem „psychischen Aufwand" (gesteigertes Selbstwertgefühl versus schlechtes Gewissen gegenüber den vernachlässigten Kindern etwa) dürften in den meisten Frauenberufen, so bei eintöniger Fließbandarbeit u. ä. insgesamt kaum, wenn überhaupt, positiv sein. Diese Differenz kann auf jeden Fall durch entsprechende Propaganda, wie sie die Nazis betrieben haben, herabgedrückt werden. Von daher ist es verständlich, daß Frauen bestimmter Schichten und Berufssparten schnell bereit sein werden, bei vom Staat bezahlten finanziellen Ersatz für den Lohnausfall bei einer Rückkehr an den Herd, ihre lohnabhängige Tätigkeit aufzugeben. Für die Lohnhöhe selbst und damit für die Unternehmer bedeutet dies, daß die Frauen erst bereit sind, ab einer bestimmten Lohnhöhe zu arbeiten, es sei denn die blanke Existenz der Familien steht auf dem Spiel.

Unterstellt, der Staat baut und unterhält die bei Frauenerwerbstätigkeit notwendigen Krippen, Kindergärten usw., so verlangt auch unter dem gesamtwirtschaftlichen Aspekt die Erwerbstätigkeit der Frauen zusätzliche Aufwendungen. Diese steigen weiter, wenn der Staat zur Erhöhung der Qualifikation der Frauen entsprechende Ausbildungs-, Umschulungs- und Weiterbildungsstätten finanziert.

Der durchschnittlich notwendige Reproduktionsfonds von *Waren* für eine gegebene Zahl von Arbeitskräften ist also bei Frauenerwerbstätigkeit höher als bei ihrer Abwesenheit. Zählt man noch notwendige Ausgaben im Gesundheitsbereich hinzu, die zusätzlich entstehen, weil zum Beispiel die Zahl von Fehlgeburten und Schwangerschaftskomplikationen mit zunehmender Erwerbstätigkeit der Frauen im industriellen Bereich zunimmt bzw. die Zahl der Geburten insgesamt bei Erwerbstätigkeit der Frauen abnimmt und deshalb zur Erhaltung der gleichen Zahl von Arbeitskräften finanzielle Anreizsysteme für Geburtenerhöhung geschaffen werden müssen oder weil um den Geburtsvorgang herum ,,Fehlzeiten" entstehen, so steigen die gesamtwirtschaftlichen und einzelwirtschaftlichen Reproduktionskosten bei Frauenerwerbstätigkeit weiter an. Die Summe des notwendigen gesellschaftlichen Reproduktionsfonds kann also durch die Frauenerwerbstätigkeit in die Höhe getrieben werden. Dies kann ganz oder teilweise kompensiert oder überkompensiert werden durch die niedrigeren Frauenlöhne und/oder Zeiten guter konjunktureller Situation, in der durch die Nutzung der weiblichen Arbeitskraft trotz der damit verbundenen Aufwendungen die Profitabilität des eingesetzten privaten Kapitals verbessert wird. Sind aber auch in guten wirtschaftlichen Zeiten ,,billigere" Lösungen eines Arbeitskräftemangels möglich, werden diese bevorzugt. Das erklärt etwa teilweise die Anwerbung von ausländischen Arbeitskräften in den 60er Jahren in der BRD. Eine Mobilisierung der weiblichen Arbeitskräftereserven in dieser Zeit hätte zu erheblichen kurzfristigen Aufwendungen für den Bereich der staatlichen und betrieblichen Infrastruktur der genannten Art geführt. Daneben gab es selbstverständlich auch strukturelle Probleme. Zusätzliche Bauarbeiter waren bei der gegebenen geschlechtsspezifischen Berufsaufteilung nicht bei der Mobilisierung der Frauen für den Arbeitsmarkt zu erwarten.

In Zeiten wirtschaftlicher Krisen, wenn die Zahl allein der männlichen Arbeitslosen groß genug ist, um die Reallöhne niedrig zu halten bzw. zu drücken, werden die Frauen in dieser Funktion als Teil der Reservearmee nicht mehr benötigt. Sie sind dann nur noch ,,Kostgänger" der für die Arbeitslosenunterstützung notwendigen gesellschaftlichen Sozialversicherungsfonds. Ihr Herausdrängen aus diesen Fonds setzt Mittel frei, mit denen „Sanierungszahlungen" zur Verbesserung der Rentabilität von staatlicher Seite (Steuersenkungen, Sozialabgabenverminderungen, Subventionen etc.) an die Unternehmer geleistet werden können. Sind Frauen weiter beschäftigt und erhält der Mann, weil er arbeitslos ist, Unterstützungszahlungen, so dürfte es ebenfalls für das Gesamtsystem „preiswerter" sein, die Frau ohne Anspruch auf Arbeitslosenunterstützung in die Hausfrauentätigkeit zu entlassen und den Mann dafür einzustellen. Die Summe aus Frauenlohn und männlicher Arbeitslosenunterstützung dürfte größer sein als der Männerlohn allein. Insgesamt ergibt sich eine Ersparnis bei den gesellschaftlichen Reproduktionskosten für die Familie. Je nach konjunktureller Lage ist es durch das Vorhandensein von Frauen in ihrer doppelten Funktion als Subsistenzproduzentin, die unbezahlte Arbeit zur Herstellung von Reproduktionsgütern für die Familie leistet, und als abhängige Lohnarbeiterin möglich, die Reproduktionsaufwendungen zu variieren. ,,Die Frauen bilden ein Potential der industriellen Reservearmee, deren Arbeitskraft im industriellen Produktionsprozeß absorbiert und wieder aus ihm herausgestoßen werden kann, je nach Akkumulationszyklus, seit diese Produktionsweise besteht.“[40] Es ließen sich wieder interessante Parallelen zur derzeitigen Praxis gegenüber ausländischen Arbeitskräften ziehen.

Die Vorgänge auf dem Frauenarbeitsmarkt in der Zeit von 1933 bis 1936 lassen sich mit Hilfe dieses analytischen Rahmens im Sinne der Kapitalrationalität interpretieren. Darüberhinaus gilt dies auch für die Versuche der Nationalsozialisten, die Subsistenzproduktion in den Haushalten durch Hausgehilfinnen zu verbilligen, deren ,,Ausbildungs“aufwendungen durch ihre Tätigkeit in privaten Haushalten minimiert wurden. Auch die Propaganda für eine landwirtschaftliche Tätigkeit paßt sich hier gut ein. Die Entgelte für die in der Landwirtschaft Tätigen waren äußerst gering, für die Frauen, die ihr ,,Pflichtjahr“ ableisteten bzw. die im Rahmen des Frauenarbeitsdienstes in der Landwirtschaft tätig waren, noch geringer. Sie entsprachen einem Taschengeld. Dies war notwendig, um die Lebensmittelpreise niedrig zu halten, wiederum eine Voraussetzung für die Lohnstop- und Niedriglohnpolitik im NS-Staat. Für Mädchen und Frauen wurden außerdem haushaltswirtschaftliche Schulungskurse eingerichtet. Nicht nur die Zurückdrängung der Frauen an den Herd war das Ziel, sondern auch eine möglichst ökonomische Hauswirtschaft, was wiederum die These der höchstmöglichen Reduzierung der familiären Reproduktionskosten unterstützt. Daß sich in diesen Rahmen auch kriegswirtschaftliche Ziele einspannen ließen, sei ebenfalls erwähnt. ,,Der in einem künftigen Krieg zu erwartenden Verknappung von Konsumgütern, insbesondere solchen des täglichen Bedarfs, sollte durch die Erziehung zu sparsamem Haushalten und durch die Vermittlung von Kenntnissen in Selbstversorgung sowie Beschaffung und Zubereitung von Ersatzstoffen (besonders auf dem Gebiet der Nahrungsmittelversorgung) entgegengewirkt werden.“[41]

Zusammenfassend kann hinsichtlich der Frauenerwerbstätigkeit auch in der ersten Phase des deutschen Faschismus festgestellt werden, daß die Ableitung der Stellung der Frau in dieser Zeit allein aus der nationalsozialistischen Ideologie eine Verkürzung darstellen würde. Der kapitalrationale Kern der nationalsozialistischen Frauenideologie und der Beeinflussung der Frauenerwerbstätigkeit in ihrem Sinne wird mit Hilfe einer politökonomischen Analyse erkennbar. Im hier vorgegebenen Rahmen konnten nur Anknüpfungspunkte dafür geliefert werden. Ausführlichere Analysen in dieser Richtung wären notwendig.

Anmerkungen

1 Das neue „Gesetz zur Förderung der Rückkehrbereitschaft von Ausländern" (Rückkehrhilfegesetz), daß insbesondere für türkische Arbeitnehmer in der Bundesrepublik gedacht ist und für die Rückkehr ausländischer Arbeitskräfte in ihre Heimatländer finanzielle Anreize vorsieht, ist in diesem Sinne vergleichbar mit dem „Gesetz zur Verhinderung der Arbeitslosigkeit" vom 1.6.33, das das sog. Ehestandsdarlehen brachte und das Frauen finanzielle Anreize dafür bot, ihre bisherige Berufstätigkeit aufzugeben, um als Ehefrauen Familien zu gründen.
2 Vgl. hierzu den Satz Horkheimers: „Wer aber vom Kapitalismus nicht reden will, sollte auch vom Faschismus schweigen." In: M. Horkheimer, Die Juden und Europa, in: Zeitschrift für Sozialforschung, 8. Jg. (1939), S. 115.
3 D. Winkler, Frauenarbeit versus Frauenideologie, in: Archiv für Sozialgeschichte, Bd. 17 (1977), S. 99–126.
4 Siehe hierzu das Vorwort von Ch. Wittrock, Weiblichkeitsmythen. Das Frauenbild im Faschismus und seine Vorläufer in der Frauenbewegung der 20er Jahre, Frankfurt am Main 1983, S. 1 f.
5 Vgl. D. Klinksiek, Die Frau im NS-Staat, Stuttgart 1982 sowie D. Winkler, a.a.O., S. 104 f.
6 A. Hitler, Mein Kampf, 241./245. Auflage, München 1937, S. 460.
7 Reden des Führers am Parteitag der Ehre 1936, München 1936, S. 43.
8 Vgl. z. B. D. Winkler, Frauenarbeit im „Dritten Reich", Hamburg 1977, S. 29 f.
9 Vgl. D. Klinksiek, a.a.O., S. 23.
10 David Schoenbaum, Die braune Revolution, Köln-Berlin 1969, S. 226.
11 Vgl. D. Klinksiek, a.a.O., S. 24.
12 Ebenda.
13 T. Mason, Zur Lage der Frauen in Deutschland 1930 bis 1940: Wohlfahrt, Arbeit und Familie, in: Gesellschaft. Beiträge zur Marxschen Theorie 6, Frankfurt am Main 1976, S. 180.
14 Ebenda, S. 181.
15 Ebenda, S. 180 f.
16 Vgl. D. Klinksiek, a.a.O., S. 82 f. und S. 83, Fußnote 6
17 Vgl. D. Winkler, Frauenarbeit im „Dritten Reich", a.a.O. und St. Bajohr, Die Hälfte der Fabrik. Geschichte der Frauenarbeit in Deutschland 1914 bis 1945, Marburg 1979.
18 St. Bajohr, a.a.O., S. 158 ff.
19 Ebenda, S. 180 ff.
20 Vgl. Dörte Winkler, Frauenarbeit versus . . ., a.a.O., S. 108.
21 Dies., Frauenarbeit im . . ., a.a.O., S. 44 f. und D. Klinksiek, a.a.O., S. 101.
22 Vgl. D. Winkler, Frauenarbeit im . . ., a.a.O., S. 45.
22a Das Manuskript wurde Mitte November 1983 abgeschlossen. Deshalb konnte die vom Stuttgarter Oberbürgermeister Rommel Anfang Dezember 1983 neu entfachte Diskussion über „Doppelverdiener" im öffentlichen Dienst nicht mehr berücksichtigt werden. Daß es sich aber nicht um zufällige Bemerkungen zum Problembereich des „Doppelverdienertums" handelt, ist gewiß, zumal sich kurz danach die Berichterstattung über das „Aussterben" der deutschen bundesrepublikanischen Bevölkerung (im Jahre 2000 wird es, wenn sich das Heirats- und Gebärverhalten nicht ändert, noch 52 Millionen BRD-Deutsche geben, im Jahre 2030 nur noch ca. 38 Millionen; dagegen wird die Zahl der in der Bundesrepublik lebenden Ausländer rapide zunehmen) intensiviert hat. Hier deutet sich vor dem Hintergrund neovölkischer Argumentationen, die rentenpolitisch verpackt werden, eine neuerliche Verdrängungskampagne für Frauen vom Arbeitsmarkt für den öffentlichen Dienst an. Dieser Eindruck wird durch geplante steuerliche und sonstige finanzielle Anreize unterstützt. Auch die von Regierungsseite mitgetragene Diskussion um die freiwillige und unentgeltliche Mitarbeit im sozialen Bereich als Möglichkeit der „Selbstverwirklichung" insbesondere für Frauen kann hier eingeordnet werden. Vgl. dazu H. Mattfeldt, Zwischen Sozialkonservatismus und Sozialdarwinismus, in: Blätter für deutsche und internationale Politik, 28. Jg., Heft 11 (1983), S. 1453 ff.
23 Siehe A. Kuhn und V. Rothe, Frauen im deutschen Faschismus, Band 1, Düsseldorf 1982, S. 90 f.
24 Vgl. T. Mason, a.a.O., S. 139

25 Vgl. D. Winkler, Frauenarbeit im . . ., a.a.O., S. 49, die wegen der absoluten Zunahme der Frauenarbeit davon spricht, daß die Hauptintention des Ehestandsdarlehens nicht erreicht wurde.
26 Alle Zahlenangaben nach St. Bajohr, a.a.O., Tabelle 41 auf S. 223, Tabellen 42 und 43 auf S. 225 sowie eigene Berechnungen.
27 Vgl. D. Winkler, Frauenarbeit im . . ., a.a.O., S. 196, obere Tabelle.
28 Ebenda, S. 49.
29 Vgl. St. Bajohr, a.a.O., S. 205 ff.
30 Ebenda, S. 228 und Tim Mason, a.a.O., S. 173.
31 D. Klinksiek, a.a.O., S. 51.
32 St. Bajohr, a.a.O., S. 228.
33 Vgl. T. Mason, a.a.O., S. 172.
34 Vgl. St. Bajohr, a.a.O., S. 230 f., insbesondere Tabelle 44 auf S. 231.
35 G. Brandt, J. Kootz, G. Steppke, Zur Frauenfrage im Kapitalismus, 4. Auflage, Frankfurt am Main 1979, S. 36.
36 V. Bennholdt-Thomsen, Subsistenzproduktion und erweiterte Reproduktion. Ein Beitrag zur Produktionsweisendiskussion, in: Gesellschaft. Beiträge zur Marxschen Theorie 14, Frankfurt am Main 1981, S. 30 f.
37 Mason zählt diese Veränderung hin zur Kleinfamilie zu den wichtigsten Veränderungen nach 1933. Vgl. T. Mason, a.a.O., S. 120.
38 Vgl. S. Pohle, Frauenlohndiskriminierung. Feministische Überlegungen zur Marxschen Arbeitswertlehre, in: Das Argument, Bd. 140 (1983), S. 528.
39 Ebenda.
40 V. Bennholdt-Thomsen, a.a.O., S. 45.
41 St. Bajohr, a.a.O., S. 233.

Sabine Gensior

Moderne Frauenarbeit, Arbeitszeitflexibilisierung und elektronische Heimarbeit

Der frauenspezifische Arbeitsmarkt

0. Einleitung

In der frauenorientierten Forschung werden derzeit – bei der Behandlung der modernen Frauenarbeit – zwei Wege beschritten.

- Auf dem einen Weg wird versucht, das Recht von Frauen auf Erwerbsarbeit mit gesellschafts-, sozial- und arbeitspolitischen Mitteln zu verfolgen und weiter voranzutreiben;
- auf dem anderen Weg sind Erwerbsarbeit und berufliche Tätigkeit von Frauen keine Orientierungsgröße mehr. Vielmehr wird davon ausgegangen, daß es eine Fiktion sei, zu meinen, daß männliche und weibliche Erwerbsarbeit vergleichbar seien.[1] In dieser Sichtweise wird darauf abgestellt, Frauenerwerbsarbeit als einen Spezialfall zu betrachten, der spezifische Abweichungen hinsichtlich der männlichen (verberuflichten) Normalbiographie aufweist: zum einen existiere der stark ausgeprägte Wunsch von Hausfrauen mit schulpflichtigen Kindern, in ihrer Familienphase weniger als den ganzen Tag Lohnarbeit zu verrichten. Sie artikulierten deshalb verstärkt den Wunsch nach Teilzeitarbeit. Zum anderen bedeute Zeitgewinn für Frauen insgesamt gleichzeitig Lebensgewinn.[2]

Die hiermit skizzierte Kontroverse hat meines Erachtens einen strategischen Stellenwert in bezug auf die in letzter Zeit vielfach strapazierte ‚Zukunft der Frauenarbeit'[3]. Sollte die zweite Position sich durchsetzen, d. h. der bewußte Verzicht auf die Gleichstellung der Frau in Beruf und Gesellschaft zugunsten von Vorstellungen über eine reproduktionsbezogene und damit mittelbarere Unterwerfung unter die kapitalistische Zeitökonomie im Haushalt, sind auch die Grenzen eines fruchtbaren Diskurses innerhalb der Frauenbewegung markiert[4]: Der Verzicht auf die Forderung einer eigenständigen, ökonomischen Sicherung der Frau und demgegenüber das Propagieren eines diffusen Reichs der Freiheit im Haushalt und in der Kindererziehung[5] zielt auf die Forderung nach sozialer Emanzipation der Frau in modernen, zivilen Gesellschaften. Sie richtet sich damit gegen die

- eigenständige ökonomische Sicherung der Frau auf der Basis von Lohnarbeit und sozialversicherungsrechtlichen Ansprüchen;
- rechtliche Gleichstellung, die in bürgerlichen Gesellschaften grundsätzlich gebunden ist an die Freiheit und Gleichheit der Warenbesitzer, – und damit auch der Besitzer von tauschfähiger Arbeitskraft;

– soziale und gesellschaftliche Entfaltung von Frauen, die – allgemein gesprochen – nicht unabhängig ist von ‚Zeit‘ und ‚Raum‘. Im Gegenteil, sie ist in ihrer Entwicklung und Ausprägung spezifisches Resultat des Entwicklungsstandes der Gesellschaft, von der sie sich emanzipiert. – Ihre Emanzipation kann daher auch nicht, so lautet meine *These,* völlig losgelöst von den sozioökonomischen Bedingungen und rechtlichen Entwicklungen betrachtet werden.[6]

Im folgenden will ich versuchen, diese eher allgemein gehaltenen Einwände anhand der spezifischen strukturellen Konstellationen, denen sich die moderne Frauenerwerbsarbeit ausgesetzt sieht, einzulösen und anhand einiger konkreter Beispiele zu illustrieren. Es kann in diesem begrenzten Aufsatz jedoch nicht darum gehen, die historisch-spezifischen Entwicklungsbedingungen und -voraussetzungen der sozialen Emanzipation der Frau in ihrer Gesamtheit darzustellen. Vielmehr ist beabsichtigt, die aktuellen Entwicklungslinien, die die konkrete Frauenerwerbsarbeit nimmt, nachzuzeichnen und in ihrem Strukturzusammenhang zu interpretieren. Abschließend sollen einige Ansatzpunkte für verändernde Handlungsstrategien aufgezeigt werden.

1. Ist Technik die wichtigste Bestimmungsgröße?

In der jüngsten Vergangenheit werden die Probleme der modernen Frauenarbeit einseitig aus der Entwicklung der neuen elektronischen Techniken abgeleitet.[7] Die Ausbreitung der Informations- und Kommunikationstechnologien in Büro, Verwaltung, Dienstleistung und Industrie wird weitgehend als Frauen treffende Rationalisierung verstanden. Technik wird somit im öffentlichen Bewußtsein zur entscheidenden Bestimmungsgröße der Frauenerwerbsarbeit.

Auf den ersten Blick wird diese Sichtweise auch durch die aktuellen Entwicklungen bestätigt: Informations- und Kommunikationstechniken bieten die Möglichkeit zur Fernarbeit, zur Auslagerung von Arbeitsplätzen aus Unternehmen und Organisationen in die Wohnungen der Beschäftigten. Wenn beispielsweise die zentralen Büros „computerisiert“ sind, stehen speziell für die Büroarbeit elektronische Hilfsmittel zur Verfügung und lassen sich informationstechnisch ausgestattete Heimarbeitsplätze verwirklichen. Diese technisch möglichen Heimarbeitsplätze werden – zusätzlich zu den verschiedenen Teilzeitarbeitsformen – insbesondere für Frauen propagiert, da sie in besonders günstiger Weise die ‚Vereinbarkeit von Familie und Beruf‘ ermöglichen sollen. – Denn anstatt die Frauen zur Arbeit zu transportieren, soll künftig die Arbeit in die Heime oder wenigstens in deren Nähe gebracht werden. Die Auflösung des ‚Betriebs‘, bzw. betriebsförmiger Arbeit an einem lokal fixierten Ort, scheint damit technisch handgreifliche Wirklichkeit zu werden. Frauen sind die Zielgruppe dieser spezifisch technisch-arbeitsorganisatorisch möglichen Arbeitsform. Sicherlich werden sie auch die Hauptbetroffenen sein, denn Heimarbeit – sowohl auf traditioneller Basis als auch auf moderner, elektronischer – ist eine typisch geschlechtsspezifische Arbeitsform.

Zu fragen ist, weshalb die Anwendung und Umsetzung elektronischer Medien in den Betrieben hauptsächlich Frauenarbeitsplätze in negativer Weise berührt?

Die Ursache ist in folgendem, unterdessen auch wissenschaftlich belegten Sachverhalt zu suchen[8]: In bezug auf Frauenarbeitsplätze haben wir es mit einer geradezu zwanghaften Fixierung weiblicher Arbeitskraft auf inner- und überbetriebliche Arbeitsbereiche mit bestimmten Mechanisierungs- und Automatisierungsbedingungen zu tun. Fraueneinsatzbereiche müssen daher als ein besonders stark ausgeprägter Spezialfall der betrieblichen und gesellschaftlichen Arbeitsteilung begriffen werden. Im breiten Rahmen von

- Personalrekrutierungsstrategien, dem der
- technisch-arbeitsorganisatorischen Entwicklung und dem der
- verschiedenen Teilzeitarbeitsformen

hat sich eine Geschlechterpolarisierung in qualifizierte Männer und unqualifizierte Frauenarbeitsplätze vollzogen; und dies nicht nur im engeren Einsatzbereich von Technologien (z. B. Elektroindustrie, Nahrungs- und Genußmittelindustrie, EDV-Einsatz in Dienstleistungsbereichen), sondern auch auf gesamtwirtschaftlicher Ebene durch Herausbildung und Stabilisierung von frauenspezifischen Arbeitsmarktsegmenten.[9]

Die Selektion und Analyse „heimarbeitsverdächtiger" Tätigkeiten, die hauptsächlich in Fraueneinsatzbereichen ihren Anfang nimmt, muß daher als Resultat einer bereits vollzogenen strukturellen Entwicklung der Frauenerwerbsarbeit gelten.

1.1 Begrenzter Einsatz neuer Techniken in frauenspezifischen Einsatzbereichen

Neben einigen Monographien zu speziellen Frauenarbeiten[10] und den zahlreichen Modellversuchen im Rahmen des Humanisierungsprogramms in Frauenarbeitsbereichen[11], die Frauenarbeit nicht als solche thematisieren, hat eine der umfangreichsten Untersuchungen zur Frauenarbeit in insgesamt sieben „frauenspezifischen" Branchen aufschlußreiche Ergebnisse erbracht. Diese vom RKW in Auftrag gegebene und von Mitarbeitern des Soziologischen Forschungsinstituts Göttingen durchgeführte Studie, aus der mittlerweile mehrere Veröffentlichungen zu Teilgebieten hervorgegangen sind[12], kommt hinsichtlich der technisch-arbeitsorganisatorischen Bedingungen von Frauenarbeit zu dem Schluß, daß die Masse der erwerbstätigen Frauen in der Industrie und im Dienstleistungsbereich auf Produktions- bzw. Arbeitsbereiche konzentriert ist,

- die durch *Mechanisierungssperren* gekennzeichnet sind, (Montageprozesse in der elektrotechnischen, feinmechanisch-optischen und in der Bekleidungsindustrie sowie Verkaufstätigkeiten im Bereich des Einzelhandels);
- die neben hochentwickelten technischen Einrichtungen erhebliche *Mechanisierungslücken* aufweisen, in die viele erwerbstätige Frauen abgedrängt werden (Verpackung und Stoffumwandlung in der Nahrungs- und Genußmittelindustrie, Pharmazie und Kosmetik, in der Informationsverarbeitung weiter Teile des Dienstleistungsbereichs):

– oder in denen der technologische Wandel an hochmechanisierten bzw. automatisierten Aggretaten *Restarbeitstypen* hervorbringt, die eine starke inhaltliche Reduzierung erfahren haben (Stoffverformung in den Bereichen der Vorfertigung der elektrotechnischen und feinmechanisch-optischen Industrie und in der Textilindustrie sowie in der computerisierten Informationsverarbeitung in weiten Teilen des Dienstleistungsbereichs: Banken, Versicherungen, Industrieverwaltungen).

Insgesamt zeige sich bei den typischen Formen weiblicher Industriearbeit eine fast ausschließliche Konzentration auf den un- bzw. niedrigmechanisierten Bereich der Handarbeit (einfache und komplexe feinmotorische Handarbeit, grobmotorische Handarbeit, Sichtkontrolle, werkzeugunterstützende und maschinengebundene Handarbeit), während Frauenarbeit bei höhermechanisierten bzw. teilautomatisierten Fertigungsprozessen entweder nur als Bandarbeit in fortbestehenden Mechanisierungslücken oder in der Form der Maschinenbedienung und Automatenkontrolle auftrete.

Weiterhin berichtet die Göttinger Untersuchung[12a], daß neben dem niedrigen Technisierungsniveau der Arbeitsmittel an industriellen Frauenarbeitsplätzen zudem eine in diesen Bereichen fast durchgängig scharfe Arbeitsteilung zu finden sei, welche die Arbeitsprozesse in zumeist einfach strukturierte, repetitive Teilfunktionen zerlegt und die Arbeit der Frauen dadurch verstärkt dem Zugriff leistungssteigernder Lohnund Leistungssysteme unterwerfe.

In den nichtindustriellen Bereichen der Frauenarbeit sei die Möglichkeit zum Einsatz von Technologien z. T. noch begrenzter, da die spezifischen Formen der Dienstleistungen (Verkaufs-, Bedien- und Reinigungstätigkeiten im Einzelhandel, Gaststätten und Beherbergungsgewerbe) sich dagegen sperrten. In den Bereichen des Versicherungs- und Kreditwesens in den Verwaltungen der gewerblichen Wirtschaft und des öffentlichen Dienstes, in denen massenhaft anfallende Daten und standardisierbares schriftliches Material geradezu fabrikmäßig unter Einsatz von EDV-Technologien verarbeitet werden, komme es ebenfalls zur Bildung von *Restarbeitsplätzen* als dominierender Form der Frauenarbeit. Der Anteil an relativ qualifizierten Sachbearbeiterinnentätigkeiten falle dagegen gering aus.

Wesentlich für das Ausmaß der Arbeitsteilung, der inhaltlichen Entleerung, der Dequalifizierung und Belastung sind auch hier die *arbeitsorganisatorischen Maßnahmen.*

Auf dem Hintergrund dieser Ergebnisse ist das Verhältnis zwischen technisch-arbeitsorganisatorischem Wandel und Frauenarbeit überwiegend negativ einzuschätzen.

– Hinsichtlich der quantitativen Veränderung der Frauenarbeit führte der Einsatz neuer Technologien in Verbindung mit rigorosen arbeitsorganisatorischen Maßnahmen in den traditionellen Fraueneinsatzbereichen (z. B. Textil-, Nahrungs- und Genußmittelindustrie) zu einer teilweise erheblichen Reduktion des Frauenanteils. Dabei ist der die Frauen betreffenden Beschäftigungsrückgang in der Textilindustrie nur z. T. technisch-arbeitsorganisatorisch bedingt und außerdem überwiegend in der Bekleidungsindustrie auf die anhaltend schlechte Absatzmarktlage zurückzuführen.

- Im Bereich der qualifizierten Männerarbeitsplätze kam es dagegen aufgrund der Dequalifizierung der Arbeitsplätze durch neue Technologien (Druckindustrie) und Techniken (Feinmechanik-Optik, Elektroindustrie) zur Substitution von männlichen Facharbeitern durch angelernte weibliche Arbeitskräfte.
- Die Anforderungsstrukturen (Qualifikation, Belastung, Disposition, Kooperation) und die Lohnsituation hat sich dagegen in fast allen Fraueneinsatzbereichen durch die Einführung neuer Technologien, mehr noch durch den verschärften Zugriff arbeitsorganisatorischer Maßnahmen, erheblich verschlechtert. Dies betrifft vor allem hocharbeitsteilige Arbeitsprozesse in den Bereichen, die durch Mechanisierungssperren gekennzeichnet sind; in den Bereichen, für die noch keine kostengünstigen technologischen Möglichkeiten (Mechanisierungslücken) entwickelt worden sind und schließlich dort, wo die Technologie erschreckend gering qualifizierte und (zumeist psychisch) hoch belastende Restfunktionen übrig läßt. Dabei erstaunt vor allem, wie hoch in einigen Extrembereichen der partialisierten ,,Benutzung" menschlicher Sensumotorik die Zumutbarkeitsschwelle angesetzt ist (Codieren im Vorbereich von automatischen Beleglesern im Bank- und Versicherungsgewerbe, Sichtkontrolle in der Elektro-, Textil- und Bekleidungsindustrie, Umspulen in Dunkelräumen der feinmechanisch-optischen (Foto-) Industrie, Färben und Formen in der Maschinenindustrie).
- Schließlich hat sich eine Geschlechterpolarisierung in qualifizierte Männer- und unqualifizierte Frauenarbeitsplätze nicht nur im engeren Einsatzbereich von Technologien (z. B. Elektroindustrie, Nahrungs- und Genußmittelindustrie, EDV-Einsatz in Dienstleistungsbereichen) sondern auf gesamtwirtschaftlicher Ebene durch Herausbildung und Stabilisierung von frauenspezifischen Arbeitsmarktsegmenten vollzogen[12b].

Aus diesem Grund erscheint es notwendig, die technisch-arbeitsorganisatorischen Entwicklungstendenzen nur als einen *Aspekt* im Bedingungsgeflecht jener Strukturen und Mechanismen zu behandeln, die die marginale Arbeitsmarktposition erwerbstätiger Frauen festschreiben.

Ein weiterer wesentlicher Aspekt sind die Strukturierungsmomente des geschlechtsspezifischen Arbeitsmarktsegments, insbesondere die Allokations-, Qualifizierungs-, Gratifikations- und Arbeitszeitregelungen.

2. *Zur Funktionsweise des frauenspezifischen Arbeitsmarkts*

Es fällt auf, daß die weiblichen Erwerbstätigen primär in arbeitsintensiven und/oder stark konjunkturreagiblen Wirtschaftsgruppen, Branchen und Produktionszweigen beschäftigt sind: im Handel, insbesondere Einzelhandel; im Bereich Dienstleistungen von Unternehmen und freien Berufen, insbesondere Gaststätten- und Beherbergungsgewerbe, Wäschereien, Reinigungen; in den Bereichen der Text- und Datenverarbeitung von Kreditinstituten und des Versicherungsgewerbes und auf den unteren und mittleren Sachbearbeiterebenen in Dienstleistungsbetrieben, im öffentlichen Dienst und in Industrieverwaltungen; in konsumnahen Bereichen der Elektroindustrie und der feinmechanisch-optischen Industrie; vor allem aber in jenen Industriezweigen bzw. Wirtschaftsgruppen, in denen die Konjunkturempfindlichkeit noch durch saisonale Schwankungen (Nahrungs- und Genußmittelindustrie, Einzelhandel, Gaststätten- und Beherbergungsgewerbe) und modebedingte Absatzschwankungen (Bekleidungs-, lederverarbeitende und Textilindustrie) überlagert bzw. verstärkt wird.[13] Es handelt sich hier um jene Einsatzbereiche, die in arbeitsmarkttheoretischer Perspektive als sekundäres oder unspezifisches Arbeitsmarktsegment gekennzeichnet werden, das sich strukturell von primären bzw. fachspezifischen und betriebsspezifischen Arbeitsmarktsegmenten abgrenzen läßt und im folgenden als *frauenspezifischer Teilarbeitsmarkt* bezeichnet wird.[14]

In den Branchen, Betrieben und Betriebsteilen, die dem frauenspezifischen Arbeitsmarktsegment zuzurechnen sind, besteht ein rentabilitätsbedingtes Interesse der Unternehmen und Betriebe an hocharbeitsteiligen, niedrig eingruppierten Arbeitsplätzen und damit an einem unqualifizierten, vor allem aber flexibel einsetzbaren weiblichen Arbeitskräftereservoir.

Die negativen Folgen von konjunkturellen Schwankungen können vor allem auf die Mitglieder dieses Teilarbeitsmarktes abgewälzt werden, die bei konjunkturellen Einbrüchen ohne große „Humankapital-Verluste" entlassen und bei konjunkturellen Aufschwüngen aufgrund des Überangebots auf dem externen Arbeitsmarkt ohne große Kosten wieder eingestellt und so als konjunkturelle Manövriermasse eingesetzt werden können.[15]

Unternehmerische Strategien, die der Gewinnung oder Aufrechterhaltung von flexiblen Reaktionsmöglichkeiten hinsichtlich der verschiedenen Formen von Nachfrageschwankungen auf den Faktor- bzw. Gütermärkten dienen, führen in Verbindung mit bestimmten technologischen und arbeitsorganisatorischen Maßnahmen tendenziell zur Aufspaltung in fachspezifische, betriebsspezifische und unspezifische Teilarbeitsmärkte, die sich sowohl innerbetrieblich, zwischenbetrieblich, aber auch zwischen verschiedenen Branchen vollziehen kann[16].

Lappe spricht allerdings erst dann von *Segmentation* des Arbeitsmarktes, wenn nicht jeder Arbeitsplatz bzw. jeder Beschäftigte die gleiche Chance hat, in den Primär- bzw. Sekundärmarkt zu gelangen, sondern bestimmte Arbeitsplätze oder Arbeitsplatztypen und Arbeitsplatzkräfte oder Arbeitskräftegruppen mit hoher Wahrscheinlichkeit in dem einen oder anderen Segment zu finden sind[17]. Dies geschieht durch Allokationsregelungen, d. h. die Zuordnung von Arbeitskräften und Arbeitsplätzen, durch die die Offenheit/Geschlossenheit und der fachlich-räumliche Umfang eines Teilarbeitsmarktes bzw. die interne Allokation innerhalb des jeweiligen Arbeitsmarktsegments definiert sind. Zusätzlich werden die Teilarbeitsmärkte durch segment-spezifische Gratifizierungs-, Qualifizierungs- und Arbeitszeitregelungen stabilisiert[18].

Diskriminierende Zugangskriterien

Bei der Besetzung der hocharbeitsteiligen, schlecht bezahlten und unsicheren Arbeitsplätze des unspezifischen Arbeitsmarktsegmentes lassen sich die Betriebe von folgenden Kriterien leiten:

Es muß sich um leicht und billig beschaffbare Arbeitskräfte handeln, d. h. die Arbeitskräfte dürfen nicht knapp sein, die Kosten der Rekrutierung müssen gering und die Lohnerwartungen müssen unter den Erwartungen anderer Arbeitskräftegruppen liegen. Weiterhin muß es sich um Arbeitskräftegruppen handeln, die leicht und mit geringen Kosten zu entlassen sind, die ohne großen Qualifizierungsaufwand einsetzbar sind und keine oder nur geringe Investitionen in „Humankapital" erfordern und um Arbeitskräftegruppen, die aufgrund ihres geringen gewerkschaftlichen Organisationsgrades und ihrer geschwächten kollektiven Handlungsfähigkeit nur geringen Druck zur Verbesserung der Arbeitsbedingungen und der Lohnstruktur erzeugen. – Dies alles sind Beschreibungen und Merkmale, die Frauen betreffen.[19] –

Dequalifizierung und Entleerung der Arbeitsinhalte

Wesentliche in die personalpolitische Entscheidungen eingehende Größen stellen die Knappheit von Arbeitskräften auf externen Teilarbeitsmärkten, die Kosten der Rekrutierung und Entlassung usw. dar. Erwerbstätige Frauen werden häufig von den Unternehmen von sogenannten betriebsspezifischen Ausbildungsgängen und den entsprechenden Tätigkeitsbereichen ferngehalten, da die Ausbildungskosten von den Betrieben getragen werden und sich diese „Humankapital-Investitionen" aufgrund der tatsächlichen oder vermuteten Unterbrechungsrate oder des häufigeren Arbeitsplatzwechsels von Frauen nicht amortisieren würden.

Aus den dargestellten personalstrategischen Gründen werden Frauen schwerpunktmäßig im sekundären Segment an Arbeitsplätzen eingesetzt, die stark taylorisiert sind, aufgrund ihrer geringen Anforderungen keine Chancen zur Weiterqualifikation bieten und nur minimale Anlernprozesse (learning by doing) nötig machen. So haben die Betriebe des sekundären Arbeitsmarktsegments kaum ein Interesse daran, die Arbeitsproduktivität durch Qualifikationsinvestitionen, sondern eher durch verstärkte Anwendung arbeitsorganisatorischer Maßnahmen zu verbessern.[20]

Unterbewertung des psycho-physischen Leistungsvermögens

Eine wesentliche arbeitsmarktbezogene Determinante gerade des sekundären Teilarbeitsmarktes scheint auch das physische und psychische Leistungsvermögen hinsichtlich der im Bereich von Frauenarbeiten auftretenden Arbeitsbelastungen zu sein. Gerade die physische und psychische Belastbarkeit, d. h. Verwertbarkeit weiblicher Arbeitskraft, stellt für die Rekrutierungsprozesse auf dem geschlechtspezifischen Arbeitsmarkt eine entscheidende Größe dar, und zwar in zweifacher Hinsicht: Einmal werden die erwerbstätigen Frauen durch institutionelle (sozial-politische) Regelungen von Belastungen durch Nachtarbeit verschont, dadurch aber gleichzeitig in Bereichen kontinuierlicher Fertigung von qualifizierten Arbeitsplätzen, Vorgesetzenpositionen usw. ausgeschlossen.[21] Dagegen verlangen die an den meisten Frauenarbeitsplätzen auftretenden psychischen Belastungen ein „weibliches" Leistungsvermögen, das zumeist abwertend als Fingerfertigkeit, Eignung für repetitive Arbeiten, geringe Monotonieanfälligkeit und ganz allgemein als hohe psychische Belastbarkeit gefaßt wird.[22] Dies bedeutet jedoch, daß diese Belastungen und Beanspruchungen meist als sehr geringfügig veranschlagt oder gar völlig vernachlässigt werden.

2.1 Arbeitszeitflexibilisierung als Flexibilisierung weiblicher Arbeitskraft

Ein weiterer Aspekt, der die randständige Arbeitsplatz- und Arbeitsmarktsituation der Frauen verstärkt, scheint durch einen Großteil der derzeit praktizierten Formen der Teilzeitarbeit gegeben zu sein.[23] Diese Form der Arbeitszeit bezieht sich nahezu durchgängig auf minderwertige, belastende Arbeitsplätze mit geringen Einkommens- und Aufstiegschancen, die ausschließlich Frauen vorbehalten bleiben. Das heißt, wir haben es bei der Teilzeitarbeit mit einem zentralen Zuweisungskriterium zum oben skizzierten frauenspezifischen Arbeitsmarkt und zu den frauenspezifischen Arbeitsplätzen zu tun.

Ein Blick auf die gegenwärtige Struktur der Teilzeitarbeit zeigt, daß rund ein Drittel aller erwerbstätigen Frauen heute weniger als 40 Stunden arbeitet, davon wiederum ein Viertel unterhalb der Versicherungspflichtgrenze (unterhalb 20 Stunden). Teilzeitarbeit wird fast ausschließlich von Frauen vorwiegend der mittleren (und älteren) Jahrgänge in Berufen ausgeübt, die zum größten Teil dem Dienstleistungsbereich angehören, und an Arbeitsplätzen, die geringe und geringste Anforderungen an die Qualifikation stellen. Bemerkenswert ist, daß die Teilzeitarbeitsquote im verarbeitenden Gewerbe erheblich geringer ist als im Dienstleistungsgewerbe, obwohl dort, von den belastenden Arbeitsbedingungen her, eine Arbeitszeitverkürzung – speziell für arbeitende Mütter – angebracht wäre, da diese Gruppe – aufgrund der herkömmlichen privaten Arbeitsteilung – in besonderem Maße beansprucht sein dürfte. Die Teilzeitquote für die Bereiche Dienstleistung und Handel beträgt zusammengenommen 13 %; dagegen im verarbeitenden Gewerbe lediglich 3,5 %.[24]

Gleichzeitig berichtet eine andere Untersuchung[25], daß

- etwa die Hälfte der vollerwerbstätigen Frauen Teilzeitarbeit wünschen und daß
- mehr als drei Viertel der nicht-erwerbstätigen Frauen sich eine Berufstätigkeit in der Form von Teilzeit wünschten.

Aus diesen Befunden und der absoluten wie relativen Zunahme von Frauen in Teilzeitarbeit (s. o.) wird dann gefolgert, daß jetzt und in Zukunft mehr Teilzeitarbeitsplätze geschaffen werden müßten. Es wird argumentiert, daß Teilzeitarbeit eine zukunftsweisende Arbeitszeitform sei, die es – zunächst Frauen – ermögliche, im Ausgang von ihrer Lebenswelt, Familie und Beruf zu vereinbaren. Frauen seien deshalb, d. h. in bezug auf ihre Widerständigkeit, sich den Zeitstrukturen betriebsförmiger Arbeit unterzuordnen, als Pionierinnen zu betrachten, da sie die gegeneinander verselbständigten Sphären Produktion und Reproduktion durch ihr andersartiges Arbeitsverhalten aufbrächen.[26]

Gegenüber dieser Position möchte ich die *These* vertreten, daß die zu konstatierende Ausweitung von Teilzeitarbeitsverhältnissen weder zufällig erfolgt, noch ein Ausdruck des Eingehens auf die Wünsche der Beschäftigten darstellt, sondern vorrangig als eine Strategie der Unternehmen oder Betriebe zu werten ist. Meist werden bestehende Vollzeitarbeitsplätze in Arbeitsplätze mit geringerer als tariflich fixierter Arbeitszeit und/oder variabler Lage umgewandelt, wenn dies den Betrieben einen finanziellen Vorteil verspricht.[27] Den Ansatzpunkt für solcher Art betriebliche Strategien bieten Arbeitsplätze mit einfachen Anforderungsprofilen und zerlegten, standardisierten Arbeitsvorgängen sowie verstetigtem vorhersehbaren Arbeitsanfall. Arbeitsplätze, die eine solche technisch-arbeitsorganisatorische Auslegung erfahren haben, sind in der Regel Frauenarbeitsplätze, d. h. Arbeitsplätze, die dem oben beschriebenen frauenspezifischen Arbeitsmarktsegment angehören. Teilzeitarbeit ist daher lediglich als eine weitere Stufe betrieblicher Rationalisierung zu begreifen, eine Stufe, die jetzt in weiten Bereichen technisch-organisatorisch möglich ist und sich aus betrieblicher Sicht als sehr viel kostengünstiger erweist. Denn Arbeitsplätze, d. h. die Arbeitsorganisation wird sehr viel rationeller gestaltet und die Arbeitskräfte werden ökonomischer, d. h. entsprechend dem Arbeitsanfall und unter intensivierten Arbeitsbedingungen, eingesetzt: Auf dem Wege der Arbeitszeitflexibilisierung gelingt zur Zeit die – ausschließlich betrieblichen Interessen entsprechende – Flexibilisierung weiblicher Arbeitskraft.

Das Ziel, das im Rahmen der Diskussion um Teilzeitarbeit oft angesprochen wird, die Vereinbarkeit von Familie und Beruf zu gewährleisten, kann daher bei den zur Zeit existierenden Teilzeitarbeitsplätzen kaum erreicht werden[28], denn diese Arbeitsplätze sind von ihrer technisch-organisatorischen Auslegung von vornherein als Rationalisierungsreserve anzusehen.

„Die Analyse, wo und wie erwerbstätige Frauen ... von Rationalisierung „berührt" werden, weist die Schwerpunkte von Frauenarbeitsplätzen als Zentren von Rationalisierungsschüben aus. Dieser Befund ist insofern nicht überraschend, als „frauentypische" Arbeitsplätze im Klartext „standardisierbare Massenproduktion bzw. -dienstleistung" heißt, mithin günstige Ansatzpunkte für Rationalisierung gegeben sind."[29]

Weiterhin ist bei dem Plädoyer für Teilzeitarbeit[30] oder – anders gefaßt – für die zwingend erforderliche Vereinbarung von beruflicher Tätigkeit und Kindererziehung und Hausarbeit meist nicht klar, daß diese spezifische Gruppe verheirateter, ökonomisch durch den Mann gesicherter Frauen mit kleinen Kindern, für die Teilzeitarbeit von ihren Lebensumständen her sinnvoll sein kann und die es sich ökonomisch leisten können, beileibe nicht für alle anderen Frauen als Maßstab gelten kann.[31]

Das Muster der „weiblichen Normalbiographie"[32], das unterstellt, daß die Biographie von Frauen grundsätzlich durch zwei gesellschaftliche Vorgaben strukturiert wird, durch Heirat und durch Geburt des ersten Kindes, worauf spätestens dann die berufliche Arbeit den Familienanforderungen nachgeordnet wird, bezieht sich auf eine nicht definierte Grundgesamtheit. Weder enthalten diese sich auf dieses Muster beziehenden Überlegungen Aussagen über den Anteil der Frauen, die es sich leisten können, gering bezahlte Teilzeit-Arbeit aufzunehmen, noch wird etwas ausgesagt über die Perspektiven und Möglichkeiten alleinstehender Mütter beziehungsweise lediger, verwitweter oder geschiedener Frauen. Das pauschale Abheben auf die Wünsche nach ‚Zeitsouveränität' einer nicht genau definierten Gruppe vernachläßigt, so lautet eine weitere *These*, die sozioökonomische Lage eines großen Teils alleinstehender Frauen zugunsten des idealisierten Bildes einer Kleinfamilie, deren Haupternährer der Mann sein soll. Daß dieses Bild nicht der komplexen Realität von Frauen entspricht, indizieren allein schon die Scheidungsziffern, die u. a. besagen, daß jede dritte Ehe geschieden wird.[33]

2.2 Elektronische Heimarbeit[34]

In einer Untersuchung des Battelle-Instituts[35] wird der Schluß nahegelegt, neue Techniken böten theoretisch auch *Chancen* für erwerbstätige Frauen, da sie möglicherweise dazu beitragen könnten, berufliche und familiäre Aufgaben künftig leichter miteinander zu verbinden. Technische Entwicklungen böten u. U. Möglichkeiten zur Einrichtung von Teilzeitarbeitsplätzen bzw. neuen Arbeitszeitformen und stellen damit ein Potential zur Minderung der ,,Doppel"belastung erwerbstätiger Mütter und Ehefrauen dar.

Unterschlagen wird in dieser optimistischen Sichtweise, daß die Frauen an solchen informationstechnisch gestützten Heimarbeitsplätzen

- einen völlig ungeschützten Beschäftigungsstatus haben (bisher meist Honorar- oder Werkverträge);
- daß sie die anfallenden Tätigkeiten auf Abruf durchführen und an einen unsteten Arbeitsanfall angebunden sind;
- daß damit ihre Verdienstmöglichkeiten – entsprechend dem Arbeitsanfall – variabel sind und
- damit günstige Voraussetzungen zur Selbstausbeutung gegeben sind (Hetzarbeit und Nachtarbeit), um auf einen Verdienst zu kommen, der den vorab entwickelten Lohnerwartungen entspricht.)

In bezug auf die Relevanz und den Verbreitungsgrad informationstechnisch gestützter Heimarbeitsplätze berichtet die Battelle-Untersuchung, daß sich in der Bundesrepublik die vorhandenen informationstechnisch gestützten Heimarbeitsplätze fast noch an den Fingern einer Hand abzählen ließen. Selbst in den Bereichen der Textverarbeitung und Programmierung, in denen es traditionellerweise arbeitsorganisatorisch problemlose, da dezentralisierbare und auslagerbare Arbeiten gibt, habe sich die Telearbeit noch nicht durchgesetzt. Über die Ursachen dieses Umstandes ließen sich – so wird berichtet – zum gegenwärtigen Zeitpunkt allenfalls Hypothesen formulieren:

- Aus Unternehmenssicht spielten Kostengesichtspunkte eine Rolle, auch wenn die organisatorischen Alternativen wohl nur in seltenen Fällen einem ernsthaften Vergleich unterzogen würden. Zum Teil bestünden wesentlich kostengünstigere Heimarbeits-Alternativen auf der Basis herkömmlicher Techniken.
- Probleme mit der Leistungskontrolle, der Integration, der Arbeitsorganisation u.a.m. scheinen zu geringer Innovationsbereitschaft zu führen.
- Auf seiten der Arbeitnehmer hätten sich Änderungen im Wertesystem – stärkere Bewertung von Familie und Freizeit, Wunsch nach Teilzeitbeschäftigung – noch nicht in einer Forderung nach informationstechnisch gestützter Heimarbeit niedergeschlagen.
- Bei Arbeitnehmern und Arbeitgebern spiele vermutlich die Unkenntnis über die schon bestehenden technischen Möglichkeiten eine Rolle.
- Heimarbeit erfreue sich – als eine Tätigkeit mit niedrigem Prestige – nur geringer Wertschätzung. Sie sei durch schlechte Bezahlung, geringe Qualifikationsanforderungen und niedrige Ansprüche an die Arbeitsqualität gekennzeichnet und daher wenig attraktiv.

Exkurs: Einige Beispiele aus Modellversuchen mit informationstechnisch gestützten Heimarbeitsplätzen

In einem größeren Betrieb der Metallindustrie werden Frauen an informationstechnisch ausgestatteten Heimarbeitsplätzen eingesetzt: Während bei einem monatlichen Volumen von 500 Seiten an einem Büroarbeitsplatz 9,40 DM pro Seite aufgewandt werden, kostet eine an der heimischen Textstation geschriebene Seite nur 6,81 DM. Das ist sogar weniger, als für Leiharbeiterinnen oder Auftragsarbeit an ein Schreibbüro gezahlt werden müßte. Weitere Vorteile für das Unternehmen sind:

- die Prozeßzeiten für die Fertigstellung umfangreicher Dokumente konnten erheblich verkürzt werden,
- Qualität und Arbeitsproduktivität waren höher als im Büro,
- Arbeit und Personal lassen sich gleichermäßiger je nach Bedarf der Firma planen, z. B. bei dringenden Terminarbeiten oder Krankheit und Urlaub anderer Mitarbeiter,
- die gesamte Bundesrepublik ist als Arbeitsmarkt anzusehen,
- die Arbeitsplatzkosten werden wohl in Zukunft die Frauen selbst übernehmen.

Für die Firma ist der Versuch so positiv ausgegangen, daß er über den vorher anvisierten Zeitraum hinaus weiterläuft und nun auf einfache „Telesachbearbeitung" ausgedehnt werden soll. Wichtigstes und bisher ungelöstes Problem ist die arbeits- und sozialrechtliche Vertragsgestaltung: Sollen die Heimarbeiterinnen auf der Gehaltsliste der Firma stehen, für ein Schreibbüro als Angestellte oder Leiharbeiterinnen arbeiten, selbständig als Auftragnehmerinnen oder in einem Werkvertragsverhältnis tätig sein? Die Firma nimmt an, daß es für sie am vorteilhaftesten ist, wenn sie die Frauen formal als Selbständige beschäftigt, denen sie Aufträge im Stücklohn vergibt.

Neben der Texterfassung und einfacher Sachbearbeitung eignet sich die Datenverarbeitung ganz besonders gut für Heimarbeit. Eine Firma, die ihre Rechnernutzung, Beratung, aber auch Computer-Hard- und Software verkauft, hat besonders früh die Möglichkeiten einträglicher neuer Heimarbeit erkannt. Gegenwärtig läßt sie die Ehefrauen zweier Prokuristen neue Arbeitsplätze ausprobieren:

Beispielsweise war Frau X früher bei einer Bank angestellt. Nach der Geburt ihres ersten Kindes übernahm sie zu Hause gelegentlich Schreibarbeiten von der Firma ihres Mannes. Sie sprang immer dann ein, wenn sie gebraucht wurde und arbeitete für einen erheblich geringeren Lohn als die Schreibkräfte in der Firma. Jetzt wird sie von ihrem Mann abends kostenlos für einfache Datenverarbeitung am Computer angelernt. Für die Firma liegt der Vorteil – neben der Einsparung der Lohnneben-, Arbeitsplatz- und Maschinenkosten darin, daß das gesamte Beschäftigungsrisiko auf die Frau verlagert wird: Ob sie was zu arbeiten hat oder nicht, ist allein ihr Problem.

Auch Frau Y ist sich dieser Nachteile überhaupt nicht bewußt, da sie ja durch ihren Mann finanziell und versicherungsmäßig gesichert ist. Sie möchte jetzt – ihr Kind ist nicht mehr so klein – möglichst als „Selbständige" 5–6 Tage im Monat steuerfrei arbeiten, „weil mir sonst die Decke auf den Kopf fällt, wenn ich nur Hausarbeit mache". Mit Hilfe des Computers und der Texterfassungsstation lassen sich die Versorgung ihres Sohnes und die Hausarbeit gut miteinander verbinden.

Frau Z, gelernte Programmiererin, will sich, wenn ihr zweites Kind in den Kindergarten kommt, vormittags ein paar Stunden an den Bildschirm setzen, um später zu Hause programmieren zu können. Irgendwann, hofft sie, wird sie wieder mit Kollegen zusammenarbeiten können, vielleicht halbtags.

Diese drei Beispiele dokumentieren, unter welchen Voraussetzungen Frauen bereit sind, sich auf Heimarbeitsplätze einzulassen: die Betreuung kleiner Kinder, die eine Erwerbsarbeit erschwert; die Angst der Frauen, den Anschluß an die berufliche Entwicklung zu verpassen. Darüberhinaus war zu erfahren, daß auch die Notwendigkeit bestand, ein „Zubrot" zu verdienen.

Diese und andere Beispiele deuten an, daß die Rückverlagerung von Tätigkeiten ins Haus mehr als ambivalent ist. Sie mag zwar die Chance verbesserter, innerfamilialer Kontakte schaffen; gleichzeitig wird jedoch neuer Konfliktstoff erzeugt.[36] Wenn unterschiedliche Arbeits-, Freizeit- und Lebensrhythmen unter beengten räumlichen Bedingungen aufeinander prallen, ist es eher wahrscheinlich, daß häusliche Spannungen zunehmen anstatt abnehmen werden.

Da bisher kein Konzept elektronischer Heimarbeit thematisiert, zu welchem Zeitpunkt die Arbeitsleistung erbracht werden muß, d. h., daß in erster Linie unternehmerische Ziele maßgeblich sind, bedeutet dies für die Betroffenen, nicht in der Lage zu sein, feste Zeiten für kontinuierliches soziales oder politisches Engagement einplanen zu können. Das Reich der Freiheit und Zeitsouveränität kann damit zu einem Bereich der totalen Abhängigkeit werden.

Welche Chancen bestehen für die Durchsetzung dezentralisierter, informationstechnisch ausgestatteter (Heim-)Arbeitsplätze?

Bisherige Übersichten[37] stimmen überein in der Einschätzung, daß es in der Bundesrepublik Deutschland bisher höchstens zwischen 20–60 solcher Heimarbeitsplätze gibt. Wie bereits oben erwähnt, stehen ihrer Durchsetzung und Verbreitung vielfältige Hindernisse entgegen, die sich aus

- Unternehmersicht hauptsächlich auf Kostengesichtspunkte (Investitionen) und betriebsorganisatorische Gründe beziehen;
- gewerkschafts- und speziell frauenpolitischer Sicht dagegen auf eine Vielzahl von Bedingungen beziehen, wie Entlohnung, unbezahlte Leistungsverdichtung, auf die Tatsache, daß Heimarbeit zumeist eine geschlechtsspezifische Arbeitsform ist, daß sozialversicherungsrechtliche Probleme entstehen (mangelhafte Arbeitslosen-, Renten- und Krankenversicherung), auf Dequalifizierungsprozesse, mangelhafte berufliche Fortbildung und Aufstiegschancen, mangelhafte Überwachung des Arbeitsschutzes, Mutterschutzrechts, mangelhafte Interessenvertretung, zunehmende Isolation und Vereinzelung usw.

3. Erste Schlußfolgerungen – Arbeits- und gesellschaftspolitische Veränderungsmöglichkeiten

Wir haben es in der Arbeitswelt in bezug auf Frauenarbeit mit dem unterdessen auch wissenschaftlich belegten Sachverhalt zu tun, daß

- Frauenarbeitsplätze eine höhere Zumutbarkeitsschwelle (d. h. Belastungen und Beanspruchungen werden höher angesetzt und anders gewichtet als bei Männerarbeitsplätzen) aufweisen und daß
- weibliche Arbeitskräfte – durch die diskriminierende Sicht der Beschäftigter und der Personalpolitik immer wieder in Randbereiche abgedrängt werden.

Es bleibt festzuhalten, daß die Struktur und die Probleme, die den frauenspezifischen Arbeitsmarkt kennzeichnen, durch den Einsatz neuer Techniken – speziell die technisch bereits mögliche elektronische Heimarbeit – keine grundsätzlich neue Qualität erfahren. Nach wie vor ist die Auslegung und Entstehung frauenspezifischer Arbeitsplätze und die Zuordnung bestimmter Arbeitspersonen auf schlechte Arbeitsplätze bestimmend: Wenn Arbeitsplätze extrem monoton und stark dequalifizierend ausgelegt sind, werden ihnen mit Hilfe subtiler Einstellungs- und Versetzungsstrategien Frauen zugeordnet. Die mögliche Durchsetzung elektronischer Heimarbeitsplätze kann deshalb bruchlos an bestehende technisch-arbeitsorganisatorische Strukturen und die vorhandene, Frauen diskriminierende Personalpolitik anknüpfen und sie entsprechend den neuen Anforderungen und Möglichkeiten ausformen.

Gleichzeitig weisen Frauen familienorientierte, widersprüchliche Lebensentwürfe auf[38], die m. E. heute lediglich wieder verstärkt genutzt werden, um die Zuverdienerrolle von Frauen zu zementieren.

Das zentrale Problem besteht nun darin, bei der gegenwärtig tristen Lage der Frauenarbeit, nach Möglichkeiten zu suchen, wie der beschriebene Prozeß der Entwicklung und Stabilisierung des frauenspezifischen Arbeitsmarktes rechtzeitig erkannt und korrigiert und auf welchen Handlungsfeldern dies versucht werden kann. Eine wesentliche Voraussetzung der strukturellen Veränderung des Frauenarbeitsmarktes wäre, die Fixierung weiblicher Arbeitskraft auf inner- und überbetriebliche Arbeitsbereiche mit bestimmten Mechanisierungs- und Automatisierungsbedingungen zu durchbrechen.

Teilzeitarbeit in ihrer derzeit praktizierten Form, sowie die Möglichkeit elektronischer Heimarbeit, müssen die berufliche Sackgassensituation der Frauen verschärfen, indem sie sie verstärkt genau auf jene schlechten Arbeitsplätze mit einfachen Anforderungsprofilen und standardisierten Arbeitsvorgängen verweisen, die dem oben beschriebenen frauenspezifischen Arbeitsmarkt angehören.

Bekanntlich setzen sich neue technische Lösungen nicht in der vielfach behaupteten Geschwindigkeit um. Vielmehr stehen ihrer Einführung meist finanzielle, organisatorische und – vor allem auch – personelle Probleme entgegen, die den Zeitraum einer breiten Umsetzung meist auf fünf bis zehn Jahre ausdehnen. Dies ist m. E. auch der Ansatzpunkt für eine „politische Überformung"[39], für eine betriebliche und gesellschaftliche Gegenstrategie, die hier kurz skizziert werden soll. Zielsetzung ist es, den einseitigen Determinationszusammenhang von Frauen vorbehaltenen Restarbeitsbereichen und der spezifischen Konstitution weiblichen Arbeitsvermögens zu durchbrechen:

- Für die bekannten frauenspezifischen Einsatzbereiche müssen den tatsächlichen Anforderungen entsprechende Anforderungs- und Merkmalskataloge entwickelt werden, damit die existierende Lohn- und Gehaltsdiskriminierung abgebaut werden kann. Dazu ist es erforderlich, sozial- und arbeitswissenschaftliche Analysen besser aufeinander zu beziehen und – speziell für unseren Zusammenhang – Resultate arbeitswissenschaftlicher Untersuchungen[40] als Aushandelungsgegenstand ernster zu nehmen.

– Weiterhin sind Zielsetzung und Rekrutierung für innerbetriebliche Weiterbildung auf dem Hintergrund betrieblicher und betriebspolitischer Entwicklungen zu untersuchen, da hier der Ansatzpunkt für die zusätzliche Stabilisierung/Destabilisierung ghettoisierter weiblicher Einsatzbereiche gesehen werden muß.[41] Untersuchungsgegenstand müssen daher die Arbeitsbedingungen sowie betriebliche Lohn- und Qualifikationsstrukturen sein; sie sind die zentrale Größe im Konstitutionsprozeß frauenspezifischer innerbetrieblicher Arbeitsmärkte. Der überbetriebliche Arbeitsmarkt ist demgegenüber in seiner Wirkung nicht so entscheidend. Der maßgebliche Engpaß ist in dem arbeitsorganisatorischen Zugriff in frauenspezifischen Einsatzbereichen zu sehen, der für den beständigen unterqualifizierten Einsatz von Frauen sorgt und auf Dauer durch weitgehende Unterforderung die Kompetenz zum eigenständigen Planen und Ausführen aushöhlt. Zu entwickelnde Konzeptionen der ‚Pflege' und Weiterentwicklung vorhandener Qualifikationspotentiale der Frauen können ein erster Schritt auf einem Weg sein, der die Barriieren des frauenspezifischen Arbeitsmarktsegments durchbricht.

Schließlich verweist die quantitative Abnahme der Gesamtzahl der Arbeitsplätze, die speziell in den frauenspezifischen Branchen- und Funktionskreisen überproportional hoch ist, darauf, auch die Rolle bisher institutionalisierter Betriebe künftig nicht durchgängig als Konstante zu begreifen: Wenn Frauenarbeitsplätze weiterhin so lokalisiert und arbeitsorganisatorisch so ausgelegt sind, daß Dequalifikation und Belastung die entscheidenden Größen sind und sie generell als personalpolitische Flexibilisierungsreserve fungieren, sollten die Entwicklungslinien derjenigen Arbeitsprozesse herausgearbeitet werden, die Ansatzpunkt und Anlaß zu einer politischen Kurskorrektur darstellen könnten:

– Es sind diejenigen Arbeitsplatztypen zu identifizieren, die absehbar in ihrer arbeits- und arbeitsmarktpolitischen Qualität nicht verbessert werden können, damit sie künftig – tariflich abgesichert – rotierend besetzt werden (bspw. gewisse montierende Prozesse in der Fertigung oder solche, in denen massenhaft anfallende Daten fabrikmäßig verarbeitet werden).
– Da die Qualifikationen arbeitender Frauen nicht durchweg als Engpaß auf dem Arbeitsmarkt angesehen werden können, sollte an Stelle elektronischer Heimarbeit eher die Gründung eigener Dienstleistungsunternehmen von Frauen ins Auge gefaßt werden. Dadurch könnte zugleich mehreren Funktionen entsprochen werden: Diversifizierung der Aufgabenstruktur durch die neuartig zusammengestellten Arbeiten u. a. auch durch Produktdiversifizierung (z. B. eigene Schreibbüros); Verbesserung in den Qualifikations- und Belastungsdimensionen; angemessene Flexibilisierung in den Arbeitszeitformen sowie eigenständige soziale Sicherung. Elektronischer Heimarbeit könnten u. a. auf diese Weise Alternativen entgegengestellt werden, die über bloßen Protest hinausgehen.

Anmerkungen

* Grundlage und Ausgangspunkt der folgenden Ausführungen ist ein Referat („Technik und Frauenarbeitsplätze"), das die Verfasserin zur Arbeitstagung des DGB-Bundesfrauenausschusses vom 20.–23. Juli 1982 einleitend in Hattingen gehalten hat sowie der Report der Verfasserin im Auftrag des European Centre for Work and Society „Changes in Working – Time, Sex-Roles and the Labour Market" im Rahmen der Studie „La Mutation des Relations entre le Ménage et le Travail" 1983.

1 Diese Meinung wird in einem Teil der Frauenbewegung vertreten. Dabei wird darauf abgestellt, daß Männer und Frauen von vornherein *ungleiche* Lohnarbeiter seien, da Frauen aufgrund familialer Bindungen der Subsumtion unter das System der Lohnarbeit selbst Grenzen setzten. – Diese Meinung vertritt in letzter Zeit sinngemäß Christel Eckart, wenn sie gegen den Normalarbeitstag für Frauen argumentiert, vgl. Christel Eckart, Die Entwicklung der Teilzeitarbeit zwischen 1960 und 1971. Versuch der Integration von Hausfrauen in die Lohnarbeit, Frankfurt/M. 1983 (Arbeitspapier – Institut für Sozialforschung).

2 Vgl. Christel Eckart a.a.O. M. E. wird in dieser Argumentation der Nutzen von ‚Zeitgewinn' einseitig für die Existenzweise von Frauen betrachtet. Der Kampf um die Aufhebung geschlechtsspezifischer Arbeitsteilung wird nicht mehr geführt; stattdessen wird Teilzeitarbeit als (frauenspezifische) zukunftsweisende Arbeitszeitform gefeiert, die, so meine ich, im Ausgang von einer nicht definierten Grundgesamtheit propagiert wird: Das Argument, daß eine kollektive Arbeitszeitverkürzung für Männer und Frauen (weit über die 35-Stunden-Forderung pro Woche hinaus – bspw. hin zu einer 6-Stundentag-Forderung) die geschlechtsspezifische, private Arbeitsteilung sehr viel eher bekämpfbar machen würde, wird in dieser Sichtweise systematisch übergangen.

3 In letzter Zeit wird sehr viel über die Zukunft der Frauenarbeit diskutiert. Diese Diskussion weist m. E. zur Zeit allerdings noch einen entscheidenden Mangel auf: Sie vernachlässigt oft arbeits- und gesellschaftspolitische Gegenstrategien zugunsten der Untersuchung des weiblichen Lebenszusammenhangs, der einseitig in der Reproduktionssphäre fixiert wird. Eine andere Blickrichtung haben wir zu eröffnen versucht in: Sabine Gensior, Lothar Lappe, Die Zukunft der Frauenerwerbsarbeit, in: Beiträge zur Frauenforschung am 21. Deutschen Soziologentag, Bamberg 1982, S. 91–115 sowie Sabine Gensior, Arbeitskraft als unbestimmte Größe? Frauenarbeit als Leerstelle für Forschung und Politik, in: Leviathan, Sonderheft 5/1983 „Arbeitspolitik", Jürgens, U., Naschold, F. (Hg.). Im zuletzt genannten Aufsatz vertrete ich die These, daß die industriesoziologische Forschung gegenwärtig durch zwei Verengungen gekennzeichnet ist, die vorrangige ‚Subjektivierung' der Frauenarbeit und die strukturelle Überdetermination (männlicher) Lohnarbeit.

4 M. E. entstehen auf diese Weise zwei Lager: Im einen wird versucht, die soziale Emanzipation der Frau mit Hilfe einer umfassenden gesellschaftspolitischen Strategie zu erreichen, deren Ziel die gesellschaftliche und ökonomische Selbständigkeit der Frauen ist. Im anderen Lager orientiert man sich auf einen vermeintlichen weiblichen Lebenszusammenhang, der eher als ein idealtypisches Konstrukt anzusehen ist. – Die Realität von Frauen ist erheblich komplexer als es dieses Konstrukt Glauben machen will, wie bspw. die Scheidungsraten und die steigenden Ziffern alleinstehender Mütter indizieren: Der Anteil der Alleinstehenden mit Kindern in der Altersgruppe von 35- bis 44jährigen Frauen war 1982 mehr als doppelt so hoch wie bei den nichterwerbstätigen Frauen; die Zahl der Ehescheidungen stieg von 79 490 im Jahr 1979 auf 96 222 im Jahr 1980. Dieser sich fortsetzende Trend hat aktuell dazu geführt, daß jede dritte Ehe geschieden wird. Vgl. Frauen in Familie, Beruf und Gesellschaft, Ausgabe 1983, Statistisches Bundesamt, Mainz 1983, S. 22 f. und 90 f.

5 Vgl. hierzu Helgard Kramer, Hausarbeit und taylorisierte Arbeit, in: Leviathan, Sonderheft 4, 1981, S. 136–151; Christel Eckart, Krise der Arbeitsgesellschaft – welche Krise findet statt?, in: Beiträge zur Frauenforschung am 21. Deutschen Soziologentag, Bamberg 1982, S. 74–80 sowie diess., Die Entwicklung der Teilzeitarbeit a.a.O.

6 Beispielsweise war die gewerkschaftliche Forderung der 60er Jahre sinnvoll, zur Zeit der Arbeitskräfteknappheit, für Frauen Teilzeitarbeit zu fordern, um ihr Recht auf Erwerbsarbeit einzuklagen. Demgegenüber ist es m. E. in der jetzigen Situation, die durch hohe Arbeitslosigkeit, d. h. eine große industrielle Reservearmee, gekennzeichnet ist, mehr als kurzsichtig, die arbeitsmarktpolitischen Strategien der Unternehmen in bezug auf Teilzeitarbeit aus frauenpolitischer Perspektive zu stützen. Damit werden aktuelle Kapitalstrategien aufgegriffen und die Strukturprobleme des frauenspezifischen Arbeitsmarkts verstärkt. Auch übersieht

die Forderung nach frauenspezifischer Teilzeitarbeit, daß es zur Zeit (trotz kollektiver, tariflich vereinbarter 40-Stundenwoche) bereits eine Vielzahl verschiedener Teilzeitarbeitsformen gibt, und daß eine weitere Vereinbarung (bspw. die 35-Stundenwoche als quasi-Leitwert, wie er jetzt gefordert wird) Teilzeitarbeit nicht von vornherein verhindert, da jede tarifvertragliche Regelung einer betrieblichen Umsetzung bedarf; d. h., jede tarifvertragliche Norm wird betrieblich durchgesetzt und ausgestaltet.

7 Die technische Entwicklung (speziell die Auswirkungen des Einsatzes der ,,Mikroelektronik") wird oft als einseitiger Determinationszusammenhang für Frauenarbeit begriffen, in dem begründet liege, daß die Tätigkeiten von Frauen einem dequalifizierenden Zugriff unterlägen und daß Arbeitslosigkeit unter Frauen immer mehr zunähme: Die Auswirkungen von Personalrekrutierungsstrategien, durch die Frauen ebenfalls in besonderer Weise betroffen sind, werden dabei häufig übersehen. – Ich bezeichne eine solche Sichtweise daher als technischen Determinismus, – ein Vorwurf, der eigentlich häufig der ‚männlichen Wissenschaft' gemacht wird. – Die andere Problemsicht ist die, die Auseinandersetzung um die Teilzeitarbeit zum alleinigen Ansatzpunkt der Debatte zu machen und Vollzeitarbeit zur männerspezifischen Arbeitszeitform zu erklären, mit dem Ziel, die Differenz zwischen Männern und Frauen auf dem Arbeitsmarkt aufrecht zu erhalten.

8 Vgl. hierzu die breit angelegte Untersuchung des SOFI-Göttingen, aus der mittlerweile mehrere Veröffentlichungen zu Teilgebieten hervorgegangen sind (Lothar Lappe, Ilona Schöll-Schwinghammer, Arbeitsbedingungen und Arbeitsbewußtsein erwerbstätiger Frauen, Göttingen 1978, Ilona Schöll-Schwinghammer, Frauen im Betrieb. Arbeitsbedingungen und Arbeitsbewußtsein, Frankfurt/New York 1979; Lothar Lappe, Die Arbeitssituation erwerbstätiger Frauen. Geschlechtsspezifische Arbeitsmarktsegmentation und ihre Folgen, Frankfurt/New York 1981 sowie Sabine Gensior und Lothar Lappe, Arbeitsmarkt und Frauenerwerbsarbeit, in: Arbeitskreis Sozialwissenschaftliche Arbeitsmarktforschung (SAMF), Arbeitspapier 1983–2.

9 Mit der Arbeit von Lothar Lappe 1981 a.a.O., ist dieser sturktur*theoretische* Sachverhalt zum erstenmal auf der Basis einer empirisch gehaltvollen Untersuchung systematisch formuliert worden.

10 Bitsch, H. U., Peters, Th., Menschengerechte Gestaltung des Kassenarbeitsplatzes in Selbstbedienungsläden, Bonn 1978; Cakir, A., Reuter, H. J., von Schnude, L. und Armbruster, A., Anpassung von Bildschirmarbeitsplätzen an die physische und psychische Funktionsweise des Menschen, Bonn 1978; Dupuis, H. und Rieck, A., Menschengerechte Gestaltung von Arbeitsplätzen des Verkaufspersonals, Bonn 1978; Weltz, F., Diezinger, A., Lullies, V., Marquardt, R., Aufbruch und Desillusionierung, München 1978; Jacobi, U., Lullies, V., Weltz, F., Textverarbeitung im Büro, Frankfurt, 1980; Pirker, Th. u.a., Schreibdienste in oberen Bundesbehörden, Frankfurt 1981.

11 Vgl. Sabine Gensior, Frieder Naschold, Friedrich Wolf, Humanisierungsprogramm und Umsetzung – Zwischenbilanz 1974–1980 (Kurzfassung), in: Schriftenreihe ,,Humanisierung des Arbeitslebens", Bundesminister für Forschung und Technologie (Hg.), Frankfurt 1982 sowie diess., Teilbericht des Wissenschaftszentrums Berlin, Humanisierungsprogramm und Umsetzung – Zwischenbilanz 1974–1980 (Langfassung), Dezember 1980 (hekt. Typoskript).

12 Vgl. die Göttinger Untersuchung Lappe/Schöll-Schwinghammer a.a.O., 1978; Schöll-Schwinghammer a.a.O., 1979; Lappe a.a.O., 1981.

12a Siehe hierzu die Beispiele bei Lappe/Schöll-Schwinghammer 1978, Lappe 1981, Gensior u. a. 1980 und 1982.

12b Vgl. Lappe 1981, S. 1–43; Gensior und Lappe 1983.

13 Vgl. die Branchenbeschreibungen, der Branchen, bzw. Funktionskreise und Arbeitsplätze, in denen sich überwiegend Frauen befinden in Lappe/Schöll-Schwinghammer 1978 und Lappe 1981.

14 Vgl. Lappe 1981, S. 12–44.

15 Siehe hierzu die unverhältnismäßig hohe Arbeitslosenquote für erwerbstätige Frauen in den genannten Bereichen, Mikrozensus 1982. Insgesamt betrug der Frauenanteil an allen Arbeitslosen 1982 44,3 %, bei einem Anteil an den Erwerbstätigen von 38,0 %.

16 Vgl. Werner Sengenberger, Arbeitsmarktstruktur. Ansätze zu einem Modell des segmentierten Arbeitsmarktes, Frankfurt 1975; Hans-Gerd Mendius, Werner Sengenberger, Konjunkturschwankungen und betriebliche Politik, in: Mendius, H.-G. u. a. (Hg.), Betrieb – Arbeitsmarkt – Qualifikation I, Frankfurt 1976, S. 15–81; Rainer Schultz-Wild, Betriebliche Beschäftigungspolitik in der Krise, Frankfurt 1978.

17 Mendius/Sengenberger 1976, a.a.O.
18 Vgl. ebd.
19 Vgl. Lappe 1981, S. 12 ff. sowie Gensior 1983, a.a.O.
20 Dabei wird einerseits – wie im Falle gelernter Schneiderinnen oder bei Berufswechslerinnen, die für ihre entwertete fachspezifische Ausbildung in anderen Berufsbereichen keine Ersatzqualifikation erfahren haben – die vorhandene individuelle Produktivität verschleudert. Andererseits werden die vorhandenen ,,Überschuß''-Qualifikationen ebenso wie das psychische Leistungsvermögen aufgrund der Struktur der Lohnfindungs- und Arbeitsbewertungssysteme unhonoriert genutzt.
21 Diesen Aspekt betont vor allem Ingeborg Wegehaupt-Schneider, Von Konkurrenz kann keine Rede sein! Zur Bedeutung von familien- und sozialpolitischen Maßnahmen im historischen Verlauf der Frauenindustriearbeit in Deutschland, in: Prokla 49, S. 44–59 sowie in ihrer (unveröffentlichten) Dissertation.
22 Vgl. Lappe 1981, S. 38 ff.
23 Als Teilzeitarbeiterinnen sind diejenigen Arbeitnehmer zu bezeichnen, deren vertraglich vereinbarte Arbeitszeit kürzer ist als die tariflich vereinbarte Wochenarbeitszeit. Die Realität der Teilzeitarbeit muß jedoch anders beschrieben werden: Zwar ist diejenige Teilzeitarbeit mit arbeitsvertraglich genau festgelegter Arbeitszeitlage und Arbeitszeitlänge am weitesten verbreitet. Auf der anderen Seite gibt es jedoch neben dieser Form eine Vielfalt weiterer Formen der Teilzeitarbeit. Ich beschränke mich hier auf die beiden für Frauen wichtigsten Formen: Die *KAPOVAZ* (kapazitätsorientierte variable Arbeitszeit) und das *Job-sharing* (Teilung des Arbeitsplatzes), das bisher allerdings kaum praktiziert wird: a) Die kapazitätsorientierte variable Arbeitszeit (KAPOVAZ) oder die Arbeitszeit auf Abruf gehört zu den derzeit diskriminierendsten Teilzeitarbeitsformen. Dieses Teilzeitarbeitssystem funktioniert folgendermaßen: Mit dem Arbeitnehmer werden im allgemeinen Arbeitsverträge geschlossen, die lediglich die jährlich oder monatlich zu leistenden Arbeitsstunden und das für diese Arbeitszeit vereinbarte Gehalt festlegen. Der Arbeitnehmer verpflichtet sich, dem Unternehmer jederzeit abrufbereit zur Verfügung zu stehen. Bezahlt wird nur die geleistete Arbeit, nicht aber die ,,ständige Arbeitsbereitschaft''. Das Unternehmen kommt mit diesem Teilzeitmodell voll auf seinen Gewinn, da die Personalkosten so niedrig wie möglich gehalten werden – bei gleichzeitiger Höchstleistung der Arbeitnehmer. Wie der Name *KAPOVAZ* besagt, soll so dem jeweils unterschiedlichen Arbeitsanfall des Unternehmens entsprochen werden. Beispielweise ist diese Arbeitszeitform verbreitet im Einzelhandel – zur flexiblen Anpassung an Kundenfrequenzen. b) *Job-sharing* (Teilung des Arbeitsplatzes) nach amerikanischem Muster heißt: Zwei oder mehrere Arbeitskräfte teilen sich einen Arbeitsplatz und übernehmen dann gemeinsam die Verantwortung dafür, daß der Arbeitsplatz sowohl ständig besetzt als auch die Aufgaben laufend erfüllt werden. Den Arbeitnehmern, insbesondere den weiblichen, wird dieses System schmackhaft gemacht mit der Behauptung, Job-sharing bringe größere persönliche Unabhängigkeit der Arbeitszeiteinteilung, sei also besonders günstig für familienabhängige Frauen.
24 Vgl. Frauen in Familie, Beruf und Gesellschaft a.a.O., S. 76 sowie Mikrozensus 1982 – eigene Berechnung.
25 Vgl. Christian Brinkmann, Der Wunsch nach Teilzeitarbeit bei berufstätigen und nicht berufstätigen Frauen, in: Mitteilungen aus der Arbeitsmarkt- und Berufsforschung (MittAB) 12, 1979, S. 403–412 sowie ders., Arbeitszeitpräferenzen: Wünsche von Arbeitnehmern und nicht-erwerbstätigen Personen, in: Beiträge zur Arbeitsmarkt- und Berufsforschung (BeitraAB 75), Institut für Arbeitsmarkt- und Berufsforschung (IAB), Nürnberg 1983, S. 54–63.
26 Sinngemäß beziehe ich mich hier auf von Christel Eckart formulierte Thesen (a.a.O., 1983).
27 Vgl. hierzu Gerhard Bäcker, Hartmut Seifert, Arbeitszeitpolitische Kontroverse: Individuelle Flexibilität oder tarifvertragliches Regelsystem, in: Claus Offe u. a. (Hg.), Arbeitszeitpolitik. Formen und Folgen einer Neuverteilung der Arbeitszeit, Frankfurt/New York 1983, S. 244–259.
28 Wie bereits oben ausgeführt, wird Teilzeitarbeit fast ausschließlich von Frauen vorwiegend der mittleren (und älteren) Jahrgänge in Berufen ausgeübt, die zum größten Teil dem Dienstleistungssektor angehören und derzeit von Rationalisierung am meisten bedroht sind.
29 Hedwig Rudolph, Einführung neuer Technologien und Rationalisierungskonzeptionen und ihre Auswirkungen auf Arbeitsplätze und Arbeitsbedingungen von Frauen in Berlin, in: Frauen und Arbeit, 8/82, S. 1–9.

30 Es bleibt – wie gesagt in diesem Zusammenhang – immer unklar, warum nicht besser eine kollektive Arbeitszeitverkürzung gefordert werden soll, die künftig über die 35-Stunden-Wochen-Forderung hinausgehen kann.

31 Beispielsweise waren von den Ende 1980 im Bundesgebiet lebenden 32,2 Mill. Frauen 35,4 % ledig, 47,1 % verheiratet und 17,5 % verwitwet oder geschieden. Gegenüber 1950 hat sich der Anteil der Ledigen verringert und derjenige der Verheirateten sowie der Verwitweten oder Geschiedenen etwas erhöht, vgl. Frauen in Familie, Beruf und Gesellschaft, a.a.O., S. 64 f. Ein Vergleich der Mikrozensus-Daten von 1970 und 1982 ergibt, daß der Frauenanteil an den Erwerbstätigen 1970 35,8 % betrug, während er 1982 38,0 % ausmachte. In der Untersuchung von Renate Weitzel, Maßnahmen zugunsten einer besseren Vereinbarkeit von Familie und Beruf, Gruppe Politik-Informationen am IIMV/Arbeitsmarktpolitik des Wissenschaftszentrum Berlin, IIM/LMP 82–27, Tabelle 9, Bundesrepublik Deutschland: Erwerbstätige Mütter nach Altergruppen und Zahl der Kinder in der Familie sowie deren Erwerbstätigenquoten, S. 167, wird die oben angedeutete Tendenz ebenfalls bestätigt.

32 Vgl. hierzu meine Ausführungen in „Arbeitskraft als unbestimmte Größe", a.a.O., Kapitel IV. ‚Familie und Betrieb' als Paradigma frauenorientierter Forschung?

33 Vgl. Frauen in Familie, Beruf und Gesellschaft a.a.O., S. 22 f. sowie Renate Weitzel, a.a.O.

34 Zum Komplex ‚Elektronische Heimarbeit' und Teilzeitarbeit fand am 2. und 3. August 1983 ein zweitätiges Hearing der SPD-Bundestagsfraktion in Bonn statt „Chancen für Frauen oder Jobkiller? Neue Technologien und Teilzeitarbeitsformen – Auswirkungen für Frauen". In den folgenden Ausführungen und Einschätzungen beziehe ich mich sowohl auf Diskussionsbeiträge dieses Hearings, als auch auf meine eigenen Erhebungen im Rahmen der Studie „La Mutation des Relations entre le Ménage et le Travail" sowie auf die Ausführungen von Barbara Böttger, Steht die Vertreibung von Frauen aus Büro und Verwaltung bevor?, in: Beiträge zur feministischen Theorie und Praxis, 9/10, 1983, S. 33–73.

35 Battelle-Institut: Studie über Auswahl, Eignung und Auswirkungen von informationstechnisch ausgestalteten Heimarbeitsplätzen, von E. Ballerstedt, M. Dipper, C. Krebsbach-Gnath, R. Mandrella, H. Marchand, Frankfurt/M.; W. Heilmann, B. Kremar, Integrata GmbH, Tübingen, Forschungsbericht für das Bundesministerium für Forschung und Technologie, Nr. DV 82–002, Datenverarbeitung, August 1982.

36 Vgl. hierzu die Ausführungen von Marliese Dobberthien, Hearing der SPD-Bundestagsfraktion, a.a.O.

37 Vgl. das Hearing sowie die Materialien zum Hearing der SPD-Bundestagsfraktion, a.a.O., die Ergebnisse der Battelle-Untersuchung, a.a.O. sowie die Ergebnisse meiner eigenen Untersuchung.

38 Vgl. hierzu meine Ausführungen in „Arbeitskraft als unbestimmte Größe?", a.a.O., Kapitel V. Restarbeitsbereiche und weibliches Arbeitsvermögen als arbeitspolitische Bedingungen, S. 123–128.

39 Politische Überformung meint eine bewußte gewerkschaftliche, betriebliche, soziale und möglicherweise staatliche Strategie, die an der Veränderung innerbetrieblicher Arbeitsteilung ansetzt; zu Begriff und Sache vgl. meine Ausführungen: Sabine Gensior, Politische Überformung der Arbeitsteilung? Einige Anmerkungen zur Vernachlässigung der formellen Arbeit, in: Soziale Welt (33), 1982, H. 3/4, S. 431–439.

40 Vgl. hierzu die ausführlichen Ausführungen von Lothar Lappe, 1981 a.a.O., S. 40–43 und S. 44–264 sowie Sabine Gensior u. a. 1980, a.a.O.

41 Vgl. hierzu den Aufsatz von Lothar Lappe, Frauen im Ghetto, in: Prokla 49, S. 60–76.

Sonja Bischoff

Ökonomische Überlegungen zur Beschäftigung von Frauen in Positionen der Unternehmensführung

1. *Problemstellung*

Der Anteil von Frauen in Führungspositionen verschiedener Ebenen erweist sich als außerordentlich unterschiedlich: Während Frauen zu den unteren und mittleren Ebenen wegen ihrer beruflichen Kompetenz, fachlichen Qualifikation und persönlichen Eigenschaften – branchenabhängig unterschiedlich – relativ guten Zugang haben, sind sie in sogenannten Spitzenpositionen der obersten Führungsebene von Unternehmen so gut wie gar nicht vertreten, es sei denn, daß ihre Stellung durch die Eigentümerfunktion legitimiert ist. Insgesamt sind Frauen in allen Führungsebenen unterrepräsentiert.[1]

Wenn heute unter dem Schlagwort „Humankapital aktivieren"[2] nach jahrelanger ausschließlich kostenorientierter Personalpolitik die mitarbeiterbezogenen Ressourcen als Quelle des Unternehmenserfolgs (wieder) entdeckt werden, so ist zu fragen, ob daraus angesichts der Qualifikation und Kompetenz von Frauen entsprechende Konsequenzen bei der Besetzung von Führungspositionen zu ziehen sind. Um diesen durchaus nicht selbstverständlichen Vorgang zu legitimieren, ist offenbar ähnlich wie in anderen unternehmerischen Entscheidungsbereichen ein Kalkül notwendig, das diesbezügliche Personalentscheidungen transparent und intersubjektiv nachprüfbar macht. Daher wird im folgenden untersucht, wie auf der Basis von Anforderungen an Führungskräfte mit Hilfe der Bewertungsansätze der Methoden des Human Resource Accounting die Besetzung von Führungspositionen mit Frauen begründet werden kann, so daß eine Vernachlässigung weiblicher Führungspotentiale in Zukunft von einer erfolgsorientierten Unternehmensführung nicht mehr verantwortet werden kann. Dabei wird so vorgegangen, daß auf dem Hintergrund der genannten Ansätze Hypothesen formuliert werden, die Aussagen zu möglichen Unterschieden zwischen weiblichen und männlichen Führungspotentialen beinhalten und schließlich den Zusammenhang zwischen aktuellem, überwiegend von Männern gepflegtem Führungsverhalten und zukünftig realisierbaren Führungspotentialen von Frauen betreffen.

2. *Die Erfassung führungsbezogener Leistungspotentiale mit Hilfe des Human Resource Accounting*

2.1. Anforderungen an Führungskräfte aus der Sicht der strategischen Planung

Wenn strategische Planung mehr sein soll als nur das von manchen Unternehmensberatern unter diesem Zauberwort verkaufte Instrumentarium, wenn strategische Planung die langfristig vorstellbaren und angestrebten Entwicklungsmöglichkeiten des Unternehmens umfassend darstellen soll, dann muß die Führungskräfteplanung zentraler Bestandteil strategischer Planung sein. Hierüber ist man sich – wenn auch bei unterschiedlicher Akzentsetzung – in Wissenschaft und Praxis einig. So heißt es beispielsweise bei Dietger Hahn: „Führungskräfteplanung wird damit wohl zum wichtigsten Aufgabenkomplex der strategischen Planung“[3] und in einer Rede von Helmut Maucher, Verwaltungsratmitglied der Nestlé-AG: „Führungsauswahl, Führungsförderung und -schulung müssen höchste Priorität haben, wenn wir langfristigen Erfolg erreichen wollen.“[4] Zu ähnlichen Aussagen sind inzwischen auch die Berater gelangt, so z.B. Laukamm und Walsh von Arthur D. Little, die konstatieren, „... daß jede Marktstrategie nur so gut sein kann wie die dahinterstehenden Humanressourcen.“[5] In die gleiche Richtung weisen die Analysen zweier McKinsey-Berater, Thomas J. Peters und Robert H. Watermann jr.; in ihrer Veröffentlichung „In Search of Excellence“, die den Untertitel „Lessons from America's Best-Run Companies“[6] trägt, kommen sie zu dem Ergebnis, daß der langjährige besondere Erfolg sogenannter exzellenter Unternehmen vor allen Dingen auf einem mitarbeiterbezogenen Denken und Handeln in der Führung beruht. Wenn auch schnelles Handeln, Nähe zum Kunden und die Hervorbringung kurzfristig umsetzbarer Innovationen als wichtige Wirkfaktoren eingeschätzt werden, so wird festgestellt, daß dies alles nicht zu leisten ist, wenn es nicht von den Mitarbeitern getragen wird.[7]

Im Anschluß an die hier zitierten Auffassungen über die Bedeutung des Führungsverhaltens für den langfristigen Erfolg von Unternehmen stellt sich die Frage, welche Vorstellungen von zukünftigem Führungsverhalten der Führungskräfteplanung im Rahmen der strategischen Planung zugrundezulegen sind.

Den Blick zunächst in die Vergangenheit gewandt, stellt Karl Heinrich Rüßmann, Redakteur des manager magazins, fest, daß bei der Analyse der über hundert Mißmanagement-Geschichten der letzten zehn Jahre im manager magazin auffällig sei, „... daß nicht so sehr bestimmte Sachprobleme Unternehmen in die Krise getrieben haben, als vielmehr gravierende Führungsmägnel: Kompetenz-Wirrwarr, blokkierte Informationswege, geringe Kooperation mit Vorstandskollegen und Mitarbeitern, Machtstreben, Entscheidungsschwächen, Selbstüberschätzung, fehlender Weitblick.“[8] Zu ähnlichen Ergebnissen kommt der von Rüßmann zitierte William G. Ouchi, Professor an der University of California in Los Angeles, im Rahmen der Entwicklung seiner „Theory Z“, die der Begegnung der sogenannten japanischen Herausforderung dienen soll; Ouchi vertritt die These, daß extremer Invidiualismus, Konkurrenzverhalten im Management und von instrumentellem Denken geprägte Behandlung der Mitarbeiter als Produktionsfaktoren die Effektivität des Führungsverhaltens mindere.[9] Das Ergebnis solchen Verhaltens schlägt sich nieder in einer Atmosphäre des Mißtrauens, der Aggressivität und der Distanziertheit gegenüber Aufgabe und Unternehmen,[10] was zu entsprechenden Produktivitätsverlusten amerikanischer gegenüber japanischen Unternehmen führte.

Die Fehler der Vergangenheit vermeiden zu wollen, heißt noch nicht, ein Konzept für eine erfolgsorientierte zukünftige Unternehmensführung zu haben, aus der dann Anforderungen abzuleiten wären, die an die einzelne Führungskraft zu stellen sind. Wenn in Zukunft der wirtschaftliche Erfolg, an dem Führungskräfte sich nach wie vor messen lassen müssen, zunehmend nur in solchen Organisationen erzielt werden kann, die mehr den Bedürfnissen der Mitarbeiter angepaßt sind, die mehr auf Beteiligung und Überzeugung statt auf Anordnung setzen, die mehr auf Konsens statt auf ausgetragenen Kämpfen mit Siegern und Besiegten beruhen,[11] so resultiert daraus die Forderung nach einer Führungskraft, die in höherem Maße als bisher in der Lage ist, die sozialen Bezüge ökonomischer Entscheidungen zu erfassen und zu berücksichtigen.

Bei aller Problematik, die Merkmalskatalogen für bestimmte Positionen und Anforderungsprofilen für potentielle Stelleninhaber innewohnt,[12] können sich doch auf der Grundlage der obigen Ausführungen und der angeführten Literatur verschiedene, in Zukunft besonders bedeutende Eigenschaften von Führungskräften im Licht der Aufgaben der strategischen Planung erkennen lassen. Den Versuch, einen solchen Merkmalskatalog zu formulieren, hat Hinterhuber[13] unternommen. Nach Auffassung von Hinterhuber bestimmt die Ausprägung folgender fünfzehn Einflußfaktoren das Führungspotential eines Unternehmens: 1. Leadership, 2. emotionelle Stabilität, 3. Sensibilität, 4. Flexibilität und Kreativität, 5. Ausdauer, 6. Initiative und Realitätssinn, 7. Analysefähigkeit, 8. Synthesefähigkeit, 9. Entscheidungsfähigkeit, 10. Organisationsfähigkeit, 11. Kommunikationsfähigkeit, 12. Karriereambitionen, 13. Breite des Interessenspektrums, 14. Risikobereitschaft und 15. holistische Fähigkeiten. Wie bereits in den Ausführungen der vorher zitierten Autoren enthalten, so weist auch dieser Merkmalskatalog Anforderungsschwerpunkte im Bereich solcher persönlicher Merkmale auf, die insbesondere von Bedeutung sind für die Beziehungen zu Mitarbeitern.

2.2. Die Bewertung führungsbezogener Potentiale des Individuums im Rahmen des Human Resource Accounting

2.2.1. Vorbemerkungen

Die folgenden Überlegungen stützen sich auf die bekannten Human Resource Accounting-Konzepte, ohne diese jedoch zu diskutieren; wenngleich die in der Literatur herausgearbeiteten Schwächen und die Probleme der Anwendbarkeit bewußt sind, so soll dennoch auf diesbezügliche Überlegungen zurückgegriffen werden, da trotz aller Unzulänglichkeiten der Grundgedanke aller Ansätze, nämlich Personalausgaben als längerfristig erfolgswirksame Aufwendungen zu betrachten und daran anknüpfend den Personalentscheidungen ein anderes Gewicht als bisher zu geben, deutlich macht, daß gerade Entscheidungen im Bereich der Führungskräfte Investitionsentscheidungen sind. Außerdem kann mit den mehr wertorientierten Ansätzen deutlich gemacht werden, in welchem Zusammenhang Ausgaben mit Investitionscharakter in diesem Bereich und zukünftige Unternehmenserträge stehen. Daneben trägt die Betrachtungsweise des Human Resource Accounting grundsätzlich dem strategischen Charakter von Personalführung Rechnung, indem der langfristigen Wirkungsreichweite aktuellen Führungsverhaltens im Hinblick auf zukünftig realisierbare Ertragspotentiale entsprochen wird.[14]

Da das Ziel der Ausführungen darin besteht, Hypothesen zu formulieren, die Aussagen über das Vorhandensein möglicher Unterschiede der Führungspotentiale von Frauen und Männern enthalten, werden im folgenden nur diejenigen Überlegungen der Human Resource Accounting-Ansätze herangezogen, die sich mit der Bewertung individueller Leistungspotentiale befassen. Dabei wird nicht verkannt, daß die Realisierung individueller Leistungspotentiale selbstverständlich von sozialen Beziehungen beeinflußt wird. Auf diesen Zusammenhang wird nur insofern eingegangen, als im Abschnitt 3.3 Hypothesen über die Beziehung zwischen aktuellem Führungsverhalten und zukünftig realisierbaren Führungspotentialen von Frauen aufgestellt werden.

2.2.2. Ausgabenorientierte Bewertung

Führungskräfte zu beschaffen, zu entwickeln und zu beschäftigen, kostet Geld, d.h. führt zu Ausgaben, die üblicherweise im Rechnungswesen sofort als Kosten oder Aufwand verrechnet werden. Folgt man bei der Bewertung der personellen Ressourcen dem Anschaffungswertprinzip, so dürften mindestens all jene Ausgaben, für die Aufwandsgegenwerte in einer oder mehreren Rechnungsperioden erzielt werden, die der Periode, in der die Ausgabe getätigt wurde, folgen, nicht sofort als Aufwand verrechnet werden, d.h. könnten zur Bewertung herangezogen werden. Das gleiche gilt für solche Anteile an laufenden Gehaltszahlungen, denen aus Gründen der Einarbeitung oder wegen der Inanspruchnahme von Entwicklungs- und Weiterbildungsprogrammen o.ä. nicht die volle Arbeitsleistung im betrachteten Zeitraum zugeordnet werden kann. Auf dieser Basis funktioniert das wohl bekannteste praktizierte Human Resource Accounting-Konzept, das Rechnungssystem der R.G. Barry Corporation.[15] In Anbetracht der Erkenntnis, daß sich der Wert eines materiellen oder immateriellen Vermögens, somit auch der Wert einer Unternehmung und als Anteil hiervon der Wert der personellen Ressourcen im Führungskräftebereich zutreffend nur durch die zukünftigen diskontierten Erträge bzw. Teile davon darstellen läßt, müßten konsequenterweise der Gegenwartswert zukünftiger Gehaltszahlungen und der Gegenwartswert der diesen zuzurechnenden Ertragsanteile ermittelt werden. Die theoretische und praktische Problematik einer solchen Vorgehensweise liegt auf der Hand.[16]

Vergleichsweise unkompliziert erscheint dagegen die Erfassung der Ausgaben für die Personalentwicklung im Führungskräftebereich; hierzu gehören die Akquisitionskosten, z.B. für Anzeigen, Einschaltung einer Personalberatung, Reisekosten usw., Einstellungskosten sowie Ausbildungs- und Einarbeitungskosten.[17] Wenn nun allerdings diese Ausgabenkategorien der Bewertung der personellen Ressourcen im Führungskräftebereich dienen sollen, so ist neben deren Erfassung die Bestimmung des Zeitraums notwendig, in dem eine Aufwandsverrechnung erfolgen soll, also die Bestimmung des Zeitpunkts des wahrscheinlichen Ausscheidens der einzelnen Führungskraft aus der Unternehmung erforderlich. Zusätzlich muß die Dauer des Verbleibens in verschiedenen Führungspositionen unterschiedlicher Ebenen geschätzt werden. Hierfür mögen Erfahrungswerte als Anhaltspunkte dienen; die Problematik erfahrungsgestützter Schätzungen gerade in diesem Teil des Bewertungsvorganges wird angesichts der Aufgabenstellung der Abhandlung im Abschnitt 3.3 deutlich.

2.2.3. Leistungsorientierte Bewertung

Wenn der Wert der personellen Ressourcen nicht durch die hierfür getätigten Ausgaben in der Vergangenheit sondern durch die in der Zukunft zu erwartenden zuzurechnenden Ertragsanteile zutreffend repräsentiert wird, müssen die diesen zugrundeliegenden jeweiligen zu erwartenden individuellen Leistungsbeiträge ermittelt und bewertet werden. Welche spezifischen Leistungsbeiträge auf Basis welcher Eigenschaften in Zukunft von einer Führungskraft erwartet werden, deutete bereits die Aufzählung der Einflußfaktoren des Führungspotentials von Hinterhuber an. Anknüpfend an diese Überlegungen soll im folgenden eine Systematisierung derjenigen Eigenschaften des Individuums erfolgen, die eine Realisierung eines entsprechenden Führungspotentials erwarten lassen.[18]

Zu diesem Zweck ist zunächst die Frage zu stellen, welche individuellen Determinanten den Wert der personellen Ressourcen im allgemeinen bestimmen.[19] Die verschiedenen in der Literatur hierzu vorliegenden Ansätze lassen sich auf drei Kategorien von Wertdeterminanten zurückführen:[20]

- Leistungsfähigkeit,
- Leistungsbereitschaft und
- die Wahrscheinlichkeit des Ausscheidens aus der Unternehmung, im folgenden Austrittswahrscheinlichkeit genannt.

Die im Rahmen der strategischen Planung zukünftig erwarteten Leistungsbeiträge von Führungskräften können danach als folgende Anforderungen formuliert werden:[21]

Leistungsfähigkeit, die sich ausdrückt in

- fachlicher Qualifikation durch
  - Problemlösungsfähigkeit, d.h. Probleme erkennen, analysieren und mit Hilfe von Fach- und Methodenkenntnissen Lösungen entwickeln,
  - spezifische Systemkenntnisse im Hinblick auf Abläufe und Aufbau von Technologien und Organisationen,

– Kommunikationsfähigkeit in einer Fachsprache;
– persönlicher Qualifikation durch
  – Leitungsfähigkeit, die nicht nur durch Autorität, sondern in Zukunft vor allen Dingen durch Sensibilität, Konsensfähigkeit und Flexibilität im Umgang mit Untergebenen und Führungskräften derselben und anderer Ebenen gekennzeichnet ist,
  – Initiative,
  – Organisationsfähigkeit und
  – Interesse an übergreifenden Fragestellungen wie gesellschaftlichen, politischen und kulturellen Entwicklungen.

Leistungsbereitschaft, die sich ausdrückt in
– Motivation und Leistungsdisposition, die bei Führungskräften gekennzeichnet sein sollte von ausgeprägt
  – zielbezogenem Denken sowohl im Hinblick auf die Unternehmung, die jeweiliege Aufgabenstellung als auch im Hinblick auf die eigene Karriere, was wiederum
  – Kontinuität im Denken und Handeln sowohl bewirken kann als auch voraussetzt;
– Einstellungen, die sich ihrerseits niederschlagen in der Berufswahl, dem Grad der Anpassungsfähigkeit und Mobilität sowie der Risikobereitschaft.

Die *Austrittswahrscheinlichkeit* kann objektiv bestimmt sein, z.B. durch das Lebensalter, hängt jedoch subjektiv weitgehend davon ab, inwieweit die individuelle Leistungsbereitschaft in Einklang steht mit den Anforderungen der Organisation; hieraus ergibt sich das Ausmaß der Arbeitszufriedenheit, wodurch der Wunsch nach Austritt maßgeblich beeinflußt wird. Daneben spielen selbstverständlich die Umweltbedingungen, wie sie sich z.B. in der Arbeitsmarktlage niederschlagen, eine bedeutende Rolle.[22]

Auf die Probleme der Messung der auf der Grundlage dieser Eigenschaften zu erwartenden Leistungsbeiträge einer Führungskraft und deren Transformation in momentär ausgedrückte Ertragsanteile sei hier nur hingewiesen.[23]

3. *Zur Frage geschlechtsspezifischer Unterschiede von führungsbezogenen Leistungspotentialen*

3.1. im Hinblick auf die die Leistungspotentiale begründenden Ausgaben

Um Führungskräfte zu beschäftigen, fallen zunächst Akquisitionskosten an. Geschlechtsspezifische Unterschiede sind bei den hierunter subsumierten Ausgabenarten nicht erkennbar. In der folgenden Phase der Einarbeitung und Entwicklung entstehen in der Regel besondere Ausgaben der Aus- und Weiterbildung für firmeninterne oder -externe Schulungs- und Trainingsprogramme. Auch bei diesen Ausgabenarten können unterschiedliche Ausgabenbeträge in Abhängigkeit vom Geschlecht nicht begründet werden, wenn von gleichen Eingangsvoraussetzungen ausgegangen wird. Lediglich die Inanspruchnahme spezieller Seminare für weibliche Führungskräfte, deren Nutzen allerdings höchst umstritten ist, könnte zu Mehrausgaben für Frauen führen.

Im Hinblick auf die investiven Gehaltsanteile, die in Erwartung zukünftiger Leistungsbeiträge gezahlt werden, verbietet sich eigentlicht eine isolierte Betrachtung, da die u.U. unterschiedlichen Leistungsbeiträge gegenzurechnen wären. Unterstellt man geschlechtsunabhängig ein einheitliches Niveau der Leistungsbeiträge, reduziert sich das Problem auf die Fragen nach Gehaltsunterschieden der Höhe nach und möglichen Unterschieden der zeitlichen Nutzung. An dieser Stelle interessieren also zunächst die Gehaltsanteile, die für Zeiten verminderten Einsatzes oder völligen Ausfalls der Führungskraft während der Beschäftigungsdauer gezahlt werden.

Verminderter Einsatz muß zunächst für die Phase der Einarbeitung bei Eintritt in das Unternehmen angenommen werden; hier dürften geschlechtsspezifische Unterschiede unter der Annahme gleicher Eintrittsqualifikationen nicht gegeben sein. Das gleiche gilt für spätere Phasen der Einarbeitung in neue Arbeitsgebiete. Im Hinblick auf den zeitweise völligen Ausfall ist nach geschlechtsspezifischen Ursachen zu fragen. Für die Gehaltsanteile, die in Zeiten der Inanspruchnahme von Weiterbildungsmaßnahmen anfallen, gilt das oben für die hierfür entstehenden Ausgaben Gesagte. Im allgemeinen wird mehr oder weniger fundiert behauptet, daß der krankheitsbedingte Ausfall bei Frauen höher sei als bei Männern. Inwieweit diese Annahme für weibliche Führungskräfte zutrifft, ist statistisch nicht nachprüfbar.[24]

Allerdings stellte das Women's Bureau des U.S. Department of Labor schon in einer Veröffentlichung aus dem Jahr 1969 fest, daß zwischen weiblichen und männlichen Arbeitnehmern dann keine wesentlichen Unterschiede krankheitsbedingter Abwesenheit vom Arbeitsplatz aufteten, wenn Männer und Frauen sich in einer ähnlichen beruflichen Position befinden und ein etwa gleiches Dienstalter haben.[25] Wenn überhaupt Unterschiede festgestellt werden, so werden diese nicht mit bei Frauen etwa häufiger auftretenden ärztlich diagnostizierten Krankheiten begründet, sondern mit den sozialpsychologischen Bedingungen der familiären Rolle der Frau erklärt.[26] Diese kann sich niederschlagen in Überforderungszuständen, die zu beruflicher Leistungsminderung führen, aber auch zu zeitweise völligem Ausfall z.B. bei der Erkrankung eines Kindes. Auf das besondere Problem der Schwangerschaft sei im Zusammenhang mit der Austrittswahrscheinlichkeit im Abschnitt 3.3 eingegangen. Es bleibt festzuhalten, daß generell die investiven Gehaltsanteile bei Frauen wegen besonderer Ursachen der Leistungsminderung oder des Leistungsausfalls nicht höher sind als bei Männern. Allerdings können im Einzelfall die private Lebenssituation und das Lebensalter Einschränkungen dieser Aussage nahelegen; dies gilt jedoch um so weniger, je älter die Frau ist und desto höher somit die betrachtete Führungsposition angesiedelt ist. Außerdem muß berücksichtigt werden, daß das berufliche Engagement und damit das Bemühen um Vermeidung von Ausfällen von Frauen, die Führungspositionen anstreben, anders eingeschätzt werden muß als von Frauen, die von der Intention und Ausbildung her einen hohen beruflichen Einsatz nicht erwarten lassen.

Bliebe noch die Frage nach möglichen Unterschieden in der Höhe des Gehalts zu beantworten. Bei Unterstellung gleicher Leistungsbeiträge sind geschlechtsspezifische Unterschiede nicht begründbar; inwieweit der immer noch anzutreffende Zustand, daß Frauen für gleiche Leistungen, wie sie auch von Männern erbracht werden, weniger Gehalt beziehen, im Führungsbereich eine Rolle spielt, bleibt dahingestellt. Zumindest läßt der Anteil weiblicher Führungskräfte auf eine solche für Unternehmen vorteilhafte Ungleichbehandlung nicht schließen.

3.2. im Hinblick auf die zu erwartenden Leistungsbeiträge

Die folgenden Ausführungen unterstellen, daß die in Abhängigkeit von der fachlichen Qualifikation zu erwartenden Leistungsbeiträge von Männern und Frauen in Führungspositionen identisch sind, so daß sich Unterschiede nur aus unterschiedlichen physischen-psychischen Eigenschaften erklären lassen können, die Voraussetzungen sind für die Erfüllung der persönlichen Anforderungen der Leistungsfähigkeit und Leistungsbereitschaft. Diese Annahme erscheint insofern gerechtfertigt, als bei Fehlen der fachlichen Qualifikation für eine Führungsposition sich das Auswahlproblem gar nicht stellt. Es wird somit angenommen, daß bei gleichartiger Aus- und Vorbildung sowie sich entsprechender Berufserfahrung eine einheitliche fachliche Qualifikation gegeben ist. Daher wird im folgenden versucht, Aussagen zu möglichen geschlechtsspezifischen Unterschieden im Hinblick auf die im Abschnitt 2.2.3 genannten Persönlichkeitsmerkmalen der Leistungsfähigkeit und Leistungsbereitschaft zu gewinnen.

Hier war zunächst die Leitungsfähigkeit genannt, die außer durch Autorität in Zukunft vor allem durch Sensibilität, Konsensfähigkeit und Flexibilität gekennzeichnet sein muß, um mittels der personellen Ressourcen eines Unternehmens adäquate wirtschaftliche Erfolge zu erzielen. Wenn – wie angenommen – die fachliche Autorität durch Ausbildung und erfahrungsbedingte berufliche Kompetenz vorliegt, fragt sich, ob gleichermaßen persönliche Autorität, vielleicht sogar ein gewisses Charisma, das immer wieder hervorragenden Führungspersönlichkeiten zugeschrieben wird, bei Frauen ebenso wie bei Männern erwartet werden kann. Wenn das Vorhandensein und der Einsatz persönlicher Autorität etwas damit zu tun hat, daß auf diese Weise Macht über Menschen ausgeübt werden kann, so ist anzunehmen, daß persönliche Autorität bei Frauen im allgemeinen weniger ausgeprägt vorhanden ist als bei Männern, da Frauen ein geringeres Interesse an Machtausübung über Menschen haben als Männer.[27]

Eine ähnliche Einschätzung legt die Untersuchung des britischen Sozialwissenschaftlers Cooper von der Universität Manchester nahe, der in einer Befragung von 700 Frauen in verschiedenen Führungspositionen im Auftrag der Manpower Services Commission feststellt, daß Frauen weniger zu autokratischem Gebaren neigen als Männer. Gleichzeitig verstünden sie es besser, auf Menschen und ihre Bedürfnisse einzugehen.[28,29] Wenn diese Fähigkeit ergänzt wird durch ein hohes Maß an Harmoniebedürfnis, was üblicherweise als typisch weibliche Eigenschaft gilt, könnte sich hieraus eine menschlich qualitativ neue Art von Autorität ergeben, die gerade den zukünftigen Anforderungen an Sensibilität und Konsensfähigkeit entspricht. Diese Eigenschaften können von Frauen allerdings nur dann situationsadäquat eingesetzt werden, wenn eine aktive disziplinierte Anpassung an veränderte Aufgabenstellungen und personelle Konstellationen erfolgen kann, womit der Forderung nach Flexibilität entsprochen wird. Denn der Erfolg in einer Führungsposition ist nicht allein durch das Vorhandensein der genannten Eigenschaften gewährleistet, sondern erst dadurch möglich, daß diese Eigenschaften kontrolliert zur Steuerung im Sinne der jeweiligen situativen Aufgabenstellung eingesetzt werden.

Ob das möglich ist, hängt mit der Ausprägung der Merkmale ,,Initiative" und „Organisationsfähigkeit" zusammen. Hierzu ist anzumerken, daß Hypothesen, die geschlechtsspezifische Unterschiede der Organisationsfähigkeit postulieren würden, kaum haltbar sein dürften, zumal beispielsweise die Führung eines großen Haushalts in dieser Hinsicht ähnliche Anforderungen stellt wie die Leitung einer organisatorischen Einheit eines Unternehmens oder des Unternehmens selbst. Was die Initiative anlangt, so konnte bisher nicht der Nachweis erbracht werden, daß Frauen grundsätzlich passiver sind als Männer.[30] Im Gegenteil ließe sich wohl behaupten, daß Frauen, wenn sie gegen den Widerstand, zumindest ohne die befürwortende Unterstützung ihrer Umwelt, Positionen anstreben, die in der Vergangenheit überwiegend durch Männer ausgefüllt wurden, und hierfür entsprechende Ausbildungen absolvieren, eher ein hohes als durchschnittliches Maß an Initiative, getragen von Selbstbewußtsein und Durchsetzungsvermögen, besitzen.

Wenn im Hinblick auf die bis hierhin genannten geforderten Eigenschaften von Führungskräften Unterschiede bei Männern und Frauen behauptet werden, dann mögen diese bei geschlechtsspezifisch unterschiedlicher Sozialisation eine hypothetische Grundlage haben, soweit es die Ausprägung einzelner Merkmale betrifft. Selbst bei Berücksichtigung möglicher Vorurteile wird man jedoch annehmen können, daß die Summe der geforderten Eigenschaften, die die persönlichen Voraussetzungen der Leistungsfähigkeit kennzeichnen, bei Frauen ebenso erwartet werden kann wie bei Männern, zumal die für die Zukunft als besonders bedeutend erkannten Merkmale als typisch weibliche Merkmale gelten. Das gilt auch für das geforderte Interesse an übergreifenden Fragestellungen, wie das zunehmende Engagement von Frauen in Gesellschaft, Politik und Kultur beweist.

Wenn die die Leistungsfähigkeit als Führungskraft bestimmenden persönlichen Qualifikationen keine oder keine wesentlichen geschlechtsspezifischen Unterschiede erkennen lassen, so sind nunmehr die die Leistungsbereitschaft beeinflussenden Faktoren zu betrachten. Als Ausdruck für eine hohe berufliche Motivation kann zielbezogenes Denken und Handeln und daraus folgend eine dementsprechende Kontinuität angesehen werden. Zielbezogenes Denken und Handeln einer karriereorientierten Persönlichkeit drückt sich vor allen Dingen in der Berufswahl, d.h. im angestrebten Niveau und im gewählten Fach aus. Wenn beispielsweise eine Frau Betriebswirtschaftslehre studiert, dann kann vermutet werden, daß sie diese Entscheidung getroffen hat, um bestimmte Karriereziele zu erreichen. Zwar läßt sich daraus nicht ohne weiteres schließen, daß eine dementsprechende konsequente Zielorientierung auch das unternehmenszielorientierte Entscheiden und Handeln in einer Führungsposition gewährleistet, doch dürfte solche Analogie naheliegend erscheinen. Was die Kontinuität anbelangt, so ist seit langem bekannt und wieder durch die bereits erwähnte Untersuchung von Cooper bestätigt worden, daß Frauen auf ihrem jeweiligen Posten eher durchhalten und nicht so leicht aufgeben wie Männer. Dies basiert nicht nur auf ausgeprägter emotionaler Stabilität, sondern gilt auch in körperlicher Hinsicht. Hierzu ist festzustellen, daß Frauen sich als widerstandsfähiger und erholungsfähiger in und nach Streß-Situationen erweisen und darüberhinaus im Vergleich zum Mann weniger von altersbedingten körperlichen und geistigen Leistungsminderungen betroffen sind.[31]

Was die die Leistungsbereitschaft kennzeichnenden Einstellungen angeht, so wurde bereits auf den Zusammenhang von Berufswahl und Leistungsorientierung hingewiesen. Differenzierter ist die Erfüllung der Anforderungen an Anpassungsfähigkeit, Mobilität und Risikobereitschaft einzuschätzen. Wenn die Neigung zum „Durchhalten" die Tendenz zum Verbleiben in bestimmten Positionen impliziert, könnte die erforderliche Anpassungsfähigkeit ebenso wie die Mobilität im Sinne von Ortsveränderungen beeinträchtigt sein. Gravierender als dieser spekulative Gedanke muß der empirisch belegte Umstand eingeschätzt werden, daß – geprägt durch traditionelles Rollenverhalten – die verheiratete berufstätige Frau in ihrer Mobilität durch die Familie eingeschränkt ist. Allerdings muß im gleichen Atemzug die Frage gestellt werden, ob z.B. in großen Unternehmen die für erforderlich gehaltene Mobilität von Führungskräften tatsächlich notwendig ist im Hinblick auf den ökonomischen Erfolg.[32] Zumindest sollte in diesem Zusammenhang auf die Wechselwirkung von einem durch die Probleme des Wohnortwechsels (un)belasteten Familienleben und der beruflichen Leistungsfähigkeit hingewiesen werden.

Schließlich ist noch auf die Risikobereitschaft einzugehen. Die Übernahme von Risiken in Führungspositionen ergibt sich unmittelbar aus der Verantwortung in solchen Positionen, die sich üblicherweise ausdrückt in wirtschaftlichen Größen wie Budget- oder Umsatzziffern und der Personalverantwortung, gemessen durch eine bestimmte Anzahl von Mitarbeitern. Was die Risikobereitschaft im Hinblick auf die Personalverantwortung angeht, so kann wegen des bekannten „Durchhaltevermögens" angenommen werden, daß eine eher vorsichtige, von langfristigen Überlegungen gekennzeichnete Personalpolitik weiblichen Führungskräften unterstellt werden kann. Eine solche Hypothese stimmt mit der im allgemeinen postulierten weiblichen Risikoscheu überein.[33] Dem widerspricht allerdings das durch die Berufswahl gekennzeichnete Verhalten. Wenn eine Frau in eine Ausbildung investiert, der eine Berufsausübung im Bereich von Tätigkeiten folgen soll, die bisher überwiegend von Männern ausgeübt wird, dann wird man ihr schon eine überdurchschnittliche Risikobereitschaft zugestehen müssen. Insgesamt muß festgestellt werden, daß geschlechtsspezifische Unterschiede der Leistungsbereitschaft allenfalls für die geografische Mobilität, insbesondere zum Nachteil jüngerer verheirateter Frauen begründet angeführt werden können; hierbei ist allerdings zu bedenken, daß negative Einschätzungen solcher Art nicht aus einer originär verminderten Leistungsbereitschaft der Frau in Führungspositionen resultieren.

3.3. im Hinblick auf die Austrittswahrscheinlichkeit

Wie bereits oben festgestellt, wird die Austrittswahrscheinlichkeit einerseits von objektiven Determinanten wie z.B. dem Lebensalter, andererseits von subjektiven Faktoren bestimmt, die sich vor allem in der Arbeitszufriedenheit niederschlagen. Wenn auch über die geschlechtsspezifische Fluktuation keine verläßlichen Zahlen vorliegen,[34] so wird doch üblicherweise angenommen, daß die Austrittswahrscheinlichkeit bei Frauen höher ist, woraus gefolgert wird, daß Investitionen in weibliche Führungskräfte zu entsprechenden Verlusten führen. Einleuchtend sind die Gründe für diese Annahme: Wird der Mann versetzt, folgt ihm häufig die Frau; sind Kinder da oder wird ein Kind erwartet, so ist die Frau dadurch in der Regel ungleich stärker in Anspruch genommen als der Mann. Könnte man diese Ursachen für zeitweiliges oder völliges Ausscheiden aus dem Unternehmen zweifelsfrei den objektiven Determinanten der Austrittswahrscheinlichkeit zurechnen, müßte man selbstverständlich den Weitblick einer Unternehmensleitung loben, die auf weibliche Führungskräfte völlig verzichtet. Die folgenden Überlegungen werden deutlich machen, daß solche Argumentation wesentliche Zusammenhänge ignoriert.

Der einzige objektive Tatbestand im Rahmen des vorstehenden Gedankengangs ist die Schwangerschaft der Frau. Ob und wann eine Frau ein Kind bekommt, in welchem Maße sie sich in der Folge der Kinderbetreuung widmen will oder muß, ob sie ihrem versetzten Mann folgt, das alles sind Entscheidungen, die aus der persönlichen Lebenssituation heraus getroffen werden, also höchst subjektive Determinanten der Austrittswahrscheinlichkeit. Insofern stellt sich die Frage, welche Hypothesen für den Zusammenhang zwischen den geschlechtsspezifischen Ursachen des Austritts und der Austrittswahrscheinlichkeit formuliert werden können.

Wie oben bereits ausgeführt, ist im allgemeinen die Arbeitszufriedenheit – neben der subjektiven Einschätzung von Veränderungsmöglichkeiten – von größter Bedeutung für die Austrittswahrscheinlichkeit. Wenn eine Frau die Entscheidung trifft, aus einem der oben genannten Gründe das Unternehmen zu verlassen, so kann vermutet werden, daß die aktuelle Arbeitssituation und die zukünftig erwarteten Entwicklungsmöglichkeiten als unbefriedigend empfunden wurden. Der Unterschied zum gleichen Verhalten des Mannes in einer solchen Situation liegt also nicht im typisch weiblichen Verhalten, sondern ausschließlich in der Alternativenstellung begründet, die der Frau eben eine andere, die familiäre Rolle offenhält, die u.U. ein höheres Maß an Erfüllung bietet als der Beruf. Für derartig motivierten Austritt aus der Unternehmung spricht auch eine Untersuchung, die 1970 in der Schweiz durchgeführt wurde, wonach bei Frauen häufiger als bei Männern ein Mißverhältnis zwischen Ausbildung und beruflicher Stellung anzutreffen ist, welches um so größer wird, je qualifizierter die Ausbildung und die damit verbundene berufliche Erwartung ist.[35]

Insofern besteht also ein Zusammenhang zwischen aktuellem Führungsverhalten gegenüber Frauen und den Möglichkeiten der Entwicklung und Erhaltung weiblicher Führungspotentiale. Erst das vorurteilsfreie Karriereangebot seitens des Unternehmens läßt den beruflichen Einsatz einer Frau, die eine Führungsposition anstrebt, lohnend erscheinen, steigert somit die Zufriedenheit mit der Arbeitssituation und läßt die Austrittswahrscheinlichkeit sinken. Der Entschluß qualifizierter Frauen, sich Mann und Kindern in der Hauptsache zuzuwenden und den Beruf zur Nebensache zu machen, wird umgekehrt hervorgerufen oder gefördert durch mangelhafte Belohnung in Form von fehlenden Entwicklungsmöglichkeiten. Derartiges Verhalten der Unternehmensführung führt bei der Frau vom „Wollen" zum „Nicht können", über das „Nicht mehr wollen" schließlich zum „Nicht mehr können", womit dann wieder einmal die Vorbehalte gegenüber Frauen als Führungskräfte ihre Bestätigung erfahren.

Allerdings muß eingeräumt werden, daß der Wunsch nach Kindern selbstverständlich nicht ausschließlich als Reaktion auf eine unbefriedigende Arbeitssituation interpretiert werden kann, wenngleich aus verschiedenen Untersuchungen hervorgeht, daß verheiratete Frauen in Führungspositionen überwiegend kinderlos sind.[36] Sollten Kinder gewollt sein und infolgedessen ein teilweiser Rückzug aus dem regelmäßigen Berufsleben unumgänglich sein, kann der dadurch entstehende Verlust z.T. aufgefangen werden durch freie Mitarbeit; denn nicht die Zeit sondern die disponible Zeit ist häufig der Engpaß bei der Vereinbarung von Kinderbetreuung und Erfüllung beruflicher Pflichten. Eine solche Weiterbeschäftigung hätte den Vorteil, daß bei späterer Wiederaufnahme der regulären vollen Beschäftigung der eingetretene Informationsverlust gering gehalten werden kann. Im übrigen muß bei der Bestimmung des möglichen Verlustes daran gedacht werden, daß Frauen, wenn sie Kinder bekommen, üblicherweise in einem Alter sind, in dem noch keine Führungspositionen erreicht sind, die von beiden Seiten als langfristige Stellungen angesehen werden. Bei all diesen Überlegungen muß man immer berücksichtigen, daß Frauen, die selber in eine auf berufliche Karriere zielende Ausbildung investiert haben, diese Investition nur dann als lohnend empfinden, wenn der damit intendierte berufliche Erfolg erreicht werden kann; so ist anzunehmen, daß der berufliche Ehrgeiz auch für den „Kinderfall" eine geringe Austrittswahrscheinlichkeit erwarten läßt, wenn durch aktuelles Führungsverhalten positive Rahmenbedingungen gegeben sind. Bei stark engagierten Frauen könnte zudem der Gedanke eine Rolle spielen, durch eigenes Verhalten die üblichen Vorurteile zu widerlegen.

Daraus läßt sich folgern, daß aktuelles Führungsverhalten, welches die führungsbezogenen Leistungspotentiale von Frauen mit dem Argument höherer Austrittswahrscheinlichkeit vernachlässigt, zukünftig realisierbare Potentiale unbeachtet läßt und daher nicht den Anforderungen entspricht, wie sie heute im Rahmen der strategischen Planung an das Führungsverhalten i.S. der Entwicklung von Führungskräften zu stellen sind.

4. Ergebnisse

Gemäß den Bewertungsansätzen der Methoden des Human Resource Accounting können Führungspotentiale ausgabenorientiert und leistungsorientiert bewertet werden; in beiden Fällen sind zusätzlich Nutzungsdauerschätzungen vorzunehmen. Im

Hinblick auf die Ausgaben für Führungskräfte konnten keine fundierten Anhaltspunkte für geschlechtsspezifische Unterschiede gefunden werden. Setzt man bei der leistungsorientierten Bewertung gleiche fachliche Qualifikationen von Frauen und Männern voraus, so reduziert sich die Frage nach möglichen Unterschieden auf die Frage nach unterschiedlichen persönlichen Voraussetzungen der Leistungsfähigkeit und Leistungsbereitschaft. Hierzu wurde festgestellt, daß sich Unterschiede zum Nachteil der Frau allenfalls bei typisch weiblicher Sozialisation und eingeschränkter geografischer Mobilität begründen lassen können. Dem stehen jedoch die zukünftigen Anforderungen an Führungskräfte gegenüber, deren Erfüllung gerade bei dem Vorhandensein eher als weiblich geltender Eigenschaften wie Sensibilität und Konsensfähigkeit erwartet werden kann. Schließlich kann der Gefahr einer Fehlinvestition durch ein die Arbeitszufriedenheit förderndes Führungsverhalten begegnet werden.

Zusammenfassend ist festzuhalten, daß im Hinblick auf den wirtschaftlichen Erfolg eines Unternehmens eine Diskriminierung von Frauen, die die Voraussetzungen für Führungspositionen mitbringen, unter dem Gesichtspunkt zukünftiger Anforderungen an Führungskräfte nicht zu verantworten ist. Wenn die in den Ausführungen enthaltenen Überlegungen nur hypothetischen Charakter haben, so werden letztlich konkrete wirtschaftliche Ergebnisse zur Bestätigung oder Verwerfung der dargestellten Überlegungen herangezogen werden müssen. In diesem Sinne sei abschließend die Äußerung des Personaldirektors des amerikanischen Konzerns American Telephone & Telegraph AT & T zitiert, wo 40 % der mit Hochschulabsolventen zu besetzenden Management-Positionen mit Frauen besetzt sind: „Die Schlüsselfrage ist: Beeinträchtigt das, was wir für die Chancengleichheit und im Rahmen der Frauenförderungsprogramme getan haben, unsere Fähigkeit, unsere Kunden zufriedenzustellen oder Geld zu verdienen? Die Antwort lautet: Nein, ganz gleich, welchen Maßstab wir anlegen."[37]

Anmerkungen

1 Vgl. Hegelheimer, Barbara, Chancengleichheit in der Berufsbildung – Betriebliche Weiterbildung und beruflicher Aufstieg von Frauen in der Bundesrepublik Deutschland, Berlin 1982, S. 11 und vgl. Geser, Guido, Die Frau als Vorgesetzte. Eine Untersuchung der die Karriere weiblicher Personen beeinflussenden Faktoren, Diss. St. Gallen 1973, S. 9

2 Vgl. Laukamm, Thomas und Walsh, Ian, Humankapital aktivieren, in: Wirtschaftswoche Nr. 15 vom 8.4.1983, S. 50

3 Hahn, Dietger, Stand und Entwicklungstendenzen der strategischen Planung, in: Koch, Helmut (Hrsg.), Unternehmensstrategien und Strategische Planung, Sonderheft 15 der Zeitschrift für betriebswirtschaftliche Forschung 1983, S. 28

4 Maucher, Helmut, Mehr handeln, weniger philosophieren, in: Wirtschaftswoche Nr. 37 vom 9.9.1983, S. 56

5 Laukamm, Thomas und Walsh, Ian, Führungsstil als Hebel, in: Wirtschaftswoche Nr. 16 vom 15.4.1983, S. 60

6 Peters, Thomas J. und Watermann, jr., Robert H., In Search of Excellence, New York 1982

7 Vgl. ebenda, S. 17

8 Rüßmann, Karl-Heinrich, Konsens statt Konflikt – Anforderungen an die Führungskräfte in der Zukunft, in: Fortschrittliche Betriebsführung und Industrial Engineering, Jg. 31, Darmstadt 1982, Heft 1, S. 11

9 Vgl. ebenda, S. 12
10 Vgl. ebenda, S. 13
11 Vgl. die zitierten Beiträge von Laukamm und Walsh, Rüßmann und Maucher
12 Vgl. hierzu Potratz, Burkhard, Anforderungsstrukturen von Spitzenpositionen der Industrie, Diss. Berlin 1971, S. 38 f.
13 Vgl. Hinterhuber, H.H., Planung der Führungskräfteentwicklung als Gegenstand der strategischen Planung, in: Hahn, D. und Taylor, B. (Hrsg.), Strategische Unternehmensplanung – Stand und Entwicklungstendenzen –, Würzburg/Wien 1980, S. 242/243
14 Vgl. Kontner, Peter, Humanvermögensrechnung – Untersuchungen zu einem personalwirtschaftlichen Führungsinstrument, Darmstadt 1980, S. V
15 Vgl. Woodruff, Robert L., Humankapitalrechung bei der R.G. Barry Corporation – Konzepte und Erfahrungen, in: Schmidt, Herbert (Hrsg.), Humanvermögensrechnung, Instrumentarium zur Ergänzung der unternehmerischen Rechnungslegung. Konzepte und Erfahrungen, Berlin/New York 1982, S. 104–106
16 Vgl. hierzu Lawler, Edward, Entwicklung und Anwendung von Bewertungsmaßstäben für das Humankapital in Organisation, in: Schmidt, Herbert, a.a.O., S. 198 ff. und Marr, Rainer, Humanvermögensrechnung oder Personalindikatorensysteme? – Die Ermittlung von Informationen über den Wert des Humanvermögens von Organisationen mit Hilfe der innerbetrieblichen Meinungsforschung, in: Schmidt, Herbert, a.a.O., S. 553
17 Vgl. Ortner, Gerhard E., Personalvermögensrechnung: zur Übertragung des Humankapitalkonzeptes auf die betriebliche Personalinfrastruktur, in: Schmidt, Herbert, a.a.O., S. 372
18 Wie bereits erwähnt, wird damit weiterhin von organisationalen und führungsbezogenen Bedingungen der Realisierung der Leistungsbeiträge abstrahiert.
19 Vgl. Kontner, Peter, a.a.O., S. 193
20 Vgl. Marr, Rainer, Das Sozialpotential betriebswirtschaftlicher Organisationen – Zur Entwicklung eines Personalinformationssystems auf der Grundlage innerbetrieblicher Einstellungsforschung, Berlin 1979, S. 26/27
21 An dieser Stelle sei nochmals auf die bereits im Abschnitt 2.1 angemerkte Problematik von Merkmalskatalogen hingewiesen.
22 Vgl. Marr, Rainer, Das Sozialpotential . . ., a.a.O., S. 27
23 Vgl. hierzu Marr, Rainer, Humanvermögensrechnung – Entwicklung von Konzepten für eine erweiterte Rechenschaftslegung der Unternehmen, in: Schmidt, Herbert, a.a.O., S. 51
24 Vgl. Stödter, Helga, Frauen als Führungskräfte in der Wirtschaft – Ergebnisse einer Meinungsumfrage, Hamburg 1982, S. 6
25 Zitiert bei Geser, Guido, a.a.O., S. 46
26 Vgl. Stödter, Helga, a.a.O., S. 26 und Geser, Guido, a.a.O., S. 46
27 Vgl. Geser, Guido, a.a.O., S. 56 und die dort zitierten psychologischen Untersuchungen
28 Vgl. o. Verf., Frauen sind oftmals die besseren Chefs, in: FAZ vom 7.7.1983, S. 7
29 vgl. auch Geser, Guido, a.a.O., S. 54 und die dort zitierten psychologischen Untersuchungen
30 Vgl. Geser, Guido, a.a.O., S. 54
31 Vgl. Geser, Guido, a.a.O., S. 45 und die dort zitierte Literatur
32 So stellte Cooper in seiner Untersuchung fest, daß drei Viertel der Versetzungen nicht nötig gewesen wären. Vgl. o. Verf., Frauen sind oftmals die besseren Chefs, in: FAZ vom 7.7.1983, S. 7
33 Vgl. Geser, Guido, a.a.O., S. 55 und die dort zitierte Literatur
34 Vgl. Stödter, Helga, a.a.O., S. 6
35 Vgl. Geser, Guido, a.a.O., S. 23
36 Vgl. Geser, Guido, a.a.O., S. 67
37 O. Verf., Ausbruch aus der Sackgasse, in: Wirtschaftswoche Nr. 13 vom 25.3.1983, S. 54

Monika Bergen, Verena Fesel, Sibylle Raasch

Frauenquoten im Hochschulbereich

1. *Frauenquoten – Ende der Wissenschaft?*

Drängte sich bei unbefangener Betrachtung der Geschichte der Frauenfrage bisher die Vorstellung auf, daß die *Frau* durch jahrhundertealte Praxis benachteiligt sei, so heißt es heute umdenken. Wer wird diskriminiert? Horribile dictu – der Mann! „Die umgekehrte Diskriminierung (nämlich durch die Quotierung zugunsten der Frau, die Verf.) richtet sich ... unmittelbar gegen die Angehörigen der anderen Gruppe. Die berufliche Gleichstellung der Frau soll hier gerade durch eine Ungleichbehandlung der Männer erreicht werden".[1]

Daß sich diese Gruppe in ihrer „wohl"-erworbenen Rechtsstellung herausgefordert fühlt, ist nur natürlich: Ihre Privilegien sind in Gefahr. Die bloß formale Rechtsgleichheit erwies sich noch immer als Begünstigung der Privilegierten, derjenigen also, „die einmal ohne Verletzung des Willkürprinzips in den closed shop Aufnahme gefunden haben".[2] Die *tatsächliche* Gleichstellung der Frau muß dagegen notwendig denjenigen, die bisher von der Ungleichheit profitiert haben, etwas nehmen, mögen sie auch „auf einen Besitzstand pochen, den sie nicht preiszugeben gewillt sind".[3] Die Bedrohung wird gegenwärtig angesichts des enger werdenden Arbeitsmarktes besonders intensiv empfunden. So erscheinen tradierte Muster wieder als Rettungsanker vor gesellschaftlicher Veränderung und vor mehr Gleichheit in den Lebensbedingungen von Männern und Frauen.

Veranlassung gibt es also genug, *ebenfalls* Partei zu ergreifen und Frauen mit einer Darstellung der tatsächlichen und juristischen Aspekte der Quotierungsdebatte aufzurufen, sich auf ihre Rechte zu besinnen. Louise Otto-Peters hat *1848* klar erkannt: „Wer an seine Rechte zu denken vergißt, wird auch vergessen".[4]

Unsere Überlegungen werden sich im wesentlichen dem Hochschulbereich widmen, weil sich das Problem faktischer Rechtsungleichheit hier mit besonderer Brisanz stellt. – Der eine oder andere Ansatz mag sich auf weitere Bereiche übertragen lassen, wenn sich auch die Vielfalt der Lebenswirklichkeit einer uniformen Problemlösung entzieht. – Die Benachteiligung der Frau zeigt sich im Wissenschaftssektor eklatant und droht sich weiter zu verschärfen, wenn Unterrepräsentation als Indikator für Diskriminierung gelten darf[5]: Studieren unter den Studenten eines Jahrganges noch knapp 40 % Mädchen und erreichen den Studienabschluß, so finden sich als Beschäftigte im Mittelbau der Hochschulen nur ca. 25 % Frauen und unter den Professoren der höchsten Besoldungsgruppe nur 4 %. Andererseits sind sie häufiger als Männer befristet beschäftigt – gleich ob als beamtete Hochschulassistentinnen oder im Angestelltenverhältnis. Die Repräsentanz von Frauen im Hochschulbereich, dem Schnittpunkt zwischen qualifizierter Berufsausbildung und qualifizierter Berufsausübung, abzusichern und auszubauen, ist, wie zu zeigen sein wird, auch eine inhaltlich bedeutsame Forderung.

Juristisch wirft dieser Teilbereich des öffentlichen Dienstes einige interessante Fragen auf. Das Ineinandergreifen von Verfassungsnormen im Selbstrekrutierungsprozeß der Wissenschaftler, der sich jedoch nicht ohne staatliche Mitwirkung vollziehen kann, verbietet eine „eindimensionale Grundrechtsbetrachtung".[6] Der Staat in der Doppelrolle als Garant der Wissenschaftsfreiheit und als Arbeitgeber wird sich zudem unter Beachtung des Sozialstaatsprinzips – wegen der stärkeren Grundrechtsbindung – härteren Anforderungen zu unterwerfen haben als der private Sektor, der mit dem Hinweis auf die Privatautonomie – mangels Drittwirkung der Grundrechte – Gleichberechtigungsbegehren weitgehend ausweichen darf.

Dadurch, daß die Einstellungsvoraussetzungen für Professorinnen und Professoren ebenso in besonderen Vorschriften geregelt sind wie das Berufungsverfahren, ist ein Ansatzpunkt für Implementation von Veränderung gegeben, die zunächst mit einer neuen Norminterpretation, notfalls einer Normänderung zu beginnen hätte. Ergebnisse des bereits seit 1980 praktizierten Berliner Modells fließen in unsere Überlegungen ein. Daß es auch in der Bundesrepublik kein „Unikat"[7] bleibt, dafür will dieser Beitrag streiten und die juristische Vertretbarkeit folgender Forderungen[8] begründen, die im einzelnen durch soziale und prozedurale Maßnahmen zu flankieren sind:

1. Frauen sind – soweit geeignete Bewerberinnen vorhanden – die Hälfte der freiwerdenden Qualifikationsstellen einzuräumen, mindestens jedoch eine Stelle pro Vergabezeitraum/Jahr.
2. Bis die Hälfte aller Professuren mit Frauen besetzt ist, sind bei gleicher Qualifikation Bewerberinnen einzustellen.
3. Die mit der Personalauswahl befaßten Gremien sind in jeder Gruppe geschlechterparitätisch zu besetzen. Mindestens hat ihnen jedoch eine Professorin oder – falls nicht vorhanden – eine Vertreterin der Hochschulassistenten und wissenschaftlichen Mitarbeiter anzugehören.

Für die Forderungen gilt mit anderen Worten: Auch mit der Einführung der *qualifikationsbezogenen* Quotierung, und für diese allein wird hier plädiert, wird das Geschlecht nicht zum zentralen Kriterium der Personalauswahl gemacht. Ausschlaggebendes Auswahlkriterium bleibt die Qualifikation der Bewerber/innen. Die Quotierung wirkt erst nach der Qualifikationsfeststellung anstelle des diffusen Motivationsgeflechtes, das bisher regelhaft dem Mann die Stelle verschafft hat.

2. *Verfassungsrechtliche Zulässigkeit von Frauenquoten im Hochschulbereich*

2.1. Von der staatlichen Handlungsmöglichkeit zum Verfassungsauftrag aus Art. 20 Abs. 1 GG: Die Entwicklung der Quotierungsfrage

Zu Beginn der 70er Jahre fand die Frage nach den Möglichkeiten und Grenzen einer quotierten Einstellungs- und Beförderungspraxis zunehmend Eingang in die juristische Diskussion. In seinem Gutachten zum 50. Deutschen Juristentag 1974 kam Löwisch zu dem Ergebnis: Anders als in Bezug auf Ehe und Familie (Art. 6 Abs. 1 GG) und die Gleichstellung der nichtehelichen Kinder (Art. 6 Abs. 5 GG) enthalte das Grundgesetz keinen besonderen Auftrag zur Förderung der Emanzipation der Frau und ihrer Teilhabe am Berufsleben. Im Rahmen seines allgemeinen Gestaltungsermessens könne der Gesetzgeber allerdings dahingehend tätig werden.[9]

Hohe Wellen schlug die Quotendiskussion auf dem 52. Deutschen Juristentag 1978 unter dem Eindruck des enger werdenden Arbeitsmarktes. Die These des Referenten Simitis, der Gesetzgeber sei angesichts der Frauenarbeitslosigkeit verpflichtet, in Form verbindlicher Quoten Beschäftigungspflichten festzulegen[10], löste auf Männerseite einen Sturm der Entrüstung aus. Als Gipfel männlicher Un-Unverfrorenheit darf die Forderung des Vorsitzenden Richters am Landgericht Dr. H. Esser bezeichnet werden, anstelle einer gesetzlichen Regelung für arbeitslose Frauen lieber die Polizei gegen sie einzusetzen: „Diese Frauen müssen von der Straße weg. (Beifall)“[11] Christiane Hohmann-Dennhardt war eine der wenigen Juristinnen, die in der Folgezeit die Quotierungsforderung unbeirrt weitervertrat[12], während das Interesse der Juristen erst wieder erwachte, als es um honorige und gut dotierte Arbeit als staatlich bestellter Gutachter ging.

Eine juristische Wende kündigte sich an, als 1980 mit Friauf ein anerkannter Verfassungsrechtler in einem Gutachten für das Bundesinnenministerium unter eingehender Würdigung der Rechtsprechung des Bundesverfassungsgerichts den verfassungsrechtlichen Ausgangspunkt der Argumentationskette Hohmann-Dennhardts bestätigte: Der Staat sei aus Art. 3 Abs. 2 GG zusammen mit dem Sozialstaatsgebot verpflichtet, Frauen aktiv zu fördern und zu unterstützen, um bestehende Gleichberechtigungsdefizite abzubauen. Die Art der staatlichen Maßnahmen allerdings sei grundgesetzlich nicht vorgegeben.[13] Diesen erfreulich konsequenten Gleichstellungsansatz verwässerte Friauf allerdings zwei Jahre später. Bei der Diskussion von Umsetzungsmaßnahmen lehnte er 1982 jede einseitige Bevorzugung von Frauen ab, soweit diese mit der historischen Benachteiligung der Frauen als Gruppe begründet werden sollte. Zulässig sei nur die Bevorzugung einzelner Frauen für persönlich erlittene geschlechtsspezifische Benachteiligung[14]; wobei Friauf offenbar recht naiv davon ausgeht, derartige Fälle seien heute die absolute Ausnahme und zudem, wie bei Schwerbehinderten, vortragbar und beweisbar.

Nicht ganz so weit wie Friauf ging 1981 Schmitt Glaeser ebenfalls als Gutachter für das Bundesinnenministerium. Seiner Ansicht nach hat der Gesetzgeber nicht die Pflicht, aber doch die sozialstaatliche Aufgabe, das faktische Defizit an Gleichbehandlung der Frau zu reduzieren. Er stellte die Quotierungsfrage in den Mittelpunkt und kam grob umrissen zu folgender Einschätzung: Zumindest für den Ausbildungsbereich seien feste (imperative) Quoten verfassungsrechtlich zulässig. Dies gelte auch für die Stellenvergabe und Beförderung im öffentlichen Dienst, soweit Quoten als echte Ergänzung zu den Eignungskriterien des Art. 33 Abs. 2 GG und lediglich als Übergangsregelung konzipiert seien. Im privaten Bereich sei hingegen große Zurückhaltung des Staates angebracht. Bestenfalls seien unverbindlich fördernde (influenzierende) Maßnahmen zulässig.[15]

Die Sachverständigenanhörung in Bonn 1982 zu dem Thema: „Kann die Situation der Frauen durch ein Antidiskriminierungsgesetz verbessert werden?“ darf als vorläufiger Höhepunkt der Quotierungsdebatte bezeichnet werden. Als breiter Konsens unter den votierenden Juristinnen/en zeichnete sich ab, daß der Staat als Sozialstaat rechtsgestaltend zugunsten der Frau tätig werden kann und muß: Die Beseitigung faktischer, sachlich nicht gerechtfertigter Ungleichheiten im Verhältnis der Geschlechter zueinander sei Aufgabe der Staatsgewalt in Erfüllung des Sozialstaatsgebots. Daher könne aus Art. 3 Abs. 2 GG ein verbindlicher Verfassungsauftrag an den Gesetzgeber hergeleitet werden, durch entsprechende Maßnahmen auf einen sozialen Ausgleich hinzuwirken, formulierte am deutlichsten Denninger.[16] Nimmt man die problematische Position Friaufs, Frauen dürften nur bei persönlich erlittener Diskriminierung quasi zum Ausgleich begünstigt werden, einmal aus, war weiter einhellige Meinung, daß eine Frauenförderung durch staatliche Anreizsysteme und rechtlich unverbindliche Zielvorgaben auf jeden Fall zulässig sei.[17]

Übertragen auf den Hochschulbereich bedeutet dies, Wissenschaftsverwaltung und Hochschule sind durch die Verfassung aufgerufen, zumindest besondere Förderungsmaßnahmen wie z.B. Stipendienvergabe, Setzung entsprechender Forschungsschwerpunkte und Gleichstellungsprogramme zu Gunsten von Frauen einzuleiten.

Probleme wurden auf der Anhörung erst dort gesehen, wo es um die rechtlich bindende Festsetzung von Frauenquoten bei Ausbildungs- und Arbeitsplätzen geht. Von sechs hiermit befaßten Juristinnen und Juristen (Denninger, Friauf, Hanau, Pfarr, Schmitt Glaeser, Simitis) sprachen sich jedoch nur zwei (Friauf, Hanau) gegen jede Art der Quotierung aus.[18] Wobei Hanau in der mündlichen Anhörung ähnlich Friaufs Ansatz vom Ausgleich persönlich erlittener Benachteiligung einräumte, beim Qualifikationsvergleich solle die besondere Belastung von Frauen berücksichtigt werden. Wenn sich ein derartig ausgeprägter Gegner der Quotierung wie Hanau dazu versteigt: „Man muß natürlich bei der Auswahl von neuen Professoren etwa rechnen, ein Baby ist ein Buch. Wenn eine Frau ein Buch weniger, aber ein Baby mehr hat, dann ist das gleichzusetzen,“[19] zeigt dies zweierlei: Zum einen nimmt die Kompromißbereitschaft von Männern offensichtlich zu, wenn sie sich vor einer engagierten Frauenöffentlichkeit zu verantworten haben; zum anderen aber sind derartige Beschwichtigungsangebote nicht immer ernst gemeint. Oder ob Herr Prof. Dr. Hanau in Berufungsverfahren tatsächlich den Veröffentlichungslisten der Frauen die Zahl ihrer Kinder anfügt, etwa nach der Relation: Lebensalter der Kinder mal 100 = Seitenzahl des fiktiven Buchs?! – Immerhin hat Hanau diesen Gedanken 1983 schriftlich wiederholt.[20]

Unter den vier Befürwortern/innen verbindlicher Quotierung, einer deutlichen Mehrheit, gab es erhebliche Differenzen im Detail je nach dem, ob es um Ausbildungsplätze oder Arbeitsplätze, den privaten oder den öffentlichen Bereich ging. Im Ergebnis hielten alle vier bei Einstellungen und Beförderungen im öffentlichen Dienst eine bindende Quotenvorgabe für verfassungsrechtlich zulässig.[21]

Die politische Wende im Herbst 1982 hat an diesem hoffnungsvollen Punkt vorerst die Diskussion um Frauenquoten beendet – zumindest auf höchster politischer Ebene. Für Frauen wird es darauf ankommen, die Quotenforderung dort weiter zu verfolgen, wo die politischen Vorzeichen (noch) günstiger sind. Allzuviel Hoffnung besteht aber auch dort nicht: Auf welcher dünnen Bewußtseinsbasis, was die Emanzipation der Frau angeht, selbst engagierte Befürworter von Antidiskriminierungsmaßnahmen operieren, demonstrierten auf der Anhörung Versprecher wie der Denningers: „Es kann sich also nicht darum handeln, Arbeitsplätze an Frauen zu vergeben, wenn für die gleiche Arbeit gleichqualifizierte Männer vorhanden sind.“[22]

2.2. Quotierung, eine unpraktikable Männerdiskriminierung? Das Gleichberechtigungsgebot des Art. 3 Abs. 2 GG

Quotierungsforderungen, welcher Art auch immer, scheinen bei Männern elementare Existenzängste zu wecken. Sie beschreiben oft völlig irreale Horrorvisionen wie, Männer seien von vornherein von der Konkurrenz um Arbeitsplätze ausgeschlossen oder benachteiligt.[23] Selbst Frauen sehen schon den arbeitslosen Familienvater, den die Quotenfrau – selbstverständlich mit einem besser verdienenden Mann verehelicht – samt Frau und Kindern um das Brot bringt.[24] Gar die Zerstörung der Familie wird heraufbeschworen – und damit flugs der Art. 6 Abs. 1 GG zum Schutzschild gegen Quotierungen mißbraucht.[25]

Die andere Seite von Kritikern/innen bezweifelt, ob Quotierungen faktisch überhaupt Wirkung zugunsten der Frauen zeigen werden. Denn die Qualifikationsfeststellung und der Qualifikationsvergleich bei der Einstellungs- oder Beförderungsentscheidung des Arbeitgebers enthalte zahlreiche subjektive Momente, die gerichtlich nicht vollständig nachprüfbar und korregierbar seien.[26]

Unangemessen und gefährlich ist es, in diesem Zusammenhang von Maßnahmen „positiver Diskriminierung“ zu sprechen, auch wenn sich dieser Begriff eingebürgert hat. Denn dahinter stecken eingefahrene Denkschemata, wie sie folgende Beispiele entlarven:

> Gamillscheg erörtert im Rahmen des § 611a BGB die arbeitsrechtliche Problematik des Abbaus von Diskriminierung und sagt: „Bedeutet das nun, daß z.B. ein Behördenleiter gehindert ist, von *zwei gleichartigen Bewerbern* die Frau deshalb einzustellen, weil er sich sagt, ich habe überhaupt nur Männer in meiner oberen Etage, da gehört nun einmal eine *Frau* hinein? Er kann es *nicht*.“[27]
>
> Frauen selbst formulieren: „... Kurzfristig fordern wir, daß die Bewerbungen von Frauen *bei gleicher Qualifikation bevorzugt* behandelt werden.“[28]

Der Kursivdruck kennzeichnet den Sprung in der Argumentation. „Gleichartigkeit" der Bewerber oder „gleiche Qualifikation" festzustellen, heißt demnach für die Frau, daß sie von vornherein im Wettbewerb unterliegt oder umgekehrt ihre Bevorzugung behauptet wird, sofern *sie* eingestellt wird. Dies wäre gerade erst zu prüfen gewesen. Hinter dieser Argumentation verbergen sich ein logischer Fehler und ein gesamtgesellschaftliches Vorurteil: Eine Pattsituation wird mit ihren Implikationen nicht begriffen. Sie wird als zwangsläufige Entscheidung gegen die Frau oder positiv als Parteinahme zu ihren Gunsten interpretiert, obschon die Anwendung der Qualifikationskriterien des Leistungsprinzips zu dem non liquet geführt hat und deshalb weitere Kriterien erfordert, die eine Entscheidung über die Einstellung überhaupt erst ermöglichen. Das Wort von der Bevorzugung zeigt, wie sehr auch Frauen diese männliche Unlogik internalisiert haben. Gesellschaftspolitisch wird die Einstellung des Mannes immer noch als der Regeltatbestand begriffen. Der Mann *muß* – offenbar in seiner unterstellten Funktion als Ernährer einer Familie – eingestellt werden, wenn er nur genauso qualifiziert ist wie eine Frau, aber nicht besser. Die damit verbundene unterschwellige Rollenzuweisung widerspricht Art. 6 Abs. 1 GG, der ein bestimmtes Ehe- und Familienbild nicht statuiert.[29]

Daß die Quotierung als Frauenförderung in Erfüllung eines Verfassungsauftrags keine Männerdiskriminierung darstellt, soll im folgenden gezeigt werden, auch wenn Männer die Diskussion um Quoten verständlicherweise gern mit dem Gedanken beginnen, die Angleichung der Rechtstellung von Männern und Frauen dürfe nicht in einer Verkürzung der Rechtstellung der Männer, sondern nur in einer Hebung der Stellung der Frau bestehen. Dem Gleichberechtigungsgebot werde nur eine Standardisierung nach oben gerecht.[30] Das Grundgesetz verlange mit der Doppelgesichtigkeit des Art. 3 Abs. 2, der ebenso zugunsten der Männer wirke, daß die Diskriminierung der Frau nicht auf andere Gruppen, nämlich die Männer, verlagert werde.[31] In der praktischen Konsequenz wird dadurch jede Strukturveränderung zugunsten der Frau vereitelt. Denn der Grad männlicher Bevorzugung bei der Vergabe qualifizierter Arbeitsplätze ist beispielsweise im Hochschulbereich[32] so eklatant, daß es selbst bei günstigster Entwicklung von Wirtschaft und Staatsfinanzen unrealistisch wäre, auf eine Änderung durch entsprechende Stellenvermehrung zu rechnen.

Einen absoluten Schutz ihres status quo können Männer auch nicht aus Art. 3 Abs. 2 GG herleiten. Denn ein Aufgeben von auf Diskriminierung beruhenden Privilegien kann seinerseits nicht wieder als Diskriminierung bezeichnet werden. Eine solche Interpretation würde Art. 3 Abs. 2 GG zu einer nur durch Tradition legitimierten Besitzstandsklausel männlicher Bevorzugung degenerieren.[33] Die Verwirklichung der Gleichstellung der Frau mit dem Mann ist nach herrschender juristischer Meinung (s. Abschnitt 2.1.) heute ein verpflichtender Verfassungsauftrag, der dem Staat aus Art. 3 Abs. 2 i.V.m. Art. 20 Abs. 1 GG erwächst. Dem modernen Sozialstaat ist die Umverteilung knapper Ressourcen nicht fremd. Ihm entspricht die Stützung der Schwachen und Beschränkung der Starken.[34] Soziale Gerechtigkeit als dem entsprechende staatliche Handlungsmaxime ist „jenes Verteilungsprinzip, daß jeder Schicht oder Gruppe die *ihr zukommenden* Rechte einräumt".[35] Hatten die Männer bisher eine besonders gute Aussicht, eine qualifizierte Position zu erreichen, so kommt ihnen diese gerade nicht zu, da sie auf verfassungswidriger Geschlechterdiskriminierung beruht. Sie werden eine Verschlechterung dieser Chancen bei strikter Durchsetzung des Verfassungsauftrages aus Art. 3 Abs. 2 GG hinnehmen müssen.

Daher ziehen sich viele Gegner der Quotierung auf den nackten Wortlaut des Art. 3 Abs. 2 GG zurück, um dann mit mehr oder – meist – minder starkem Bedauern festzustellen: Dieser Wortlaut eben verbiete jede Anknüpfung an das Geschlecht.[36] Bemerkenswert an dieser Sensibilität ist, daß sie erst auftritt, seit es um das Merkmal „weiblich" geht. Solange die Entscheidungsfindung in der Regel zugunsten der Männer ausging, wurde dieses nie kritisiert.[37] Geschlechtsneutrale Gleichbehandlung, wie sie Männer bei der Stellenvergabe heute gern hätten, wird vom Bundesverfassungsgericht jedoch keineswegs gefordert. In mehreren Entscheidungen zur gesetzlichen Gleichstellung des nichtehelichen Kindes hat das Gericht ausgeführt: Der Gleichstellungsauftrag besage nicht, daß eine schematische rechtliche Gleichstellung von nichtehelichen und ehelichen Kindern herbeizuführen sei. Starr sei der Verfassungsauftrag lediglich im Hinblick auf das Ziel. Das Gleichstellungsziel könne den Gesetzgeber geradezu veranlassen, Sachverhalte ungleich zu regeln, die auf den ersten Blick gleich erschienen. Der gesetzliche Spielraum ende erst dort, wo für eine abweichende Regelung zugunsten des nichtehelichen Kindes ein – am Verfassungsauftrag gemessen – einleuchtender Grund fehle.[38] Namentlich die verschiedene Ausgangslage könne es rechtfertigen oder gar geboten erscheinen lassen, das nichteheliche Kind anders und günstiger zu behandeln als das eheliche.[39]

Dieser Gedanke ist nach nunmehr schon verbreiteter Literaturmeinung übertragbar auf die Gleichstellung von Männern und Frauen nach Art. 3 Abs. 2 GG[40], und das ohne jede Abstriche. Ziel des Art. 3 Abs. 2 GG ist es nach verschiedenen Entscheidungen des Bundesverfassungsgerichts, „für die Zukunft die Gleichberechtigung (Gleichwertigkeit) der Geschlechter durchzusetzen".[41] Ihre Durchsetzung fordert die aktive staatliche Intervention *zugunsten des jeweils benachteiligten* Geschlechts.[42] Demnach erfüllen sogar nur solche Gesetze das Gleichberechtigungsgebot, die in die vorhandene Ungleichbehandlung wirksam eingreifen, selbst und gerade dann, wenn sie – bis zur Erfüllung des Verfassungsauftrags – die Geschlechter ungleich behandeln.[43] Quotierungsregelungen wollen mit dem Ziel einer künftigen faktischen Gleichstellung der Frau nur sicherstellen, daß die bisher getroffenen Entscheidungen gegen Frauen sich nicht mehr in dieser Form fortsetzen.[44] Sie verstoßen damit keinesfalls gegen Art. 3 Abs. 2 GG.

An dieser Stelle wird von besorgten Männern eingewandt: Wenn auch verfassungskonform, so seien Quoten doch völlig unpraktikabel. Denn mit Blick auf das Sozialstaatsprinzip könnten auch zahllose andere diskriminierte Gruppen Quoten verlangen. Es werde eine Gesetzesflut ausgelöst, ein in seiner Größenordnung kaum absehbarer Durchsetzungsapparat müsse eingerichtet werden. Der öffentliche Dienst werde zu einem Quotierungspuzzle, versinke in unlösbaren Präferenzfragen.[45]

Dem ist entgegen zu halten, daß das Vorkommen zahlreicher diskriminierter Bevölkerungsgruppen ein schwerwiegendes Problem darstellt, welches kein gutes Licht auf die Praxis des Sozialstaates fallen läßt und dringend einer Lösung bedarf. Völlig unsinnig ist es jedoch, mit dem Hinweis auf die Vielzahl vorhandener Diskriminierungen verhindern zu wollen, daß mit ihrer Beseitigung begonnen wird. Mit dieser Methode kann jeder Ansatz sozialstaatlicher Reformpolitik ad absurdum geführt werden. Überdies sind Frauen nicht nur eine Gruppe, sondern die diskriminierte Mehrheit der Bevölkerung, die darüber hinaus im Einzelfall noch kumulativ an allen sonstigen gruppenspezifischen Diskriminierungen teilhat. Dem Sozialstaat stünde es daher gut an, den Grundgesetzauftrag zu ihren Gunsten zu vollziehen und vorrangig die geschlechtsspezifische Diskriminierung abzubauen!

2.3. Eignung kontra Geschlecht? Die Einstellungsvoraussetzungen des Art. 33 Abs. 2 GG

Das Gleichberechtigungsgebot des Art. 3 Abs. 2 GG entfaltet seine Wirkung bei Vergabe jeglicher Art von Arbeitsplätzen. Die hierzu entwickelten Grundsätze gelten daher auch für den Anwendungsbereich des Art. 33 Abs. 2 GG, der als lex specialis für die Arbeitsplatzvergabe im öffentlichen Dienst das Leistungskritierium zur vorrangigen Einstellungsvoraussetzung erhebt.

Im Hochschulbereich bietet sich dem Staat – und das sind aufgrund ihrer Kulturhoheit im wesentlichen die Länder – ein weites Feld eigener Zuständigkeit, um Diskriminierung abzubauen. Die Stellenvergabe in diesem Sektor steuert Art. 33 Abs. 2 GG, präzisiert durch die im wesentlichen gleichlautenden Beamtengesetze des Bundes und der Länder: „Jeder Deutsche hat nach seiner Eignung, Befähigung und fachlichen Leistung Zugang zu jedem öffentlichen Amte ohne Rücksicht auf Geschlecht, Abstammung, Rasse, Glauben, religiöse oder politische Anschauung, Herkunft oder Beziehungen“ (vgl. z.B. § 8 Hamburgisches Beamtengesetz). Das heißt, oberstes Prinzip jeder Einstellung ist der Leistungsgrundsatz (mögen auch gerade die Worte „politische Anschauung“ und „Beziehungen“ andere Assoziationen zur Einstellungspraxis in unserer Republik wachrufen). Im folgenden wird gezeigt, daß dieser Leistungsgrundsatz einer Quotenregelung nicht entgegensteht: Im Bereich der Nachwuchsförderung wird der Leistungsgrundsatz in allen drei Merkmalen grundlegend modifiziert. Bei Berufungen liefert die Quotenregelung eine Beurteilungsrichtlinie dafür, was unter dem Merkmal „Eignung“ beim Qualifikationsvergleich zwischen einer Frau und einem Mann zu berücksichtigen ist und was bei im übrigen vergleichbarem Qualifikationsprofil den Ausschlag zugunsten der Einstellung der Frau zu geben hat.

Die von der Hochschule betriebene Nachwuchsförderung vollzieht sich regelmäßig auf befristeten Angestellten- oder Hochschulassistentenstellen. Sie ist Mittel zur Sicherung des Lebensunterhalts ebenso wie zur Einübung in den Wissenschaftsprozeß und zum Erwerb weiterer Qualifikationen für eine spätere Berufsausübung.

Da die Beschäftigung im öffentlichen Dienst nicht der Hauptzweck dieser Arbeits- oder Dienstverhältnisse ist, sondern auf den sog. Qualifikationsstellen eine weitere Qualifikation erst erworben werden soll, ist eine Tätigkeit in diesem Bereich Ausbildung. Das gilt insbesondere deshalb, weil die Beschäftigung auf diesen Stellen nicht ausschließlich auf das Amt des/der Hochschullehrers/in vorbereitet – diese also kein „Eingangsamt" sind, auf das eine Beförderung zum/zur Hochschullehrer/in folgte –, sondern dem allgemeinen Qualifikationserwerb für wissenschaftliche Berufe innerhalb und außerhalb der Hochschule dient.[46]

Für den Ausbildungsbereich ist nach dem Ergebnis der Sachverständigenanhörung 1982[47] nicht erforderlich, daß die Quotierung erst nach Feststellung der Qualifikationsgleichheit zwischen Mann und Frau einsetzt. Der ansonsten zwingende Leistungsgrundsatz des Art. 33 Abs. 2 GG wird in diesem Fall durch den sozialstaatlichen Gleichstellungsauftrag aus Art. 3 Abs. 2 i.V. mit Art. 20 Abs. 1 GG abgemildert. Die Frau wird bereits bei hinreichender Qualifikation, wenn nämlich der erfolgreiche Abschluß der Qualifikationsphase aufgrund ihrer Fähigkeiten prognostiziert werden kann, eingestellt, solange die 50 %-Quote nicht ausgeschöpft ist, auch wenn qualifiziertere Männer sich neben ihr beworben haben. Dies rechtfertigt sich aus der besonderen strategischen Bedeutung, die der Ausbildungsbereich als Grundlage der Berufsausübung für jede staatliche Gleichstellungspolitik hat. Auf Berufungsverfahren läßt sich dieser Gedanke nicht übertragen, da es sich hier ausschließlich um Vergabe eines öffentlichen Amtes i.S. des Art. 33 Abs. 2 GG handelt und der Leistungsgrundsatz damit voll zur Anwendung kommen muß.

Der Leistungsgrundsatz erfüllt zwei Funktionen: Er gibt dem/der Bewerber/in die Chance, entsprechend den Einstellungsvoraussetzungen, wie sie in der Stellenausschreibung beschrieben sind, mit seiner/ihrer Bewerbung berücksichtigt zu werden; also juristisch gesprochen, ein subjektives Recht auf ordnungsgemäße Prüfung der Bewerbungsunterlagen. Das heißt, er/sie kann die Einhaltung des Verfahrens gerichtlich überprüfen lassen und, wenn sich nach den Verhältnissen des Einzelfalls jede andere Entscheidung als seine/ihre Einstellung als rechtswidrig erwiese, auf Einstellung, anderenfalls auf Wiederholung des fehlerhaften Auswahlverfahrens klagen. Objektiv hat der Grundsatz eine staatsorganisatorische Komponente und soll die vom Staat gesetzten Standards wahren und sachfremden Erwägungen bei der Aufnahme in den – jedenfalls nach der Vorstellung der Verfassung – auf Effizienz bedachten Beamtenapparat wehren.[48]

Inhaltlich zerfällt der Leistungsgrundsatz in drei sich in ihrer Begrifflichkeit teilweise überschneidende Aspekte, die mit den Rechtsbegriffen „Eignung", „Befähigung" und „fachliche Leistung" umrissen werden. „Befähigung" und „fachliche Leistung", die Qualifikationskriterien im engeren Sinne, beschreiben das allgemeine und fachliche Wissen und Können, wie es zum einen durch Prüfung[49] zum anderen durch praktische Tätigkeit und Bewährung[50] erworben wurde. Sie sind also relativ klar zu bestimmen, da sie sich an objektiven Gegebenheiten wie Prüfungs- und Dienstzeugnissen orientieren (wenn man einmal unterstellt, daß diese Zeugnisse etwas Objektives jedenfalls in dem sie verkörpernden Papier und damit in ihrer Wirkung sind). Das Merkmal „Eignung" gehört als umfassendster Gesichtspunkt in die Kategorie der Leistung.[51] Es erfaßt die ganze Persönlichkeit des/der Bewerbers/in über die rein fachlichen Aspekte wie Prüfungen und Zeugnisse hinaus, also die charakterlichen, gesundheitlichen und sonstigen persönlichkeitsbestimmenden Verhältnisse[52] und ist damit unwägbarer und subjektiver Einschätzung stärker unterworfen als die beiden anderen Qualifikationsmerkmale.

Allen drei Kriterien ist gemeinsam – und nur vor diesem Hintergrund werden sie konkret faßbar –, daß sie sich auf die in Aussicht genommene Stelle bzw. Tätigkeit beziehen müssen. Sie werden in unserem Zusammenhang durch die Vorschriften des Hochschulrechts über die Einstellungsvoraussetzungen von Professoren/innen, insbesondere §§ 44 ff. Hochschulrahmengesetz und in Hamburg §§ 14 ff. Hamburgisches Hochschulgesetz ergänzt. In einem Einstellungsverfahren sind alle Bewerber/innen auf jedes einzelne dieser Kriterien zu prüfen; danach ist die ermittelte Qualifikation der Kandidaten/innen gegeneinander abzuwägen.

Dabei kann die Kombination von Kriterien, die schließlich zur Feststellung gleicher oder besserer Qualifikation führt, verschieden sein.[53] Bewerber/innen können nämlich als gleich bewertet werden, ohne daß sie jedes der drei Merkmale in identischer Weise erfüllen müßten. Als gleich qualifiziert sind z.B. zwei Bewerber/innen zu betrachten, von denen eine/r bessere Examina aufzuweisen hat, der/die andere aber bessere dienstliche Beurteilungen, solange die Abweichungen nicht zu einer völligen Unvergleichbarkeit führen. Neben Unterschieden im Bereich der „Befähigung" und der „fachlichen Leistung" sind auch solche zwischen diesen Qualifikationsmerkmalen und der „Eignung" denkbar. Ein/e Bewerber/in kann besondere didaktische Fähigkeiten und Erfahrungen mitbringen, hat dafür aber schlechtere Prüfungsergebnisse vorzuweisen als ein/e in diesem Punkt besser ausgewiesene/r Bewerber/in. Diese Überlegenheit kann besonders bei Fachhochschulstellen zur Berufung führen, da nach dem jüngsten Urteil des BVerfG den „besonderen didaktischen Fähigkeiten" als Leistungsaspekt dort größeres Gewicht zukommt als an wissenschaftlichen Hochschulen, für die weniger die Aufbereitung wissenschaftlicher Erkenntnisse und Methoden im Vordergrund steht als die vertiefte wissenschaftliche Ausbildung[54], die nach Ansicht des Gerichts offenbar leichter zu vermitteln ist. In die Prüfung der Eignung dürfen also Bewertungsgesichtspunkte einfließen, die nicht abstrakt und generell gleiche Bedeutung beanspruchen, sondern in Bezug auf das jeweilige Amt konkret ermittelt werden können.[55]

Wenn sich zwei oder mehr Frauen und Männer um eine Stelle bewerben, gibt es zwei Fallgestaltungen:

– Die Männer und Frauen differieren eindeutig in ihrer Qualifikation, also nach Eignung, Befähigung und fachlicher Leistung. Dann fehlt der Quotenregelung der Anwendungsraum. Der oder die Qualifizierteste ist einzustellen.

– Die Männer und Frauen werden im Ergebnis nach ihrer Qualifikation gleich bewertet – mit welchem Realisierungsgrad hinsichtlich der einzelnen Qualifikationsmerkmale auch immer. Dann könnte jeder eingestellt werden. Hier setzt die Quotenforderung an.

Damit ist zwar die tatsächliche Grundlage der Quotenforderung klargestellt, nicht gelöst ist jedoch, wie verfassungskonform zu entscheiden ist, wenn mehrere gleichqualifizierte Bewerber/innen um eine Stelle konkurrieren. Noch einmal: Die herrschende Meinung geht davon aus, daß Art. 33 Abs. 2 GG die „Zugangsgleichheit nicht nur positiv normiert, sondern zugleich die Kriterien verbindlich festlegt, nach denen die Frage ‚gleich – nicht gleich' entschieden werden soll", nämlich „Eignung, Befähigung und fachliche Leistung", die nicht um Aspekte erweitert werden dürfen, die Gleich- oder Vorrang vor der Leistungstrias beanspruchen.[56] Hat die Qualifikationsprüfung Unterschiede im Verhältnis zwischen den Bewerber/innen nicht ergeben, so sollen weitere Kriterien den Ausschlag geben, die als „echte Ergänzung, nicht als Ersatz oder Korrektiv der Qualifikationskriterien fungieren"[57], etwa die „Dauer der Betriebszugehörigkeit" oder die „soziale Situation"[58] oder noch weitergehend „andere sachliche Erwägungen".[59] Bezogen auf den verpönten Gesichtspunkt Geschlecht läßt sich auch so formulieren: Die Ungleichbehandlung darf – nach Feststellung der Qualifikation – nicht *lediglich wegen* des Geschlechts erfolgen.[60] Es sind also weitere leistungsbezogene Auswahlerwägungen über die Tatsache der Geschlechtszugehörigkeit hinaus erforderlich.

Die von der Literatur angeführten Hilfskriterien erweisen sich bei näherer Betrachtung jedoch zur Einbindung der Quotenregelung in den Leistungsgrundsatz nicht als tragfähig. Die „anderen sachlichen Erwägungen" sind als Zusatzkriterium ebenso unbestimmt wie ungeeignet, Entscheidungsmaßstäbe zu objektivieren und offenzulegen; sie bedürfen selbst wiederum der Konkretisierung und der Interpretation. Subsumiert man die Quotenregelung unter „soziale Gesichtspunkte", wird das Geschlecht in fataler Weise neben einzelne oder Gruppen von Sozialfällen gerückt, wie der häufige Hinweis auf die Vergleichbarkeit von Regelungen für Schwerbeschädigte bestätigt. Zudem dient diese Merkmalskategorie erfahrungsgemäß als Einfallstor emanzipationsfeindlicher gesellschaftlicher Vorurteile, wie die in unserer Gesellschaft obsolet gewordene Vorstellung, der Mann sei der Ernährer einer Großfamilie. Die Stelle, an der das Merkmal „Dauer der Betriebszugehörigkeit" geprüft wird, läßt allerdings einen für die Quotenfrage hilfreichen Parallelschluß zu: Soweit darauf nämlich erst im Anschluß an die Qualifikationsprüfung – wie auf die „anderen sachlichen Erwägungen" im übrigen auch – eingegangen wird, macht dies offenbar, daß das Merkmal „Eignung" noch nicht erschöpfend analysiert wurde. Als damit verbundene größere Erfahrung hat die Dauer der Betriebszugehörigkeit nämlich in den Leistungsvergleich einzugehen.[61] Dieser Zusammenhang bedarf also gründlicher Untersuchung, bevor nach außerhalb des Leistungsgrundsatzes liegenden Ergänzungen gesucht werden kann.

Eine Kategorie durchaus sachbezogener und in unserem Zusammenhang wesentlicher Erwägungen zeigt sich an dem Beispiel Gamillschegs aus dem vorherigen Abschnitt, das nur vordergründig sexistisch erscheint. Hinter der Feststellung, in die obere Etage einer Behörde gehörten auch Frauen, verbirgt sich ein innerhalb der „Eignung" zu prüfendes Sachargument. In einer vom Bundesinnenministerium in Auftrag gegebenen Studie wird die Hypothese gewagt, die bürokratische Entfremdung durch (vornehmlich Männern anerzogene) Objektbezogenheit habe in der öffentlichen Verwaltung allgemein zu einem Defizit an Bürgernähe und zu einer Betonung hierarchischer Strukturen geführt. Um diesen Mangel aufzuheben, sei „auf die Repräsentation der Bedürfnisse durch das Beamtentum ‚zurückzugreifen' ... genau an diesem Punkt liegt die Nahtstelle zwischen der Gleichberechtigungsproblematik und der vielfach kritisierten ‚Bedürfnisferne' der Verwaltung. Denn zum Ausgleich dieses Defizits wird gerade die Frau im öffentlichen Dienst als Frau – in ihrer matristischen Person- und Bedürfnisbezogenheit – benötigt".[62]

Der Grundgedanke dieser Überlegungen läßt sich auf den Bereich von Forschung und Lehre zwanglos übertragen, der auch nach der Hochschulreform von männlichem Hierarchiedenken geprägt ist. Gerade Frauen empfinden die Wissensvermittlung an den Hochschulen häufig als Einwegkommunikation in einem Positionswettstreit, der die Relevanz des Vermittelten verschwimmen läßt.[63] Zudem tendiert Wissenschaft, ausschließlich von Männern betrieben, leicht dazu, nur die geschlechtsspezifische Sicht von Männern wiederzuspiegeln. Der Mann wird – unbenannt und unhinterfragt – zum Bezugspunkt und Maßstab wissenschaftlicher Theoriebildung. Frauenspezifik kommt in dieser Wissenschaft nicht vor oder wird als normabweichende Besonderheit klassifiziert.[64] Derartige Defizite zeigt beispielsweise der Beitrag von Helga Milz in diesem Jahrbuch zum Bereich des Arbeitsbewußtseins auf. Erst das gleichberechtigte Nebeneinander wechselseitig zu tolerierender Denk- und Forschungsansätze von Männern und Frauen in der Hochschule bliebe nicht ohne Auswirkungen auf die Lehr- und Forschungsinhalte sowie das teilnehmende Studierverhalten der Studenten/innen und eröffnete in neuen interdisziplinären Theorieansätzen auch Handlungspielräume für Frauen.[65] Akzeptanz des weiblichen Geschlechts ist dementsprechend erst durch die tägliche Erfahrbarkeit von Frauen in einem Arbeitszusammenhang möglich, der auf gleichen Zugangsvoraussetzungen und Arbeitsbedingungen für alle daran Beteiligten beruht. Dazu gehört zunächst, daß Frauen überhaupt wahrgenommen werden können, also physisch präsent sind. Dabei – wie auch für Männer in anderem Kontext, z.B. Kindererziehung in öffentlichen Einrichtungen – reicht die Berücksichtigung unterhalb ihres Anteils an der Gesamtbevölkerung nicht aus. Denn nur die zahlenmäßige Gleichverteilung begründet auch die Vermutung für die inhaltliche Gleichwertigkeit der von Frauen geleisteten Arbeit und macht diese Äquivalenzbeziehung nachvollziehbar. Am Arbeitsplatz Hochschule heißt dies für Frauen, daß Respekt vor ihrer Arbeitsleistung ihnen die Möglichkeit zur Identifikation mit der anerkannten Leistung schafft. Für Studenten und Studentinnen ist die Erfahrung, Frauen auch auf der Seite der Lehrenden und Forschenden zu erleben, von nicht zu unterschätzender Bedeutung. Beide lernen, Rollenklischees zu relativieren; Frauen steigern ihre Studienmotivation bis hin zur Entwicklung eigener Berufsperspektiven im Wissenschaftsbereich: Der Diskriminierungszirkel wird durchbrochen. Weiblichkeit als eigenständiger Inhalt – schon in der formalen Variante des bloßen Vorhandenseins qualifizierter und qualifiziert tätiger Frauen – wird damit zum notwendigen Korrelat eines bisher männlich geprägten Tätigkeitsfeldes. Dies gilt selbst dann, wenn die weit darüber hinausgehende Erwartung, die paritätische Beteiligung von Frauen werde die Wissenschaft grundlegend wandeln und zu neuen Theoriebildungen und Ergebnissen führen, sich nicht erfüllen sollte.

Aus dem so beschriebenden Eignungskriterium lassen sich im Rahmen des Art. 33 Abs. 2 GG die folgenden drei Einstellungskonstellationen entwickeln von denen die erste völlig unumstritten ist[66]:

(1) Zur Erfüllung der vorgesehenen Aufgabe ist ein weiblicher Arbeitnehmer unverzichtbar (z. B. Kriminalkommissarin für entsprechende Aufgabenbereiche, Schauspielerin für bestimmte Rollen).

(2) Die Stellenbeschreibung verlangt spezifische Fähigkeiten oder Erfahrungen, über die Frauen in besonderem Maße verfügen, ohne daß damit an Rollenklischees angeknüpft würde (z. B. Betroffenheit als Voraussetzung für die Entwicklung neuer Forschungsansätze, Haushaltserfahrung für den Ökotrophologieunterricht).

(3) In bestimmten Bereichen des Arbeitslebens wird Weiblichkeit als Korrelat zu einseitig vertretenen männlichen Sichtweisen erforderlich (der Normalfall von Unterrepräsentanz eines Geschlechts in bestimmten Berufs- und Besoldungs/Vergütungsgruppen).

Die Alternativen (2) und (3) sind Fortführung der ersten. Es wird nicht unmittelbar an das biologische Geschlecht angeknüpft, sondern an die Qualifikationen und Erfahrungen, die die Gesellschaft bisher vorrangig geschlechtsspezifisch vermittelt hat und denen auf der Seite der zu besetzenden Stelle spezifische Anforderungen entsprechen. Rechtlich verstoßen alle drei Einstellungskonstellationen nicht gegen das Differenzierungsverbot des Art. 33 Abs. 2 (oder auch Art. 3 Abs. 3) GG. Denn sie knüpfen nicht an die Person der Frau als Angehörige des weiblichen Geschlechts an, sondern an die von der Frau zu erfüllende Funktion, wie sie im Berufungsverfahren auf die zu besetzende Stelle zu beziehen und von daher zu begründen ist.

Da „Eignung", wie dargetan, Teil des Leistungsgrundsatzes ist, dem gleiche Bedeutung zukommt wie der „Befähigung" und der „fachlichen Leistung", wird die Formel gleicher Qualifikation des Art. 33 Abs. 2 GG durch die gebildeten Fallkonstellationen nicht verletzt. Die Quotenregelung als Umsetzungsmaßnahme der sozialstaatlichen Gleichstellungsverpflichtung aus Art. 3 Abs. 2 i.V.m. Art. 20 Abs. 1 GG greift mit ihrem numerischen Kriterium in die im übrigen rein inhaltlich bestimmten Einstellungsgrundsätze der Art. 33 Abs. 2 GG über das Merkmal „Eignung" hinein: Frauen dürfen ihre besonderen Eigenarten maximal bis zur Hälfte in den gesamtgesellschaftlichen Kontext einbringen, ohne die gleichwertigen Eigenarten der Männer zu beschränken.

2.4. Art. 5 Abs. 3 GG – Schutzschild männlicher Selbstrekrutierung an den Hochschulen?

Die Einstellungsvoraussetzungen für Professoren/innen sind bundeseinheitlich im Hochschulrahmengesetz (§§ 44, 45) geregelt. Die Länder haben sie in ihren Hochschulgesetzen ausgefüllt, ergänzt durch Berufungsordnungen oder -grundsätze einzelner Hochschulen. Berufungen sind dadurch weitgehend formalisiert und unterliegen einem genau vorgeschriebenen Verfahren. Dieses sieht, vereinfacht dargestellt, folgende Schritte vor: Stellenausschreibung, Einsetzung einer Berufungskommission, Auswahl der Bewerber/innen nach formalen Einstellungsvoraussetzungen, fachlicher Qualifikation und Eignung für die ausgeschriebene Stelle, Anhörungsverfahren, Aufstellung einer Berufungsliste mit begründeter Rangfolge durch die Berufungskommission, Abstimmung in den Hochschulgremien, Vorlage des Berufungsvorschlags bei der staatlichen Hochschulverwaltung sowie Prüfung der übrigen, nicht qualifikationsgebundenen Einstellungsvoraussetzungen und Berufung durch den Staat.

Verfassungsrechtlich stellt sich bei Berufungsverfahren die Frage, inwieweit sich die Autonomie der Hochschule gem. Art. 5 Abs. 3 GG als Schutzschild erweist, hinter welchem sich die etablierte Männergesellschaft ungestört selbstrekrutieren konnte und kann. Im Berufungsverfahren haben Hochschule und Staat in der Weise zusammenzuwirken (§ 45, Abs. 2 Satz 1 i.V. mit § 60 Hochschulrahmengesetz), daß sie als gleichberechtigte Partner an dem Berufungsakt beteiligt sind, „um in wechselseitiger Korrektur dessen größtmögliche Sachrichtigkeit zu erzielen".[67] Das Hochschulurteil des Bundesverfassungsgerichts[68] nimmt zum Berufungsverfahren nicht ausdrücklich Stellung und differenziert nicht hinsichtlich der Anteile von Staat und Hochschule, sondern betont lediglich die Bedeutung der Wissenschaftsfreiheit für die Berufung von Hochschullehrern/innen. Wesentliche Verpflichtung des Staates sei nämlich, „funktionsfähige Institutionen für einen freien Wissenschaftsbetrieb" bereitzustellen; zentrale Aufgabe der Hochschule sei „neben der Pflege der reinen Wissenschaft" ihre Funktion „als Ausbildungsstätte für bestimmte Berufe".[69] Demzufolge steht als Kernbereich ihres Mitwirkungsrechts bei Berufungen der Hochschule die alleinige Entscheidung über die *fachliche Qualifikation* der Bewerber/innen zu.[70] Die im Berufungsvorschlag der Hochschule enthaltene Rangfolge ist dagegen für die staatliche Hochschulverwaltung nicht bindend. Ein staatlicher Eingriff aus wichtigem Grund – auch zugunsten einer Frau! – ist zulässig.[71] Denn das eigenständige Prüfungsrecht des Staates bezieht sich auf *alle sachlichen, insbesondere auch dienstrechtlichen Gründe*, soweit sie nicht die fachliche Qualifikation betreffen, sowie das Verfassungsgebot, eine funktionsfähige Institution zu gewährleisten. Der Grundsatz des „universitätsfreundlichen Verhaltens" bei strittigen Entscheidungen[72] gebietet dem Staat allerdings Zurückhaltung. So hat er kein Recht, etwa durch Nichtbesetzung der ausgeschriebenen Stelle Druck auf die Hochschule dahin auszuüben, daß ein unerwünschter Berufungsvorschlag durch einen neuen ersetzt wird. Wie sich diese Grundsätze auf die verschiedenen Abschnitte des Berufungsverfahrens auswirken, ist im Hinblick auf die Quotenforderung näher zu betrachten.

Nach § 45 Abs. 2 Satz 1 Hochschulrahmengesetz – und den entsprechenden landesgesetzlichen Regelungen – werden Professoren/innen auf Vorschlag der Hochschule vom Staat berufen. § 44 Abs. 1 Hochschulrahmengesetz regelt die Voraussetzungen im einzelnen. Die Qualifikationsprüfung der Hochschule, die aufgrund des bei ihr versammelten wissenschaftlichen Sachverstandes ihr allein zusteht, umfaßt die formalen Voraussetzungen – Studienabschluß, Promotion, Habilitation –, die Erfahrung in Lehre und Ausbildung, also die pädagogische Eignung, und die besonderen Anforderungen der Stelle. Daneben hat der Staat die allgemeinen dienstrechtlichen Voraussetzungen zu prüfen. In beiden Komponenten finden sich die Begriffe Eignung, Befähigung und fachliche Leistung des Art. 33 Abs. 2 GG wieder. Unterliegen die formalen Prüfungserfordernisse und die pädagogische Eignung auch subjektiver Wertung, also juristisch ausgedrückt, als unbestimmte Rechtsbegriffe einem Beurteilungsspielraum[73], so ist ihr Inhalt nach Art. 33 Abs. 2 GG doch konturiert, insoweit sie Befähigung und fachliche Leistung bezeichnen. Hier besteht für eine Quotenregelung kein Raum, da sie die Erfüllung dieser Leistungskriterien gerade voraussetzt. Ebenso subjektiver Einschätzung unterworfen ist das Kriterium der Eignung im umfassenden Sinne, dem im Berufungsverfahren im Hochschulbereich die Anforderungen der zu besetzenden Stelle und im Zuständigkeitsbereich des Staats korrespondierende dienstrechtliche Voraussetzungen entsprechen. Hochschule wie Staat können hier also, solange eine Männerberufung immer noch der Normalfall, die absolute Ausnahme die Berufung einer Frau ist, ihren Beurteilungsspielraum durch Quotenregelung einschränken. Als kompensierende Maßnahme bietet sich an, daß sowohl die Hochschule ihre Berufungsrichtlinien so ergänzt, daß dem Geschlecht bereits bei der Prüfung der Eignung für eine Stelle Rechnung getragen wird, als auch, daß der Staat seinerseits Richtlinien zugunsten der Frauen im öffentlichen Dienst erläßt, um intervenieren zu können.

Die Durchführung ist solange unproblematisch, wie sich die Hochschule an ihre eigene Regelung hält und die qualifizierte Frau auf Platz eins der Liste setzt. An diesen Vorschlag fühlt sich der Staat in der Regel gebunden. Aufgrund des Prinzips des hochschulfreundlichen Verhaltens darf er nur in begründeten Fällen davon abweichen. Dies steht z.B. nach § 13 Abs. 2 Satz 2 Hamburgisches Hochschulgesetz in seinem Ermessen, wenn die Hochschule nicht mit einer 2/3-Mehrheit an ihrem Vorschlag festhält. Hätte er sich selbst durch eine Quotenregelung gebunden, wäre ein solches Eingreifen zu Lasten einer Frau nur schwer möglich. Verführe er dennoch so, und ergäbe die Nachprüfung, daß die Hochschule die Frau ohne Entscheidungsmangel auf Platz 1 der Liste gesetzt hat und daß die dienstrechtlichen Voraussetzungen erfüllt sind, so müßte sie sogar eingestellt werden.

Problematischer ist der Fall, daß sich die Hochschule an ihre eigenen Regelungen nicht hält und statt der qualifizierten Frau nur Männer berücksichtigt. § 13 Abs. 2 Satz 2 1. Alt. Hamburgisches Hochschulgesetz sieht zwar vor, daß nach Anhörung der Hochschule auch eine nicht vorgeschlagene Person von der staatlichen Verwaltung berufen werden kann. Ob ein solcher Oktroi mit der Hochschulautonomie und der besonderen Prüfungskompetenz der Hochschule hinsichtlich der wissenschaftlichen Qualifikation der Bewerber/innen nach Art. 5 Abs. 3 GG vereinbar ist, ist jedoch heftig umstritten.[74] Im Interesse eines positiven Zusammenwirkens mit der Hochschule wird der Staat hiervon auch praktisch ungern Gebrauch machen. Hat er aber eine eigene Quotenregelung erlassen, so ist diese Teil des staatlichen Dienstrechtes und er braucht aus diesem Grund den vorgeschlagenen Mann nicht zu berufen. Vielmehr kann er verlangen, daß die Hochschule diese dienstrechtlichen Gründe respektiert und eine neue Bewerberliste vorlegt. Soweit die Hochschule selbst eine Quotenregelung für ihren Bereich erlassen hat, kann er sie im Wege der Rechtsaufsicht überdies mit dem gleichen Ergebnis veranlassen, ihre eigenen Normen einzuhalten. Hat eine Frau einen Listenplatz, aber nicht den ersten, erreicht, so kann der Staat aufgrund seiner eigenen Bindung an eine Quotenregelung ebenso wie bei Vorliegen einer Hochschulregelung die Frau, die ja bereits für listenfähig befunden wurde, auch berufen (§ 13 Abs. 2 Satz 2 2. Alt. Hamburgisches Hochschulgesetz).

Diese Fallkonstellationen zeigen, daß erst eine zweiseitige Bindung an eine Quotenregelung die Rechte der qualifizierten Frau sichert. Die gemeinsame Verpflichtung von Hochschule und Staat, *pluralistische* Wissenschaft und Forschung in einer funktionsfähigen Institution zu ermöglichen, wird also bei der Ergänzung des Lehrkörpers erst garantiert, wenn in jedem Abschnitt des Berufungsverfahrens gegenseitige Kontrolle Diskriminierungen ausschließt. Erst die Selbstbindung beider Partner verwirklicht im Rahmen ihres verfassungsrechtlichen gebotenen Zusammenwirkens neben größtmöglicher Sachrichtigkeit auch mehr Gerechtigkeit und läßt hoffen, daß Männer und Frauen an dem gesellschaftlich wichtigen Feld von Lehre und Forschung künftig in gleicher Weise teilhaben.

3. Bedrohung der Männerwelt? Erfahrungen mit Quotierungsversuchen

Wie ungleich die Wettbewerbsvoraussetzungen für Frauen und Männer in der Wissenschaft schon vom Grundsätzlichen her sind, zeigt folgender Vergleich: Wissenschaftlerinnen leisten als Freundinnen, Ehefrauen und Mütter zusätzlich zu ihrem Beruf einen erheblichen Anteil an der gesellschaftlichen Reproduktionsarbeit – und dieses nicht erst mit der Geburt eines Kindes. Der konkurrierende Mann hingegen kann neben seiner eigenen Arbeitsleistung diese Reproduktionsleistung der Frau ins Feld führen. Die um die Fürsorge für Mann und evtl. Kinder reduzierte Arbeitskraft der Frau konkurriert also mit der um die Fürsorge „seiner" Frau erweiterten Arbeitskraft des Mannes.[75] Die auch von erfolgreichen Frauen oft bestätigte Behauptung, Frauen hätten mehr zu leisten als Männer, um dieselbe Position zu erreichen[76], hat also neben den Vorurteilen gegenüber Wissenschaftlerinnen eine reale Basis.

Wenn es trotz dieser widrigen Umstände einer Frau gelingt, Anerkennung in der Fachwelt zu erlangen, wird es für sie schwer sein, vor der Bewerbung die erforderlichen Kontakte und Beziehungen zu knüpfen. Denn sie ist in der Regel untergeordneter, nicht gleichberechtigter Bestandteil eingeführter wissenschaftlicher Seilschaften. Cheryl Benard und Edit Schlaffer[77] vergleichen diese Situation von Wissenschaftlerinnen treffend „mit dem irrtümlichen Hereinstolpern in eine Herrensauna". Da es angesichts einer Flut von wissenschaftlichen Arbeiten auch der Beziehungen bedarf, um in respektablen Zeitschriften und Verlagen gedruckt zu werden, wirkt mangelnde Protektion auch auf die formale Qualifikation zurück.

Gelegentlich scheuen sich Männer sogar nicht, selbst die nachgewiesene Qualifikation der Frau durch Entscheid in geheimer Abstimmung oder durch Gerüchte zu konterkarieren: In Dortmund wurden einer habilitierten Frau, deren Qualifikation zwei Gutachter und der Übernahmeausschuß einstimmig bestätigt hatten, durch die Professorenmehrheit im Abteilungsrat die Übernahme auch unter Qualifikationsgesichtspunkten verweigert; in Süddeutschland wurde einer habilitierten Frau die Lehrbefugnis nicht erteilt und auf Nachfrage ihrer Kolleginnen erklärt, es handele sich in solchen Fällen um „Notschlachtungen" oder „Gefälligkeitshabilitationen".[78]

Eine weitere Möglichkeit, unerwünschte Kandidatinnen zu verhindern, besteht darin, den zeitlichen Ablauf des Verfahrens zu beeinflussen. So wurde in einem berliner Fall ein Berufungsverfahren solange hinausgezögert, bis der männliche Bewerber auf Listenplatz 1 seine Habilitation abgeschlossen hatte und damit Einwendungen gegen seine formale Qualifikation ausräumen konnte; die zweitplazierte Frau ging leer aus.[79] Rechtswidrig ist dagegen sicher, wenn der Vorsitzende einer Berufungskommission gleich in der ersten Sitzung um Konsens zu dem Vorschlag bittet, alle Bewerbungen von Frauen von vornherein auszuschließen.[80] Praktiziert wird selbst dieses.

Diesem Verhalten der Hochschule kann auf seiten des Staates eine ebenso zweifelhafte Praxis entsprechen. So wurden in Frankfurt und Berlin ausgeschriebene Professuren gestrichen oder zurückgestuft, nachdem Frauen auf Listenplatz eins gesetzt worden waren oder inhaltlich die Wahrnehmung der Stelle an eine Bewerberin gebunden wurde (z.B. Frauenforschung als Sonderbereich einer ausgeschriebenen Soziologieprofessur).[81] Selbst die radikalste Quotenregelung dürfte diese Nachteile nicht ausgleichen, sondern nur in ihren Auswirkungen abmildern. Zurückhaltung ist deshalb innerhalb des gesetzlichen Rahmens nicht angebracht. Dennoch sind die wenigen bisher existierenden Quotierungsversuche als eher vorsichtig konzipiert einzustufen.

3.1. Quotierung in der Hochschule: Der Beschluß des Akademischen Senats der Freien Universität Berlin 1980

Die Freie Universität Berlin war die erste Hochschule, an der es gelang, nach einer mehrstündigen Debatte am 2.7.1980 im Akademischen Senat eine Frauenförderungsrichtlinie zu verabschieden[82], die auch Quotierungselemente enthält. Die entscheidenden Beschlußpassagen lauten:

> „Der Akademische Senat fordert die Fachbereiche/Zentralinstitute auf, ... vor allem bei Stellenbesetzungen und der Mittelverteilung Wissenschaftlerinnen besonders zu fördern, um zukünftig nach Möglichkeit (mindestens) die Hälfte der jährlich freiwerdenden bzw. neu hinzukommenden Stellen mit Wissenschaftlerinnen zu besetzen."
>
> „Der Akademische Senat fordert die Fachbereiche und Zentralinstitute auf, bei Stellenausschreibungen für wissenschaftliches Personal die Bewerbung von Frauen unter Hinweis auf diesen Beschluß ... im Ausschreibungstext ausdrücklich anzuregen und ihnen dabei den unter rechtlichen Aspekten möglichen Vorrang einzuräumen."
>
> „In den Berufungs- und sonstigen Personalauswahlkommissionen sind Frauen stets zu beteiligen."

Nach drei Jahren praktischer Erfahrung stellt sich die Frage, ob dieser Beschluß die Lage der Frauen verbessert hat und es sinnvoll ist, diesen Ansatz auch in anderen Hochschulen weiterzuverfolgen.

Eine grundlegende Strukturschwäche ist, daß der Akademische Senat selbst nicht das Gremium ist, in dem Personalentscheidungen getroffen werden. Dieses sind vielmehr die Fachbereiche und Zentralinstitute. Daher ist der Beschluß gerade in den hier interessierenden Punkten lediglich als Aufforderung an diese Entscheidungsgremien gefaßt. Einziges formelles Druckmittel ist die unter Nr. 2 für Fachbereiche und Zentralinstitute festgelegte Pflicht, dem Akademischen Senat einen jährlichen „Bericht über den Anteil von Frauen am wissenschaftlichen Personal in ihrem Bereich und über ihre Bemühungen zur Erhöhung dieses Anteils vorzulegen, in dem auch der Auswahlmodus bei Stellenbesetzungen dargelegt wird." Laut Auskunft der Zentraleinrichtung zur Förderung von Frauenstudien und Frauenforschung an der FU Berlin kommen von über zwanzig Fachbereichen etwa acht freiwillig oder nach Aufforderung dieser Berichtspflicht nach. Die Berichtsbereitschaft sei abhängig von der Einstellung des Fachbereichsprechers, der Höhe des Wissenschaftlerinnenanteils im Fachbereich und insbesondere davon, ob die Mitarbeiterinnen aus der Fachbereichsverwaltung, die die kontinuierlichsten Informationen haben, für die Einhaltung dieser Empfehlung gewonnen werden könnten.

Die Ausschreibungstexte der FU Berlin enthalten regelmäßig den Zusatz: „Die Freie Universität ist bemüht, Wissenschaftlerinnen besonders zu fördern und strebt eine Erhöhung des Anteils von Frauen am wissenschaftlichen Personal an". In Ausnahmefällen ist es darüber hinaus gelungen, die Stellenbeschreibung selbst mit einem Frauenforschungsbezug zu versehen. So suchte der Fachbereich Politische Wissenschaft – Institut für Grundlagen der Politik – einen/e wissenschaftlichen/e Mitarbeiter/in mit dem Aufgabengebiet: „Lehre und Forschung im Bereich der deutschen Sozialgeschichte des 19. und 20. Jahrhunderts unter Berücksichtigung der Rolle der Frau in Gesellschaft und Politik ...".[83] Solche gezielten Aufgabenbeschreibungen sind besonders hilfreich, weil sie bei der Prüfung der fachlichen Qualifikation die Chancen von Wissenschaftlerinnen (und Wissenschaftlern) verbessern, die sich gezielt mit Frauenforschung befaßt haben, und zugleich die Integration dieser Inhalte in den regulären Lehr- und Forschungsbetrieb absichern helfen.

Die Besetzung der Berufungskommissionen bereitet einige Schwierigkeiten, wenn die betreffende Einrichtung keine Wissenschaftlerinnen beschäftigt. Eine an sich zulässige Kooptation von fachverwandten, aber institutsfremden Frauen in Berufungsausschüsse hat die Zentraleinsrichtung bisher noch nirgends durchsetzen können.

Die Gretchenfrage bei der Bewertung eines solchen Beschlusses ist jedoch, ob er tatsächlich zur Verstärkung der Frauenrepräsentanz im Wissenschaftsbereich beigetragen hat. Diese Frage läßt sich in letzter Konsequenz für Berlin nur schwer beantworten, da dort wie auch anderswo derzeit keine neuen Stellen geschaffen und freiwerdende Stellen häufig statt ausgeschrieben gestrichen werden. Dennoch ist die Zentralstelle der Ansicht, daß sich der Beschluß zumindest dort tendenziell positiv auswirkt, wo das politische Klima an der FU liberal/emanzipatorisch ist und vor allem wo engagierte Frauen schon tätig sind. Vorhandene Ressentiments – und diese sind zahlreich –, würden nach dem Beschluß offener ausgetragen und dadurch zumindest kenntlich und angreifbar gemacht. Der Frauenanteil an den Bewerbungen ist nach Beobachtungen der Zentraleinrichtung in den letzten Jahren an der FU deutlich gestiegen. Dafür dürften allerdings neben dem veränderten Ausschreibungstext auch andere Faktoren verantwortlich sein, z.B. der stärkere Druck der Arbeitsämter auf die Eigenaktivität der Arbeitsuchenden und das allgemein gesteigerte Selbstbewußtsein von Frauen.

Die Ablehnung qualifizierter Frauen ist durch den Beschluß erschwert worden, da mit einer aufmerksameren Öffentlichkeit gerechnet werden muß. Soweit es um Mittelbaustellen geht, kann Berlin sogar auf Besetzungserfolge verweisen. Bei Professuren gelang es seitdem zwar häufiger, Frauen auf den 1. Listenplatz zu setzen, die eigentlichen Berufungen stehen jedoch noch aus. Sparbeschlüsse und Verfahrensmängel werden hier in signifikanter Häufung von den männlich dominierten Entscheidungsgremien innerhalb und vor allem außerhalb der Hochschule angeführt. Der Verdacht der versteckten, aber systematischen Diskriminierung weiblicher Bewerberinnen drängt sich hier wieder auf.[84]

Ein Selbstgänger ist die Quotierungsforderung also auch nach der institutionellen Verankerung in Berlin keineswegs, eher ein erster Ansatz zur Verstärkung der Frauenrepräsentanz. Die Durchsetzungschancen würden deutlich verbessert, wenn auch die staatliche Wissenschaftsverwaltung diesem Gleichstellungsansatz positiv begegnen oder ihm wenigstens nicht – wie in Berlin – entgegenarbeiten würde.

3.2. Quotierung im öffentlichen Dienst: Die Richtlinie des Senats der Freien und Hansestadt Hamburg 1984

Der Politische Senat der Freien und Hansestadt Hamburg hat am 7. Dezember 1982 eine Richtlinie „Zur Förderung von Frauen im öffentlichen Dienst der Freien und Hansestadt Hamburg“ beschlossen, die auch Quotierungselemente enthält. Sie ist zum 1. Januar 1984 in Kraft getreten. Inhaltlich lautet sie in den hier interessierenden Passagen:

> „8. Bei der Besetzung von höherwertigen Stellen sind Frauen – bei gleicher Qualifikation wie ihre männlichen Mitbewerber – in jeder Dienststelle so zu berücksichtigen, daß sie in allen Besoldungs-, Vergütungs- und Lohngruppen entsprechend ihrem Anteil an der jeweiligen Funktionsgruppe vertreten sind. Bei Feststellung des Vorliegens der Voraussetzungen nach Satz 1 bleibt das Mitbestimmungsrecht der Personalräte unberührt.
> 9. Bei Neu-Einstellungen sind weibliche Bewerber bei gleicher Qualifikation wie ihre männlichen Mitbewerber in jeder Dienststelle in allen Besoldungs-, Vergütungs- und Lohngruppen so zu berücksichtigen, daß die Überrepräsentation von Männern abgebaut wird. Bei Feststellung des Vorliegens der Voraussetzungen nach Satz 1 bleibt das Mitbestimmungsrecht der Personalräte unberührt.
> 10. Stellenausschreibungen für bislang ‚typisch männliche‘ Berufsfelder sind so zu gestalten, daß auch Frauen ausdrücklich davon angesprochen werden.“

Verglichen mit der Berliner Regelung ist die Hamburger Richtlinie für die Formulierung der Stellenausschreibung enger, da sie sich nur auf typisch männliche Berufsfelder bezieht. Auch bei Beförderungen, die allerdings im wissenschaftlichen Bereich der Hochschule kaum vorkommen, bleibt sie hinter der Berliner Regelung zurück, da keine Geschlechterparität, sondern nur eine gleichmäßige Repräsentanz der Geschlechter auf allen Stufen der Hierarchie angestrebt wird. Andererseits geht die Hamburger Regelung weiter, weil nicht nur fünfzig Prozent der zu besetzenden Stellen, sondern theoretisch alle freiwerdenden oder neu geschaffenen Stellen für die Gleichstellung zur Verfügung stehen.

Insgesamt betrachtet ist die Hamburger Initiative jedenfalls ein sinnvoller Ansatz, der im Hochschulbereich aufgrund dessen institutioneller Eigenständigkeit und der Implikationen des Art. 5 Abs. 3 GG nur dann Wirkung zeigen wird, wenn die Hochschulgremien selbst sich ebenfalls durch entsprechende Beschlüsse binden. In der Fachhochschule Hamburg ist dieses im Sommersemester 1984 erfolgt.[85]

4. Quotierung ohne Frauensolidarität ändert nichts!

Jede Regelung, die sich zum Ziel setzt, den Frauenanteil am Lehr- und Forschungspersonal der Hochschulen zu erhöhen, wird nur dann erfolgreich sein, wenn über die papierene Festlegung hinaus Frauen untereinander Solidarität üben. Es versteht sich von selbst, daß in der Praxis auch Frauen an der Hochschule in ihre allgemeinen Vorstellungen von Hochschul- und Gesellschaftspolitik eingebunden sind und nicht nur frauenpolitische Erwägungen entscheiden lassen. Ebenso wie Männer führt die Beschäftigungssituation an den Hochschulen Frauen zu erbittertem Konkurrenzverhalten auch gegenüber Frauen.[86] Wie die gravierenden frauenpolitisch wie persönlich geprägten Konflikte in vielen Frauenprojekten andeuten, reicht die gemeinsam erlittene Benachteiligung als Grundlage solidarischen Handelns offenbar nicht aus. Dennoch werden die Probleme der Frau im Hochschulbereich allein durch Festhalten an einer Forderung gelöst:

Mehr Frauen in Forschung und Lehre!

Nur so können Frauen auf breiter Basis beginnen, durch Solidarität die ihnen zukommenden Positionen zu erwerben und zu halten. Gerade die offene Austragung der Konflikte läßt erwarten, daß unter Frauen Lernprozesse in Gang gesetzt worden sind, die sie zu gemeinsamem Handeln befähigen, um neue Dimensionen wissenschaftlicher Auseinandersetzung in die Hochschulen hineinzutragen: Das Ende der paternalistisch geprägten Wissenschaft zeichnet sich ab.

Quotierungen für den Hochschulbereich können zum Erreichen dieses Ziels beitragen besonders dann, wenn sowohl Hochschule als auch Staat sich entsprechend selbst binden. Allein durch Quoten sind größere Strukturveränderungen im Hochschulbereich allerdings kaum zu erwarten. Denn sie betreffen jeweils nur neugeschaffene oder freiwerdende Stellen und diese sind derzeit Mangelware.

Verfassungsrechtlich ist die Einführung von Quoten möglich. Sie stellen keine unzulässige Männerdiskriminierung da, sondern eine durch die Verfassung gebotene Realisierung des sozialstaatlichen Gleichstellungsauftrags aus Art. 20 Abs. 1 i.V.m. Art. 3 Abs. 2 GG. Durch leistungsbezogene Quoten werden auch die Einstellungsgrundsätze des Art. 33 Abs. 2 GG nicht verletzt, sondern verfassungskonform ansetzend am Merkmal der „Eignung" zugunsten von Frauen spezifiziert. Schließlich bleibt die Wissenschaftsfreiheit aus Art. 5 Abs. 3 GG gewahrt, soweit über Quotierungen Frauen berufen werden, die von der Hochschule für listenfähig befunden worden sind.

Anmerkungen

1 P. Hanau, Die umgekehrte Geschlechtsdiskriminierung im Arbeitsleben, in: P. Hanau, G. Müller, H. Wilden, O. Wlotzke (Hg.), Festschrift für W. Herschel, München 1982, S. 191 ff., S. 194

2 H. Scholler, Die Interpretation des Gleichheitssatzes als Willkürverbot oder als Gebot der Chancengleichheit, Berlin 1969, S. 94

3 Ders. a.a.O.

4 L. Otto-Peters zitiert nach C. Zetkin, Zur Geschichte der proletarischen Frauenbewegung, Berlin (DDR) 1958, S. 24 f., S. 76

5 B. Clemens, Frauenforschungs- und Frauenstudieninitiativen in der Bundesrepublik Deutschland, Kassel 1983, S. 10 ff. Arbeitskreis der Wissenschaftlerinnen an Hochschulen von Nordrhein-Westfalen, (Hg.), Memorandum und Dokumentation zur Situation von Wissenschaftlerinnen an den Hochschulen von Nordrhein-Westfalen und Vorschläge zu ihrer Verbesserung, Dortmund 1981, S. 14 ff. Zentraleinrichtung zur Förderung von Frauenstudium und Frauenforschung an der FU Berlin, Personal- und Studentinnenstatistik an der FU Berlin, Juli 1982, in: Fraueninformationsblatt Extra Nr. 6

6 K. Friauf, in: Bundesminister für Jugend, Familie und Gesundheit, Bundesminister des Innern (Hg.), Sachverständigenanhörung am 21./22. Januar 1982 in Bonn zum Thema: „Kann die Situation der Frauen durch ein Antidiskriminierungsgesetz verbessert werden?"

7 Hanau, Geschlechtsdiskriminierung a.a.O., S. 193

8 Arbeitskreis der Wissenschaftlerinnen an den Hochschulen von Nordrhein-Westfalen, Memorandum a.a.O., S. 5.

B. Kehm, W. Mohr, Bericht über das Seminar „Gewerkschaftliche Frauen in Beruf und Hochschule", in: Wissenschaftlerinnen-Info Nr. 2, Dortmund Dez. 1982, S. 50 ff., S. 55 und 60 f. I. Ostner, Quoten-Diskussion in den Sozialwissenschaften – Notizen zu einem Antrag der Sektion Frauenforschung in der Deutschen Gesellschaft für Soziologie, in: Feministische Studien Nr. 1, Nov. 1982, S. 147 f. Akademikerinnenbund Hamburg, Positionspapier „Zur Verwirklichung der Gleichstellung der Frau in der Universität Hamburg", Hamburg Juni 1982. Und etwas vorsichtiger: Deutscher Akademikerinnenbund, Resolution auf der Arbeitstagung „Frauen in Forschung und Lehre", Hohenheim Okt. 1982, in: Mitteilungsblatt des Deutschen Akademikerinnenbundes e.V. 63/1983, S. 10

9 M. Löwisch, Teilgutachten Arbeitsrecht, in: Ders., W. Gitter, A. Mennel, Welche rechtlichen Maßnahmen sind vordringlich, um die tatsächliche Gleichstellung der Frau mit den Männern im Arbeitsleben zu gewährleisten? Gutachten D zum 50. Deutschen Juristentag, München 1974, S. 11 ff., S. 42, 62 f., 68 f. Anderer Ansicht F. J. Säcker in seinem Einführungsreferat, in: Ständige Deputation des Deutschen Juristentages (Hg.), Welche rechtlichen Maßnahmen sind vordringlich, um die tatsächliche Gleichstellung der Frauen mit den Männern im Arbeitsleben zu gewährleisten? Sitzungsbericht L zum 50. Deutschen Juristentag, München 1974, S. 9 ff., S. 25; 34 f.

10 Sp. Simitis, in: Ständige Deputation des Deutschen Juristentages (Hg.), Sind im Interesse einer gerechten Verteilung der Arbeitsplätze Begründung und Beendigung der Arbeitsverhältnisse neu zu regeln? Sitzungsbericht M zum 52. Deutschen Juristentag, München 1978, S. 36 f., 57

11 H. Esser, Sitzungsbericht M zum 52. Deutschen Juristentag a.a.O., S. 129

12 Chr. Hohmann-Dennhardt, Sind Anti-Diskriminierungsgesetze mit dem Grundgesetz vereinbar?, in: M. Janssen-Jurreit (Hg.), Frauenprogramm gegen Diskriminierung, Reinbek 1979, S. 334 ff., 344. Dieselbe, Antidiskriminierungsgesetz contra Grundgesetz?, in: Zeitschrift für Rechtspolitik 1979, S. 241 ff., 247 f. Dieselbe, Ungleichheit und Gleichberechtigung, Heidelberg 1982, S. 43 ff.
13 K. Friauf, Gleichberechtigung der Frau als Verfassungsauftrag, Stuttgart u. a. 1981, S. 32 f.
14 Ders., Sachverständigenanhörung a.a.O., S. 8, 15, 105
15 W. Schmitt Glaeser, Abbau des tatsächlichen Gleichberechtigungsdefizits der Frauen durch gesetzliche Quotenregelungen, Stuttgart u. a. 1982, S. 381 ff., 385 ff.
16 E. Denninger, in: Sachverständigenanhörung a.a.O., S. 9, 109. Simitis, Sachverständigenanhörung a.a.O., S. 52, 168. Friauf, Hanau und Pfarr äußerten sich zu diesem Punkt nicht. Schmitt Glaeser spricht in Sachverständigenanhörung a.a.O., S. 180 abgeschwächt zu einem Verfassungsgebot mit Richtlinienfunktion, aber ohne Handlungsverpflichtung für den Staat.
17 Hanau, Sachverständigenanhörung a.a.O., S. 115. Schmitt Glaeser, Sachverständigenanhörung a.a.O., S. 189. Sowieso weitergehend Denninger, Simitis und Pfarr.
18 Friauf, Sachverständigenanhörung a.a.O., S. 16, 105. Hanau, Sachverständigenanhörung a.a.O., S. 115
19 Hanau, Sachverständigenanhörung a.a.O., S. 12
20 Ders., Geschlechtsdiskriminierung a.a.O., S. 221
21 Schmitt Glaeser, Sachverständigenanhörung a.a.O., S. 56, 187 ff., 190 f. Simitis, Sachverständigenanhörung a.a.O., S. 171 f. H. Pfarr, Sachverständigenanhörung a.a.O., S. 196 f., Denninger, Sachverständigenanhörung a.a.O., S. 18, 109 f.
22 Denninger, Sachverständigenanhörung a.a.O., S. 9
23 H.-J. Mengel, Maßnahmen „positiver Diskriminierung“ und Grundgesetz, in: Juristenzeitung 1982, S. 530 ff., S. 532
24 D. Coester-Waltjen, Zielsetzung und Effektivität eines Antidiskriminierungsgesetzes, in: Zeitschrift für Rechtspolitik 1982, S. 217 ff., 222
25 Dieselbe, a.a.O., S. 220. Schmitt Glaeser, Sachverständigenanhörung a.a.O., S. 55, 181
26 Hohmann-Dennhardt, Ungleichheit, a.a.O., S. 40. Säcker, a.a.O., S. 34
27 F. Gamillscheg, in: Link (Hg.), Der Gleichheitssatz im modernen Verfassungsstaat, Symposium zum 80. Geburtstag von Bundesverfassungsrichter i.R. Dr.phil. Dr.jur. Gerhard Leibholz am 21. Nov. 1981, Baden-Baden 1982, S. 81
28 Planungsgruppe für einen Frauenstudien- und Frauenforschungsbereich beim Präsidenten der FU Berlin, zitiert nach Mengel, a.a.O., S. 531
29 Th. Maunz, in: Maunz-Dürig-Herzog, Kommentar zum Grundgesetz, München, Stand April 1983, Rdnr. 67 zu Art. 6 GG
30 Löwisch, a.a.O., S. 43
31 Friauf, Sachverständigenanhörung a.a.O., S. 8, 105. Hanau, Sachverständigenanhörung a.a.O., S. 18. Schmitt Glaeser, Die Sorge des Staates um die Gleichberechtigung der Frau, in: Die Öffentliche Verwaltung 1982, S. 381 ff., 387
32 Siehe Anm. 5
33 Hohmann-Dennhardt, Ungleichheit a.a.O., S. 45
34 R. Zippelius, Allgemeine Staatslehre, 4. Aufl. München 1973, S. 200 unter Berufung auf G. Radbruch
35 Th. Maunz, Deutsches Staatsrecht, 18. Aufl. München 1971, S. 74 Sperrung durch die Verfasserinnen vorgenommen.
36 Mengel, a.a.O., S. 535. Hanau, Geschlechtsdiskriminierung, a.a.O., S. 209, 215, 220
37 Säcker, a.a.O., S. 34
38 Bundesverfassungsgericht, Beschluß des 1. Senats vom 11.3.1964 – Az. 1 BvL 4/63, Entscheidungssammlung Bd. 17, S. 280 ff., 284
39 Bundesverfassungsgericht, Beschluß des 1. Senats vom 29.1.1969 – Az. 1 BvR 26/66 –. Entscheidungssammlung Bd. 25, S. 167 ff., 183
40 Denninger, Sachverständigenanhörung a.a.O., S. 109. Schmitt Glaeser, Sachverständigenanhörung a.a.O., S. 56. Ders., Sorge des Staates a.a.O., S. 388. Simitis, Sachverständigenanhörung a.a.O., S. 54
41 Bundesverfassungsgericht, Urteil des 1. Senats vom 20.3.1963 – Az. 1 BvR 505/59 –, Entscheidungssammlung Bd. 15, S. 337 ff., 345 und Beschluß des 1. Senats vom 31.5.1978 – Az. 1 BvR 683/77 –, Entscheidungssammlung Bd. 48, S. 327 ff., 340

42 Friauf, Gleichberechtigung, a.a.O., S. 30
43 V. Slupik, Verrechtlichung der Frauenfrage – Befriedungspolitik oder Emanzipationschance?, in: Kritische Justiz 1982, S. 348 ff., 353
44 Hohmann-Dennhardt, Antidiskriminierungsgesetz a.a.O., S. 247
45 Mengel, a.a.O., S. 534. Schmitt Glaeser, Sorge des Staates a.a.O., S. 388
46 Maunz, in: Maunz-Dürig-Herzog, Rdnr. 15 zu Art. 33
47 Vgl. Simitis, Sachverständigenanhörung a.a.O., S. 171. Pfarr, Sachverständigenanhörung a.a.O., S. 197, Denninger, Sachverständigenanhörung a.a.O., S. 18, 109 f.
48 Vgl. E. Schmidt-Aßmann, Leistungsgrundsatz des Art. 33 II GG und soziale Gesichtspunkte bei der Regelung des Zugangs zum Beamtenverhältnis, in: Neue Juristische Wochenschrift 1980, S. 16 ff., 17
49 Gesamtkommentar öffentliches Dienstrecht (GKöD) Bd. 1, Beamtenrecht des Bundes und der Länder, Berlin Stand Nov. 1982, Rdnr. 16 zu K § 8
50 A.a.O., Rdnr. 17
51 Maunz, in: Maunz-Dürig-Herzog a.a.O., Rdnr. 19 zu Art. 33
52 GKöD, a.a.O., Rdnr. 15 zu K § 8
53 A.a.O., Rdnr. 18 zu K § 8
54 Bundesverfassungsgericht, Beschluß des 2. Senats vom 29. Juni 1983 – Az. 2 BvR 720/79 pp S. 72
55 Vgl. GKöD, a.a.O., Rdnr. 18 zu K § 8
56 Schmidt-Aßmann, a.a.O., S. 17
57 Schmitt Glaeser, Sachverständigenanhörung a.a.O., S. 190
58 Hanau, Geschlechtsdiskriminierung a.a.O., S. 213
59 Schmidt-Aßmann, a.a.O., S. 17
60 Dürig, in: Maunz-Dürig-Herzog, a.a.O., Rdnr. 1 zu Art. 3 Abs. 2
61 GKöD, a.a.O., Rdnr. 21 zu K § 8
62 Inter-Management Sozialforschung und Organisationsberatung GmbH, Zur Problematik der Gleichberechtigung der Frau in der Bundesverwaltung dargestellt am Beispiel des Bundesministeriums des Innern, Schriftenreihe des Bundesministers des Innern, Heft 13, Stuttgart u.a. 1981, S. 11
63 Gesamthochschule Kassel (Hg.), Werkstattberichte Heft 10, Kassel 1983, S. 22 f.
64 Vgl. S. Metz-Göckel, Th. Sauter-Bailliet, Frauenstudium in den USA und die Frauenbildungsbewegung in der Bundesrepublik. Können Frauen in der Wissenschaft und gegen die Herrschaft der Wissenschaft überleben?, in: R. Duelli-Klein, M. Nerad, S. Metz-Göckel (Hg.), Feministische Wissenschaft und Frauenstudium, Hamburg 1982, S. 3 ff., 6 ff.
65 Gesamthochschule Kassel, a.a.O., S. 23
66 Maunz, in: Maunz-Dürig-Herzog, a.a.O., Rdnr. 19 zu Art. 33
67 Bundesverfassungsgericht, Beschluß des 1. Senats vom 16.1.1963 – Az. 1 BvR 316/60 –, Entscheidungssammlung Bd. 15, S. 256 ff., 265
68 Bundesverfassungsgericht, Urteil des 1. Senats vom 25.5.1973 – Az. 1 BvR 424/71 und 325/72, in: Neue Juristische Wochenschrift 1973, S. 1176 ff., 1181
69 Bundesverfassungsgericht, a.a.O., S. 1177
70 H. Siekmann, Das Zusammenwirken von Staat und Hochschule bei der Besetzung von Lehrstühlen, in: Die Öffentliche Verwaltung 1979, S. 82 ff., 85, 88
71 Vgl. Siekmann, a.a.O., S. 89
72 D. Lorenz, Die Rechtsstellung der Universität gegenüber staatlicher Bestimmung, in: Wissenschaftsrecht, Wissenschaftsverwaltung, Wissenschaftsförderung 1978, S. 11
73 Zu Begrifflichkeit und rechtswissenschaftlicher Bedeutung vgl. H.J. Wolff, Verwaltungsrecht I, 8. Aufl. München 1971, S. 178 ff.
74 Vgl. Siekmann, a.a.O., S. 83 ff. m.w.Nachw.
75 Da man nicht zwei Dinge gleichzeitig tun könne, müsse die Frau eben eine Entscheidung treffen. Familie oder Beruf. Das sei typisches *Frauenschicksal*, meinte Karl Otto Schlau, Ministerialdirigent in Stuttgart, auf einer Podiumsdiskussion als Vertreter der Kultusministerkonferenz der Länder und demonstrierte, wie ernst Männer im Staatsdienst den Gleichstellungsauftrag des Art. 3 Abs. 2 GG nehmen. Vgl. Mitteilungsblatt des Deutschen Akademikerinnenverbandes 63/1983, S. 78
76 Vgl. die Berichte verschiedener Frauen in M. Fabricius-Brand, Kr. Sudhölter, S. Berghahn (Hg.), Juristinnen, Berlin-West 1982, S. 99, 102, 132

77 Ch. Benard, E. Schlaffer, Frauenkarriere an der Universität, in: L.F. Pusch (Hg.), Feminismus, Inspektion der Herrenkultur, Frankfurt/M. 1983, S. 408 ff., 409

78 Brief der Sektion Frauenforschung in der Deutschen Gesellschaft für Soziologie und der Internationalen Assoziation von Philosophinnen e.V. an den Senat der Freien und Hansestadt Hamburg – Senatskanzlei – Frau Rühmkorf (Leitstelle Gleichstellung der Frau) vom 22.2.1983, S. 4. In diesem Schriftstück wird eine ganze Palette belegbarer Frauendiskriminierungsfälle aus dem Hochschulbereich dokumentiert.

79 Brief der Sektion Frauenforschung, a.a.O., S. 6

80 Brief der Sektion Frauenforschung, a.a.O., S. 5

81 Brief der Sektion Frauenforschung, a.a.O., S. 3, 4

82 Akademischer Senat der FU Berlin, Beschluß Nr. 240/1447/I/80. Zusammen mit der Beschreibung seiner mühevollen Durchsetzung abgedruckt in: Planungsgruppe für Frauenstudien und -forschung an der Freien Universität Berlin (Hg.), Der lange Marsch durch die Institution oder: Metamorphose einer Beschlußvorlage. Fraueninformationsblatt Extra 5 Juli 1980, S. 35 f.

83 Aus: „Die Zeit" 17. Juni 1983

84 Brief der Sektion Frauenforschung, a.a.O., S. 3

85 Beschluß des FH-Senats in der Sitzung Nr. 3/84 TOP 10

86 So schildert eine Wissenschaftlerin ihr erstes Hearing in einem Berufungsverfahren als lähmenden Zweikampf mit einer anderen Frau. Vgl. C. v. Braunmühl, in: Gesellschaft, Beiträge zur Marxschen Theorie 14, Frankfurt/M. 1981, S. 186 ff., 190

Erika M. Hoerning

Frauen: Eine vernachlässigte Gruppe in der Mobilitätstheorie und -forschung[1]

I. Ansätze und Ergebnisse traditioneller Schicht- und Mobilitätsforschung

1. Frauen fehlen in der traditionellen Schicht- und Mobilitätsforschung

In der soziologischen Schicht- und Mobilitätsforschung sind folgende Themen von Interesse:

„Die hierarchische Anordnung von Einzelberufen oder Berufsgruppen und die Offenheit oder Geschlossenheit des Zugangs zu den so definierten Positionen innerhalb einer Generation oder zwischen zwei Generationen ist ein Thema von besonderem Interesse für die soziologische Mobilitäts- und Schichtforschung. Bei den meisten der bislang auf diesem Gebiet durchgeführten empirischen Arbeiten sind Frauen aus den verschiedensten Gründen nicht berücksichtigt worden" (Handl 1977, 494).

Frauen, also die Hälfte der Bevölkerung, sind aus Schicht- und Mobilitätsstudien ausgeschlossen und „when women are not simply missing, they are peripheral, dealt with in a footnote" (Acker 1978, 134). Diese Beschränkung hinderte aber die Schicht- und Mobilitätsforscher nicht daran, generelle Aussagen ohne Einschränkungen zu machen. Den Titeln der Untersuchungen sind Einschränkungen nicht zu entnehmen: Social Mobility in Industrial Society (Lipset/Bendix 1959/1964); The American Occupational Structure (Blau/Duncan 1967); Struktur- und Prestigemobilität in der Bundesrepublik Deutschland (Kleining 1971) oder Social Mobility and Class Structure in Modern Britain (Goldthorpe und Mitarbeiter 1980). Hinter diesen Titeln und Untersuchungen verbergen sich Stichproben, die sich ausschließlich auf *berufstätige* und möglichst weiße *Männer* beziehen.

Die Stichprobe von Lipset/Bendix (*1959/1964*) umfaßt: erwachsene *Männer* aus sechs Ländern in manuellen und nicht-manuellen Berufen (17). Im Verlauf der Untersuchung verschiedener Subpopulationen werden die untersuchten Männer dann zu „respondents", eine geschlechtsneutrale Bezeichnung, die dann in den Abschnitten über inter-generationale Mobilität wieder zu Vätern und Söhnen mutiert (147 ff.).

1 Revidierte Fassung: The Female Social Climber: A Neglected Group in Life Course Oriented Mobility Theory and Research. (Xth World Congress of Sociology, Mexico City (Mexico), 16–11 August 1982, RC: 28 Social Stratification)

Blau/Duncan (*1967*) bieten eine systematische Analyse der amerikanischen Beschäftigungsstruktur und der beruflichen Mobilität an mit einer von ihnen selbst als bemerkenswert bezeichneten Stichprobe von 20.000 Männern im Alter von 20 bis 64 Jahren. In den 12 Kapiteln dieses Buches wird nicht ein Exkurs der berufstätigen Frau gewidmet. In Kapitel 9, Kinship and Careers, in dem die Beziehung zwischen Familiengröße, Stellung in der Geschwisterreihe und Karriereambitionen der Männer analysiert werden, bestehen Familien ausschließlich aus männlichen Mitgliedern bzw. aus geschlechtsneutralen Personen (only child, oldest child, middle child, no older brother, with older brother, youngest child (299)). Die Behauptung, daß die Persönlichkeit der Ehefrau zum beruflichen Erfolg des Ehemannes beitragen würde, wird anhand dieser Analysen in die Schranken der Folklore verwiesen. Als „channel for mobility" ist die Ehe für den Mann unerheblich, jedoch wird erwähnt, daß der Bildungs- und ökonomische Hintergrund der Ehefrau ein kleiner Beitrag zum männlichen Karrierestreben sein könnte (359).

Kleining (*1971*) wählt eine Stichprobe von 20.030 Personen, aus der zunächst die Geschlechtszugehörigkeit nicht erkennbar ist (8). Jedoch wird ausgeführt, daß zur Analyse von Struktur-Mobilität die Zugehörigkeit zu Berufskreisen gemessen wird und dazu werden von den Männern die eigenen Berufe erfragt, von den Ehefrauen die Berufe der Ehemänner und für Ehefrau und Ehemann die Berufskreise der Väter und Großväter (6). Im weiteren werden Relationen, Korrelationen und Assoziations-Indizes auf der Basis von Vater-Sohn-Berufen, Vater-Großvater-Berufen usw. ermittelt.

Baron (*1979/1980*), der Natalie Rogoff's Studie „Recent Trends in Occupational Mobility" (1953) re-analysiert, beschränkt seine Studie ebenfalls auf Männer (Väter und Söhne).

Erikson/Goldthorpe & Portocarero (*1979*), die eine vergleichende Studie zur inter-generationalen Klassenmobilität in drei westeuropäischen Ländern (England, Frankreich und Schweden) durchführten, beziehen sich ausschließlich auf Väter und Söhne. Sie bemerken jedoch, daß die Berufstätigkeit von Frauen eventuell Auswirkungen auf das Mobilitätsverhalten und die Mobilitätsraten von Männern haben könnte (415).

Mayer (*1980*) vermerkt in seinem Beitrag „Berufsstruktur und Mobilitätsprozess... internationaler Vergleich... objektiver Indikatoren", daß die „... Mobilitätsforschung (...) zu Recht als ein exemplarisches Beispiel für den Versuch gelten (kann), mit Hilfe quantitativer Daten komplexe ‚objektive' Strukturen verschiedener gesamter Gesellschaften in theoretischer Absicht miteinander zu vergleichen" (97). Der Indikatorenvergleich zwischen England/Wales und der Bundesrepublik umfaßt 79.217 erwerbstätige Männer, die 1971/72 20 bis 50 bzw. 64 Jahre alt waren.

Goldthorpe und Mitarbeiter publizierten *1980* ihre Studie „Social Mobility & Class Structure in Modern Britain". Darin sind rund 10.000 erwerbstätige Männer zwischen 20 und 64 Jahren enthalten, nicht aber erwerbstätige Frauen.

2. Warum die Hälfte das Ganze ist

Mit welchen Begründungen werden Frauen aus Schicht- und Mobilitätsstudien weitgehend ausgeschlossen?

a) Die weibliche Erwerbsbiografie weist keine Kontinuität auf. Frauen unterbrechen ihre Erwerbsbiografie oder sind nur teilzeitlich im Erwerbssystem anwesend.
b) Frauen konzentrieren sich nur auf wenige Berufe.
c) Für den systematischen Vergleich (Anforderungen, Prestige, Entlohnung, Aufstiegswege) können Frauenberufe mit Männerberufen nicht herangezogen werden.
d) Die unbezahlte Hausarbeit, die von Frauen geleistet wird, kann weder in einer Berufs-, Prestige- oder Einkommensskala abgebildet werden.

Und Goldthorpe und Mitarbeiter (1980) führen aus:

e) Wenn Frauen in ihrer Mobilitätsstudie berücksichtigt worden wären, dann hätte die Größe der dafür erforderlichen Stichprobe (Frauen und Männer insgesamt 20.000 Personen) ernsthaft die Erforschung der Mobilitätstrends gefährdet (1980, 287). Zum anderen wäre die Vergleichsmöglichkeit mit anderen Studien, insbesondere mit der von Blau/Duncan (1967), nicht mehr gesichert gewesen.
f) Als substantielles Argument gegen die Einbeziehung von berufstätigen Frauen in die oben genannte Studie wird hervorgehoben, daß die Analyse der Berufsmobilität von Frauen für die Forschungsfrage irrelevant gewesen sei. Das Ziel der Untersuchung sei, die Untersuchung von Klassenmobilität über berufliche Mobilität zu untersuchen, um Aussagen über Klassenformationen zu machen. Es gäbe keine Anhaltspunkte und keine benennbaren Gruppen von berufstätigen Frauen, von denen gesagt werden könne, daß deren berufliche Tätigkeiten materiell oder nicht-materiell die Klassenposition der Familie beeinflussen würde (1980, 287 f.)

3. Warum die Hälfte *nicht* das Ganze ist

a) *Der Ausschluß von Frauen aus der Schicht- und Mobilitätsforschung (insbesondere berufliche Mobilität) leugnet die Anwesenheit von Frauen im Beschäftigungssystem*

Heute sind rund 10 Millionen Frauen im Alter zwischen 15 und 60 Jahren in der BRD und Berlin (West) erwerbstätig. Im Jahre 1950 waren 44 von 100 Frauen berufstätig; 1978 waren es 49 und 1980 53 Frauen. Während 1960 35 Prozent der weiblichen Erwerbspersonen verheiratet waren, stieg der Anteil der verheirateten weiblichen Erwerbspersonen bis 1978 auf 60 Prozent an (BDA 1978; Hegelheimer 1982). Die Beschäftigungsquoten ausgewählter Altersgruppen von Frauen zeigen zwischen 1970 und 1980 durchweg erhebliche Veränderungen (Schaubild 1), aus denen hervorgeht, daß vor allem 25- bis 39jährige Frauen 1980 weitaus häufiger im Arbeitsmarkt auftreten als vor zehn Jahren.

b) *Die Nicht-Berücksichtigung von Frauen in der Schicht- und Mobilitätsforschung (berufliche Mobilität) vernachlässigt die Untersuchung der Entwicklung von Teilarbeitsmärkten und die Untersuchung spezifischer Berufskarrieren*

aa) Frauen im Teilarbeitsmarkt mit Restarbeitsplätzen

Zahlreiche Monografien über Frauenarbeitsbereiche (Bitsch u.a. 1978; Cakir u.a. 1978; Dupuis u.a. 1978; Weltz u.a. 1978; Jacobi u.a. 1980; Pirker u.a. 1981; alle bei Gensior/Lappe 1982, 92; Kanter 1978; Bridges 1980; Patterson/Engelberg 1978; Grimm 1978; Baker 1978; Llewellyn 1981), die im Rahmen des Humanisierungsprogramms (HdA-Projekte: Textverarbeitung und Computerisierung der Büro-

Schaubild 1: Frauen: Beschäftigungsquoten ausgewählter Altersgruppen 1960 bis 1980 (in %)

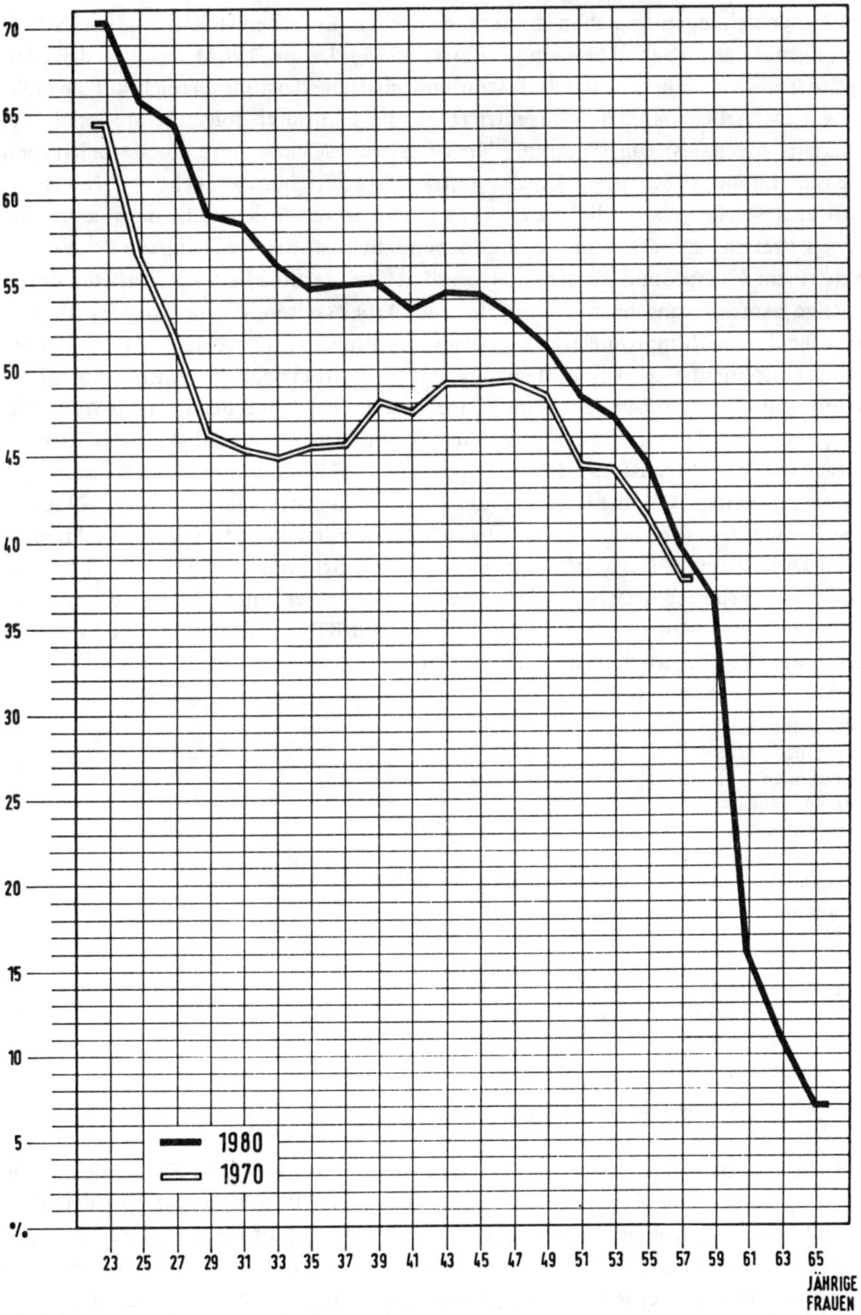

Quelle: Statistisches Bundesamt, Wiesbaden, Referat VII c, Ergebnisse des Mikrozensus 3/1981 und eigene Berechnungen.

arbeit) entstanden sind oder in anderen Forschungskontexten (z.B. Hilfstätigkeiten in der industriellen Fertigung), weisen auf die Entstehung von Restarbeitsplätzen hin. Untersuchungen in sieben ‚frauenspezifischen' Branchen (RKW-Studien: SOFI, Göttingen; Lappe/Schöll-Schwinghammer 1978; Lappe 1981) zeigen, daß der größte Teil der Frauen in der Industrie und im Dienstleistungsbereich auf Produktions- bzw. Arbeitsbereiche konzentriert ist, die sich durch folgende Merkmale definieren: Mechanisierungssperren, Mechanisierungslücken und Restarbeitstypen (Gensior/Lappe 1982, 92–93). Diese ‚frauenspezifischen' Branchen – Industrie, Büro und Service – sind diejenigen Teilarbeitsmärkte, in denen die meisten berufstätigen Frauen beschäftigt sind und in denen scheinbar den Bedürfnissen der Frauen nach einem Kompromiß zwischen Hausarbeit und Berufsarbeit am stärksten durch niedrige Anforderungsprofile und flexible Arbeitszeiten entsprochen wird. Der Preis für diesen Kompromiß ist: monotone Routinearbeiten, schlechte Entlohnung, geringer Lohnaufstieg, keine Regelungen für innerbetriebliche Aufstiegsmöglichkeiten und damit verbunden keine Angebote für eine innerbetriebliche Weiterbildung, die über Anlernzeiten hinausgehen, konjunkturelle Anfälligkeit des Arbeitsplatzes (Konjunkturpuffer, Gensior/Lappe 1982, 110) und/oder ‚Rationalisierungsreserve', Arbeitsplätze, die je nach unternehmerischer Strategie und Kosten-Nutzen-Gesichtspunkten verschoben bzw. abgeschafft werden können (vgl. die umfassenderen Diskussionen: Gensior/Lappe 1982; Becker-Schmidt 1982). In den Vereinigten Staaten arbeiteten 1974 in diesen Teilarbeitsmärkten rund 77 Prozent der weiblichen Erwerbspersonen (Blau 1978, 43). In der BRD war der Anteil der Frauen in diesen Berufen/Teilarbeitsmärkten wie folgt:

Näherinnen	96,0 %
Reinigungsberufe	87,7 %
Friseusinnen	82,2 %
Schneiderinnen	80,6 %
Kellnerinnen	79,9 %
Tabakmacherinnen	74,0 %
Köchinnen	72,7 %
Büroberufe	61,8 %
Verkaufsberufe	61,1 %
Hilfsarbeiterinnen	61,1 %
Lederverarbeitung	56,9 %
Photolaborarbeiterin	51,5 %
Spinnerinnen/Weberinnen	50,9 %
Chemiearbeiterinnen	41,1 %

(Willms 1983, Auszug Tabelle 9, 69)

Daß diese Arbeitsplätze deutlich abgebaut werden, zeigt Willms. Sie vergleicht die Frauenquoten dieser Arbeitsplätze von 1970 und 1980 und kommt zu folgendem Schluß: Der „... Abbau der disproportionalen Frauenquote in den Frauenberufen ging einher mit einem Verlust an Arbeitsplätzen, weil er nicht in einer Wachstumsphase, sondern in einer Rationalisierungsperiode erfolgte." (Willms 1983, 70).

bb) Frauen im Teilarbeitsmarkt mit traditionell weiblich dominierten Arbeitsplätzen

Hier handelt es sich um Arbeitsplätze in Bibliotheken, helfende Tätigkeiten im medizinischen Bereich, Sozialarbeit und Erziehung. In den USA waren 1973 in den Bibliotheken 82,1 Prozent der dort Beschäftigten Frauen; 97,8 Prozent der in medizinisch-helfenden Berufen Tätigen waren Frauen; 60,8 Prozent der in der Sozialarbeit Beschäftigten waren Frauen und 69,9 Prozent der bis zur 10. Klasse unterrichtenden Lehrkräfte waren ebenfalls Frauen. In Kindergärten und Vorschulen waren 97,9 Prozent der Beschäftigten weiblich (Grimm 1978, 294 ff.). In der BRD war der Anteil der Frauen in traditionell weiblich dominierten Berufen wie folgt:

Medizinische Hilfsberufe	89,2 %
Krankenschwestern	84,4 %
Sozialberufe	78,2 %
Publizistinnen, Dolmetscherinnen, Bibliothekarinnen	33,0 %

(Willms 1983, Auszug Tabelle 9, 69)

Diese Berufsbereiche wurden und werden von gut ausgebildeten Frauen der Mittelschicht oder von sozial aufsteigenden Frauen aus den unteren Schichten bevorzugt,

- die Familien- und Berufsarbeit koppeln wollen;
- deren Verdienst nicht unmittelbar zum materiellen Erhalt der Familie notwendig ist und
- die ihren Beitrag zur Familienrolle über ihre Berufsrolle definieren (kognitive und soziale Kompetenz, Identität, Selbstbewußtsein, materielle Unabhängigkeit usw.).

Aber auch diese Arbeitsplätze in wohlfahrtsstaatlichen Bereichen werden zunehmend von Männern entdeckt. Frauen verlieren hier zunehmend an Boden, ohne daß sie eine Entsprechung im „Zugang zu Männerberufen ‚mit Zukunft'" finden würden (Willms 1983, 71).

cc) Frauen in Teilarbeitsmärkten mit traditionell männlich dominierten Arbeitsplätzen

Es ist zu beobachten, daß Frauen mit hohen Bildungsabschlüssen zunehmend in männlich dominierte Teilarbeitsmärkte eindringen. Selbst wenn die Anteile der weiblichen Beschäftigten in diesen Bereichen heute gering sind, ist zu beobachten, daß gegenüber Frauen strukturelle Abschottungen aufgebaut werden, die sich auf folgenden Ebenen zeigen:

- Rückgang des Sozialprestiges dieser Berufe (vgl. Toubey 1974a, 1974b; Abele 1979 für Pharmazeuten);

– Hierarchisierung innerhalb der Berufe, besonders in den klassischen Professionen und an den Hochschulen (Gummert 1979, ZfFFS 1983 für die Hochschule; Patterson/Engelberg 1978 für Medizin- und Rechtsberufe);
– geschlechtsspezifische Quotierung in Arbeitsgruppen (Kanter 1978).

Die prestigemäßige *Entwertung* von Berufen ist um so stärker, je größer der Frauenanteil in einem Beruf ist oder je mehr die Prognosen für einen zunehmenden Frauenanteil in diesem Beruf sprechen (Abele 1979).

Die *Hierarchisierung* innerhalb von Berufen und Teilarbeitsmärkten wird besonders in den klassischen Professionen sichtbar. Am Beispiel der Verteilung der Stellen in den Hochschulen kann diese Behauptung verdeutlicht werden: 7,9 Prozent der Professoren der Freien Universität Berlin sind weiblich (nach Besoldungsgruppen: C4 : 2,0, C3 : 9,4, C2 : 12,5 Prozent), während der Anteil der Frauen in Bereichen mit befristeten Anstellungsverträgen höher ist: Hochschulassistentinnen: 12,5 Prozent, wissenschaftliche Mitarbeiterinnen: 26,9 Prozent und weibliche Lehrkräfte für besondere Aufgaben: 42,9 Prozent (ZfFFS 1983, 22).

In den medizinischen Berufen haben die Anteile der Frauen zugenommen. 24,8 Prozent der Mediziner in der BRD und Berlin (West) (Willms 1983, 70), 7 Prozent der Mediziner in den USA und 72 Prozent der Mediziner in der Sowjetunion sind Frauen (Patterson/Engelberg 1978, 270). Nach Spezialisierungen ausgewertet, konzentrieren sich berufstätige angestellte Medizinerinnen in nichtleitenden Positionen auf folgende Bereiche: Kinderheilkunde, Pathologie, Psychiatrie, Frauenheilkunde, Präventivmedizin und öffentliche Gesundheitsfürsorge (Patterson/Engelberg 1978, 274). Hingegen sind nur 2,0 Prozent der Chefärzte in der BRD und Berlin (West) weiblich. 26,4 Prozent der Richter und Anwälte (USA: 3 Prozent), 5,4 Prozent der Beamten im höheren Dienst, 3,4 Prozent der Chemiker in leitenden Positionen und 6,4 Prozent der Wirtschaftsprüfer sind weiblich (Bock-Rosenthal u.a. 1978; Willms 1983, 70). Jedoch sind Aufstiegschancen in diesen Berufsgruppen für Frauen und Männer unterschiedlich:

„Rossi (1970) zeigte, daß männliche Soziologen nach 20jähriger akademischer Karriere zu 90 % ordentliche Professoren sind, alleinstehende Soziologinnen nur zu 53 %, verheiratete zu 43 % ...“ (Abele 1979, 303 f.).

Auf ähnliche Beobachtungen verweisen Bock-Rosenthal u.a. (1978) für Universitätskarrieren:

„Selten, daß eine Frau mal einen zweiten Ruf bekommt, wenn sie mal einen Lehrstuhl hat. Während es für Männer das Normale ist ... Man kann nur vergleichend sagen, wie lange es gedauert hat, bis ich persönlich Ordinarius wurde, und wie lange es für Kollegen mit gleicher Leistung gedauert hat: da hat es bei mir am längsten von allen gedauert... Diese Diskrepanz kann man einfach sachlich feststellen.“ (Professorin für Naturwissenschaften, in: Bock-Rosenthal u.a. 1978, 102).

c) Die Ausklammerung von Frauen in der Schicht- und Mobilitätsforschung vernachlässigt die Überprüfung wichtiger Grundannahmen, die in die Schicht- und Mobilitätstheorie eingegangen sind

aa) Die Familie ist die Einheit im Schichtungssystem

Diese Annahme unterstellt, daß alle Menschen in Familien leben. In der BRD und Berlin (West) waren 1981 33,4 Prozent der Familien unvollständig. Die alleinstehenden Familienvorstände waren bei 26,2 Prozent der Familien Frauen, bei 7,2 Prozent der Familien Männer (Statistisches Jahrbuch 1982, 65, Tabelle 3.17).

bb) Die soziale Stellung der Familie wird durch die berufliche Position des Mannes (des Hauptverdieners) bestimmt

Es soll zwar nicht bestritten werden, daß Männer mehr verdienen als Frauen, insbesondere in dem Zeitabschnitt der Familienbiografie, in dem Frauen ihre Berufstätigkeit zugunsten der Haus- und Familienarbeit einschränken. Aber die sozioökonomische Stellung einer Familie bestimmt sich nach dem Familieneinkommen und in nahezu 60 Prozent der Familien verdienen sowohl die Ehefrau als auch der Ehemann (BDA 1978).

„Ich sage nur den einen Satz: Mein Wohlstand ist meine Frau. Wenn die aufhört zu arbeiten, und ich müßte allein von dem was ich verdiene, das fängt mit der Miete schon an. Mein Lohn ist ja nicht in der Form gestiegen, wie die Mieten gestiegen sind... Ich fahre einen großen Wagen, aber nicht, weil ich soviel verdiene, sondern meine Frau. Und weil meine Frau haushalten, rechnen kann" (Interview 19/3, 19/4: Werftarbeiter: Geissler 1983, 262).

Die Unterstellung, daß der Ehemann der Hauptverdiener in der Familie sei, und daß sich daraus die soziale Position der Familie bestimmen lasse, traf 1960 bei 40 Prozent der amerikanischen Familien nicht zu. Der Mann war in diesen Familien entweder nicht vorhanden oder aber pensioniert, arbeitslos oder in Teilzeitjobs beschäftigt (Acker 1973, 938). In der BRD und Berlin (West) trifft die Zuschreibung des Familienstatus 1981 über den Ehemann bei mindestens 12,5 Prozent der Familien nicht zu. In diesen Familien leben geschiedene Frauen als alleinstehende Familienvorstände mit ihren Kindern. Insgesamt haben 27,7 Prozent der Privathaushalte in der Bundesrepublik Deutschland einen *weiblichen* Haushaltsvorstand (ledige, geschiedene und verwitwete Frauen: Statistisches Jahrbuch 1983, 64, Tab. 3.15 und 65, Tab. 3.16). Unberücksichtigt bei dieser Zuordnung bleiben die vermögenden (verheirateten) Frauen, die durch ihren eigenen materiellen Hintergrund sehr viel zur sozialen Stellung der Familie beitragen (zwischen 1922 und 1956 waren ein Drittel der Besitzer großer Vermögen in den USA Frauen (Lenski 1973, 532 nach Lampmann 1962)).

cc) Frauen leben in Familien, deshalb wird der Status der Frau durch den Status des Mannes, mit dem sie lebt, bestimmt

Diese Annahme geht davon aus, daß Frauen, die in Familien leben, keine eigenen Statusressourcen besitzen. Die Annahme übersieht die simple Tatsache, daß mehr als 50 Prozent der Familienfrauen arbeiten und durchaus eine berufliche Position und ein Einkommen besitzen (Geissler 1983; Hegelheimer 1982; Schaubild 1). Es scheint wenig plausibel, daß Frauen *vor* der Eheschließung über Bildung, berufliche Positionen, Einkommen und Vermögen verfügen, daß aber alle diese Statusressourcen mit dem Zeitpunkt der Eheschließung versiegen. Es soll an dieser Stelle nicht bestritten werden, daß die sozialen Stellungen von Mann und Frau ähnlich sein können. Ehen zwischen einer Verkäuferin und einem Verkäufer, zwischen einer Professorin und dem Professor etc. sind sicher statistisch und empirisch denkbare Verbindungen, ob diese Tatsache allerdings zur Veranlagung eines Gesamtstatus führen muß oder sollte, müßte theoretisch begründet werden. Problematischer jedoch wird die Veranlagung eines familialen Gesamtstatus, wenn Ehefrau und Ehemann sehr unterschiedlichen Berufsgruppen angehören, denn es ist weder theoretisch noch empirisch nachvollziehbar, warum die mit einem Architekten verheiratete Gärtnerin nur „Frau Architekt" sein soll. Gänzlich verwirrend wird die Situation, wenn der nicht-berufstätigen Familienfrau der soziale Status des Ehemannes und zugleich der berufstätigen Familienfrau, die beide Rollen wahrnimmt, nur ihr eigener Berufsstatus zugeschrieben und der Status, der ihr als Familienfrau zusteht, nicht berücksichtigt wird (Ostner 1983, 276 ff.). Bei diesen, in der empirischen Schicht- und Mobilitätsforschung verwendeten Zuschreibungspraktiken fehlt eine theoretische Fundierung, denn

„the fact that a woman is comparable to her husband from the point of view of economic independent distances her from him in sociological terms. Putting a non-employed woman into her husband's social class does not just obscure this fact, it completely reverses its meaning." Delphy 1981, 123).

In Schicht- und Mobilitätsstudien wird bei der Konstruktion des Schichtindexes die Zuordnung der Frau, insbesondere der verheirateten Frau, unterschiedlich gehandhabt:

- Wenn sie berufstätig ist, bleibt ihr eigener Status entweder erhalten oder aber es wird, da sie in der Regel weniger als der Ehemann verdient, ein ‚gemeinsamer' Familienstatus festgelegt, in dem sowohl der höhere Verdienst wie auch die soziale Stellung des Mannes im Beruf zur Richtschnur werden;
- oder aber: solange die verheiratete Frau berufstätig ist, hat sie einen eigenen beruflichen Status; gibt sie jedoch ihre Berufstätigkeit zugunsten der Haus- und Familienarbeit auf, erhält sie nicht etwa eine Statuszuschreibung gemäß ihrer ‚neuen' Arbeitsrolle, sondern sie wird dem Status des Mannes zugeordnet.

Zusammenfassung: Mobilitätsstudien, insbesondere die Untersuchung beruflicher Mobilität, konzentrieren sich traditionell auf Männer. Wenn Frauen darin berücksichtigt werden, dann als Mütter, Ehefrauen, Töchter oder Schwestern der männlichen Befragten (Llewellyn 1981, 139). Wird die weibliche Erwerbstätigkeit untersucht, dann sind die bevorzugten Themen: die Auswirkungen der weiblichen Erwerbstätigkeit der verheirateten Frauen auf das Wohlergehen der Kinder, Sozialisationskonzepte oder aber um festzustellen, ob es einen Zusammenhang zwischen weiblicher Erwerbstätigkeit und Anzahl der Kinder gibt (Linke 1971, 1975 in Tegtmeyer 1979, 267). Wenn jedoch die „objektiven" Strukturen von Gesamtgesellschaften mit Hilfe quantitativer Daten zur beruflichen Mobilität theoretisch und empirisch beschrieben bzw. analysiert werden, werden Frauen in der Regel nicht berücksichtigt. Es scheint wenig plausibel, daß der Anspruch eingelöst ist, wenn sich die empirischen Grundlagen und theoretischen Interpretationen

a) nur auf einen Ausschnitt der erwerbstätigen Bevölkerung, nämlich auf Männer, beziehen und,
b) wenn Annahmen über Zuschreibungsprozesse zum sozialen Status der Frau gemacht werden, die zu nahezu 60 Prozent keine Entsprechung in der Realität haben.

Vordringlich scheint – und das wird seit Beginn der 70er Jahre kritisiert (Acker, Delphy) – daß die a priori Annahmen, die in den traditionellen Schicht- und Mobilitätsstudien zu finden sind, überprüft werden müssen, denn

- Frauen sind eine nicht zu übersehende Gruppe im Beschäftigungssystem;
- Frauen in spezifischen Arbeitsmärkten und Berufskarrieren sind ein nicht gering zu veranschlagender Teil des Gesamtarbeitsmarktes;
- die Familie ist so uneingeschränkt nicht mehr die ausschließliche Alternative zur Erwerbstätigkeit der Frau, denn ein großer Teil der verheirateten Frauen und Mütter unterbricht ihren Erwerbsverlauf nur noch für sehr kurze Zeit und die Zahl der kontinuierlichen weiblichen Erwerbskarrieren steigt (s. Schaubild 1).

Diese Forschungslücke kann nicht dadurch geschlossen werden, daß das Merkmal Geschlecht in diesen Studien vernachlässigt wird, so wie es McLaughlin (1978) vorgeschlagen hat. Die Einbeziehung von Frauen in die Schicht- und Mobilitätsforschung verlangt neue theoretische Konzepte; Konzepte, die es erlauben, weibliche berufliche Mobilität angemessen zu beschreiben. Die Probleme der Einbeziehung von Frauen in diese Forschung sind mehr komplex. Es kann nicht darum gehen „just ‚lumping' women into a conventional study of occupational mobility" (Llewellyn 1981, 132), wie es Delphy (1981) vorgeschlagen hat.

II. Kohorten und Lebensläufe als Basis der Schicht- und Mobilitätsforschung

Eine klassische Fragestellung in der sozialen und beruflichen Mobilitätsforschung ist die nach der Transmission und des Wandels des sozialen und/oder beruflichen Status zwischen zwei oder drei Abstammungsgenerationen (intergenerationale Mobilität). Diese Untersuchungen waren bisher Schlüsselkonzepte zur Erforschung der sozialen Schichtung (Goldthorpe u.a. 1980). Schon seit 1966 wurden Bedenken gegen diesen Forschungsansatz vorgebracht, denn zur Untersuchung des Wandels sozialer Schichtstrukturen eigneten sich die erhobenen Daten der familialen Abstammungsgenerationen nicht. Die Daten über die Väter und Großväter der Befragten zeigten eine starke Streuung in der Geburtskohortenzugehörigkeit. Die Väter der befragten Söhne gehörten unterschiedlichen Altersgruppen (Phasen im Lebenslauf) und unterschiedlichen historischen Generationen an. So wurde dazu übergegangen, Geburtskohorten zum Ausgangspunkt der Untersuchungen zu wählen und die sozialen und beruflichen Mobilitätsverläufe ausgewählter Geburtskohorten über den Lebenslauf zu verfolgen (Duncan 1966a, 1966b; Sorensen 1975; Featherman/Carter 1976; Mayer 1977; Müller 1978a, 1978b; Elder 1975, 1978). Die Variable ‚Beruf des Vaters' bzw. soziale Herkunft wird als eine Startvariable gesehen. Sie bildet aber keine Basis für die Untersuchung inter-generationalen Wandels von Schichtstrukturen. Der Kohorten-Mobilitätsansatz wurde dann auch auf die Untersuchung des weiblichen Mobilitätsverhaltens angewendet (De Jong 1971; Glenn et al. 1974; Chase 1975; Rosenfeld 1978; Mayer 1977, Müller/Willms & Handl 1983 u.a.). Der weibliche Lebenslauf tritt zum ersten Mal in der Schicht- und Mobilitätsforschung in Erscheinung, nur die oben genannten Probleme sind auch hier noch nicht gelöst. Aus drei Perspektiven möchte ich aus einer Auswahl von diesen Studien berichten:

1. Überlegungen zu strukturellen Institutionalisierungen und biografischen Optionen im weiblichen Lebenslauf (Levy 1977; Beck-Gernsheim 1983);
2. die Veränderungen der Qualifikations- und Erwerbsstruktur (Beck-Gernsheim/Ostner 1978; Handl u.a. 1979; Müller u.a. 1983);
3. Aufstiegswege für Frauen: Heirat oder Beruf (Tyree/Treas 1974; Mayer 1977; Handl 1977, 1979, 1981).

1. Strukturelle Institutionalisierungen und biografische Optionen im weiblichen Lebenslauf

Ein institutionalisierter Bestandteil der weiblichen und männlichen ‚Normalbiografie' ist die Heirat. Die Statistik zeigt, daß trotz zahlreicher Scheidungen und Trennungen die Ehe auch weiterhin die bevorzugte Gesellungsform zwischen Frau und Mann ist (Hoerning 1979, 205). Das durchschnittliche Heiratsalter von Frauen in der BRD und Berlin (West) ist 23,4 Jahre, bei Männern 26,1 Jahre (BFJG 1983, 21). Spätestens zum Zeitpunkt der Geburt des ersten Kindes müssen die Frau und der Mann biografische Optionen für das weitere Familienleben treffen. Nach Levy (1977) stehen drei Optionen zur Verfügung: (1) die Frau löst sich aus der Berufsrolle und steht der Familie voll zu Verfügung; (2) die Frau versucht gleichzeitig die Familien- und die Berufsrolle auszufüllen oder (3) Frau und Mann teilen sich diese beiden Rollen. Levy bemerkt zu der dritten Option, daß dieses Modell bisher wenig verbreitet ist und eher als ein avantgardistisches Experiment angesehen werden kann (Levy 1977, 45). Wenn sich die Frau und der Mann für die Option (1) oder (2) entscheiden, bedeutet das das Ende oder die erhebliche Einschränkung der Erwerbsbiografie der Frau, denn berufliche ‚Karrieren' setzen Kontinuität und vollzeitliche Anwesenheit voraus. Mir scheint es aber angesichts aktueller Entwicklungen an der Zeit, diese Voraussetzungen zu überdenken.

(a) An den Beschäftigungsquoten für ausgewählte Altersgruppen zu zwei Meßzeitpunkten, 1970 und 1980, zeigt sich, daß Frauen weniger bereit sind, der Familie wegen das Beschäftigungssystem zu verlassen (Schaubild 1). 1970 verließen 19,6 Prozent der 23- bis 33jährigen Frauen das Beschäftigungssystem; 1980 verließen nur noch 14,2 Prozent dieser Altersgruppe das Beschäftigungssystem.

(b) Bei der Geburt des zweiten und in der Regel letzten Kindes ist die Frau heute im Schnitt 27,4 Jahre alt. Zwischen dem 40. und 45. Lebensjahr wird sie aus ihren ‚Mutterpflichten' entlassen, und das bedeutet, daß ihr mehr als 20 Jahre für die Fortsetzung ihrer beruflichen Karriere zur Verfügung stehen.

„Wir haben es hier keineswegs mit Einzelfällen zu tun, sondern mit fünf Millionen... ein knappes Zehntel der bundesdeutschen Bevölkerung" (Imhof 1981, 182 f.).

(c) Zwei Themen spielen heute eine Rolle in der öffentlichen Diskussion, die wichtige Folgen für die Familienbiografie und die Frau in den mittleren Lebensjahren haben können: die Abnahme marktförmiger bezahlter Arbeit und die Zunahme der ‚Alten' (Vier- und Fünf-Generationen-Familien) in der Gesellschaft. Wenn bei der Diskussion um die ‚Neuverteilung' der marktförmigen bezahlten Arbeit nur eine Verkürzung der Lebensarbeitszeit und nicht alternative Konzepte der Verkürzung der Wochen- oder Tagesarbeitszeit favorisiert werden, wird der Mann auch weiterhin seiner Familienbiografie als ein Fremder gegenüberstehen (Talmon 1968; Bott 1957; Cumming/Henry 1961). Er wird zwar ein paar Jahre früher in die Familie zurückkehren, nur erwarten ihn dort keine Aufgaben (Rosow 1974). Die Kluft zwischen dem Ehemann und der Ehefrau wird um so größer, je stärker die Frau in den mittleren Jahren in die unbezahlte Familienarbeit als Mutter, Großmutter, Tochter und Enkelin abgedrängt wird.

Wenn sich diese ‚Lösungen' in der politischen Diskussion durchsetzen (Verdrängung der Frau aus dem Beschäftigungssystem zugunsten unbezahlter Familienarbeit; Verkürzung der Lebensarbeitszeit), dann wird das nicht nur für die Partnerschaft von Frau und Mann erhebliche Folgen haben, sondern die psychologischen Auswirkungen für die Frauen im mittleren Lebensalter werden übereinstimmend als negativ eingeschätzt (Bruder 1983; Hagemann-White 1983; Lehr 1983).

2. Die Veränderungen in der Qualifikations- und Erwerbsstruktur

Es ist nicht zu übersehen, daß seit dem Ende der sechziger Jahre die Anteile der Frauen sowohl im Bildungs- als auch im Beschäftigungssystem in allen westlichen Industriestaaten zugenommen haben (Bolder 1981; Meulemann 1982; Müller/Mayer 1976; Blau 1978; Llewellyn 1981 u.a.). In den statistischen Erhebungen für die BRD und Berlin (West) zeigt sich, daß der Anteil der Schülerinnen in den Gymnasien von 43,9 Prozent im Jahre 1970 auf 50,1 Prozent im Jahre 1980 gestiegen ist. Der Anteil der weiblichen Studierenden in den Institutionen des Zweiten Bildungsweges veränderte sich in dem genannten Zeitraum noch stärker: 1970 studierten an den Abendgymnasien 27,8 Prozent Frauen, 1980 waren es 52,5 Prozent; an den Tagesschulen (Kollegs) studierten 1970 16,7 Prozent Frauen, 1980 stieg ihr Anteil auf 43,7 Prozent an (Schaubild 2).

Schaubild 2: Anteil der Schülerinnen im Bildungssystem der Bundesrepublik Deutschland 1960 bis 1980 (in %)

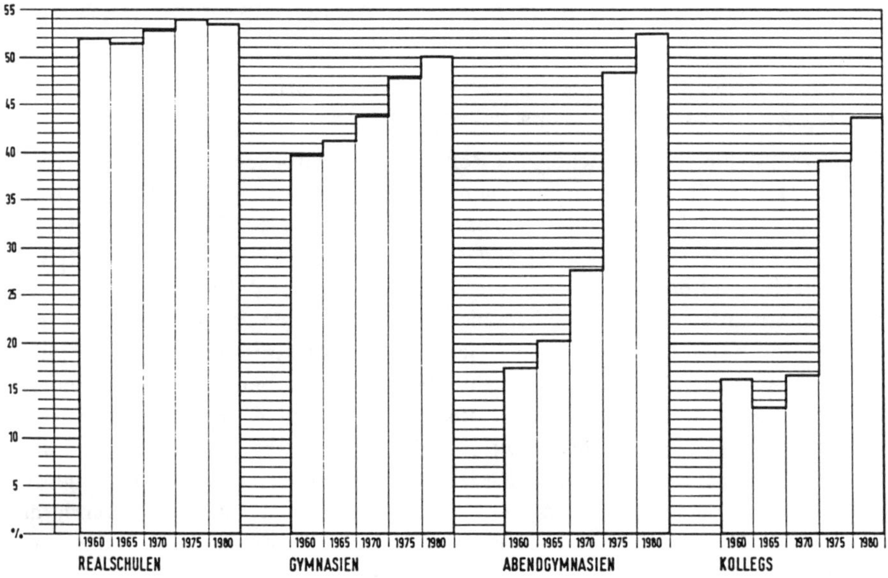

Quelle: Köhler, H. & Symek 1981: 50–63.

Der Bildungsabstand zwischen Frauen und Männern hat sich verändert. Handl (1981), der der Frage nachging, in welchem Umfang und in welcher Art sich das Bildungsdefizit von Frauen im Zeitablauf verändert hat, kommt zu dem Ergebnis, daß sich ...

„die durchschnittliche Ausbildungszeit ... in den letzten 40 Jahren sowohl für Männer und Frauen verlängert (hat), allerdings in unterschiedlichem Ausmaß. Männer erhalten durchschnittlich ein halbes Jahr, Frauen jedoch ein ganzes Jahr mehr Ausbildung als vor 40 Jahren... Frauen erreichen demnach trotz aller Benachteiligungen, denen sie noch im Zugang zu einzelnen Bildungseinrichtungen, wie etwa den Hochschulen, ausgesetzt sein mögen, immer mehr auch solche Bildungsabschlüsse, die für Männer als Ausgangspunkt für vorteilhafte berufliche Karrieren gedient haben" (Handl 1981, 11 und 12).

Es wurde bereits darauf hingewiesen, daß sich die Anteile der Frauen im Bildungssystem im Zeitraum 1970 bis 1980 erhöht haben, und im Rekurs auf die Analyse von Handl (1981) wurde gezeigt, daß sich die durchschnittlichen Ausbildungszeiten für Frauen in den letzten 40 Jahren verändert haben. Damit stellt sich die Frage, ob die durch Ausbildung erworbenen Qualifikationen im Beschäftigungssystem nachgefragt werden.

Bis zu den sechziger Jahren – so Handl u.a. (1979) – hatte die Bildung für Frauen nur einen sekundären und komplementären Charakter; Bildungsabschlüsse dienten mehr der „standesgemäße(n) kulturellen Qualifizierung und Überbrückung bis zur Heirat..." (58) und nicht der Planung einer weiblichen Erwerbsbiografie. Diese Ergebnisse überraschen deshalb, weil ein großer Teil der Mütter dieser Frauen sehr lange erwerbstätig war und weil man annehmen könnte, daß diese ‚Erfahrung', besonders in der generationalen Weitergabe an die Töchter, eine Rolle spielen würde. Kann davon ausgegangen werden, daß Frauen/Mütter trotz kontrafaktischer biografischer Erfahrungen auf traditionellen Rollenvorstellungen beharren, oder haben sie trotz Bildungsbereitschaft und/oder langer Erwerbstätigkeit die Erfahrung gemacht, daß Ausbildungsqualifikationen keine angemessenen Entsprechung im Beschäftigungssystem finden?

Die von Handl u.a. (1979) ausgewerteten Daten für ausgewählte Geburtenkohorten (1901–1946) und Heiratskohorten (1919–1971) ergeben folgendes Bild: ab 1930 setzten politische Kampagnen gegen die Ausbildung und Beschäftigung von Frauen ein (Massenarbeitslosigkeit). Ab 1933 expandierten die Angestelltentätigkeiten im Bürobereich. Obwohl das Nazi-Rollenbild der Frau ideologisch die verheiratete berufstätige Frau ausschloß, waren Frauen weiterhin erwerbstätig. Zwischen 1938 und 1943 stieg die Erwerbstätigkeit der Frauen weiter an: Frauen nahmen die Arbeitsplätze der im Krieg befindlichen Männer ein und wurden zur Arbeit in der Rüstungsindustrie ‚verpflichtet'. Nach dem Zusammenbruch 1945 zogen sich die Frauen aus dem Erwerbsleben zurück (Verdrängung durch Arbeitslosigkeit), ihr Rückzug war noch drastischer als die vorangegangene Mobilisierung, und ihr Anteil an den Beschäftigten erreichte erst 1952 wieder den Stand von 1943 (Handl u.a., 21).

Werden nun die in der Ausbildung erworbenen Qualifikationen der Frauen im Beschäftigungssystem nachgefragt? Bei den Angestelltenberufen bildeten zunächst, bis 1930, mittlere Bildungsabschlüsse und eine kaufmännische Lehre die Voraussetzungen für den Zugang. Während der Naziherrschaft wurden die Zugangsvoraussetzungen gesenkt; unmittelbar nach dem Krieg knüpfte man wieder an das Niveau von 1930 an, und ab 1952 wurden die Zugangsvoraussetzungen erneut gesenkt. Mit der Ausweitung der Angestelltentätigkeiten in den fünfziger Jahren nahm der Anteil der Volksschülerinnen mit Lehre wieder zu (74).

Die Planung von weiblichen Berufsbiografien wird dadurch erschwert, daß viele Frauenberufe „Berufe ohne Zukunft" sind (Willms 1983, 71) oder als ‚vorübergehende' Berufe durch historische Ereignisse wie Krieg und Wiederaufbau entstehen. Auch traditionelle Frauenberufe im wohlfahrtsstaatlichen Bereich (Krankenschwestern, Kindergärtnerinnen) haben politische Konjunkturen und in Zeiten ökonomischer Krisen werden auch diese Arbeitsplätze virulent. Ferner ist heute zu beobachten, daß diese Arbeitsplätze zunehmend von Männern ‚entdeckt' werden, und daß die Frauen in ihren traditionellen Domänen an Boden verlieren (Willms 1983, 70/71). Die Entwicklung der weiblichen Erwerbstätigkeit ist eng an ökonomische Konjunkturen gekoppelt und diese Entwicklungen hindern und/oder begünstigen Frauen weit mehr als Männer in der Planung und Durchführung einer weiblichen Berufsbiografie. Selbst dann, wenn Frauen sich durch formale Bildung für eine qualifizierte Berufstätigkeit vorbereiten, hat das nicht zur Folge, daß sie auf der Angebotsebene des Arbeitsmarktes mit einer Entsprechung rechnen können.

„Aus (der) Gleich- oder Überqualifikation erwerbstätiger Frauen folgt ... keine berufliche Statusgleichheit. Ihr Statusdefizit bleibt erhalten und vergrößert sich sogar, obwohl sich ihr Bildungsdefizit in einen Qualifikationsvorsprung umkehrt" (Handl 1981, 29).

Zwar verlassen 82 Prozent der kontinuierlich erwerbstätigen Frauen/Töchter die Berufskreise ihrer Väter (73 Prozent der Söhne), aber diese Mobilität ist zu vier Fünfteln bedingt durch den Strukturwandel im Beschäftigungssystem. Die Töchter von Facharbeitern werden einfache Angestellte im Bürobereich oder in verwandten Berufen (Verkauf, Service); benachteiligt werden vor allem die mittel- und hochqualifizierten Frauen, wenn sie höhere Angestellten- und Beamtenpositionen erreichen wollen. Nur 22 Prozent der in diesen Bereichen arbeitenden Männer haben einen akademischen Abschluß gegenüber 67 Prozent der Frauen in entsprechenden Positionen (Handl 1977).

3. Aufstiegswege für Frauen: Heirat oder Beruf

Anhand der Analyse des Mobilitätsverhaltens von Frauen, die zwischen 1920 und 1940 geboren sind, stellt Handl (1979) fest, daß

„... die Chancen für soziale Aufwärtsmobilität über die Eheschließung nach wie vor höher sind als über die eigene berufliche Karriere, selbst dann, wenn ... (Frauen) kontinuierlich erwerbstätig sind" (31).

Es zeigt sich, daß die Heiratschancen für Frauen direkt weniger über die Herkunftsfamilie, sondern eher über die erworbenen Qualifikationen (Ausbildung und Art der Berufstätigkeit) der Frauen gesteuert werden, denn gute Bildungsqualifikationen sind die Voraussetzung für den Zugang zu Berufspositionen. Und diese ‚Berufswelten' sind „... die Heiratschancen fördernde Gelegenheitsstrukturen..." (31). Innerhalb der einzelnen Schichten verläuft die soziale Reproduktion geschlechtsspezifisch: die soziale Reproduktion der Männer verläuft direkt über die Berufskarriere, während die soziale Reproduktion der Frauen indirekt über die Berufskarriere, aber direkt über die Heirat verläuft (Tyree/Treas 1974; Havens/Tully 1973; Rogoff-Ramsøy 1973; Mayer 1977; Handl 1979. Diese Aussage gilt auch dann, wenn verheiratete Frauen kontinuierlich berufstätig sind. Die Heirat ist immer der größere soziale Aufstieg, nicht die eigene berufliche Karriere.

Zusammenfassung: Übereinstimmend zeigen empirische Untersuchungen, daß die Bildungsqualifikationen der Mädchen und Jungen sich innerhalb der einzelnen Schichten – mit Ausnahme der Mittelschicht – angeglichen haben (Müller/Mayer 1976, Handl 1981). Die Gleich- und Überqualifikation der erwerbstätigen Frauen findet auf der beruflichen Statusebene jedoch keine Entsprechung. Generell kann festgestellt werden, daß die Ausbreitung formaler Bildung nicht die Aufhebung der geschlechtsspezifischen Zugangschancen zu beruflichen Positionen nach sich gezogen hat. Aber unter dem Gesichtspunkt einer vorteilhaften Heirat, so Handl (1979, 30), ist es auf jeden Fall lohnend, in die Ausbildung von Mädchen zu investieren.

Drei Mobilitätswege für Frauen sind diskutiert worden: Bildung, Beruf und Heirat. Die Abschottung und Strukturierung der weiblichen Arbeitsmärkte – Zugangschancen, Aufstiegsmöglichkeiten – zeigen m.E., daß der Berufskarriere der Frau neben der Ehe- und Familienkarriere die zweite Bedeutung zugeschrieben wird. Dieser strukturelle Zuschreibungsmechanismus wird antizipatorisch schon beim Übergang vom Ausbildungs- ins Beschäftigungssystem wirksam und sie werden über den gesamten weiblichen Lebenslauf beibehalten. Dabei ist es unerheblich, ob Frauen nun wirklich heiraten oder nicht. Selbst den wenigen Frauen, denen es gelungen ist, männlich dominierte Berufsbereiche zu erobern, werden diese Zuschreibungen vor Augen geführt. Ihre Erwerbsverläufe werden mit einem ‚Besonderheitsethos' versehen, denn nach wie vor ist die Heirat für die Frau der ‚normale' Aufstiegsweg.

III. Ausblick

(1) In den generellen Aussagen zu sozialer Mobilität, Intergenerationsmobilität, Berufsmobilität, Klassen- und Schichtmobilität bleiben Frauen weitgehend ausgespart. Insbesondere in der Intergenerationen-Mobilitätsforschung scheint es, als würden nur väterliche soziale Merkmale an Söhne weitergegeben (Ausbildung, Beruf). Das mag zwar eine bestimmte Fragestellung abdecken, nämlich wie ähnlich sich Väter und Söhne sind, gestattet jedoch m.E. keine generellen Aussagen über Intergenerationen-Mobilität. Soll diese umfassend untersucht werden, so sind die Ressourcenbeiträge der Mütter für ihre Söhne und auch für ihre Töchter ebenso bedeutend wie die der Väter (Ulshoefer 1982).

(2) Mehr als 50 Prozent der Frauen haben eine Erwerbsbiografie über den gesamten Lebenslauf. Mit ihrem Einkommen wird der sozioökonomsiche Status ihrer Familien bestimmt; ihre beruflichen Erfahrungen schlagen sich in den Rollenvorbildern für ihre Kinder (für Töchter wie Söhne) nieder. Auch die Tätigkeiten in frauentypischen Berufen sind Erfahrungen, die nicht als gering zu veranschlagen sind.

(3) Wie neuere demografische Entwicklungen zeigen, verändern sich die institutionalisierten biografischen Optionen in den weiblichen Lebensläufen (Geburtenrückgang, Verringerung der Geburtenabstände, Lebensverlängerung etc.). In der Forschung zur beruflichen Mobilität wird der weibliche Lebenslauf hingegen nur bis zur Heirat bzw. bis zur Geburt des ersten Kindes berücksichtigt. Weder die nachmütterliche Phase des weiblichen Lebenslaufs noch das Erwerbsverhalten während der aktiven Familienphase sind ausreichend untersucht und theoretisch und empirisch auf die männliche Erwerbsbiografie und den Lebenslauf bezogen worden.

(4) Auch ist die Frage offen, ob und wie die Lebens- und Berufsverläufe von erwachsenen Frauen und Männern, wenn Mobilität diskutiert wird, sich überhaupt noch mit der Herkunftsfamilie in Beziehung setzen lassen, denn einerseits verändern sich soziale Chancen durch sozialen Wandel und andererseits werden durch Beziehungen (Ehen/Partnerschaften) ‚eigene' Lebenswelten konstruiert.

Es kann also nicht darum gehen, *Forschungslücken* zu schließen, indem die ‚berufstätigen Frauen' in konventionelle Studien zur beruflichen Mobilität einbezogen werden. Auch der Hinweis von Llewellyn (1981), daß die Einbeziehung des qualitativen Aspekts der beruflichen Tätigkeit von Frauen und Männern in die berufliche Mobilitätsforschung der umfassenderen Betrachtung gesellschaftlicher Mobilität besser dienlich sei, ist meines Erachtens nur ein Aspekt. Davon werden die weiter oben ausgeführten *Annahmen*, die in die Mobilitätsforschung Eingang gefunden haben, nicht berührt. Eine Wende deutet sich in den Arbeiten von A. Willms an: nicht von den Qualifikationsdefiziten von Personen bei der Analyse der Beschäftigungsstruktur ist auszugehen, sondern von Arbeitsplätzen, die auf dem Markt angeboten und nachgefragt werden. Aber, ... „der Hinweis, daß die familiale Bindung der Frau Marginalität ihrer Arbeitskraft induziert, formuliert das Problem nur mit anderen Worten." (Ostner 1983, 227). Und gerade dann, wenn das Kriterium ‚Vollzeitbeschäftigung' gesetzt wird, zeigt sich, daß die männliche Leistungskraft im Vergleich mit der weiblichen Leistungskraft nicht erschöpfend betrachtet wird, denn die weibliche Leistungsfähigkeit umfaßt drei Leistungsbereiche: „(1) ... Erwerbs-Arbeitsfähigkeit, (2) ... Hausarbeitsfähigkeit und (3) ... Fortpflanzungsfähigkeit" (Ostner 1983, 228) und demonstriert „Vollzeitbeschäftigung".

In Ansätzen der neueren Lebenslaufforschung wird von einer Dreiteilung ausgegangen: Vorbereitungs-, Aktivitäts- und Ruhephase. Diese Begriffe beziehen sich auf das Erwerbssystem, das heißt, es wird davon ausgegangen, daß sich der Lebenslauf um das Erwerbssystem herum organisiert (Kohli 1983, 135). Das bedeutet aber, daß auch hier wieder von einem Modell der Vergesellschaftung die Rede ist, in dem die Lebensläufe der Männer zur Richtschnur werden, nämlich die sogenannte ‚vollständige' Erwerbsbiografie. Aus der analytischen Sicht eines Modells ‚gesamtgesellschaftlicher Arbeit' wird auch hier nur ein Teilarbeitsbereich betrachtet, die dialektische Verschränkung verschiedener Lebensbereiche und Lebensphasen, die gerade für eine Lebenslaufperspektive typisch sein könnte, scheint wiederum nicht von Interesse zu sein.

Literatur

Abele, A. (1979): „Frauen ‚erobern' einen Beruf. Auswirkungen des berichteten Frauenanteils auf die soziale Bewertung des Berufs ‚Pharmazeut'". Kölner Zeitschrift für Soziologie 31: 303–317.

Acker, J. (1973): „Women and Social Stratification: A Case of Intellectual Sexism". American Journal of Sociology 78 (4): 936–945.

Acker, J. (1978): „Issues in the Sociological Study of Women's Work". In: Stromberg, A.H. und S. Harkess (eds.), op. cit.: 134–161.

Baker, S.H. (1978): „Women in Blue-Collar and Service Occupations". In: Stromberg, A.H. und S. Harkess (eds.), op. cit.: 339–376.

Baron, J.N. (1979/80): „Indianapolis and Beyond: A Structural Model of Occupational Mobility across Generations." American Journal of Sociology (85), 4: 815–838.

Beck-Gernsheim, E. und I. Ostner (1978): „Frauen verändern – Berufe nicht? Ein theoretischer Ansatz zur Problematik von ‚Frau und Beruf'". Soziale Welt 29: 258–287.

Beck-Gernsheim, E. (1983): „Vom ‚Dasein für andere' zum Anspruch auf ein Stück ‚eigenes Leben': Individualisierungsprozesse im weiblichen Lebenszusammenhang." Soziale Welt 2: 307–340.

Becker-Schmidt, R. (1982): „Entfremdete Aneignung, gestörte Anerkennung, Lernprozesse: Über die Bedeutung von Erwerbsarbeit für Frauen." In: Sektion Frauenforschung in den Sozialwissenschaften in der DGS (Hrsg.), Beiträge zur Frauenforschung am 21. Deutschen Soziologentag. Bamberg: 11–30.

Bitsch, H. U. und Th. Peters (1978): Menschengerechte Gestaltung des Kassenarbeitsplatzes in Selbstbedienungsläden. Bonn: Der Bundesminister für Arbeit und Sozialordnung.

Blau, F. D. (1978): „The Data on Women Workers, Past, Present, and Future". In: Stromberg, A. H. und S. Harkess (eds.), op. cit.: 29–62.

Blau, P. M. und O. D. Duncan (1967): The American Occupational Structure. New York: John Wiley & Sons.

Bock-Rosenthal, E., Haase, C. und S. Streeck (1978): Wenn Frauen Karriere machen. Frankfurt/New York: Campus.

Bolder, A. (1980): „Zur Prognose von Bildungs- und Berufswahlentscheidungen im Chancenzuweisungsprozeß". Kölner Zeitschrift für Soziologie 32: 262–280.

Bridges, W. P. (1980): „Industry Marginality and Female Employment: A New Appraisal". American Sociological Review 45: 58–75.

Bruder, J. (1983): „Support of Lineal Generations by Members of Other Generations in the Family and Social Context". Paper presented at: International Symposium on Intergenerational Relationships. Berlin: Feb. 21–24, 1983.

Bundesministerium für Familie, Jugend und Gesundheit (Hrsg.) (1983): Frauen in Familie, Beruf und Gesellschaft. Stuttgart/Mainz: Kohlhammer.

Bundesvereinigung der Deutschen Arbeitgeberverbände (Hrsg.) (1980): Stellungnahme zu aktuellen Frauen- und Familienfragen. Köln: BDA.

Cakir, A. u. a. (1978): Anpassung von Bildschirmarbeitsplätzen an die physische und psychische Funktionsweise des Menschen. Bonn: Der Bundesminister für Arbeit und Sozialordnung.

Chase, I. D. (1975): „A Comparison of Men's and Women's Intergenerational Mobility in the United States". American Sociological Review 40: 483–505.

Cumming, E., und W. E. Henry (eds.) (1961): Growing Old: The Process of Disengagement. New York: Basic Books.

DeJong, P. Y., Brawer, M. J. und S. S. Robin (1971): „Patterns of Female Intergenerational Mobility". American Sociological Review 36: 1033–42.

Delphy, C. (1981): „Women in Stratification Studies". In: Roberts, H. (ed.), Doing Feminist Research. London: Routledge & Kegan Paul, 114–128.

Duncan, O. D. (1966a): „Occupation Trends and Patterns of Net Mobility in the United States". Demography 3: 1–18.

Duncan, O. D. (1966b): „Methodological Issues in the Analysis of Social Mobility". In: Smelser, N. J. und S. M. Lipset (eds.), Social Structure and Mobility in Economic Development. Chicago, Aldine, 51–97.

Duncan, O. D. (1973): „A Socioeconomic Index". In: Bose, C. E. (ed.), Jobs and Gender: Sex and Occupational Prestige. Baltimore: John Hopkins University, Center for Metropolitan Planning and Research.

Dupuis, H. und A. Rieck (1978): Menschengerechte Gestaltung von Arbeitsplätzen des Verkaufspersonals. Bonn: Der Bundesminister für Arbeit und Sozialordnung.

Elder, G. H. Jr. (1975): „Age Differentiation and the Life Course". Ann. Rev. Sociol. 1: 165–190.

Elder, G. H. Jr. (1978): „Family History and the Life Course". In: Hareven, T. K. (ed.), Transitions. New York: Academic Press, 17–64.

Erikson, R., Goldthorpe, J. H. und L. Portocarero (1979): „Intergenerational Class Mobility in Three Western European Societies: England, France and Sweden". British Journal of Sociology (30), 4: 415–439.

Featherman, D. L. und T. M. Carter (1976): „Discontinuities in Schooling and the Socio-Economic Life Cycle". In: Sewell, W. H., Hauser, R. M. und D. L. Featherman (eds.), Schooling and Achievement in American Society. New York: Academic Press, 133–160.

Geissler, B. (1983): „Vielleicht kann ich sogar sagen, daß ich ein fanatischer Gewerkschaftler bin". In: Projektgruppe: Arbeitsbewußtsein in der Wirtschaftskrise (Hrsg.), Zur Theorie und Empirie von Bewußtseinsstrukturen. Arbeitspapier 39. Bremen: Universität, 252–316.

Gensior, S. und L. Lappe (1982): „Zukunft der Frauenerwerbsarbeit". In: Sektion Frauenforschung in den Sozialwissenschaften in der DGS (Hrsg.), Beiträge zur Frauenforschung am 21. Deutschen Soziologentag, Bamberg: 91–115.

Glenn, N.D., Ross, A.A. und J.C. Tully (1974): „Patterns of Intergenerational Mobility of Females Through Marriage". American Sociological Review 39: 683–699.
Goldthorpe, J.H. in collaboration with C. Llewellyn und C. Payne (1980): „Social Mobility & Class Structure in Modern Britain". Oxford: Clarendon Press.
Grimm, J.W. (1978): „Women in Female-Dominated Professions". In: Stromberg, A.H. und S. Harkess (eds.), op. cit.: 293–315.
Gummert, M. (1979): „Rede einer selbstbewußten Professorenfrau. Ein Dokument." Kursbuch 58: 85–100.
Hagemann-White, C. (1983): „The Societal Context of Women's Role in Family Relationships and Responsibilities". Paper presented at: International Symposium on Intergenerational Relationships. Berlin: Feb. 21–24, 1983.
Handl, J. (1977): „Berufliche Chancen von Frauen – Untersuchungen zur weiblichen Berufsmobilität". Soziale Welt 28: 494–523.
Handl, J. u.a. (1979): Prozesse sozialstrukturellen Wandels am Beispiel der Entwicklung von Qualifikations- und Erwerbsstruktur der Frauen im Deutschen Reich und der Bundesrepublik Deutschland. Mannheim: VASMA Arbeitspapier 6.
Handl, J. (1979): Heiratsmobilität und berufliche Mobilität von Frauen. Mannheim: VASMA Arbeitspapier 8.
Handl, J. (1981): „Bildungsexpansion und berufliche Statuschancen von Frauen: Ein sozialhistorischer Versuch". Mannheim: VASMA Arbeitspapier 20.
Havens, E.M. und J.C. Tully (1972): „Female Intergenerational Mobility: Comparison of Patterns?". American Sociological Review 37: 774–777.
Hegelheimer, B. (1982): „Zur Situation der berufstätigen Frau in der Gesellschaft". In: Hessischer Landtag (Hrsg.), Zur Lage der berufstätigen Frau in Hessen (Anhörung im Hessischen Landtag). Wiesbaden: Hessischer Landtag, 7–22.
Hoerning, E.M. (1977): Antizipatorische Sozialisation. Statuspassagen bei Erwachsenen am Beispiel des Zweiten Bildungsweges. Dissertation. Berlin: Freie Universität.
Hoerning, E.M. (1979): „Statuspassagen und Lebensverlauf". In: Griese, H.M. (Hrsg.), Sozialisation im Erwachsenenalter. Weinheim/Basel: Beltz: 198–212.
Hoerning, E.M. (1980): „Zweiter Bildungsweg. Auslese statt Förderung". Das Mitbestimmungsgespräch 26 (9): 205–207 und 26 (10): 241–243.
Imhof, A.E. (1981): Die gewonnenen Jahre. Von der Zunahme unserer Lebensspanne seit dreihundert Jahren oder von der Notwendigkeit einer neuen Einstellung zu Leben und Sterben. München: Beck.
Jacobi, U., Lullies, V. und F. Weltz (1980): Textverarbeitung im Büro. Alternativen der Arbeitsgestaltung. Bundesminister für Forschung und Technologie (Hrsg.), Humanisierung des Arbeitslebens. Schriftenreihe: Band 4. Frankfurt: Campus.
Kanter, R.M. (1978): „Work in a New America". Daedalus 107: 47–78.
Kanter, R.M. (1978): „Some Effects of Proportions on Group Life: Skewed Sex Ratios and Responses to Token Women". American Journal of Sociology 82 (5): 965–990.
Kleining, G. (1971): „Struktur- und Prestigemobilität in der Bundesrepublik Deutschland". Kölner Zeitschrift für Soziologie 23: 1–33.
Köhler, H. und B. Zymek (1981): „Chancengleichheit für Frauen durch Bildungsvorteile? Daten und Erklärungsansätze zum steigenden Schulbesuch der Mädchen an Realschulen und Gymnasien". Die Deutsche Schule 73 (1): 50–63.
Kohli, M. (1983): „Thesen zur Geschichte des Lebenslaufs als sozialer Institution". In: Conrad, C. und H.-J. v. Kondratowitz (Hrsg.), Gerontologie und Sozialgeschichte. Wege zu einer historischen Betrachtung des Alters. Berlin: Deutsches Zentrum für Altersfragen (DZA), 133–147.
Lappe, L. und I. Schöll-Schwinghammer (1978): Arbeitsbedingungen und Arbeitsbewußtsein erwerbstätiger Frauen. Göttingen: Soziologisches Forschungsinstitut.
Lappe, L. (1981): Die Arbeitssituation erwerbstätiger Frauen. Frankfurt/New York: Campus.
Lehr, U. (1983): „The Role of Women in Family Generation Context". Paper presented at: International Symposium on Intergenerational Relationships. Berlin: Feb. 21–24, 1983.
Lenski, G. (1973): Macht und Privileg. Eine Theorie der sozialen Schichtung. Frankfurt: Suhrkamp.
Levy, R. (1977): Der Lebenslauf als Statusbiographie. Stuttgart: Enke.
Linke, W. (1971): „Interrelationships between Number of Children and Economic Activity of the Married Woman". Contribution to the 2nd European Population Conference, Strasbourg, 31. August – 17. September.

Linke, W. (1975): „Veränderungen der Kinderzahl verheirateter Frauen von 1966 bis 1971". Zeitschrift für Bevölkerungswissenschaft 2: 54–79.

Lipset, S.M. und R. Bendix (1959/1964): Social Mobility in Industrial Society. Berkeley & Los Angeles: University of California Press.

Llewellyn, C. (1981): „Occupational Mobility and the Use of Comparative Method." In: Roberts, H. (ed.), Doing Feminist Research. London: Routledge & Kegan Paul, 129–158.

Meulemann, H. (1982): „Bildungsexpansion und Wandel der Bildungsvorstellungen zwischen 1958 und 1979: Eine Kohortenanalyse". Zeitschrift für Soziologie 11 (3): 227–253.

Mayer, K.U. (1977): „Statushierarchie und Heiratsmarkt. Empirische Analysen zur Struktur des Schichtungssystems in der Bundesrepublik und zur Ableitung einer Statusskala". In: Handl, J., Mayer, K.U. und W. Müller, Klassenlagen und Sozialstruktur. Empirische Untersuchungen für die Bundesrepublik Deutschland. Frankfurt/New York: Campus, 155–232.

Mayer, K.U. (1980): „Berufsstruktur und Mobilitätsprozeß – Probleme des internationalen Vergleichs objektiver Indikatoren zwischen England/Wales und der Bundesrepublik". In: Hoffmann-Nowotny, H.-J. (Hrsg.), Soziale Indikatoren im internationalen Vergleich. Soziale Indikatoren VII. Frankfurt/New York: Campus, 97–134.

McLaughlin, S.D. (1978): „Occupational Sex Identification and the Assessment of Female Earning". American Sociological Review 43: 909–921.

Müller, W. und K.U. Mayer (1976): Chancengleichheit durch Bildung? Untersuchungen über den Zusammenhang von Ausbildungsabschlüssen und Berufsstatus. Deutscher Bildungsrat (Hrsg.), Gutachten und Studien der Bildungskommission, 42. Stuttgart: Klett.

Müller, W. (1978a): „Der Lebenslauf von Geburtskohorten". In: Kohli, M. (Hrsg.), Soziologie des Lebenslaufs. Darmstadt/Neuwied: Luchterhand, 54–77.

Müller, W. (1978b): Klassenlage und Lebenslauf. Habilitationsschrift, Mannheim: Universität.

Müller, W., Willms, A. und J. Handl (1983): Strukturwandel der Frauenarbeit 1880–1980. Frankfurt/New York: Campus.

Ostner, I. (1983): ohne Titel, in: Müller, W., Willms, A. und Handl, J. (Hrsg.), Strukturwandel der Frauenarbeit 1880–1980. Frankfurt/New York: Campus, 226–228.

Patterson, M. (1978): „Woman in Male-Dominated Professions." In: Stromberg, A.H. und S. Harkess (eds.), op. cit.: 226–292.

Pirker, Th. u.a. (1981): Schreibdienste in obersten Bundesbehörden. Eine vergleichende Untersuchung. Bundesminsiter für Forschung und Technologie (Hrsg.), Humanisierung des Arbeitslebens. Schriftenreihe: Band 16. Frankfurt/New York: Campus.

Rogoff-Ramsøy, N. (1973): „Patterns of Female Intergenerational Occupational Mobility: A Comment". American Sociological Review 38: 806–807.

Rogoff, N. (1953): Recent Trends in Occupational Mobility. Glencoe: Free Press.

Rosenfeld, R.A. (1978): „Women's Intergenerational Occupational Mobility". American Sociological Review 43: 36–46.

Rosow, I. (1974): Socialization to Old Age. Berkeley/Los Angeles/London: University of California Press.

Rossi, A.S. (1970): „Status of Women Graduate Departments of Sociology: 1968–1970". The American Sociologist 5: 1–12.

Sorensen, A.B. (1975): „The Structure of Intra-Generational Mobility". American Sociological Review 40: 456–471.

Statistisches Bundesamt (1981): Wiesbaden, Referat VII c.

Statistisches Jahrbuch für die Bundesrepublik Deutschland 1982 (1983): Stuttgart: Klett.

Stromberg, A.H. und S. Harkess (eds.) (1978): Women Working, Theories and Facts in Perspective. Palo Alto: Mayfield Pub. Comp.

Talmon, Y. (1968): „Aging: Social Aspects". In: Sills, D.L., International Encyclopedia of the Social Sciences (Bd. I). New York: Macmillan & Free Press: 186–196.

Tegtmeyer, H. (1979): „Die berufliche Stellung der Frau: Ehe und Karriere". Zeitschrift für Bevölkerungswissenschaft, 2: 3–28, wieder abgedruckt in: Tegtmeyer, H. (Hrsg.), Soziale Strukturen und individuelle Mobilität. Boppard: Boldt, 259–291.

Toubey, J. (1974a): „Effects of Additional Women Professionals on Ratings of Occupational Prestige and Desirability." Journal of Personality and Social Psychology 29: 86–89.

Toubey, J. (1974b): „Effects of Additional Men on Prestige and Desirability of Occupations Typically Performed by Women". Journal of Applied Social Psychology 4: 330–335.

Tyree, A. und J. Treas (1974): „The Occupational and Marital Mobility of Women". In: American Sociological Review 39: 293–302.

Ulshoefer, H. (1982): Konzeptionelle Defizite in der bundesrepublikanischen Familienforschung und ihre politischen Folgen. Berlin: hektografiertes Manuskript.

Weltz, F. u.a. (1978): Aufbruch und Desillusionierung. Junge Frauen zwischen Beruf und Familie. Göttingen (München): Soziologisches Forschungsinstitut.

Willms, A. (1983): Auf dem Weg zur beruflichen Gleichstellung von Männern und Frauen? Entwicklungstendenzen der geschlechtspezifischen Segregation des Arbeitsmarktes und ihre Determinanten, 1925–1980. Mannheim: VASMA Arbeitspapier 35.

Wirtschaft und Statistik (1977): 2: 85–87.

Zentraleinrichtung zur Förderung von Frauenstudien und Frauenforschung (ZfFFS) (1983) Personal und Studenten/innen-Statistik Juli 1982 der FU-Berlin. Extra 6. Berlin: hektografiertes Manuskript.

Bärbel Pusback

Chancengleichheit für Frauen auf dem Zweiten Bildungsweg?

Eine Untersuchung über die Studentinnen an der Hochschule für Wirtschaft und Politik

1. *Einleitung*

Seit angesichts des Mangels an hochqualifizierten Arbeitskräften in der Phase des Wirtschaftswachstums bis Mitte der sechziger Jahre auf der Suche nach Begabungsreserven als Benachteiligte des ersten Bildungsweges in der Bundesrepublik Arbeiterkinder, Katholiken, Bauern und Mädchen[1] entdeckt wurden, konzentrierte sich das bildungssoziologische Forschungsinteresse überwiegend auf die Arbeiterkinder im Rahmen der Untersuchungen zur sozialen Rekrutierung der Schüler an weiterführenden Schulen und der Studenten an den Hochschulen, und zwar entweder in der Generationenfolge von Vätern und Söhnen oder ohne Differenzierung nach dem Geschlecht der Schüler.[2] Mit der Forderung nach Bildungsreformen und der Öffnung der höheren Schulen und Universitäten als Zugangsweg für den Aufstieg in die höchstqualifizierten Berufspositionen dieser Gesellschaft für die bisher Benachteiligten war die Hoffnung verbunden, daß sich deren Chancen für den sozialen Aufstieg entscheidend verbessern würden. Entsprechend wurde die Benachteiligung vor allem gemessen an der Unterrepräsentiertheit der betreffenden Gruppen an den Gymnasien und Universitäten, und schon Ende der fünfziger Jahre wurde im Zusammenhang mit dieser Argumentation dem Zweiten Bildungsweg als eine seiner Hauptfunktionen die Korrektur dieser Benachteiligung zugeschrieben: er sollte die auf dem ersten Bildungsweg nicht gewährleistete Chancengleichheit durch den nachträglichen Erwerb der Hochschulreife ermöglichen.[3] Als „Reservemechanismus der Sozialstruktur"[4] sollte er den gesamtgesellschaftlichen Bedarf an mobilen hochqualifizierten Arbeitskräften mit den individuellen Aufstiegswünschen der bisher Benachteiligten vermitteln.

Seit Mitte der siebziger Jahre hat nun die Bildungs- und Berufssituation der Mädchen und Frauen zunehmend öffentliches Interesse gefunden, so daß jetzt eine Reihe von Untersuchungen über die Bildungsbeteiligung von Mädchen und Frauen vorliegen.[5]

Konnte noch in den sechziger Jahren festgestellt werden, daß Mädchen und Frauen an den höheren Schulen und Universitäten „erheblich unterrepräsentiert"[6] seien, geht aus den Untersuchungen der letzten Jahre hervor, daß schon in der zweiten Hälfte der sechziger Jahre, beschleunigt aber seit Mitte der siebziger Jahre der relative Besuch höherer Schulen von Seiten der Mädchen so stark gestiegen ist, daß sie an den Gymnasien die Jungen überholt und an den Realschulen ihren traditionellen Vorsprung noch weiter ausgebaut haben.[7] Für die Kohorten der 1920 bis 1940 Geborenen hat Johann Handl auf der Grundlage der Mikrozensus-Zusatzerhebung von 1971 festgestellt, daß unter Berücksichtigung der Zunahme der Lehrabschlüsse – insbesondere im kaufmännischen Bereich – ein schneller Abbau des Bildungsdefizits der Mädchen zu verzeichnen und in den letzten Kohorten sogar ein Qualifikationsdefizit der männlichen Erwerbstätigen zu konstatieren sei.[8] Trotz der für diese Generation noch gegebenen Benachteiligung der Frauen bei Abitur- und Hochschulabschlüssen erreichten die Frauen „immer mehr auch solche Bildungsabschlüsse, die Männern als Ausgangspunkt für vorteilhafte berufliche Karrieren gedient haben".[9] Entscheidend ist jedoch, daß es den Frauen nicht gelungen ist, entsprechende berufliche Positionen einzunehmen. Selbst bei kontinuierlicher Erwerbstätigkeit erreichten Frauen bei gleicher Qualifikation in der Regel nur Positionen, die eine Stufe unter denen der Männer lagen.[10]

Zwar gilt, daß „die Ungleichheit der Bildungschancen zwischen Männern und Frauen gering ist im Vergleich zu der Ungleichheit der Bildungschancen nach sozialer Herkunft"[11], wobei die relative Benachteiligung der Töchter gegenüber den Söhnen in den statushöchsten Schichten und nicht in den Arbeiterfamilien am größten ist[12]; beim Eintritt in das Berufsleben müssen Frauen aber generell einen höheren Schulabschluß aufweisen, um überhaupt einen Ausbildungsplatz zu bekommen, und oft können sie ihre Berufswünsche nicht realisieren, weil ihnen weniger Ausbildungsplätze angeboten werden als Männern. So kommt die hohe Konzentration der Frauen auf wenige Berufe, die ihnen vielfach als eigene Fehlentscheidung vorgeworfen wird[13], auch durch das beschränkte Angebot an Ausbildungsplätzen für Frauen zustande.[14] Läßt sich die zunehmende „Aneignung allgemeiner Bildung seitens der Frauen ... auch als Ausdruck ihres Interesses an ökonomischer Unabhängigkeit" verstehen[15], muß festgestellt werden, daß die Realisierungsmöglichkeiten in der beruflichen Praxis auch für die heute heranwachsende Frauengeneration begrenzt sind. Die betrieblichen Einsatzstrategien für qualifizierte Frauen, die eine Lehre abgeschlossen haben, sind so angelegt, daß durch hohe psycho-physische Belastungen, unterqualifizierten Arbeitseinsatz, begrenzte Aufstiegsmöglichkeiten und niedrige Entlohnung den Frauen auch bei anfänglich stärkerer Berufsorientierung das Ausscheiden aus dem Beruf nahegebracht und der Rückzug in die Familie zur attraktiven Alternative gerät. Frauen, die langfristig arbeiten wollen, müssen sich an dem Muster männlicher Berufskarrieren orientieren, was zumeist bedeutet, daß Karriere und Familie kaum vereinbar sind.[16] Gerade für Frauen, denen die Familie nicht als ausschließliche Lebensperspektive vor Augen stand – was man angesichts der gestiegenen Erwerbstätigkeitsquote verheirateter Frauen in den letzten Jahrzehnten[17] wohl für viele unterstellen kann –, ist in einer solchen Situation die Möglichkeit, durch den Besuch eines Instituts des Zweiten Bildungsweges die Aufstiegsbegrenzung ihrer beruflichen Position durchbrechen oder eine falsche Berufswahl korrigieren zu können, von entscheidender Bedeutung.

In diesem Zusammenhang soll die Situation der Studentinnen an der Hochschule für Wirtschaft und Politik erörtert und überprüft werden, inwieweit an der Hochschule Chancengleichheit für Frauen im Vergleich zu Männern, in bezug auf ihre soziale Herkunft, ihre schulische und berufliche Qualifikation und als entscheidende Meßgröße für den Studienerfolg in bezug auf die Examensergebnisse besteht.

In den meisten Arbeiten über den Zweiten Bildungsweg werden nur Institutionen berücksichtigt, die dem ersten Bildungsweg unmittelbar vergleichbare Berechtigungen erteilen, wie z. B. die Fachschulreife, Mittlere Reife und das Abitur.[18] Die Hochschule für Wirtschaft und Politik weicht insofern von solchen Institutionen ab, als in den ersten zwanzig Jahren ihres Bestehens als „Akademie für Gemeinwirtschaft" und als „Akademie für Wirtschaft und Politik" nur eine Minderheit ihrer Absolventen, die das Examen mindestens mit der Note „gut" abgeschlossen hatten, die Hochschulreife erhielt.[19] Trotzdem hielten schon die Dozenten der damaligen Akademie für Gemeinwirtschaft sie für ein Modellinstitut des Zweiten Bildungsweges, da sie die in der Hochschulreife anvisierten sozialen Aufstiegsmöglichkeiten durch ihre sozialwissenschaftliche Ausbildung erreichbar machen sollte, „ohne daß (ein Absolvent) überhaupt die Universitäten oder wissenschaftlichen Hochschulen in Anspruch zu nehmen brauchte".[20] Erst als im Zuge der Bildungsreformdiskussion und der Forderung nach mehr Chancengleichheit Ende der sechziger Jahre Fachober- und Fachhochschulen errichtet wurden mit dem Recht, die allgemeine Hochschulreife zu erteilen, wurde die „Akademie" in die „Hochschule für Wirtschaft und Politik" umgewandelt, und die Absolventen erhalten seit 1969 mit der Graduierung/Diplomierung auch die allgemeine Hochschulreife, von der im Lauf der siebziger Jahre fast 70 % der Absolventen durch ein Weiterstudium an der Universität Gebrauch gemacht haben.[21] Insofern läßt sich die HWP trotz ihres eigenständigen sozialwissenschaftlichen Ausbildungszieles mit den Abschlußmöglichkeiten als Diplom-Betriebswirt, Diplom-Volkswirt und Diplom-Sozialwirt mit anderen Instituten des Zweiten Bildungsweges, wie Abendgymnasien und Kollegs durchaus vergleichen.

Konnte Gerd Laga auf Grund Anfang der siebziger Jahre vorliegender Daten noch feststellen, daß die Frauen auf dem Zweiten Bildungsweg noch stärker unterrepräsentiert seien als an den Gymnasien[22], wobei die Situation an der Hochschule für Wirtschaft und Politik mit einem Anteil an weiblichen Studierenden von knapp 5 % bis 1970 weitaus ungünstiger war als an den Abendgymnasien und Kollegs mit einem Frauenanteil von durchschnittlich 20 %[23], ist parallel zu der breiten Expansionsbewegung der Mädchen und Frauen in Richtung auf höhere allgemeine schulische Qualifikationen auch der Frauenanteil an den Instituten des Zweiten Bildungsweges gestiegen: an den Abendgymnasien sind die Frauen mit gut 51 % inzwischen überrepräsentiert, an den Kollegs haben sie einen Anteil von 42 % erreicht[24], und an der HWP liegt der Anteil der Frauen seit Ende der siebziger Jahre bei durchschnittlich 36 %.

Für die Beschreibung des sozialen Profils der Studentinnen bieten die Daten der Sozialstatistik aller HWP-Studenten Informationen über die soziale Herkunft, Schulbildung und Berufsausbildung sowie Lebensalter und Familienstand der

Studierenden, so daß es möglich ist, die Art der Studienfinanzierung, die Studienfachwahl und den Studienerfolg mit der sozialen Herkunft und der Qualifikation der Studentinnen in Verbindung zu bringen. Auf der Basis zweier Befragungen in den Aufnahmeprüfungen von 1978 und 1979 soll außerdem versucht werden, Motivation und Studienziele der HWP-Studentinnen etwas näher zu charakterisieren.

2. *Soziale Zusammensetzung und Studienmotivation von Teilnehmerinnen an Aufnahmeprüfungen zum HWP-Studium*

2.1. Soziale Rekrutierung und Qualifikation der Bewerberinnen

Die Zugangsberechtigung zum HWP-Studium können Bewerberinnen und Bewerber mit Hauptschulabschluß oder Mittlerer Reife und einer abgeschlossenen Berufsausbildung oder mehrjähriger Erwerbstätigkeit durch das Bestehen einer Aufnahmeprüfung erwerben.[25] Seit 1970 erfüllt die HWP auch die Funktion einer Fachhochschule für Wirtschaft und Verwaltung und stellt etwa 40 % ihrer Studienplätze Bewerbern mit Fachhochschulreife oder Abitur ohne Aufnahmeprüfung zur Verfügung. Für die Gesamtheit der Fachoberschüler liegen keine Sozialdaten vor; die ersten Jahrgänge der Fachoberschüler, die an der HWP studierten, unterschieden sich in ihrer sozialen Rekrutierung von den Studierenden mit bestandener Aufnahmeprüfung insofern, als relativ mehr Kinder von höheren Angestellten und Beamten und weniger Arbeiterkinder waren. An dem gestiegenen Lebensalter der Aufnahmeprüfungsteilnehmer seit Anfang der siebziger Jahre und dem niedrigeren Durchschnittsalter der Studenten mit Fachhochschulreife ist zu erkennen, daß seit der Errichtung der Fachoberschulen im Jahre 1970 eine große Zahl potentieller jüngerer Bewerber mit Mittlerer Reife auf diesen Weg zur Erlangung der Studienberechtigung für die HWP umgelenkt worden ist.[26] Andererseits fällt in diese Phase die Ausweitung des höheren Schulwesens, das nun zwar auch von Arbeiterkindern stärker genutzt wird, aber ohne daß diese den Vorsprung der Angestellten- und Beamtenkinder hätten verringern können, da auch von diesen nun relativ noch mehr ein Gymnasium besuchen.[27] Die Zusammensetzung der Aufnahmeprüfungsteilnehmer nach der sozialen Herkunft hat sich in dieser Zeit dahin verändert, daß der Anteil der Arbeiterkinder von unter 30 % auf 36 % gestiegen ist, während der Anteil der Bewerber aus höheren Angestellten- und Beamtenfamilien sowie der Kinder freiberuflich tätiger Akademiker und größerer selbständiger Kaufleute[28] von mehr als 20 % auf durchschnittlich 14 % gesunken ist. Dabei sind kaum Unterschiede in der sozialen Herkunft zwischen männlichen und weiblichen Prüfungsteilnehmern festzustellen (vgl. Tab. 1 im Anhang).

Das Mindestalter für die Teilnahme an der Aufnahmeprüfung beträgt 20 Jahre, eine Höchstaltersgrenze gibt es nicht mehr. Die Frauen, die an den hier untersuchten Aufnahmeprüfungen – zwischen 1974 und 1983 – teilgenommen haben, waren im Durchschnitt 27 Jahre alt. Das bedeutet, daß sie etwa zwischen 1940 und 1960 geboren worden sind und in den fünfziger und sechziger Jahren die Schule besucht haben, und erst die Jüngsten sind in der Phase des Bildungsvorsprungs der Mädchen zur Schule gegangen. Noch 1970 waren die Mädchen in allen sozialen Schichten im Vergleich zu den Jungen in ihren Bildungsmöglichkeiten benachteiligt; allerdings waren die Unterschiede zwischen den sozialen Schichten noch gravierender als der zwischen Söhnen und Töchtern innerhalb der sozialen Schichten: auch wenn der relative Unterschied beim Besuch von Gymnasien zwischen Söhnen und Töchtern von Beamten größer (5,9 %) war als zwischen Söhnen und Töchtern der Arbeiter (2,3 %), besuchten doch immerhin 38,4 % der 1970 15- bis 17jährigen Töchter der Beamten ein Gymnasium und nur 4,5 % der gleichaltrigen Arbeitertöchter.[29] Zwar ist der Anteil der Arbeitertöchter an den Gymnasien bis 1979 auf 12,4 % gestiegen, aber der Anteil der Beamtentöchter liegt nun bei 46,3 %, so daß sich die schichtspezifischen Unterschiede kaum geändert haben.[30] Berücksichtigt man außerdem, daß Arbeitertöchter auch bei kontinuierlicher Erwerbstätigkeit bisher kaum Chancen hatten, in den Bereich der gehobenen Angestelltenpositionen aufzusteigen, während Töchter höherer Angestellter und Beamten kaum in Arbeiterinnenpositionen abgestiegen sind[31], muß der sozialen Herkunft der HWP-Studienbewerberinnen und Studentinnen besondere Aufmerksamkeit gewidmet werden, zumal der HWP-Abschluß auf mindestens gehobene Angestellten- und Beamtenpositionen zielt.

Im Vergleich zu den Arbeitertöchtern in der Bundesrepublik insgesamt sind unter den HWP-Studienbewerberinnen die Arbeitertöchter mit Mittlerer Reife überrepräsentiert, obwohl sie im Vergleich zu den anderen Bewerberinnen noch relativ am häufigsten nur die Hauptschule abgeschlossen hatten (ca. 30 %). Auch in bezug auf die Berufsausbildung zeigt sich die positive Auswahl der Arbeitertöchter: fast zwei Drittel hatten eine kaufmännische oder Verwaltungsausbildung, 20 % eine andere und nur 15 % hatten keine Berufsausbildung abgeschlossen. Demgegenüber hatten die Angestellten- und Beamtentöchter unter den HWP-Studienbewerberinnen zwar zu mehr als 70 % die Mittlere Reife erworben, aber weniger als die Hälfte hatten eine kaufmännische oder Verwaltungsausbildung und fast ein Viertel gar keine Berufsausbildung abgeschlossen. Angesichts der hohen Wahrscheinlichkeit für Arbeitertöchter, selbst un- oder angelernte Arbeiterinnen zu werden[32], müssen die an den Aufnahmeprüfungen teilnehmenden Arbeitertöchter mit Mittlerer Reife und kaufmännischer Ausbildung als für ihre soziale Herkunft hochqualifiziert eingeschätzt werden, während die Töchter der höheren Angestellten und Beamten, die auch sonst selten in der Lage sind, durch eigene Berufstätigkeit den sozialen Status ihrer Väter zu erreichen, ohne ein Studium auf dem Zweiten Bildungsweg von einem vergleichsweise hohen Risiko des sozialen Abstiegs bedroht wären, es sei denn, sie würden statusadäquat heiraten.[33]

2.2. Studienmotivation und Studienziele

Bei der Untersuchung der Motive und Studienziele, die die HWP-Bewerber/innen bewegt haben können, ein Studium auf dem Zweiten Bildungsweg zu beginnen, haben zwei Befragungen in den Jahren 1978 und 1979[34] ergeben, daß wichtige Anstöße für diese Entscheidung offenbar aus der beruflichen Situation der Befragten gekommen sind.

Die Studienmotivation der Frauen unterschied sich deutlich nach der Art ihrer Berufsausbildung: Für die Frauen ohne abgeschlossene Berufsausbildung stand das Interesse an einer besseren beruflichen Qualifikation klar im Vordergrund. Von ihnen wollten die meisten einen der beiden ökonomischen Studienabschlüsse erwerben, aber soweit sie schon Vorstellungen über ihre zukünftige Berufstätigkeit hatten, richteten sich diese eher auf soziale und gewerkschaftliche Tätigkeiten als auf kaufmännische Berufe.

Den Frauen mit einer kaufmännischen oder Verwaltungsausbildung war bewußt, daß bessere berufliche Qualifikationen Voraussetzung für einen sozialen Aufstieg wären, aber nur wenige begründeten ihren Entschluß zu studieren mit dem Wunsch nach besseren beruflichen Möglichkeiten in ihrem gelernten Beruf. Die meisten begründeten ihre Entscheidung mit speziellen fachlichen oder gesellschaftspolitischen Interessen. Nur wenige wollten wieder in kaufmännische Berufe zurück, viele strebten in lehrende Berufe oder in Tätigkeiten bei Gewerkschaften, einige wollten auch Juristin werden.

Am stärksten betonten die Frauen mit einer anderen als kaufmännischen Ausbildung (Krankenschwestern, med.techn. Assistentinnen, techn. Zeichnerinnen u.ä.) die Möglichkeit, durch ein Studium Bildungs- und Eigeninteressen entfalten und den eigenen Wissensstand erweitern zu können. Von ihnen strebten die meisten einen Abschluß als Soziologin an, und die wenigen, die schon berufliche Pläne hatten, wollten auch mehr in soziale und gewerkschaftliche Tätigkeiten als in kaufmännische Berufe.

Diese verbreitete Abwendung der Frauen von ihren bisherigen Tätigkeitsbereichen muß vor dem Hintergrund ihrer Bewertung ihrer beruflichen Situation gesehen werden: Generell schätzten sie ihre Aufstiegsmöglichkeiten überwiegend negativ ein, wenn auch die meisten mit ihrer Einkommenssituation zufrieden waren. Entscheidend ist aber, daß die Mehrheit der Frauen (etwa gleich viele wie Männer) der Meinung war, ihre Fähigkeiten im Rahmen ihrer Arbeit nicht hinreichend entfalten und zur Geltung bringen zu können. Ähnlich unzufrieden äußerten sie sich über den Mangel an Entscheidungs- und Verantwortungsbefugnissen. Gefragt, was ihnen an ihrer Arbeit am besten und was ihnen am schlechtesten gefallen hatte, wurde von Männern und Frauen gleichermaßen positiv erwähnt, wenn sie selbständig arbeiten und Entscheidungen treffen konnten, und beklagt, wenn diese Möglichkeiten fehlten. Frauen beklagten sich dabei häufiger über den Mangel an Selbständigkeit, während die Männer mehr die Einseitigkeit der Arbeit, den Mangel an Abwechslung und die Monotonie negativ hervorhoben.

In diesem Zusammenhang erscheint es denn auch nicht erstaunlich, daß auch die männlichen Aufnahmeprüfungsteilnehmer ihre persönliche Entscheidung für ein Studium eher mit politischen oder bestimmten fachlichen Interessen begründeten als mit dem Wunsch nach sozialem Aufstieg. Obwohl ihnen die beruflichen Qualifikationsanforderungen in noch höherem Maß bewußt waren als den Frauen und auch mehr einen Abschluß in einem der ökonomischen Studiengänge als in Soziologie anstrebten, wollten nur 13 % der kaufmännischen Angestellten nach dem Studium auf jeden Fall wieder in einem kaufmännischen Beruf tätig werden. Auch unter den männlichen Bewerbern fanden lehrende Berufe, Sozialarbeit und Journalismus großes Interesse, so daß festgestellt werden muß, daß sich in den letzten zehn Jahren[35] die Interessenorientierung der männlichen Aufnahmeprüfungsteilnehmer dahingehend verändert hat, daß immer weniger eine kaufmännische Ausbildung konsequent ausbauen und immer mehr in nach ihrer Meinung befriedigendere Berufe wechseln wollen. Dabei muß allerdings berücksichtigt werden, daß ja seit 1971 ein Teil der früheren Aufnahmeprüfungsanwärter nun über die Fachoberschulen an die HWP kommt. Dabei scheint es sich um karrierebewußtere Bewerber zu handeln, denn die Studierenden mit Fachhochschulreife entscheiden sich wesentlich häufiger für den Abschluß als Betriebswirt als die Studenten mit bestandener Aufnahmeprüfung.

Die eigenen Berufserfahrungen hatten offenbar größere Bedeutung für die Studienziele als die soziale Herkunft: Differenziert man die Aufnahmeprüfungsteilnehmerinnen nach dem Beruf des Vaters, ergeben sich nur wenige markante Unterschiede in den Studienzielen und Berufsplänen. Nur von den Töchtern der kleinen Selbständigen wollten etwa gleich viele eine fachbezogene Berufsausbildung wie ein gesellschaftspolitisch orientiertes Studium, bei allen anderen überwog das gesellschaftspolitische Interesse. Von den Arbeitertöchtern wollten relativ am meisten in den Gewerkschaften tätig werden, unter den Töchtern der unteren und mittleren Angestellten und Beamten gab es die größte Gruppe mit dem Ziel, kaufmännische Berufe zu ergreifen. Die Töchter höherer Angestellter und Beamter hatten eine besonders starke Orientierung auf lehrende und soziale Berufe hin, während die Töchter kleiner Selbständiger etwa gleich oft kaufmännische, lehrende und gewerkschaftliche Tätigkeiten anstrebten.

Die Zunahme der Berufstätigkeit gerade auch verheirateter Frauen in den letzten Jahrzehnten[36] gilt als Indikator für die Übergangsphase, in der sich die Frauen gegenwärtig zwischen dem traditionellen „Dasein für andere" und dem Anspruch auf ein Stück „eigenes Leben"[37] befinden. Obwohl die Eheschließung allein immer weniger Grund ist, die Berufstätigkeit aufzugeben[38], scheiden immer noch viele Frauen nach der Geburt von Kindern für einige Jahre aus dem Erwerbsleben aus.[39] Müssen schon weibliche Jugendliche für vergleichbare Ausbildungsplätze eine bessere schulische Vorbildung aufweisen als männliche[40], müssen verheiratete oder geschiedene Frauen, die ihre Erwerbstätigkeit unterbrochen haben, damit rechnen, daß sie beim Wiedereintritt ins Berufsleben nicht auf dem gleichen Niveau wie vorher, sondern meistens auf niedrigerem Qualifikationsniveau in entsprechend schlechter entlohnten Tätigkeiten beschäftigt werden.[41] Für diese Frauen könnte ein Studium an der HWP ein entscheidender Faktor sein, überhaupt wieder einen qualifizierten Arbeitsplatz zu finden. Unter den Teilnehmerinnen an den Aufnahmeprüfungen der letzten zehn Jahre fanden sich aber nur 59 Frauen (5 %), die zur Zeit der Aufnahmeprüfung nicht erwerbstätig waren. Auch die verheirateten (26 %) und die geschiedenen (13,4 %) Prüfungsteilnehmerinnen waren fast alle erwerbstätig. Dabei ist bemerkenswert, daß die verheirateten Frauen – und ganz besonders die mit Kindern – am erfolgreichsten die Aufnahmeprüfungen bestanden.

An welchem biographischen Punkt die Frauen ihre Studienentscheidung trafen, ist bisher nicht ermittelt worden. Von den 1978 und 1979 befragten verheirateten Frauen[42] hatten sich aber relativ mehr (63 %) allein entschlossen als von den ledigen und geschiedenen (52 %). Dabei waren mehr als die Hälfte von ihnen mit Akademikern verheiratet, die überwiegend den Studienplänen ihrer Frauen zustimmten. In einigen Fällen hatten sie sogar ihre Frauen angeregt, ein Studium aufzunehmen. Auch von den ledigen Frauen waren relativ viele von ihren Freunden angeregt worden zu studieren, geschiedene Frauen eher von Freundinnen. Insgesamt haben die Frauen weniger über öffentliche Institutionen oder die Gewerkschaften von der HWP erfahren, während relativ viele Männer ihre Informationen über die HWP durch die Gewerkschaften erhalten hatten und auch relativ oft von Gewerkschaftsvertretern zum Studieren angeregt worden waren. Überhaupt brauchten verheiratete Männer viel häufiger Anregung und Zuspruch (63 %) als verheiratete Frauen (37 %), um sich zu einem Studium zu entschließen. Auch hatten sich die verheirateten Männer mehr über Weiterbildungsmöglichkeiten ohne Hochschulbesuch informiert, zumal mehr als ein Viertel von ihnen Ehefrauen hatten, die Hausfrauen waren.

Insgesamt hatten sich die verheirateten Frauen intensiver mit ihrer Studienentscheidung auseinandergesetzt als die ledigen: sie hatten sich in höherem Maß über andere Weiterbildungsmöglichkeiten – insbesondere, das Abitur nachzuholen – informiert und auch schon häufiger Vorstellungen über ihren zukünftigen Beruf nach dem Studium entwickelt (43 % im Vergleich zu 28 % der ledigen). Obwohl ihre Studienmotivation stark geprägt war von dem Wunsch nach besseren beruflichen Chancen, richteten sich ihre beruflichen Ziele vor allem auf lehrende und soziale Berufe sowie auf Tätigkeiten in Gewerkschaften. Sie stellten den höchsten Prozentsatz an Bewerberinnen, die Soziologie an der HWP studieren wollten (39 % im Vergleich zu 29 % unter den ledigen und 23,5 % unter den geschiedenen Frauen). Zwei Drittel von ihnen hatten eine kaufmännische oder Verwaltungsausbildung abgeschlossen, aber nur wenige wollten in kaufmännische Berufe zurückkehren.

Aus den Äußerungen der Befragungsteilnehmer/innen wird deutlich, daß sie mit dem Studium die Hoffnung verbanden, einen Arbeitsplatz erhalten zu können, der es ihnen ermöglichen sollte, eigene Interessen zu verwirklichen, die eigenen Fähigkeiten zu entfalten und Entscheidungen in eigener Verantwortung treffen zu können. Der Wunsch nach sozialem Aufstieg wurde selten explizit formuliert. Da sich aber die angestrebten Arbeitsplätze eher im oberen Bereich der Berufspositionen finden dürften, wäre mit dem Erreichen der angestrebten Berufsziele für die Mehrheit der HWP-Studenten/Studentinnen ein sozialer Aufstieg de facto verbunden, zumal die Frauen noch häufiger als die Männer aus Arbeitsplätzen mit wenig Entfaltungsmöglichkeiten kamen und auch viele das Risiko, arbeitslos zu werden, schon kennengelernt hatten.[43] Ob sich die angestrebten Berufsziele auch erreichen lassen, hängt von der Wahl des Studienfaches, dem Studienerfolg und der Arbeitsmarktlage ab. Dabei ist mit dem Besuch der HWP das Spektrum der möglichen

Studienabschlüsse auf die Diplomierung zum Betriebs-, Volks- oder Sozialwirt und die damit verbundenen Berufsfelder beschränkt[44], es sei denn, diese Schranke würde durch ein Studium an der Universität in einer anderen Fachrichtung überwunden.

Welche Studienfachwahl die HWP-Studentinnen treffen und mit welchem Erfolg sie studieren, soll im folgenden untersucht werden.

3. Soziale Rekrutierung, Studienfachwahl und Studienerfolg der HWP-Studentinnen

3.1. Soziale Herkunft und Qualifikation der Studentinnen

Die Aufnahmeprüfungen der HWP boten in den letzten zehn Jahren verhältnismäßig vielen Arbeiter- und kleinen Angestellten- und Beamtentöchtern gute Chancen, eine Studienberechtigung zu erwerben. Unter den Studienbewerberinnen mit bestandener Aufnahmeprüfung betrug ihr Anteil zusammen fast 70 %. Unter den Studentinnen sind sie nur noch mit 55 % vertreten. Diese Verschiebung in der sozialen Rekrutierung läßt sich zum Teil damit erklären, daß unter den Fachoberschülerinnen und Abiturientinnen die Töchter höherer Beamter und Angestellter sowie kleiner Selbständiger immer noch überrepräsentiert sind. Zum anderen läßt sich auch feststellen, daß die Söhne und Töchter der statushöchsten Berufsgruppen ihre über Aufnahmeprüfung oder Fachhochschulreife erworbene Studienberechtigung auf jeden Fall zu nutzen versuchen, während die Unterschichtkinder ihre Chancen nicht so nachdrücklich verfolgen oder sich eher entmutigen lassen, wenn ihre Bemühungen um einen Studienplatz nicht gleich Erfolg haben.

Insgesamt waren in den letzten zehn Jahren gut 31 % der HWP-Studentinnen Arbeitertöchter. Der Anteil der Töchter kleiner Angestellter und Beamter ist leicht gesunken (von etwa 24 % auf 22 %), während der Anteil der Töchter höherer Angestellter und Beamter leicht gestiegen ist (von 23 % auf 26 %). Etwa 18 % waren Töchter kleiner Selbständiger oder von Landwirten (vgl. Tab. 4c im Anhang).

Ähnlich wie in den Aufnahmeprüfungen kamen die Arbeitertöchter mit vergleichsweise hohen beruflichen Qualifikationen an die HWP. Dabei hatten sie die größten Bildungsdefizite zu überwinden: 44 % von ihnen hatten zunächst nur die Hauptschule abgeschlossen. Von diesen haben mehr als die Hälfte nachträglich auf dem Zweiten Bildungsweg die Mittlere Reife oder sogar die Fachhochschulreife erworben. Fast 60 % der Arbeitertöchter hatten eine kaufmännische oder Verwaltungsausbildung abgeschlossen und nur 19 % waren ohne abgeschlossene Berufsausbildung an die HWP gekommen (vgl. Tab. 5 und 6 im Anhang).

Angestellten- und Beamtentöchter sind demgegenüber immer häufiger mit höherer formaler Schulbildung, aber ohne abgeschlossene Berufsausbildung an die HWP gekommen: in den letzten fünf Jahren hatten 52 % der unteren und mittleren Angestellten- und Beamtentöchter die Fachhochschulreife und von den Töchtern der statushöchsten Berufsgruppen hatten 43 % die Fachhochschulreife und 12 % sogar das Abitur abgeschlossen (vgl. Tab. 5 im Anhang). Auch von den Angestellten- und Beamtentöchtern hatten einige (21 %) zunächst nur die Hauptschule abgeschlossen. Von diesen hatten dann etwa 60 % die Mittlere Reife oder die Fachhochschulreife nachträglich erworben. Auch hieran wird wieder deutlich, daß die Angestellten- und Beamtenkinder seit der Anhebung des allgemeinen Bildungsniveaus auf allen Wegen versuchen, ihren Bildungsvorsprung zu erhalten.

Von den Studentinnen mit Fachhochschulreife hatten mehr als ein Drittel und von den Abiturientinnen mehr als die Hälfte keine Berufsausbildung abgeschlossen. Zwar hatten zwei Drittel der Studentinnen ohne abgeschlossene Berufsausbildung vor dem Studium als kaufmännische oder Verwaltungsangestellte gearbeitet, aber gerade für sie kann das HWP-Studium bedeuten, daß sie überhaupt erst eine qualifizierte Berufsausbildung erhalten, die ihnen den Aufstieg in berufliche Positionen eröffnen könnte, die ihnen bisher versperrt waren. Ob sich die im vorigen Abschnitt geschilderten Vorstellungen der Studierenden über die von ihnen gewünschten Arbeitsinhalte und Entscheidungsbefugnisse realisieren lassen, dürfte auch von der Wahl des Studienfaches und dem Erfolg im Studium abhängen.

3.2. Die Studienfachwahl der Studentinnen

Vergleicht man die tatsächlich getroffene Studienfachwahl mit den von den Aufnahmeprüfungsteilnehmerinnen 1978/79 geäußerten Studienzielen, erkennt man einige tendenzielle Übereinstimmungen, obwohl erst im letzten der hier erfaßten Examenslehrgänge[45] Teilnehmerinnen der Aufnahmeprüfung vom Frühjahr 1978 studiert haben können. Grundsätzlich gibt es eine geschlechtsspezifische Orientierung bei der Studienfachwahl an der HWP mit einer klaren Präferenz der Frauen für den Abschluß als Soziologin und der Männer für den Abschluß als Betriebswirt.

Übersicht über die Wahl der Abschlußfächer nach Geschlecht vom 31. Lehrgang (Studium vom 1.10.1974–30.9.1977) bis zum 39. Lehrgang (Studium vom 1.10. 1978–30.9.1981)

Abschlußfach:	BWL	VWL	SOZ.	Stud. abgebr. keine Angaben	ges.
a) weibl. Stud.	101 (24,2 %)	113 (27,1 %)	160 (38,4 %)	44 (10,5 %)	417 (100 %)
b) männl. Stud.	380 (36 %)	253 (24 %)	249 (23,6 %)	172 (16,3 %)	1054 (100 %)

Studentinnen, die über die Aufnahmeprüfung an die HWP gekommen waren, hatten sogar noch häufiger den Abschluß als Soziologin gewählt (mehr als 40 %; vgl. Tab. 7 im Anhang), als die befragten Aufnahmeprüfungsteilnehmerinnen 1978/79 angegeben hatten (31 %). Im Unterschied dazu wählten die Studentinnen mit Fachhochschulreife oder Abitur etwas weniger den Abschluß als Soziologin und an zweiter Stelle den Abschluß als Betriebswirtin (vgl. Tab. 7 im Anhang).

Obwohl die Präferenz der Studentinnen für den Abschluß als Soziologin bei jeder Ausbildung und in allen sozialen Herkunftsgruppen besteht, ergeben sich je nach Ausbildung und sozialer Herkunft Verschiebungen in den Häufigkeiten der Entscheidungen für das Fach Soziologie oder einen der beiden ökonomischen Abschlüsse (vgl. Tab. 7 im Anhang).

Bei den Studentinnen ohne abgeschlossene und mit einer kaufmännischen oder Verwaltungsausbildung scheint das – auch in den Aufnahmeprüfungen geäußerte – Interesse an einer besseren beruflichen Qualifikation seinen Niederschlag darin gefunden zu haben, daß sich relativ viele für einen der beiden ökonomischen Abschlüsse entschieden haben (zusammen mehr als die Hälfte) und nur jeweils ein Drittel den Abschluß als Soziologin gewählt haben. Von den wenigen Studentinnen mit einer gewerblichen und denen mit einer anderen als kaufmännischen Ausbildung wählten mehr als die Hälfte den Abschluß als Soziologin – ähnlich den in den Aufnahmeprüfungen geäußerten Präferenzen für ein gesellschaftspolitisch und bildungsorientiertes Studium –, nur ganz wenige entschieden sich für ein Studium der Betriebswirtschaftslehre.

Sieht man von den wenigen Studentinnen ab, deren soziale Herkunft nicht bekannt war, lag die stärkste Präferenz für den Abschluß als Soziologin bei den Töchtern der Angestellten und Beamten sowie der Akademiker und der größeren Selbständigen (vgl. Tab. 7 im Anhang). Diese Präferenz hatte auch schon in den Berufsvorstellungen der „höheren" Töchter in den Aufnahmeprüfungsbefragungen seinen Niederschlag gefunden. Ob darin die – noch in den sechziger Jahren nachgewiesene – „starke Identifikation mit dem traditionellen Begriff des Weiblichen"[46] gerade bei Akademikertöchtern nachwirkte, ist schwer zu beurteilen, zumal die Berufswünsche der übrigen Aufnahmeprüfungsteilnehmerinnen nicht sehr weit von den Vorstellungen der „höheren" Töchter abwichen. Schon in den sechziger Jahren wählten die wenigen Studentinnen, obwohl auch damals schon mehr als drei Viertel vor dem Studium in kaufmännischen Berufen tätig gewesen waren, am seltensten den Abschluß als Betriebswirtin.[47] An erster Stelle wurde seinerzeit der Abschluß als Volkswirtin gewählt und erst im Verlauf der siebziger Jahre hat sich die Präferenz der Studentinnen auf die Soziologie verlagert.

Mißt man die Studienfachwahl der Studentinnen nur an den Arbeitsmarktchancen der drei Abschlußmöglichkeiten, muß man die Präferenz für den Abschluß als Soziologin für problematisch halten. In der gegenwärtigen Konjunkturlage und durch die Konkurrenz der Absolventen der Fachhochschulen für Wirtschaft und Verwaltung sowie der wirtschafts- und sozialwissenschaftlichen Fakultäten der Universitäten erscheinen die Berufsaussichten der HWP-Absolventen insgesamt schon seit Mitte der siebziger Jahre nicht mehr so günstig wie noch bis 1971.[48] Das klarste Berufsbild und ein eindeutiger Arbeitsmarkt besteht für die Betriebswirte, während die Volks- und ganz besonders die Sozialwirte sehr große Initiative entfalten müssen, um einen Arbeitsplatz zu finden[49], zumal die von vielen angestrebten Lehramtsstudiengänge[50] heute kaum noch Berufsaussichten bieten. Auch wenn der Entschluß zu studieren nicht mehr so oft mit dem Wunsch nach sozialem Aufstieg begründet wird wie noch 1970, können doch Vorstellungen von einem anderen Leben und befriedigender Arbeit – gerade auch von Frauen, die ökonomisch unabhängig von Männern leben wollen – nur realisiert werden, wenn entsprechende Arbeitsplätze gefunden werden. Andererseits haben selbst von den Betriebswirten schon Mitte der siebziger Jahre ca. 45 %[51] und Ende der siebziger Jahre ca. 60 % der Absolventen[52] an Universitäten weiterstudiert, um die für ihre Berufsziele höchstmögliche formale Qualifikation zu erreichen. Außerdem scheint die Unzufriedenheit mit der bisherigen Berufstätigkeit – wie sie in den Äußerungen der Aufnahmeprüfungsteilnehmer zum Ausdruck gekommen ist – auch einen großen Teil der Volks- und Betriebswirte früherer Lehrgänge bereits veranlaßt zu haben, an der Universität ein Handelslehrerstudium aufzunehmen, das zwar noch eng an die eigene Ausbildung anknüpfte, aber doch eine andere berufliche Perspektive eröffnete.[53]

Überwog bei den Studenten der siebziger Jahre die Orientierung auf einen Studienabschluß mit beruflichen Verwertungsmöglichkeiten auch in der Privatwirtschaft hin[54], suchten die Studentinnen die angestrebte inhaltliche Zufriedenheit mit der Berufstätigkeit weniger in den höheren Positionen von Wirtschaft und Verwaltung, sondern eher in sozialen, gewerkschaftlichen und lehrenden Tätigkeiten. Dabei kann man davon ausgehen, daß gerade die in kaufmännischen Berufen tätig gewesenen HWP-Studentinnen die Behinderungen für den beruflichen Aufstieg von Frauen[55] einerseits und die unbefriedigende Berufssituation in den ihnen vorbehaltenen Arbeitsplätzen andererseits kennen – wie ja auch in den Äußerungen der Aufnahmeprüfungsteilnehmerinnen deutlich geworden ist –, so daß die Abwendung von diesen Tätigkeitsbereichen nicht unverständlich erscheinen muß.[56] Die Vermutung, daß sich die Frauen angesichts der Arbeitsmarktsituation nun eher aus dem Berufsleben zurückzögen, findet allerdings für die HWP-Absolventinnen bisher keine Bestätigung; sie studieren aber etwas häufiger als die männlichen Absolventen an der Universität weiter.[57]

3.3. Der Studienerfolg der Studentinnen

Für die Beurteilung der Chancen der Studentinnen im Vergleich zu den Studenten ist nicht nur die Studienfachwahl, sondern auch der Studienerfolg von großer Bedeutung. Auch wenn die Studentinnen in Gesprächen von subjektiven Schwierigkeiten oder affektiver Distanz zum Studium sprechen mögen, lassen sich keine negativen Auswirkungen davon auf den Studienerfolg im Vergleich zu den Studenten nachweisen: In allen drei Fachrichtungen studierten die Frauen an der HWP erfolgreicher als die Männer (vgl. Tab. 8 im Anhang) mit dem größten Vorsprung an „sehr guten“ und „guten“ Examensergebnissen im Fach Soziologie. Aber auch in der Betriebswirtschaftslehre, wo die Studentinnen zwar etwas weniger „sehr gute“ Examensergebnisse erzielten, erreichten sie erheblich mehr „gute“ Examina als die Studenten, und die Notenskala endete für sie bei 3,0 – für die männlichen Betriebswirte erst bei 3,5.

In allen sozialen Herkunftsgruppen, allen Schulabschluß- und Berufsausbildungskategorien erzielten die Studentinnen – mit wechselnden Vorsprüngen – bessere Examensergebnisse als die Studenten, sie brachen seltener das Studium ab, und erst in den letzten Lehrgängen haben relativ mehr Frauen als Männer den Lehrgang gewechselt, d.h., daß sie mehr als die vorgesehenen sechs Semester für den erfolgreichen Abschluß des Studiums benötigt haben. Sie erzielten aber auch dann noch bessere Examensergebnisse als die männlichen Lehrgangswechsler.[58] Auch unter Berücksichtigung des Lebensalters, des Familienstandes und der Studienfinanzierung kamen die Frauen zu besseren Studienergebnissen: Etwa ein Viertel sowohl der Studenten als auch der Studentinnen mußte das Studium aus eigenen Mitteln finanzieren. Während die mit der Finanzierung des Studiums verbundenen Probleme bei den Studenten dazu führten, daß relativ viele nur „befriedigende" Examensergebnisse erzielen konnten und auch mehr den Lehrgang wechseln mußten, sind Leistungsunterschiede zwischen den Frauen, die ihr Studium selbst finanzieren mußten, und denen, die Stipendien erhielten, kaum zu erkennen.

In den Aufnahmeprüfungen sind die verheirateten Frauen mit Kindern am erfolgreichsten, im Studium sind sie besonderen Belastungen ausgesetzt, sofern die Kinder noch nicht aus dem schulpflichtigen Alter heraus sind. Da die HWP-Studentinnen bei Studienbeginn durchschnittlich 27 Jahre alt waren, kann man für die Mehrheit der verheirateten Frauen mit Kindern unterstellen, daß ihre Kinder noch zur Schule gingen, falls sie nicht noch jünger waren. Die höhere Belastung der Frauen mit Kindern kommt aber nur darin zum Ausdruck, daß relativ viele von ihnen den Lehrgang wechseln mußten (29 % der verheirateten Frauen mit Kindern und 32 % der geschiedenen Frauen, von denen auch viele Kinder hatten). Sowohl die geschiedenen als auch die verheirateten Frauen mit Kindern brachen nur selten das Studium ganz ab, während verheiratete Frauen ohne Kinder eher dazu neigten, das Studium ganz aufzugeben, als den Lehrgang zu wechseln, wenn sie Studienprobleme hatten. Ob sie den Rückzug in die Familie antraten oder ins Berufsleben zurückkehrten, ist bisher nicht festgestellt worden.

Im Examen waren in bezug auf die Schulbildung die Studentinnen mit Mittlerer Reife am erfolgreichsten, in bezug auf die Berufsausbildung die Studentinnen mit einer anderen als kaufmännischen oder Verwaltungsausbildung: die gelernten Krankenschwestern, med. techn. Assistentinnen u.ä., die überwiegend Soziologie als Abschlußfach gewählt hatten – das Fach, in dem Studentinnen relativ am häufigsten „sehr gute" Examensergebnisse erzielten. In bezug auf die soziale Herkunft waren die Töchter der höheren Angestellten, Beamten, Akademiker und größeren Selbständigen insgesamt am erfolgreichsten, von ihnen haben auch relativ am wenigsten das Studium ganz abgebrochen. Von den Arbeitertöchtern haben zwar relativ viele „sehr gute" Examina abgelegt, aber vergleichsweise am wenigsten „gute", und – abgesehen von den wenigen Unklassifizierbaren – haben sie die höchste Abbruchquote. Im Unterschied dazu waren unter den männlichen Studierenden die Arbeitersöhne am erfolgreichsten und die Oberschichtsöhne am wenigsten: Bis auf die wenigen Unklassifizierbaren erzielten sie relativ häufig nur „befriedigende" oder „ausreichende" Examensergebnisse, wechselten am häufigsten den Lehrgang, und relativ viele brachen das Studium ganz ab.

Stellen unter den Studierenden an der HWP also die Frauen insgesamt im Vergleich zu den Männern ein höheres Begabungspotential dar – selbst die unter den Studentinnen am wenigsten erfolgreichen Arbeitertöchter erzielten relativ immer noch mehr „gute“ Examensergebnisse als die unter den männlichen Studierenden erfolgreichsten Arbeitersöhne –, wirkten sich die Einflüsse der sozialen Herkunft bei Studentinnen und Studenten offenbar unterschiedlich aus:

Studienerfolg nach Geschlecht und sozialer Herkunft, gemessen am Anteil derjenigen, die das Studium mit der Note „sehr gut“ oder „gut“ abgeschlossen haben, in v.H. (ohne Nichtklassifizierbare)[59]

Geschlecht:	soziale Herkunft: Arbeiter/ Handwerker	kl. Ang./ Beamte	kl. Selbst.	höhere Ang./ Beamte, Akad. gr. Selbst.
weibl.	78,8	81	79	83,2
männl.	75,9	67,4	65	64

Arbeitertöchter gehören insofern zur Begabungsreserve, als nur etwa ein Drittel der nachweislich begabten Mädchen Anfang der siebziger Jahre ein Gymnasium besuchen konnte[60], sie haben aber subjektiv vergleichsweise hohe Anstrengungen zu erbringen, um die in Arbeiterfamilien übliche rigide Geschlechtsrollenzuweisung und die damit verbundenen Selbstkonzepte im Sinne traditioneller Weiblichkeit zu überwinden und ihre intellektuellen Möglichkeiten zu entfalten.[61] Oberschichttöchter wurden zwar im Vergleich zu den Söhnen bildungsmäßig benachteiligt, für sie wirkt sich aber im Studium positiv aus, daß sie aus Familien kommen, die alle schichtspezifischen Bildungsvorteile zu bieten haben. Das gilt auch für die Oberschichtsöhne, denen in der männlichen „Normalbiographie“ die weitestgehenden Chancen offenstehen. Sie sind an höheren Schulen und Universitäten überrepräsentiert.[62] Für die Oberschichtsöhne an der HWP bedeutet das, daß sie aus verschiedenen individuellen Gründen von einer erfolgreichen „Normalbiographie“ abgewichen sein müssen: z.B. hatten relativ viele von ihnen keine Berufsausbildung vor dem Studium abgeschlossen, so daß die HWP für sie die letzte Chance darstellte, doch noch zu einer qualifizierten Ausbildung zu kommen, wobei sich die Gründe für den Mißerfolg auf dem ersten Bildungsweg offenbar auch im HWP-Studium nachteilig für den Studienerfolg auswirkten. Eindeutige Begabungsreserve unter den männlichen Studierenden waren dagegen die Arbeitersöhne, die ihre schichtspezifischen Bildungsbarrieren überwinden konnten, ohne zusätzlich von den Wirkungen des weiblichen Rollenstereotyps behindert zu sein.

4. *Ausblick*

Inwieweit es HWP-Absolventinnen bisher gelungen ist, ihren Studienerfolg in entsprechende berufliche Positionen umzusetzen, ist nicht bekannt, da seit 1971 keine umfassende Absolventenbefragung mehr durchgeführt worden ist und die Untersuchungen von Dieter Koch und Wilfried Laatz nicht nach Geschlechtern differenziert sind. Schon aus Untersuchungen der sechziger und siebziger Jahre ist bekannt, daß die Mädchen in den Schulen durchweg bessere Leistungen erbrachten als die Jungen[63], daß aber gerade ihre Diszipliniertheit und Angepaßtheit an die Leistungsanforderungen der Schule denunziert wurde als „typisch weiblicher Fleiß"[64], dem keine entsprechenden Begabungen zugrundelägen. Andererseits unterschätzten die Schülerinnen „den Wert der Bildungsqualifikation als Ausgangspunkt für eine berufliche Laufbahn"[65], was zwar dem weiblichen Rollenstereotyp entsprach, aber auch die ungünstigeren Berufsaussichten für Frauen reflektierte. Dem entspricht immer noch, daß weibliche Studienberechtigte „sensibler auf die veränderten Studieneingangsbedingungen und die veränderten Arbeitsmarktchancen der Studienabsolventen, vor allem der Lehrerstudenten reagieren"[66] und daß Mädchen ihre Chancen – realistischerweise – geringer einschätzen als Jungen, z.B. einen betrieblichen Ausbildungsplatz zu erhalten.[67] So ist die Steigerung des beruflichen Qualifikationsniveaus der Frauen in den letzten Jahren vor allem durch die Ausweitung schulischer Ausbildungsgänge zustandegekommen[68], wobei sich die Frauen auf allen Ausbildungsebenen – auch an den Universitäten – nach wie vor in den traditionellen Frauenberufen konzentrieren.[69] Haben bisher bei gleicher Qualifikation die Männer in der Regel statushöhere Berufspositionen erreicht als die Frauen[70], werden als Konsequenz der verstärkten Bildungsbeteiligung der Mädchen in den letzten zehn Jahren bis 1990 etwa 560000 Absolventinnen von Hochschulen und Fachhochschulen auf dem Arbeitsmarkt erwartet, was eine Verschiebung der Angebotsstruktur „des gesamten weiblichen Erwerbspersonenpotentials in Richtung auf die mittleren und höheren Qualifikationsebenen"[71] mit sich bringen wird und damit verbunden auch einen Anstieg der Erwerbsquote dieser Gruppe. Allerdings werden auch die Zahlen männlicher Hochschulabsolventen steigen, so daß diesen hochqualifizierten Frauen ein harter Konkurrenzkampf um die höheren Berufspositionen bevorstehen dürfte.[72]

Für die HWP-Absolventinnen kann in diesem Zusammenhang festgestellt werden, daß das Studium an der Hochschule für Wirtschaft und Politik für Frauen offenbar ein geeigneter Weg ist, ihre intellektuellen Kapazitäten sich selbst und anderen unter Beweis zu stellen, eventuell vorhandene Qualifikationsdefizite im Vergleich zu Männern nicht nur auszugleichen, sondern sogar bessere Leistungen zu erbringen. Probleme affektiver Distanz zu abstraktem Denken und sachlicher Reflexion haben offensichtlich auch männliche Studenten – nicht nur? – des Zweiten Bildungsweges. Trotzdem bedeutet immer noch im Rahmen weiblicher „Normalbiographie" gerade ein Studium wie das an der HWP „Zugang zu Bildungsinhalten, die aktive Auseinandersetzung mit der eigenen Lage ermöglichen und Selbständigkeit herausfordern".[73] Unter diesem Gesichtspunkt ist auch die unter arbeitsmarktpolitischen Aspekten formulierte Kritik an der Präferenz der HWP-Studentinnen für den Abschluß als Soziologin zu relativieren, obwohl dieses Studium aufgrund der ungünstigen Beschäftigungsaussichten im Widerspruch stehen kann zu dem Wunsch, einen ausbildungsadäquaten Arbeitsplatz zu finden und die eigene ökonomische Unabhängigkeit durch dauerhafte Erwerbstätigkeit abzusichern.

Der Abschluß als Volks- oder Betriebswirtin könnte eher geeignet sein, eine vorhandene kaufmännische Berufsausbildung auszubauen und damit erst die Voraussetzung dafür zu schaffen, in die bisher von Männern auf allen beruflichen Ebenen gehaltenen Leitungsfunktionen eindringen zu können.[74] Die Chancen dafür dürften allerdings in der gegenwärtigen Situation von mehreren Seiten bedroht sein: durch die „Freisetzung" von Frauen im Zuge der laufenden Rationalisierung der Dienstleistungsbereiche[75] einerseits und die zunehmende Konkurrenz mit immer mehr hochqualifizierten Männern um immer weniger – von der Rationalisierung verschonte oder neu entstandene – gehobene Berufspositionen andererseits, zumal für diese Positionen Männer bisher bevorzugt wurden.[76] Darüber hinaus gibt es starke politische Tendenzen, die Frauen grundsätzlich wieder mehr auf ihre Hausfrauen- und Mutterfunktion zurückzudrängen[77], auf der anderen Seite aber auch kritische Positionen in der Frauenbewegung, die die einseitige Anpassung der Frauen an die Karrieremuster der Männer ablehnen.[78]

Angesichts der breiten Bildungsexpansion und des zunehmenden Wunsches nach ständiger Erwerbstätigkeit auf Seiten der Frauen[79] kann man den Frauen wohl kaum zumuten, auf ein Studium – und erst recht nicht auf ein Studium im Rahmen des Zweiten Bildungsweges – zu verzichten. Damit würde nicht nur auf eine notwendige – wenn auch unter den gegenwärtigen Arbeitsmarktbedingungen nicht hinreichende – Bedingung für eine qualifiziertere und inhaltlich befriedigendere Berufstätigkeit verzichtet, sondern die relative Position der berufstätigen Frauen würde sich ohne ein solches Studium noch weiter verschlechtern.

Anmerkungen

1 Hansgert Peisert: Soziale Lage und Bildungschancen in Deutschland, München 1967; Ralf Dahrendorf: Arbeiterkinder an deutschen Universitäten, Tübingen 1965; Helge Pross: Über die Bildungschancen von Mädchen in der Bundesrepublik, Frankfurt/M. 1969; Maria Borris: Die Benachteiligung der Mädchen in Schulen der Bundesrepublik und Westberlin, Frankfurt/M. 1972; Karl Erlinghagen: Katholisches Bildungsdefizit, Freiburg 1965.

2 Vgl. z. B. Helmut Fend: Gesellschaftliche Bedingungen schulischer Sozialisation, Weinheim und Basel 1974, S. 101 ff. Klaus Hurrelmann: Erziehungssystem und Gesellschaft, Reinbek 1975, S. 107 ff. Walter Müller, Karl Ulrich Mayer: Chancengleichheit durch Bildung? Untersuchungen über den Zusammenhang von Ausbildungsabschlüssen und Berufsstatus, Stuttgart 1976 – Gutachten und Studien der Bildungskommission; Bd. 42. Luitgard Trommer-Krug: Soziale Herkunft und Schulbesuch, in: Max-Planck-Institut für Bildungsforschung, Projektgruppe Bildungsbericht (Hg.): Bildung in der Bundesrepublik Deutschland, Daten und Analysen 1, Reinbek 1980, S. 217 ff.

3 Zugleich wurde unterstellt, daß die Wirtschaft ständig einen Bedarf an mobilen, hochqualifizierten Arbeitskräften habe, der mit der erforderlichen Schnelligkeit nur über Institutionen des Zweiten Bildungsweges befriedigt werden könnte. Vgl. Ralf Dahrendorf: Die vier Bildungswege der modernen Gesellschaft, in: Der zweite Bildungsweg im sozialen und kulturellen Leben der Gegenwart, Heidelberg 1959, S. 49 ff., S. 51, S. 62; Helmut Belser: Zweiter Bildungsweg – Das Problem eines berufsbezogenen Bildungsganges zur Hochschulreife, 2. Aufl., Weinheim 1965, S. 127; Gerd Laga: Zweiter Bildungsweg und Studentenschaft, Diss. Hamburg 1972, S. 21 f.

4 R. Dahrendorf: Die vier Bildungswege, a.a.O., S. 51, S. 62.

5 Vgl. z. B. Der Bundesminister für Jugend, Familie und Gesundheit (Hg.): Frauen '80. Bonn-Bad Godesberg 1980; Frau und Gesellschaft (II), Bericht 1980 der Enquête-Kommission

und Aussprache 1981 im Plenum des Deutschen Bundestages, Bonn 1981; Der Bundesminister für Bildung und Wissenschaft (Hg.): Bildungs- und Beschäftigungssystem 4, Zur Situation von Mädchen und Frauen im Bildungswesen, Bonn 1981; Walter Müller, Angelika Willms, Johann Handl: Strukturwandel der Frauenarbeit 1880–1980, Frankfurt/New York 1983; Helmut Köhler, Bernd Zymek: Chancengleichheit für Frauen durch Bildungsvorteile? Daten und Erklärungsansätze zum steigenden Schulbesuch der Mädchen an Realschulen und Gymnasien, in: Die deutsche Schule, 73. Jg. (1981), S. 50 ff.

6 Peisert, a.a.O., S. 101; Pross, a.a.O., S. 11.

7 Köhler, Zymek, a.a.O., S. 50 f. Bildungs- und Beschäftigungssystem 4, a.a.O., S. 34.

8 Johann Handl: Abbau von Ungleichheit im Beruf durch bessere Bildung? Eine sozialhistorische Betrachtung, in: Strukturwandel der Frauenarbeit 1880–1980, a.a.O., S. 205.

9 Ebenda, S. 193.

10 Ebenda, S. 194, S. 206. Johann Handl: Berufliche Chancen von Frauen – Untersuchungen zur weiblichen Berufsmobilität, in: Soziale Welt, Jg. XXVIII (1977), S. 510. Ähnliche Ergebnisse liegen für Österreich vor. Vgl. Max Haller: Bildungsexpansion und die Entwicklung der Strukturen sozialer Ungleichheit, in: Ulrich Beck, Karl H. Hörning, Wilke Thomssen (Hg.): Bildungsexpansion und betriebliche Beschäftigungspolitik. Aktuelle Entwicklungstendenzen im Vermittlungszusammenhang von Bildung und Beschäftigung, Beiträge zum 19. Deutschen Soziologentag, Frankfurt/New York 1980, S. 45 ff.

11 Handl: Abbau von Ungleichheit, a.a.O., S. 197. Der Bildungsabstand zwischen Männern und Frauen insgesamt beträgt ein halbes Jahr, zwischen den Söhnen der Arbeiter und der statushöchsten Berufsgruppen 6 Jahre und zwischen den Töchtern der Arbeiter und der statushöchsten Berufsgruppen 5 Jahre.

12 Ebenda, S. 198.

13 So schon H. Pross, a.a.O., S. 39 f. Vgl. dazu auch Elisabeth Beck-Gernsheim und Ilona Ostner: Frauen verändern – Berufe nicht? in: Soziale Welt XXIX (1978), S. 258 f.

14 Bildungs- und Beschäftigungssystem 4, a.a.O., S. 94; Angelika Diezinger u.a.: Die Arbeit der Frau in Betrieb und Familie, in: W. Littek, W. Rammert, G. Wachtler (Hg.): Einführung in die Arbeits- und Industriesoziologie, Frankfurt/New York 1982, S. 233.

15 Ebenda.

16 Ebenda, S. 242 ff. Friedrich Weltz, Angelika Diezinger, Veronika Lullies, Regine Marquardt: Junge Frauen zwischen Beruf und Familie, Frankfurt/New York 1979, S. 35 ff., S. 65 ff. Angelika Diezinger und Regine Marquardt: Zur beruflichen Sozialisation von Frauen, in: Arbeit und Persönlichkeit: Berufliche Sozialisation in der arbeitsteiligen Gesellschaft, hrsg. von Peter Groskurth, Reinbek 1979, S. 187, S. 199. Vgl. auch Beck-Gernsheim/Ostner, a.a.O., S. 258 f.

17 Walter Müller: Frauenerwerbstätigkeit im Lebenslauf, in: Strukturwandel der Frauenarbeit 1880–1980, a.a.O., S. 62; Bildungs- und Beschäftigungssystem 4, a.a.O., S. 20.

18 Vgl. z.B. Karin Storch: Der Zweite Bildungsweg. Chance oder Illusion? Frankfurt/M. 1974, Bildungs- und Beschäftigungssystem 4, a.a.O., S. 36 f.; Köhler/Zymek, a.a.O., S. 60 f.

19 Dies Verfahren wurde auch von Ingenieurschulen für graduierte Ingenieure angewandt.

20 Heinz-Dietrich Ortlieb: Festvortrag auf der Zehnjahresfeier der Akademie für Gemeinwirtschaft, in: Der Zweite Bildungsweg im sozialen und kulturellen Leben der Gegenwart, a.a.O., S. 22.

21 Dieter Koch: Graduierte Wirtschafts- und Sozialwissenschaftler in Studium und Beruf, in: Mitteilungen der Gesellschaft der Freunde und Förderer der Hochschule für Wirtschaft und Politik Hamburg, Heft 53 (1977/1), S. IV f. Wilfried Laatz: Beruf oder Studium? Eine Studie zum Verbleib der HWP-Studenten, in: Studium und Beruf, Jahrbuch für Sozialökonomie und Gesellschaftstheorie 1981, S. 202.

22 Gerd Laga: Zur Benachteiligung der Frau auf dem Zweiten Bildungsweg, in: Die Deutsche Berufs- und Fachschule, 72. Bd. H. 5 (1976), S. 360.

23 Ebenda; vgl. auch: Bildungs- und Beschäftigungssystem 4, a.a.O., S. 36 f.

24 Köhler/Zymek, a.a.O., S. 60.

25 Bis 1970 mußten sich alle Bewerber um ein Studium an der damaligen Akademie für Wirtschaft und Politik unabhängig von der schulischen Vorbildung einer Aufnahmeprüfung unterziehen. Seit der Umwandlung in die Hochschule für Wirtschaft und Politik werden Bewerber mit Fachhochschulreife oder Abitur ohne Aufnahmeprüfung zugelassen.

26 Bärbel Pusback: Die soziale Zusammensetzung der Aufnahmeprüfungsteilnehmer an der Hochschule für Wirtschaft und Politik 1974–1977, in: Mitteilungen der Gesellschaft der

Freunde und Förderer der Hochschule für Wirtschaft und Politik, Heft 56 (1977/4), S. IV. An den Fachoberschulen werden nach Auskunft des Amtes für Schule keine Sozialerhebungen durchgeführt.

27 Bildungs- und Beschäftigungssystem 4, a.a.O., S. 43, S. 47.

28 Zu dieser Abgrenzung der oberen Mittelschicht vgl. Karl Ulrich Mayer: Ungleiche Chancen und Klassenbildung, in: Soziale Welt, Jg. XXVIII (1977), S. 485. Nach der dort definierten Aufstiegsbarriere, „wenn weniger als einer von zehn Söhnen einer bestimmten Herkunft die entsprechende Linie nach oben oder unten überschreitet", liegt die erste Barriere „über den mittleren Angestellten und Beamten und grenzt die akademischen freien Berufe, die gehobenen und höheren Angestellten und Beamten sowie die größeren Selbständigen von dem Rest der Bevölkerung ab."

29 Bildungs- und Beschäftigungssystem 4, a.a.O., S. 43.

30 Ebenda, S. 45.

31 J. Handl: Berufliche Chancen von Frauen, a.a.O., S. 500.

32 Ebenda, S. 502, S. 506.

33 Es gelang Frauen bisher offenbar nur über die Heiratsmobilität, den Status des Vaters zu halten. „Die Töchter von Vätern in gehobenen white-collar Positionen sind ... nicht in der Lage, bei kontinuierlicher Erwerbstätigkeit den sozialen Status des Vaters in erhöhtem Ausmaß beizubehalten." J. Handl: Berufliche Chancen von Frauen, a.a.O., S. 504. Vgl. auch ebenda, S. 494.

34 Die 1978 und 1979 bei den Aufnahmeprüfungsteilnehmern durchgeführten Befragungen sollten u.a. der Beantwortung der Frage dienen, inwieweit aus der beruflichen Situation Anstöße für die Aufnahme des Studiums gekommen sein können. Deshalb wurden die Teilnehmer in mehreren Fragen zur Beurteilung ihrer beruflichen Situation in bezug auf die Einkommenshöhe, die Aufstiegschancen, die adäquaten Einsatzmöglichkeiten für ihre Fähigkeiten und ihre Entscheidungs- und Verantwortungsbefugnisse aufgefordert. Um die Frage nach der Studienmotivation besser beantworten zu können, wurden die Prüfungsteilnehmer auch direkt danach gefragt, warum sie sich für ein Studium an der HWP entschieden hatten, ob und wenn, über welche Alternativen sie sich informiert hatten, und was sie allgemein für die Gründe hielten, heute ein Studium auf dem Zweiten Bildungsweg zu absolvieren. In einem anderen Fragenkomplex richteten sich die Fragen auf die Art der angestrebten Ausbildung: ob sie mehr berufsbezogen oder mehr gesellschaftspolitisch orientiert sein sollte, welcher der drei möglichen Abschlüsse als Betriebs-, Volks- oder Sozialwirt angestrebt wurde und welche Berufsvorstellungen für die Zeit nach dem Studium – unter Einbeziehung eventueller Pläne für ein anschließendes Universitätsstudium – bestanden. Die Fragen wurden im Zusammenhang mit der Berufsausbildung und der sozialen Herkunft der Teilnehmer ausgewertet.

35 In einer ähnlichen Befragung unter Teilnehmern der Aufnahmeprüfung von 1970, an der nur 7 % Frauen beteiligt waren, ergab sich eine Mehrheit für ein berufsbezogenes Studium (52 %), ein starkes Interesse für den Abschluß als Betriebswirt (42 %) und 43 % der berufsorientierten Studienbewerber strebten leitende Positionen in der Wirtschaft an, 67 % wollten im Anschluß an die HWP an der Universität weiterstudieren. Vgl. Bärbel Pusback: Die Studienbewerber der Hochschule für Wirtschaft und Politik, in: Mitteilungen der Gesellschaft der Freunde und Förderer der Hochschule für Wirtschaft und Politik Hamburg, Heft 33 (1971/III), S. XV.

36 Für ledige Frauen ist es nahezu selbstverständlich geworden, berufstätig zu sein. Vgl. Bildungs- und Beschäftigungssystem 4, a.a.O., S. 21. Angelika Willms: Grundzüge der Entwicklung der Frauenarbeit von 1880–1980, in: Strukturwandel der Frauenarbeit 1880–1980, a.a.O., S. 33 f. Zur Berufstätigkeit verheirateter Frauen, ebenda, S. 45 und Walter Müller: Frauenerwerbstätigkeit im Lebenslauf, a.a.O., S. 66.

37 Elisabeth Beck-Gernsheim: Vom „Dasein für andere" zum Anspruch auf ein Stück „eigenes Leben": Individualisierungsprozesse im weiblichen Lebenszusammenhang, in: Soziale Welt, Jg. 34 (1983), S. 315 ff.

38 Müller: Frauenerwerbstätigkeit im Lebenslauf, a.a.O., S. 90.

39 Ebenda, S. 70.

40 Bildungs- und Beschäftigungssystem 4, a.a.O., S. 87.

41 Ebenda, S. 130.

42 Verheiratete Frauen ohne Kind sind in der Untersuchung unterrepräsentiert, geschiedene überrepräsentiert.

43 Von den 1978 und 1979 Befragten waren schon arbeitslos gewesen:

	Männer			Frauen		
ledige:	85	von	167 – 50,9 %	26	von	69 – 37,7 %
verheiratete:	12	"	40 – 30 %	16	"	33 – 48,5 %
geschiedene:	6	"	11 – 54 %	8	"	17 – 47 %
Volksschüler:	63	"	116 – 54,3 %	25	"	49 – 51 %
Mittelschüler:	40	"	102 – 39 %	25	"	70 – 35,7 %
gew. Berufe:	32	"	61 – 52 %	–		– –
kaufm./Verwalt.ber.:	52	"	124 – 41,9 %	27	"	74 – 36,5 %
sonst. Ber.	6	"	20 – 30 %	14	"	27 – 51,8 %
keine Ausb.	8	"	10 – 80 %	7	"	14 – 50 %

44 Koch: Graduierte Wirtschafts- und Sozialwissenschaftler, a.a.O., S. IX f.

45 Das Studium an der HWP dauert 6 Semester. Dabei werden die Studenten in halbjährlichem Abstand immatrikuliert und erhalten als jeweils ein „Lehrgang" in den ersten beiden Semestern alle den gleichen Unterricht. Die Kurse im Hauptstudium werden jeweils auch immer für einen solchen Lehrgang angeboten, so daß die Studenten – trotz fachlicher Spezialisierung – das Studium gemeinsam durchlaufen. Beim Auftreten von Studienproblemen, wenn nicht alle geforderten Leistungsnachweise in den vorgeschriebenen Fristen erbracht worden sind, können die Studenten den Lehrgang wechseln und zusammen mit einem der folgenden Lehrgänge das Studium abschließen. Faktisch bedeutet das, daß sie länger als 6 Semester studieren.

Für die Analyse des Studienverhaltens und des Studienerfolges müssen die Lehrgänge auf der Basis ihrer Zusammensetzung bei Beginn des Studiums untersucht werden, da nur so ermittelt werden kann, wieviele Studenten länger als die Regelstudienzeit benötigt haben, um das Studium erfolgreich abzuschließen. Deshalb können für die vorliegende Arbeit nur solche Lehrgänge herangezogen werden, deren Studenten fast alle das Studium inzwischen beendet haben. Das sind für den hier behandelten Zeitraum die Lehrgänge 31 (Studium von 1974–1977) bis 39 (Studium von 1978 bis 1981) einschließlich. Die inzwischen formell abgeschlossenen Lehrgänge 40 bis 43 können noch nicht in die Analyse einbezogen werden, da noch mehrere Lehrgangswechsler in anderen Lehrgängen weiterstudieren, so daß noch nicht für alle Studenten, die in diesen Lehrgängen das Studium begonnen haben, die Studienergebnisse vorliegen.

46 Hansgert Peisert: Studien zur Sozialstruktur der Bildungschancen in Deutschland. Unveröffentlichte Habilitationsschrift, Tübingen 1965, S. 308 f. zitiert bei Helge Pross, a.a.O., S. 53.

47 B. Pusback: Von der Akademie für Gemeinwirtschaft zur Hochschule für Wirtschaft und Politik, in: Wissenschaftliches Studium im Zweiten Bildungsweg, Hamburg 1973, S. 49 f.

48 Koch: Graduierte Wirtschafts- und Sozialwissenschaftler, a.a.O., S. X f.

49 Laatz, a.a.O., S. 204.

50 Koch, a.a.O., S. VIII.

51 Koch, a.a.O., S. V. Die Daten dieser Untersuchung sind nicht geschlechtsspezifisch aufgeschlüsselt.

52 Laatz, a.a.O., S. 207.

53 Ebenda, S. 211; Koch, a.a.O., S. VIII.

54 Tatsächlich sind auch zwei Drittel der berufstätigen Absolventen im privaten Unternehmensbereich tätig geworden. Vgl. Koch, a.a.O., S. IX; Laatz, a.a.O., S. 209.

55 Vgl. Friedrich Weltz u.a., a.a.O., S. 72 ff. Angelika Willms: Segregation auf Dauer? Zur Entwicklung des Verhältnisses von Frauenarbeit und Männerarbeit in Deutschland 1880–1980, in: Strukturwandel der Frauenarbeit 1880–1980, a.a.O., besonders S. 159 ff.

56 Magdalene Deters: Geschlechtsspezifisches Arbeitsvermögen und Technikentwicklung, Determinanten der beruflichen Benachteiligung von Frauen, in: Techniksoziologie, hrsg. von Rodrigo Jokisch, Frankfurt/M. 1982, S. 431. Elisabeth Beck-Gernsheim und Ilona Ostner: Frauen verändern – Berufe nicht? in: Soziale Welt, Jg. XXIX (1978), S. 281 f.

57 Laatz, a.a.O., S. 207.

58 Die Tabellen sind abgedruckt in: Bärbel Pusback: Ergebnisse der Abschlußprüfungen des sechssemestrigen Studienganges an der Hochschule für Wirtschaft und Politik vom 31. Lehrgang (Studium vom 1.10.1974–30.9.1977) bis zum 39. Lehrgang (Studium vom 1.10. 1978–30.9.1981) – Stichtag 28.2.1983, in: Mitteilungen der Gesellschaft der Freunde und Förderer der Hochschule für Wirtschaft und Politik Hamburg, Heft 77/78 (1983/1–2), S. XXIII ff.

59 Die vollständige Tabelle, ebenda, S. XXVI.
60 Reiner Lochmann: Soziale Lage, Geschlechtsrolle und Schullaufbahn von Arbeitertöchtern, Weinheim und Basel 1974, S. 238.
61 Ebenda, S. 261 ff.
62 Bildungs- und Beschäftigungssystem 4, a.a.O., S. 40 ff., S. 116 f.
63 H. Magdeburg: Versager auf weiterführenden Schulen, München-Basel 1963; Jürgen Zinnekker: Emanzipation der Frau und Schulausbildung, Weinheim und Basel 1972, Neuausgabe 1978, S. 113 ff. Lochmann, a.a.O., S. 233. Die u.a. von Lochmann und Zinnecker angeführten positiven Vorurteile der Lehrer, die zur besseren Bewertung der Mädchen im Vergleich zu Jungen führten, können an der HWP keine Rolle spielen, da die Klausur- und Hausarbeiten aller Studierenden anonym korrigiert werden. Es kann also keinen geschlechtsspezifischen Bias in der Beurteilung der Studienleistungen geben.
64 Ebenda, S. 229; vgl. auch Lochmann, a.a.O., S. 207 ff. Lochmann macht deutlich, daß die Geschlechtsrollenstereotype von Grundschullehrern in bezug auf die Intelligenz von Mädchen noch negativer ausfallen als die von Arbeitern in bezug auf ihre Töchter.
65 Zinnecker, a.a.O., S. 212.
66 Bildungs- und Beschäftigungssystem 4, a.a.O., S. 107.
67 Ebenda, S. 78.
68 Ebenda, S. 69, S. 99.
69 Ebenda, S. 92 f. für die Konzentration in der Berufsausbildung; S. 118 ff. für die Konzentration in den Studienfächern auf Sprachen, Kultur- und Kunstwissenschaften, Sozialwesen und Psychologie.
70 Handl: Abbau von Ungleichheit im Beruf durch bessere Bildung? a.a.O., S. 206 f.
71 Gerhard Engelbrech: Entwicklungstendenzen der Beschäftigung von Frauen 1960–1990, in: Krise der Arbeitsgesellschaft? Verhandlungen des 21. Deutschen Soziologentages in Bamberg 1982, hrsg. von Joachim Matthes, Frankfurt/M.-New York 1983, S. 171.
72 Ebenda, S. 162; Bildungs- und Beschäftigungssystem 4, a.a.O., S. 97.
73 Elisabeth Beck-Gernsheim: Vom „Dasein für andere" zum Anspruch auf ein Stück „eigenes Leben": Individualisierungsprozesse im weiblichen Lebenszusammenhang, a.a.O., S. 313.
74 Willms: Segregation auf Dauer? a.a.O., S. 158 ff.
75 Ebenda, S. 166.
76 Deters, a.a.O., S. 423 f.
77 Beck-Gernsheim, a.a.O., S. 323 f.
78 Ebenda, S. 307; Deters, a.a.O., S. 431; Beck-Gernsheim/Ostner, a.a.O., S. 281. Für Industriearbeiterinnen z.B. Helgard Kramer: Hausarbeit als Rückzugsmöglichkeit und Gegen-Erfahrung für Frauen unter den Bedingungen der taylorisierten Industriearbeit, in: Krise der Arbeitsgesellschaft? a.a.O., S. 427.
79 Engelbrech, a.a.O., S. 169.

Anhang

Tabelle 1: Teilnehmer der Aufnahmeprüfungen 1974–1983 nach Geschlecht und sozialer Herkunft

Beruf d. Vaters:	Bewerberinnen abs.	v.H.	davon Prüf. best. abs.	v.H.	Bewerber abs.	v.H.	davon Prüf. best. abs.	v.H.
Arbeiter/ Handwerker	426	(36 %)	379	89,0 %	943	(36 %)	817	86,6 %
Untere u. mittl. Ang./ Beamte	379	(32 %)	339	89,4 %	876	(34 %)	761	86,9 %
Höhere Ang./ Beamte/Akad. gr. Selbst.	166	(14 %)	145	87,3 %	354	(14 %)	287	81,1 %
Kl. selbst. Handel.- u. Gew. Landwirte/	143	(12 %)	133	93 %	237	(9 %)	178	78,9 %
Sonstige	69	(6 %)	59	85,5 %	183	(7 %)	128	69,9 %
Insgesamt	1183	(100 %)	1055	89,2 %	2593	(100 %)	2180	84,1 %

Tabelle 2: Teilnehmer der Aufnahmeprüfungen 1974–1983 nach Geschlecht und Schulbildung

Schulabschluß:	Berwerberinnen abs.	v.H.	davon Prüf. best. abs.	v.H.	Bewerber abs.	v.H.	davon Prüf. best. abs.	v.H.
Hauptschule	304	(26 %)	259	85,2 %	723	(28 %)	623	86,2 %
Mittl. Reife	855	(72 %)	786	91,9 %	1690	(65 %)	1481	87,6 %
Abitur*	24	(2 %)	10	41,7 %	179	(7 %)	76	42,3 %
Insgesamt	1183	(100 %)	1055	89,2 %	2593	(100 %)	2180	84,1 %

* Betrifft Ausländer, deren Abitur nicht als Hochschulreife anerkannt ist. Bewerber mit Hochschulreife dürfen an der Aufnahmeprüfung nicht teilnehmen.

Tabelle 3: Teilnehmer der Aufnahmeprüfungen 1974–1983 nach Geschlecht und Berufsausbildung

Art der Berufsausbildung:	Bewerberinnen abs.	v.H.	davon Prüf. best. abs.	v.H.	Bewerber abs.	v.H.	davon Prüf. best. abs.	v.H.
Handw./Arb.	36	(3 %)	28	77,8 %	640	(24,7 %)	560	87,5 %
Kaufm./Verw.	733	(62 %)	674	91,9 %	1473	(56,8 %)	1285	87,2 %
Techn.	95	(8 %)	88	92,6 %	101	(3,9 %)	85	84,1 %
Sonst.	144	(12 %)	121	84 %	96	(3,7 %)	72	75 %
Keine	175	(13 %)	144	82,3 %	283	(10,9 %)	178	62,9 %
Insgesamt	1183	(100 %)	1055	89,2 %	2593	(100 %)	2180	84,1 %

Tabelle 4: Die Studierenden der HWP vom 31.–48. Lehrgang nach Geschlecht und Schulbildung, Berufsausbildung und sozialer Herkunft

a) Schulausbildung	weibl.				männl.			
Schulabschluß:	31.–39. Lg. abs.	v.H.	40.–48. Lg. abs.	v.H.	31.–39. Lg. abs.	v.H.	40.–48. Lg. abs.	v.H.
Hauptschule	49	11,7 %	98	13 %	187	17,7 %	205	16,3 %
Mittl. Reife	197	47,2 %	302	40 %	376	35,6 %	520	41,3 %
Fachhochschulr.	165	39,6 %	307	40,7 %	471	44,7 %	437	34,7 %
Abitur	6	1,4 %	47	6,2 %	20	1,9 %	97	7,7 %
Insgesamt	417	100 %	754	100 %	1054	100 %	1259	100 %

b) Berufsausbildung	weibl.				männl.			
Art der Berufsausbildung:	31.–39. Lg. abs.	v.H.	40.–48. Lg. abs.	v.H.	31.–39. Lg. abs.	v.H.	40.–48. Lg. abs.	v.H.
Handw./Arbeiter	11	2,6 %	14	1,8 %	201	19,1 %	297	23,6 %
Kaufm./Verwalt.	236	56,6 %	384	50,9 %	677	64,3 %	640	50,8 %
Techn.	17	4,1 %	47	6,2 %	18	1,7 %	44	3,5 %
Sonstige	35	8,4 %	100	13,2 %	30	2,8 %	50	4 %
Keine	118	28,3 %	204	27 %	128	12,1 %	228	18,1 %
Insgesamt	417	100 %	754	100 %	1054	100 %	1259	100 %

c) Soziale Herkunft	weibl.				männl.			
Beruf des Vaters:	31.–39. Lg. abs.	v.H.	40.–48. Lg. abs.	v.H.	31.–39. Lg. abs.	v.H.	40.–48. Lg. abs.	v.H.
Arbeiter	132	31,6 %	239	31,7 %	390	37 %	440	34,9 %
Mittl. Angest./ Beamte	100	24 %	170	22,5 %	246	23,3 %	309	24,4 %
Kl. Selbst.	76	18,2 %	131	17,4 %	146	13,8 %	187	14,8 %
Höhere Angest./ Beamte/Akadem./ gr. Selbst.	95	22,8 %	197	26,1 %	242	22,9 %	293	23,3 %
Sonstige	14	3,3 %	17	2,2 %	30	2,8 %	30	2,4 %
Insgesamt	417	100 %	754	100 %	1054	100 %	1259	100 %

Tabelle 5: Studentinnen der HWP vom 31.–48. Lg. nach sozialer Herkunft und Schulbildung

a) 31.–39. Lehrgang

Schulbildung: Beruf d. Vaters:	V abs.	V v.H.	M abs.	M v.H.	FOS abs.	FOS v.H.	Abitur abs.	Abitur v.H.	Insgesamt abs.	Insgesamt v.H.
Handw./ Arbeiter	26	19,7 %	51	38,6 %	53	40.1 %	2	1,5 %	132	100 %
Mittl.Ang./ Beamte	9	9 %	54	54 %	37	37 %	–	–	100	100%
Kl. Selbst.	6	7,9%	34	44,7%	34	44,7%	2	2,6%	76	100%
Höhere Ang./ Beamte/Akad. gr. Selbst.	8	8,4%	50	52,6%	35	36,8%	2	2,1%	95	100%
Sonstige	–	–	8	60 %	6	40 %	–	–	14	100%
Insgesamt	49	11,7%	197	47,2%	165	39,6%	6	1,4%	417	100%

b) 40.–48. Lehrgang

	V abs.	V v.H.	M abs.	M v.H.	FOS abs.	FOS v.H.	Abitur abs.	Abitur v.H.	Insgesamt abs.	Insgesamt v.H.
Handw./ Arbeiter	50	20,9%	99	41,4%	83	34,7%	7	2,9%	239	100%
Mittl. Ang./ Beamte	14	8,2%	63	37 %	89	52,3%	4	2,3%	170	100%
Kl. Selbst.	15	11,4%	59	45 %	45	34,3%	12	9,1%	131	100%
Höhere Ang./ Beamte/Akad. gr. Selbst.	16	8,1%	73	37,1%	85	43,1%	23	11,7%	197	100%
Sonstige	3	17,6%	8	47 %	5	29,4%	1	5,9%	17	100%
Insgesamt	98	13 %	302	40 %	307	40,7%	47	6,2%	754	100%

Tabelle 6: Studentinnen der HWP vom 31.–48. Lg. nach sozialer Herkunft und Berufsausbildung

Berufsausbildung: Beruf d. Vaters:	Handw. abs.	Handw. v.H.	Kaufm. abs.	Kaufm. v.H.	Techn. abs.	Techn. v.H.	Sonst. abs.	Sonst. v.H.	Keine abs.	Keine v.H.	Insgesamt abs.	Insgesamt v.H.
a) 31.–39. Lehrgang												
Handw./ Arbeiter	3	2,3 %	82	62,1 %	7	5,3 %	10	7,6 %	30	22,7 %	132	100 %
Mittl. Ang./ Beamte	2	2 %	54	54 %	6	6 %	7	7 %	31	31 %	100	100 %
Kl. Selbst.	2	2,6 %	48	63,1 %	1	1,3 %	4	5,3 %	21	27,6 %	76	100 %
Höhere Ang./ Beamte/Akad.	3	3,1 %	50	52,6 %	2	2,1 %	11	11,6 %	29	30,5 %	95	100 %
gr. Selbst. Sonstige	1	7,1 %	2	14,2 %	1	7,1 %	3	21,4 %	7	50 %	14	100 %
Insgesamt	11	2,6 %	236	56,6 %	17	4,1 %	35	8,4 %	118	28,3 %	417	100 %
b) 40.–48. Lehrgang												
Handw./ Arbeiter	2	0,8 %	142	59,4 %	16	6,7 %	33	13,8 %	46	19,2 %	239	100 %
Mittl. Ang./ Beamte	4	2,3 %	80	47 %	8	4,7 %	27	15,9 %	51	30 %	170	100 %
Kl. Selbst.	3	2,3 %	71	54,2 %	6	4,6 %	15	11,4 %	36	27,5 %	131	100 %
Höhere Ang./ Beamte/Akad.	5	2,5 %	82	41,6 %	16	8,1 %	25	12,7 %	69	35 %	197	100 %
gr. Selbst. Sonstige	–	–	9	52,9 %	1	5,9 %	5	29,4 %	2	11,7 %	17	100 %
Insgesamt	14	1,8 %	384	50,9 %	47	6,2 %	100	13,2 %	204	27 %	754	100 %

Tabelle 7: Wahl der Abschlußfächer der Studierenden vom 31.–39. Lehrgang nach Geschlecht und Schulbildung, Berufsausbildung sowie soziale Herkunft

a) weiblich

a1) Schulabschluß und Abschlußfach

Schulabschluß:	BWL abs.	BWL v.H.	VWL abs.	VWL v.H.	SOZ abs.	SOZ v.H.	Stud.abgebr. keine Angaben abs.	Stud.abgebr. keine Angaben v.H.	Insgesamt abs.	Insgesamt v.H.
Hauptsch.	9	18,4%	12	24,5%	23	46,9%	5	10,2%	49	100%
Mittl. Reife	42	21,3%	63	32 %	80	40,6%	12	6,1%	197	100%
FHR	49	29,7%	38	23 %	61	37 %	17	10,3%	165	100%
Abitur	1	16,7%	2	33,3%	–	–	3	50 %	6	100%

a2) Berufsausbildung und Abschlußfach

Berufsausbildung:	BWL abs.	BWL v.H.	VWL abs.	VWL v.H.	SOZ abs.	SOZ v.H.	Stud.abgebr. keine Angaben abs.	Stud.abgebr. keine Angaben v.H.	Insgesamt abs.	Insgesamt v.H.
Handw.	1	9,1%	3	27,3%	6	54,5%	1	9,1%	11	100%
Kaufm./Verw.	67	28,7%	64	27,5%	85	36,5%	17	7,3%	233	100%
Sonst./Techn.	3	5,5%	13	24,1%	32	59,3%	6	11,1%	54	100%
Keine	31	26 %	31	26 %	39	32,8%	18	15,1%	119	100%

a3) soziale Herkunft und Abschlußfach

Beruf d. Vaters:	BWL abs.	BWL v.H.	VWL abs.	VWL v.H.	SOZ abs.	SOZ v.H.	Stud. abgebr. keine Angaben abs.	Stud. abgebr. keine Angaben v.H.	Insgesamt abs.	Insgesamt v.H.
Handw./Arb.	34	25,7%	38	28,8%	46	34,8%	14	10,6%	132	100%
mittl. Ang./ Beamte	17	17 %	33	33 %	41	41 %	9	9 %	100	100%
Kl. Selbst.	21	27,6%	23	30,2%	24	31,6%	8	10,5%	76	100%
Höhere Ang./ Beamte/Akad. gr. Selbst.	28	29,5%	18	18,9%	41	43,1%	8	8,4%	95	100%
Sonstige	1	7,1%	2	14,3%	8	57,1%	3	21,4%	14	100%

b) männl. Studierende

b1) Schulabschluß und Abschlußfach

Schulabschluß:	BWL abs.	BWL v.H.	VWL abs.	VWL v.H.	SOZ abs.	SOZ v.H.	Stud. abgebr. keine Angaben abs.	Stud. abgebr. keine Angaben v.H.	Insgesamt abs.	Insgesamt v.H.
Hauptsch.	38	20,3%	56	29,9%	63	33,7%	30	16 %	187	100%
Mittl. Reife	122	32,4%	95	25,3%	105	27,9%	54	14,3%	376	100%
FHR	222	47,1%	102	21,7%	93	19,7%	54	11,5%	471	100%
Abitur	8	40 %	6	30 %	1	5 %	5	25 %	20	100%

b2) Berufsausbildung und Abschlußfach

Berufsausbildung:	BWL abs.	BWL v.H.	VWL abs.	VWL v.H.	SOZ abs.	SOZ v.H.	Stud. abgebr. keine Angaben abs.	Stud. abgebr. keine Angaben v.H.	Insgesamt abs.	Insgesamt v.H.
Handw.	44	22,2%	65	32,6%	66	33,3%	23	11,6%	198	100%
Kaufm./Verw.	304	45 %	144	21,3%	151	22,4%	76	11,2%	675	100%
Sonst./Techn.	11	20,7%	18	33,9%	10	18,9%	14	26,4%	53	100%
Keine	32	25 %	31	24,2%	36	28,1%	29	22,7%	128	100%

b3) soziale Herkunft und Abschlußfach

Beruf d. Vaters:	BWL abs.	BWL v.H.	VWL abs.	VWL v.H.	SOZ abs.	SOZ v.H.	Stud. abgebr. keine Angaben abs.	Stud. abgebr. keine Angaben v.H.	Insgesamt abs.	Insgesamt v.H.
Handw./Arb.	130	33,3%	107	27,4%	103	26,4%	50	12,8%	390	100%
Mittl. Ang./ Beamte	81	32,9%	66	26,8%	56	22,7%	43	17,5%	246	100%
Kl. Selbst.	68	46,6%	28	19,2%	24	16,4%	26	17,8%	146	100%
Höhere Ang./ Beamte/Akad. gr. Selbst.	93	38,4%	43	17,8%	63	26 %	43	17,7%	242	100%
Sonstige	8	26,7%	10	33,3%	5	16,7%	7	23,3%	30	100%

Tabelle 8: Abschlußfach und Examensergebnisse vom 31.–39. Lehrgang

a) weibl. Abschluß-fach:	Note 1 abs.	v.H.	2 abs.	v.H.	3 abs.	v.H.	4 abs.	v.H.	Stud. abgebr. abs.	v.H.	noch in and. Lg. abs.	v.H.	ges. abs.	v.H.	d. Lehrg. mind. 1xgew. abs.	v.H.
BWL	3	3,0 %	86	85,1 %	12	11,9 %	–	–	–	–	–	–	101	100 %	10	9,9 %
VWL	6	5,2 %	92	80,0 %	15	13,0 %	–	–	1	0,9 %	1	0,9 %	115	100 %	23	20,0 %
SOZ	12	7,3 %	136	82,9 %	11	6,7 %	–	–	4	2,4 %	1	0,6 %	164	100 %	35	21,3 %

b) männl.	Note 1 abs.	v.H.	2 abs.	v.H.	3 abs.	v.H.	4 abs.	v.H.	Stud. abgebr. abs.	v.H.	noch in and. Lg. abs.	v.H.	ges. abs.	v.H.	d. Lehrg. mind. 1xgew. abs.	v.H.
BWL	21	5,4 %	281	71,9 %	77	19,7 %	1	0,2 %	10	2,6 %	1	0,2 %	391	100 %	43	11,0 %
VWL	12	4,6 %	198	76,7 %	42	16,3 %	1	0,4 %	3	1,1 %	2	0,8 %	258	100 %	38	14,7 %
SOZ	9	3,4 %	207	79,0 %	33	12,6 %	–	–	11	4,2 %	2	0,8 %	262	100 %	56	21,4 %

Die Abbruchquoten sind in dieser Tabelle ohne Aussagewert, da die Studierenden von mir erst im sechsten Semester befragt werden und die Mehrzahl der Studienabbrecher das Studium vor diesem Zeitpunkt abbricht. Die hier erfaßten Studienabbrecher haben das Studium während oder nach dem 6. Semester ohne Abschluß abgebrochen.

Helga Milz

Zum Bewußtsein von Frauen zwischen Erwerbs- und Familienarbeit

> Sittenstrolche
> „Von welchen Interessen leiten wir unsere Sittlichkeit ab, wenn der Kampf gegen die Unterdrücker und Ausbeuter entschieden ist? Kunze antwortete wider Erwarten: Vom Kampf gegen die Unterdrücker, die wir selber sind. – Wie das? fragte Hinze. – Einige Glückliche, fuhr Kunze fort, versuchten, statt überhaupt noch nach Interessen zu fragen, nun endlich eine allgemein verwendbare Moral auszufertigen, 10 sozialistische Gebote. Das war natürlich voreilig, so große Fehler brauchen Zeit. Es stellte sich heraus, daß wir mehr Unterdrückung zu fürchten haben als die eine, und viel mehr zu gewinnen als den einen Kampf. Sehn wir aus wie Leute, die auf der ganzen Linie gesiegt haben? Freilich, wenn wir nicht kämpften, wie sollten wir dann eine Sittlichkeit haben. Dann brauchten wir keine; zufriedne Sittenstrolche."
>
> (Volker Braun 1983: Berichte von Hinze und Kunze, Leipzig)

1. *Frauenspezifische Themen – blinde Flecken der Sozialwissenschaften*

Die Leerstellen sozialwissenschaftlicher Forschung und Theoriebildung in Sachen Frauen und Themen, die sich grundlegend der weiblichen Sozialisation und spezifischen Lage und Rolle der Frau annehmen, werden neuerdings zunehmend als dringend zu bearbeitende Problemfelder identifiziert. Angesichts zahlreicher wissenschaftlicher Aktivitäten der allerdings noch jungen Frauenforschung[1] in der BRD könnte angenommen werden, daß sich diese Lücken schließen. Ein kurzer Rückblick auf die Versäumnisse soll i. F. verdeutlichen, wie erheblich die Defizite sind. Sie verweisen darauf, welch lange Tradition das wissenschaftliche Vorbeidenken an Frauen hat und wie fest auch hier ideologische Zuschreibungen von Geschlechtsspezifika etabliert sind. Deren Relativierung und Überwindung ist nicht im ersten Anlauf zu bewerkstelligen. Die sozialwissenschaftlichen Disziplinen verfügen über eine nahezu ungebrochene kognitive wie soziale Identität gegenüber Frauen, deren Lage sie als Problem einer gesellschaftlichen Randgruppe begreifen. Ihr wesentliches Merkmal, so die verbreitete These, sei eine defizitäre Sozialisation. Dies Verständnis führt dazu, daß – z. B. im Bildungssektor – Konzepte der „Nachhilfe" für Frauen entworfen werden. Die neue Frauenbewegung, die in einem beträchtlichen Umfang Aktivitäten als Frauenbildungsbewegung entfaltet[2], begegnet dieser Haltung mit Skepsis und Vorbehalt. Emanzipation sei nicht mit der Angleichung des weiblichen an den männlichen Sozialcharakter und an dessen Kompetenzen und Haltungen erreicht. Feministinnen streiten für eine gesellschaftliche Akzeptanz spezifisch weiblicher Fähigkeiten und Fertigkeiten. Ihr Verständnis von „Weiblichkeit" ist uneinheitlich. Der Begriff hat historisch und aktuell vielfältige Besetzungen und „Aufladungen" erfahren. Aber tendenziell setzt sich die Vorstellung durch, daß im Prozeß der Sozialisation von Frauen spezifische Kompetenzen und Haltungen eingeübt werden, die nicht nur für die Wahrnehmung der „regenerativen" Funktionen von Haus- und Erziehungsarbeit unerläßlich sind. Frauenarbeit für die körperliche und gesellschaftliche Reproduktion stehe den von Männern dominierten Tätigkeitsfeldern in der Produktion von bleibenden Werten, Werken und Werkzeugen in nichts nach.[3] Die etablierte Trennung der Bereiche und gesellschaftlichen Rollen nach dem Geschlecht sei aufzuheben. – Dem widersetze sich eine seit Jahrhunderten praktizierte und also gründliche Mythologisierung des Weiblichen als unergründliches, phantastisch vielfältig-einfältiges Wesen (Simmel).

Um die Bearbeitung dieser Widerstreite und Widersprüche geht es der sozialwissenschaftlichen Frauenforschung. Sie will den Feminismus in die realsoziologische Forschung einschreiben, – nicht ohne sich vergegenwärtigt zu haben, wie hier die (Nicht-)Behandlung von Frauenspezifika bisher erfolgte. Frauenforschung thematisiert diese Leerstellen als Orte und Ansatzpunkte ihres wissenschaftlichen Arbeitens.

Liegt im feministischen Ansatz – trotz realer Vereinnahmungsversuche von konservativer Seite – der Schlüssel zu Wegen der Emanzipation, die erfolgreicher, nachhaltiger und durchgreifender wirksam sind als frühere Konzepte und Strategien? Wie ist der feministische Anspruch in sozialistische Perspektiven gesellschaftlicher Umwälzungen einzubeziehen?[4] Was lernen Frauen aus den i.F. referierten Untersuchungen über das weibliche Bewußtsein für ihre Bildungsarbeit mit Frauen? Inwieweit sind deren Probleme und Niederlagen auch darauf zurückzuführen, daß die hier praktizierten Lernformen sich bisher überwiegend am Muster männlicher Bildungsarbeit orientiert haben?

Sozialwissenschaftliche Forschungs- und Theoriearbeit hat gewiß ihre eigene Dynamik, sie reagiert und agiert – stärker als andere Disziplinen – auf soziale und politische Fragen, die öffentlich als aktuell und brisant gelten. An den Themen „Frau und Familie", „Frau und Gesellschaft", „Frau und Arbeit" etc. läßt sich dies ablesen:

Wenn von den Sozialwissenschaften weibliche Lebensbedingungen, Verarbeitungs- und Handlungsweisen in den *60er Jahren* überhaupt berücksichtigt wurden, dann nur im Rahmen der Familien- und Mutterfunktionen. Formen- und Aufgabenveränderungen der Familie und der Rolle der Frau darin waren zentrale Themen der empirischen und theoretischen Arbeiten, die zu dem Schluß kamen, daß der Familienzusammenhang wie die Kindererziehung zu 80–90 % vom Engagement der Frauen abhingen.[5] In unkritischer Weise wurde dieses vorfindbare Faktum als der übliche Lebensstil konstatiert und festgeschrieben. Allerdings ist auf die bange Frage nach den negativen Auswirkungen der Erwerbstätigkeit von Frauen auf die ihnen mit großer Selbstverständlichkeit zugeschriebenen Aufgabenfelder als Ehe-, Hausfrau und Mutter sehr viel Gewicht gelegt worden. Mutterentbehrung war ein Problem, um das gerungen wurde, der Begriff der Vaterentbehrung existierte nicht.

Das Problem der Verengung des kindlichen Erfahrungsraums durch den „Rückzug" von Männern in ihren Berufsbereich wurde folgerichtig den Müttern zugeschoben. Sie hatten die erforderliche Vielfalt und Abwechslung für das Kind herzustellen und den Vaterentzug auszugleichen. Weibliche Erwerbstätigkeit wurde ansonsten offenbar wegen ihres relativ geringen Umfangs von ca. 35 %, – einer Größe, die sich seit 100 Jahren kaum verändert hat, – lange nicht problematisiert.[6]

Erst in den *70er Jahren* sind zu den segmentierten betrieblichen wie gesellschaftlichen Arbeitsmarktstrukturen und veränderten Inhalten von Frauenarbeitsplätzen eigenständige empirische Untersuchungen mit neuen Ergebnissen vorgelegt worden. Typische Frauentätigkeitsbereiche wurden analysiert, geschlechtsspezifische Zuweisungsmechanismen nachgewiesen und Besonderheiten der Arbeitsanforderungen an Frauen im Kontext der Problematisierung von Leichtlohngruppen auf ihre Belastungsfaktoren hin überprüft. Die Anforderungen an Frauenarbeitsplätzen wurden ganz überwiegend als restriktiv, monoton und repetitiv beschrieben. In der industriellen Produktion würden Frauen gern im Bereich sogenannter Mechanisierungslücken eingesetzt. Das weibliche Arbeitsvermögen gelte als haushaltsge- und -verbunden und finde entsprechende Verwendung und Verwertung im Betrieb.[7]

So ergiebig die Resultate im einzelnen waren, sie verharrten zunächst in der Einseitigkeit, vorrangig die objektive Seite der Probleme von Frauenarbeit zu sehen. Dabei war zudem ein Vernachlässigen und Beiseiteschieben von Forschungsaktivitäten und Fragestellungen zu beobachten, die sich der Frauenarbeit in Familie *und* Beruf annahmen. Diese Haltung beruhte im wesentlichen darauf, daß mit Selbstverständlichkeit die Trennung der Bereiche Beruf und berufsfreie Zeit/Freizeit aufrechterhalten wurde. Dem tatsächlichen Lebenszusammenhang von Frauen konnte sich dieses Konzept nicht nähern. Es erfaßte das halbe Leben von Frauen und interessierte sich zudem nicht für ihre subjektiven Haltungen.

Auf der Basis dieser Befunde wurden in der Bildungsarbeit mit Frauen (z.B. auch in der gewerkschaftlichen) Umsetzungsversuche gestartet. Sie sollten dazu beitragen, Frauenerwerbstätigkeit nicht nur aus der ökonomischen Notwendigkeit und Zweckmäßigkeit zu betreiben und zu begreifen, sondern auch unter emanzipatorischen Gesichtspunkten zu akzeptieren. Versucht wurde, Frauen für die Vertretung ihrer Arbeitsinteressen zu mobilisieren. Die Verweise auf beklagenswerte und diskriminierende Arbeitsbedingungen von Frauen, so wurde gemeint, täten hier schon ihre Wirkung. Wenn Frauen ihre besondere Benachteiligung hinreichend verdeutlicht sei, würden sie schon begreifen, daß sie sich wehren, organisieren und für ihre Arbeitsinteressen aktiv einsetzen müßten. Daß diese Aufklärungsabsicht ihr Ziel verfehlte, erstaunt angesichts der heute vorliegenden Forschungsergebnisse zur subjektiven Verarbeitung von Arbeitserfahrungen bei Frauen nicht. Auch der häufig bemühte Pauschalvorwurf gegenüber Frauen, eine positive Einstellung zu ihren Familien- und Mutterfunktionen sei als traditionelle Haltung einzustufen, erwies sich nicht als aktivierend. Das Scheitern dieser Art von Frauenbildungsarbeit hat gezeigt, daß vor einer „Mobilisierung" von Frauen deren spezifische subjektive Verarbeitungsformen erforscht und erkannt werden müssen.[8]

In Anbetracht dieser Probleme konzentrierten sich auffallend viele Sozialwissenschaftlerinnen im Übergang zu den *80er Jahren* darauf, den komplexen Lebenszusammenhang von Frauen und ihre alltägliche Bewältigung der Doppellast theoretisch wie empirisch zu erfassen. Auch die sozialwissenschaftliche Forschung zum Bewußtsein von Frauen über ihre Erwerbs- und Familienarbeit wurde forciert betrieben. Sie hatte sich zunächst an dem Umstand abzuarbeiten, daß die umfangreichen Forschungen zum gesellschaftlichen und Arbeitsbewußtsein von Arbeitern lange ein vorurteilsgeladenes Frauenbild propagiert haben.

Frauen gelten als anspruchslose Arbeitskräfte. Daß Frauen im Vergleich zu Männern einen höheren Grad an Arbeitszufriedenheit aufweisen, ist ein meßbares Faktum, – ohne große Aussagekraft wie die Arbeitszufriedenheits- und Arbeitsunzufriedenheits-Messungen überhaupt. Autoren, die als gesellschaftskritische Vertreter ihres Fachs gelten, warnen davor, dieses Datum aufzuwerten und zu überschätzen. Aber an der Legendenbildung über die speziellen Ursachen der weiblichen Arbeitszufriedenheit wirken sie in Fortschreibung alter Argumente mit.[9]

Frauen wird nachgesagt, sie hätten überhaupt kein Arbeitsbewußtsein, zumindest kein „richtiges", sie seien ausgeprägt privatistisch und familienbezogen orientiert und ihre Befangenheit in der traditionellen Frauenrolle mache aus, daß sie sich für den „eigentlichen" Prozeß der gesellschaftlichen Entwicklung qua produktiver Arbeit nicht interessierten und engagierten. Forschungen zum Arbeiterleben und zum Arbeiterbewußtsein kommen ohne die Berücksichtigung von Frauen aus.[10]

Seit einigen Jahren suchen Frauen in der Forschung zum Bewußtsein von Frauen praktische Auswege aus diesen festgefahrenen Standards der Ignoranz. Neuere empirische Untersuchungen zu Frauenarbeit und -bewußtsein legen ein besonderes Gewicht darauf, den durch Haus- und Erwerbstätigkeit belasteten Arbeitsalltag von Frauen über deren Darstellung sowie Meinung zu differierenden Handlungsstrategien zu erfassen. Die Haltungen, Umgangs- und Verarbeitungsweisen von Frauen zeigen, daß frauenspezifische Lebensbedingungen auch kulturelle Besonderheiten ihrer Alltagsbewältigung hervorbringen.[11] Auf die Erträge dieser Untersuchungen wird im folgenden vorrangig Bezug genommen. Auf dem Hintergrund früherer Diskussionen zum Verhältnis von Haus- und Berufsarbeit soll nachvollzogen werden, wie Frauen ihre Lage beschreiben, wenn sie selbst sprechen können und Gelegenheit haben, ihre Gedanken zum Verlauf, zu den Ursachen und Lösungsfomen von drückenden Alltagsproblemen zu entwickeln. Im Mittelpunkt stehen Untersuchungen mit Frauen, die als Mütter von kleinen Kindern erwerbstätig waren oder sind.[12] Es geht um ihre Alltagspraxen, die als wichtige Bestandteile des gesellschaftlichen Lebens und der menschlichen – hier weiblichen – Bewegungsformen darin begriffen werden. Sie können bei der Erforschung virulenter Konfliktpotentiale nicht im Abseits stehen und die untersuchungsleitende Frage ist deshalb auf Knotenpunkte gerichtet, in denen die „doppelten" Ansprüche und Pflichten von Frauen aufeinandertreffen. Frauen, so wird hier vermutet, verorten sich im Zwischenfeld von Haus- und Erwerbsarbeit. Bei allen Differenzierungen, die diese Verortungsaktivitäten aufweisen, ist als Frauenspezifikum festzuhalten, daß Frauen ihren gesellschaftlichen Ort nach diesen beiden Seiten hin definieren und die Widersprüchlichkeiten nicht einseitig auflösen wollen.

2. *Formen weiblicher Lebensbewältigung*

2.1. Das traditionelle Drei-Phasen-Schema wird modifiziert

Als normal, weil massenhaft gelebt, galt über Jahrzehnte das sog. Drei-Phasen-Modell für Frauen[13]: Nach einer kurzen *ersten* Phase der Erwerbstätigkeit, in die überwiegend ohne Lehre/Ausbildung eingestiegen wurde, heiratete die junge Frau, um sehr bald Mutter und Vollhausfrau zu werden. Nach einer *zweiten* Phase von ca. 15 Jahren, in der meistens mehr als zwei Kinder aufgezogen wurden, versuchte sie den Wiedereinstieg in eine *dritte* Phase des Erwerbstätigseins als ältere Frau in ihren Ausbildungsberuf, um der finanziellen Abhängigkeit, Isolation und Leere des Heims zu entgehen. Diese „weibliche Normalbiographie" schien auf geradezu ideale Weise eine Lebenserfüllung zu ermöglichen. Das Nacheinander von Mutterschaft und Berufstätigkeit galt als Fortschritt gegenüber der früher praktizierten Gleichzeitigkeit dieser Aufgabenstellungen.[14] An diesem Zyklus hat sich mittlerweile erstaunlich viel verändert: Auf breiter Front und quer durch alle gesellschaftlichen Schichten hat die Gebärfreudigkeit von Frauen in den 70er Jahren abgenommen.[15] Pillenknick und Erleichterung bzw. Umwertung der Abtreibungsmöglichkeiten werden gern als Ursachen zur Erklärung dieses Verhaltens angeboten. Dabei wird aber vergessen, wer das Subjekt dieser gesellschaftlichen Entwicklung ist. Einige Frauen forderten das Recht auf Geburtenplanung, alle erhielten und viele nutzten es bewußt und auf Basis des Anspruchs, einen selbständigen Lebensentwurf verantworten und realisieren zu wollen.[16] Die Gebärbereitschaft von Frauen hat sich aber nicht nur quantitativ verringert, sondern auch qualitativ gewandelt. Frauen entscheiden sich überwiegend erheblich später für eine Schwangerschaft und Geburt als das früher der Fall war. Das Durchschnittsalter von Erstgebärenden hat sich im vergangenen Jahrzehnt um etwa fünf Jahre in das Alter von 25 verschoben. Hinzu kommt, daß Frauen eine rasche Aufeinanderfolge von zwei Geburten bevorzugen.[17] Dabei haben sie ihr eigenes Interesse an einer zügigen Abwicklung der Mutterschaft im Auge, aber auch das, durch Aufgaben in dieser Zeit gefordert zu werden. Frauen begründen ihre zweifache Mutterschaft in dieser Parallelform häufig damit, daß es „ein Abwasch" sei, daß „ein Kind mich nicht ausfüllt" oder daß „das Zuhausebleiben sich ja sonst nicht lohnt".[18] Aber sie verweisen auch darauf, daß zwei Kinder sich miteinander beschäftigen können und so eine Entlastung von der ausschließlich kindbezogenen Kommunikation für die Mutter entsteht. Tendenziell verschieben sich, schauen wir uns neuere empirische Untersuchungen zum Bewußtsein von Frauen an, die Verhaltensweisen und Auffassungen noch stärker in die beschriebene Richtung. Auffallend ist, daß insbesondere jüngere Frauen einen Lebensplan entwerfen, in dem ihre Rolle als Ehefrau und Mutter zwar positiv aufgenommen, jedoch in ihrem Stellenwert relativiert wird. Sie wollen nicht so früh heiraten wie ihre Mütter und älteren Schwestern und sie planen eine späte Mutterschaft. Sie sind außerordentlich kritisch gegenüber einer festen Bindung, wollen die Beziehung lange und gründlich „auf Herz und Nieren" erproben und sehen „... ob es das Richtige ist".[19] Sie reklamieren dafür Zeit und viele Lebensjahre und wir könnten uns damit begnügen, die veränderte Haltung mit einer neuen und skeptischen Auffassung über die Ehe und Partnerschaft zu erklären. Sicher ist dieses Moment im Spiel. Was aber den eigentlichen Hintergrund des Orientierungswechsels auf eine lange Spanne zwischen Eheschließung und Familiengründung ausmacht, fällt erst auf, wenn wir uns weitere Angaben von Frauen vergegenwärtigen: Jüngere Frauen versuchen in einem erheblich größeren Ausmaß als früher, die zweite Phase des Daseins als Vollhausfrau drastisch zu verkürzen bzw. zu umgehen. Kinderlosigkeit ist für sie mehr denn je ein Weg, dieses zu erreichen, eine geringe Kinderzahl bietet sich als zweite Möglichkeit an. Aber auch als Mütter von 1 oder 2 Kindern planen junge Frauen, ihr Arbeitsleben nicht oder nur kurz zu unterbrechen. Sie wollen nach der Ausbildungsphase zunächst eine gesicherte berufliche Position im Betrieb erreichen, dann den Kinderwunsch realisieren. Diese Modifikation und Relativierung ist auf ein wachsendes Interesse von Frauen an Ausbildung und Beruf zurückzuführen.[20]

Eine ausgeprägte Berufsorientierung findet sich insbesondere deutlich bei jungen (bis 18) und jüngeren (bis 25) Frauen, die eine ausgesprochen qualifizierte und zudem frauenuntypische Ausbildung in gewerblich-technischen Bereichen absolviert haben. In bestimmter Hinsicht sind dies außergewöhnliche Bedingungen für Frauen, die z.T. dafür verantwortlich sein mögen, daß sie traditionelle geschlechtsspezifische Orientierungen in ihrem Berufsverständnis abgelegt haben. Sie distanzieren sich ausdrücklich von typischen Merkmalen und Aufgabenfeldern der Erwerbstätigkeit von Frauen und kritisieren das Abfordern wie Einbringen eines „weiblichen Arbeitsvermögens". Überraschend konstant ist demgegenüber ihre Akzeptanz der weiblichen Familienrolle als Ehefrau und Mutter. Auch diese Frauen fühlen sich hauptverantwortlich, hier die Harmonie zu garantieren, die männliche Dominanz der Entscheidungsfindung anzuerkennen und gegebenenfalls die eigenen Interessen massiv zurückzustellen. Die Hausarbeit ist nach ihrer Ansicht zwar vorrangig, allerdings nicht ausschließlich Sache der Frau, hier wird Entlastung und partnerschaftliches Mitanfassen gefordert. Für die Kindererziehung und Herstellung von häuslicher Geborgenheit fühlt sich auch diese Frau verantwortlich und – qua Geschlecht – besonders befähigt.[21] Aber dennoch: Als neue weibliche Lebensform planen Frauen ihre Mutterschaft im Anschluß an eine qualifizierte Ausbildung und Berufstätigkeit. Im Lebensplanentwurf nehmen Familien- und Berufsrolle der Frau zunehmend eine gleichrangige Bedeutung ein. Die Mutterschaft hat nicht mehr die Vorrangstellung, die sie noch in der Realität des Drei-Phasen-Modells einnimmt. Was aus den Vorstellungen dieser jungen Frauen wird, bleibt abzuwarten. Auch andere Untersuchungen zeigen, daß Frauen in untypischen Berufen und Positionen ausdrücklich andere Wertvorstellungen und Erwartungshaltungen als Männer ausbilden.[22] Sie verorten sich zwischen den Bereichen, verfolgen gleichzeitig und tendenziell gleichrangig Familien- und Berufsinteressen und lösen die entstehenden Widersprüche zwischen den Anforderungen dieser Bereiche in der Regel nicht einseitig.[23]

Im Unterschied dazu wird in den umfangreichen Veröffentlichungen von Frankfurter Frauenforscherinnen zum Thema „Frauenarbeit in Familie und Beruf" die

These vom „familienorientierten Instrumentalismus“ von Fabrikarbeiterinnen vertreten und belegt. Erwerbsarbeit werde als restriktive und Zwangsarbeit begriffen, Hausarbeit biete demgegenüber einen „Fluchtpunkt“, größere Selbsttätigkeits- und Gestaltungsräume. Daß Fabrikarbeit am Band und im Akkord häusliches „Schalten und Walten“ – trotz engen Wohnraums, trotz knapper Mittel – attraktiv macht, ist nachvollziehbar und anschaulich vorgestellt.[24] Der Begriff „familienorientierter Instrumentalismus“ erscheint dennoch als zu eindeutig. Problematisch sind solche Kurzformeln stets, weil sich ihr Vorteil der Griffigkeit und Transferierbarkeit leicht ins Gegenteil verkehrt: Sie verleiten zu Pauschalisierungen und Bedeutungsverschiebungen. Dieses Schicksal hat auch hier zugeschlagen, z. B. auf dem Soziologentag '82 in Bamberg, aber auch in Frauenkursen: Zum einen wird gefolgert, Frauen werde der doppelte Vorwurf gemacht, lediglich instrumentell und nicht inhaltlich an außerhäuslicher Arbeit interessiert zu sein und dies auch noch für andere, nämlich wegen familiärer Belange und ohne „gesunden“ Egoismus zu tun. Zum anderen wird aus dem „familienorientierten Instrumentalismus“ herausgelesen, daß häusliche und familiäre Aufgaben die eigentlich idealen Betätigungsfelder für Frauen seien, weil sie hier ihre spezifischen sozialen Fähigkeiten entfalten könnten ...

Gegen eine pauschale Idealisierung von Möglichkeiten der Selbstverwirklichung in der Haus- und Erziehungsarbeit sprechen jedoch die Ergebnisse vieler anderer Untersuchungen, auf die im folgenden Abschnitt eingegangen wird. Es handelt sich dabei u.a. um die empirische Frauenforschung aus Hannover, die bei Fabrikarbeiterinnen und proletarischen Hausfrauen sehr zwiespältige und weniger eindeutige Haltungen feststellt. Im folgenden soll also keineswegs einseitig pro Berufsorientierung und contra Familienbindung von arbeitenden Frauen argumentiert werden. Vielmehr begeben wir uns auf die Suche nach präziseren Bestimmungen von frauentypischen Verortungen zwischen den Feldern Beruf und Familie.

2.2. Was es bedeutet, Hausfrau zu sein

Sehen wir von tatsächlich vorhandenen Differenzierungen (z. B. Haushaltseinkommen, Anzahl und Alter der Kinder, Wohnform/-ort, Lebensalter der Frau etc.) einmal ab, dann lassen sich folgende Charakteristika der Hausfrauenarbeit generalisieren[25]: Zeitbudgetstudien von Vollhausfrauen mit 2 Kindern weisen einen außerordentlich hohen Umfang von ca. 50 Std. pro Woche für Routinetätigkeiten aus, die als Hauswirtschaftsarbeiten bezeichnet werden. Es handelt sich dabei zumeist um alltäglich wiederkehrende Verrichtungen wie das Einkaufen, Kochen, Aufräumen, Waschen etc. Parallel zu diesen – meist mechanisch und unter Zeitdruck erledigten – Arbeitsabläufen werden die Spiele der Kinder verfolgt und komplexere Aufgaben vorstrukturiert wie vorbereitet. Die beiden für Hausarbeit typischen Funktionsbereiche von „materieller Hausarbeit“ und „psychischer Reproduktionsarbeit“ überlagern sich im Alltag der Hausfrau und fordern in der Regel Simultanhandlungen.

Das zentrale Problem von Hausarbeit scheint darin zu liegen, daß die normative Anforderung, sie „aus Liebe" zu leisten, sowohl Über- als auch Unterforderungen hervorruft. Frauen bereiten tägliche Mahlzeiten z. B. nicht nur, um „hungrige Mäuler zu stopfen". Sie kochen Lieblingsessen, berücksichtigen Sonderwünsche und versuchen, einen harmonischen Rahmen für das gemeinsame Mahl herzustellen. In den einzelnen Elementen des häuslichen Wirtschaftens lassen sich die Anforderungen an die Hausfrau, mit und aus Liebe für die Familienmitglieder tätig zu werden, nachweisen. Hierin liegt ein positiv besetzter Freiraum. Hausarbeit bietet in der Dimension der Beziehungsarbeit Möglichkeiten einer eigenständigen und individuellen Ausgestaltung der privaten Sphäre, in der Bedürfnisse nach Geborgenheit, Nähe, Vertrautheit und Schutz befriedigt werden. Zugleich ist diese Anforderung jedoch auch negativ und mit Angst behaftet.

Der Anspruch ist ebenso hoch wie diffus und angesichts äußerer Widrigkeiten häufig unerreichbar, so daß Überforderungssituationen entstehen: (Voll-)Hausfrauen setzen z. B. alles daran, die Schulschwierigkeiten ihres Kindes zu beheben, schaffen auf Dauer weder dies noch ihr Hausarbeitspensum und halten sich selbst für eine Versagerin. Sowohl in solchen o. ä. überfordernden Konstellationen als auch parallel dazu sind Unterforderungen aufgrund der überwiegend kindzentrierten Kommunikation häufig, die durch Monotonie und Langeweile der stetig wiederkehrenden Putz-, Wasch- und Kochverrichtungen noch verstärkt werden. Hausfrauen arbeiten sich an der Diffusität der Anforderung „Liebe" als Einzelkämpferinnen ab. Als Hausfrauen fehlt ihnen der Zugang zu Möglichkeiten der kollektiven Verständigung und Auseinandersetzung über diese Norm weitgehend.

Alte und neue empirische Studien zum Stellenwert von Hausarbeit weisen aus, daß Frauen diesen Tätigkeitsbereich als erste Pflicht ihres Daseins anerkennen. Gleichzeitig sehen und benennen sie aber eine Reihe von Widersprüchen und Defiziten, die ihnen zugemutet werden. Nach einer früheren Studie von 1973 geben zwei Drittel der Frauen, die als Vollhausfrauen tätig sind, an, „wegen der Kinder" die Erwerbstätigkeit aufgegeben oder unterbrochen zu haben. Fast 50 % der Hausfrauen fassen ihre häusliche Arbeit als vorübergehend auf. Wenn sie wählen könnten, würden ca. 40 % von ihnen eine Berufstätigkeit sofort vorziehen. Sobald ihre ständige Anwesenheit als Mutter nicht mehr erforderlich ist, wollen weitere ca. 40 % wieder erwerbstätig werden.[26] Diese Daten haben sich in neueren Studien in die Richtung einer leicht zunehmenden Berufsorientierung bewegt. Das Gleichgewicht zwischen dem Arbeitsleben auf der einen und dem Ehe- und Familienleben auf der anderen Seite verschiebt sich nicht nur bei jüngeren Frauen.[27]

Das manifeste Unbehagen von Vollhausfrauen richtet sich heute vor allem auf die Isolation. Der Mangel an Kommunikations- und Kontaktchancen wird zum einen der Zeit angelastet, die mit dem Kind/den Kindern verbracht werden muß: „Es ist alles ein bißchen eintönig" ... „Daß man mit dem Kind spielt, es unterstützt, das ist alles klar. Manchmal habe ich die Nase voll. So Halbtagsarbeit, das würde mir schon gefallen. Mal was anderes hören, nicht nur immer mein Kind."[28] Zum anderen ist der familiäre Rahmen zu eng und zu klein, um die Ansprüche hinsichtlich der gewünschten Anregungen und Abwechslungen hinreichend abzudecken: „Wenn die Frau nur zuhause ist, stimmt es, daß die Frau langsam verblödet. Wenn man so viele Jahre nur daheim ist, nur im Haushalt. Irgendwie kommt man nicht mehr mit Leuten zusammen, man hat keinen richtigen Kontakt, man weiß nicht, was unter Arbeitskollegen geschieht, wie sie sich unterhalten. Nur daheim, nur die Kinder, nur den Mann – es wäre angebracht, wenn eine Frau nach einer gewissen Zeit wieder rauskommt. Es muß nicht das Geld sein, auch deshalb, damit man wieder unter Leute kommt und ein bißchen Ansprache hat und vom Berufsleben mitreden kann."[29]

Auch auf dem Soziologentag 1982 wurde von Frauenforscherinnen im Zusammenhang mit der Hausarbeitsdebatte auf die Mangelerfahrungen in diesem Tätigkeitsbereich verwiesen. Unter Rückgriff auf die amerikanische Frauenforschung wurde hervorgehoben, daß die Erfahrung der Abschottung, die fehlende Anerkennung sowie die Abhängigkeit für Hausfrauen verschiedener Schichten in gleichem Maße Probleme berge. Auch für Arbeiterfrauen, denen aufgrund ihrer Ausbildung lediglich restriktive Arbeitsplätze offenstünden, sei die Orientierung und Tätigkeit im Kreis der Familie keine Garantie für Zufriedenheit und Erfüllung in der Hausarbeit. Lediglich ein sehr hohes Haushaltseinkommen biete Frauen der oberen Schichten Befriedigungsmöglichkeiten, weil sie sich von materieller Hausarbeit unabhängig machen könnten, um sich außerhäusliche Aktivitäten und Handlungsfelder zu erschließen. So seien diese auch am ehesten mit ihrer Situation als Vollhausfrau zufrieden. Im übrigen empfänden aber Hausfrauen ihr „... Zuhausesein als eine Art verlängerter Kindheit ... Hausfrauen (sind) sich oft der Ironie bewußt: Sie helfen ihren Kindern, unabhängig zu werden und ihre Ängste zu beherrschen und werden selbst dabei immer abhängiger und ängstlicher."[30] Diese Mangelerfahrung, die wesentlich das Defizit an sozialer Kommunikation thematisiert, betrifft auch Frauen aus mittleren Schichten, denen ein ausreichendes Haushaltseinkommen zur Verfügung steht. Auch sie sind als Hausfrau – trotz einiger Gestaltungs- und Entlastungsmöglichkeiten – überwiegend unzufrieden. Sie haben in ihrer Ausbildung und bisherigen Berufstätigkeit zumeist Fähigkeiten entwickeln und Ansprüche realisieren können, die sie als Hausfrau zurückstellen müssen, weil die finanziellen Mittel keine „großen Sprünge" erlauben. Das trennt sie von Oberschichtfrauen. Ihre Situation nähert sich aber der von proletarischen Hausfrauen an. Eine jüngere Studie, die aus der Frauenforschung in Hannover[31] hervorgegangen ist, betont die Ambivalenzen, die das Hausfrauenleben hervorruft. Frauen finden sich in ihre Rolle als Vollhausfrau und Mutter nur schwer ein, wenn sie zuvor berufstätig waren. Auch diejenigen, die in der Fabrik am Band und im Akkord ihre Frau gestanden haben, empfinden die Isolation, Langeweile und Stagnation als so drükkend, daß sie das Ende und die Rückkehr an den/einen Arbeitsplatz herbeiwünschen. Nach einer kurzen Phase der Erholung und Ruhe, die sie anfangs genießen konnten, tritt Leere und Redundanz in den Vordergrund. Die tendenziell widersprüchlichen Verhaltensanforderungen zwischen den zeitraubenden materiellen Verrichtungen einerseits und den Zeit und vor allem innere Ruhe erfordernden „psychischen Reproduktionstätigkeiten", der je individuellen Zuwendung und

Fürsorge, werden immer wieder probeweise neu integriert, ohne das daraus Anerkennung und Selbstbewußtsein, Stabilität und Zufriedenheit geschöpft werden können. Die Bewertung und Einordnung des hausfraulichen „Tagewerks" passiert im wesentlichen über die Selbstbewertung. Der Schritt in die Erwerbstätigkeit, die Realisation des Wunsches, aus der Enge des Haus- und Mutterdaseins herauszutreten, fällt schwer, besonders für die Frau, die dies „nicht nötig hat", deren Mann in der Lage ist, „‚sich eine Familie leisten zu können' oder ‚die Frau nicht arbeiten lassen zu müssen'."[32] Die (qualifiziert ausgebildete) Frau, die arbeiten möchte, obwohl die Familie das Geld nicht unbedingt braucht, „... ist den Familienmitgliedern etwas schuldig, wenn sie sich ihr nur nicht in den Weg stellen. (Sie) ... muß die Familie um Erlaubnis bitten, erwerbstätig zu werden, eine Erlaubnis, die sie leichter bekommen wird, wenn sie die Familie überzeugt, daß trotz ihrer bezahlten Arbeit keine Verringerung ihrer Leistungen im Haushalt eintreten wird."[33] Es gibt empirische Hinweise darauf, daß der ökonomische Zwang weiblicher Erwerbstätigkeit deren selbstverständliche Akzeptanz im Familienkontext hervorruft und insofern ein stabiles Selbstverständnis der arbeitenden Ehefrau und Mutter ermöglicht. Die Frau, deren Geld dringend benötigt wird, hat es insofern leichter als die „... Ehefrau des besser bezahlten Mannes, die kaum mit der Hilfe ihrer Familie rechnen kann. Außerhäusliche Arbeit anzunehmen ohne die Unterstützung der Familie zuhause, ist im allgemeinen keine beispielhafte Emanzipation".[34] Dieser Frau werden beständig Barrieren in den Weg gelegt und Legitimationen abgefordert. Der Weg, den sie beschreitet, ist erzwungenermaßen der, dem Druck auszuweichen: Sie verläßt den bedrückenden Familienzusammenhang und zieht sich mit ihren Kindern auf eine Existenz als alleinerziehende und erwerbstätige Mutter zurück – oder sie verzichtet auf eine Berufstätigkeit.[35] Demgegenüber ist das „allgemeine Durchsetzungsvermögen der geldverdienenden Frau in familialen Konfliktsituationen ... größer, insbesondere wenn die Familie das Geld wirklich braucht. Dann ist die Familie ihr etwas schuldig ... Also insgesamt hat die aus Notwendigkeit außerhäuslich arbeitende Ehefrau nicht nur die allgemein psychologischen arbeitsbezogenen Bedürfnisse und Anreize, sondern darf auch auf eine Stellung in der Familie hoffen, die ihr vielleicht größere Befriedigungsmöglichkeiten bietet ...."[36]

Frauen aus mittleren und unteren Schichten wollen selbst dann erwerbstätig sein und wieder werden, wenn der Job nicht viel einbringt. Empirische Untersuchungen weisen aus, daß auch schlechte Arbeitsbedingungen ihnen noch positive Identifikationsmöglichkeiten bieten.[37] Woran liegt das? Sie suchen einen Ausweg aus der Isolation des Hausfrauendaseins. Wo finden Frauen in der Erwerbstätigkeit Kompensationen für die Mängel, die sie in der Hausarbeit erfahren?

Die empirische Frauenforschung zeigt, daß Frauen ihre häusliche Anbindung relativieren und modifizieren. Ihre neuen Lösungswege sind Praxen, die die alten Widersprüchlichkeiten in sich tragen und so Anknüpfungspunkte für weitere Veränderungen anbieten.

Schauen wir uns in einem nächsten Schritt diese Belange von Frauen näher an. Wir umgehen die Diskussionen um eine Entlohnung bzw. gesellschaftliche Höherbewertung von Hausfrauenarbeit. Sicher stecken auch hier Möglichkeiten, der Vereinzelung, Enge und Eingeschränktheit des Hausarbeitsalltags zu begegnen. Aber: Bieten Entgelt und Aufwertung reelle Chancen, auch einem proletarischen Hausfrauenmilieu größere Bewegungs- und Spielräume zu verschaffen? Und: Heben denn Bezahlung/Höherbewertung die Probleme der Atomisierung auch nur annähernd auf? Welche Relativierung und Distanz zu der kindzentrierten Kommunikation erwächst daraus? Die hierzulande vorgeschlagenen Maßnahmen bewegen die Problematik privater Isolation kaum, – offensichtlich, weil sie nicht sehr breit, nicht schichtübergreifend diskutiert worden sind.

2.3. Weibliche Arbeitsmotivation

Erwerbsarbeit bedeutet für Frauen stets mehr als Verdienst und größere finanzielle Unabhängigkeit. Hier schaffen sie sich zwar Voraussetzungen für eine eigenständige Verfügung über zumindest einen Teil des Haushaltseinkommens. Es bestehen aber vor allem Kommunikationsmöglichkeiten, die sie für eine Selbsteinschätzung und ihre gesellschaftliche Identität unabdingbar erforderlich finden.[38] Sie wollen auch im Falle der Mutterschaft auf eine Erwerbstätigkeit selbst dann nicht oder nur kurzfristig verzichten, wenn sie monotonsten Arbeitsbedingungen, Hetze und z.T. erheblichen Lärm-, Staub-, Hitzebelastungen etc. ausgesetzt sind. Fabrik- und Erwerbsarbeit ist für sie positiv wie negativ besetzt, jedoch im Verhältnis zur Hausarbeit der Arbeitsbereich, in dem sie sich unter Leistungsanforderungen gestellt sehen, deren Bewältigung sie mit Stolz erfüllt. Sie nehmen – so ihre Einschätzung – an der gesellschaftlichen Entwicklung und an Veränderungen teil, erfahren für sich selbst ,,Horizonterweiterungen".

Eine zentrale Dimension dafür ist das Erleben des Betriebes als Kooperationszusammenhang. „Selbst unter den Bedingungen der Konkurrenz werden jedoch Kooperationserfahrungen gemacht (Zuarbeit, Verraten von Tricks, Hilfestellungen), die von Frauen als Betätigung und Bestätigung sozialer Fähigkeiten positiv besetzt werden. Vor dem Hintergrund der – Kollektivität strukturell ausschließenden – Arbeit im Privatbereich drücken solche Erfahrungen und das Erlernen dieser Praktiken Möglichkeiten der Selbsterweiterung aus, die die Frauen nicht missen möchten."[39] Betriebliches Kooperieren hat stets formale und informelle Aspekte. Frauen wollen mit den arbeitsbezogenen Ansprüchen zurechtkommen, aber auch persönliche Kontakte und emotionale Zuwendung unterbringen. Frauen betonen dieses Verständnis und diese Praxis des kooperativen Verhaltens. Sie wollen z.B. Hilfe annehmen und anbieten können, wenn die Belastungssituation oder die gesundheitliche bzw. psychische Verfassung dies erfordert. Die Arbeitsgemeinschaft muß ein Klima bieten, in dem Frauen einander zuhören können. Selbst wenn die Zeiten dafür äußerst knapp bemessen sind, ganz unterbinden und unterdrücken lassen sich diese Aktivitäten nicht. So ernst Frauen ihre arbeitsbezogenen Aufgabestellungen auch nehmen, so beharrlich verteidigen sie diese Nischen von personenbezogener Kommunikation.

Ein ganz wichtiges Motiv dabei ist das Bestreben, sich über diesen Weg der persönlichen Kontakte betriebliche Zusammenhänge zu erschließen. Wenn sie an andere Arbeitsplätze gehen, dann interessiert sie nicht nur, den Kreis derer zu erweitern, mit denen sie sich unterhalten können. Sie wollen auch die Beschaffenheit anderer Arbeitsplätze kennenlernen und begründen das u.a. so:

„Ich möchte mal den Betrieb richtig kennenlernen, was da überhaupt alles funktioniert. Das sollten se von Anfang an zur Einführung machen, ich mein', wenn ich 'ne Frau neu einstelle, sollten se se erst rumführen im Betrieb. Es kann doch mal passieren, daß keine Arbeit da ist, und sie müssen jetzt den Arbeitsplatz wechseln, kommen se zu 'nem anderen Meister hin, und dann stehen se wie doof da. Das sollte man wenigstens vorher mal gesehen haben."[40]

Das Bedürfnis, den anderen über die Schulter zu gucken, hat offenbar mit der traumatischen Erfahrung der ersten Tage in der Fabrik zu tun. Alles war fremd und undurchsichtig, wirkte bedrohlich und verunsichernd. Die „harte Zeit" ist durchgestanden, aber die Frauen versuchen sich zu wappnen gegen evtl. Wiederholungen, die ihnen bei einer betrieblichen Umsetzung bevorstehen könnten. Andere Arbeitsplätze und den betrieblichen Zusammenhang näher kennenzulernen gehört zur Kompetenzerweiterung erwerbstätiger Frauen. „Löten ...", so sagen Frauen, „das waren böhmische Dörfer für mich. Löten – das war für mich mein Mann. Ja, und dann haben wir's auf einmal gekonnt".[41] Sie hatten lange „heimlich" zugesehen, wie es gemacht wird.

Die Befunde in den hier berücksichtigten Untersuchungen verweisen weiterhin darauf, daß Frauen sich gegenseitig unterstützen. Über das arbeitsbezogene Kooperieren und Kommunizieren hinaus tauschen sie ihre Erfahrungen mit den individuellen Bewältigungsformen von Doppelbelastung, ihre Probleme im Zusammenhang mit der Vereinbarung und praktischen Verbindung von Haus- und Berufsarbeit aus. Die gesellschaftliche Anerkennung für die tägliche Erledigung der häuslichen Tätigkeiten wird so indirekt von den Kolleginnen eingeholt. Sie bieten das „Klima" und den sozialen Rahmen, in dem die Tätigkeiten der Hausfrau und Mutter Akzeptanz erfahren. Sie sind bedeutsam, sie interessieren so sehr, daß über Backrezepte wie Erziehungsstile Debatten entbrennen können, Putzsüchtigkeit ebenso wie „Schlamper und Schluder" und das jeweils adäquate Maß hausfraulichen Engagements kollektiv reflektierte Normen werden. Weder der Ehemann, noch das (Werbe-)Fernsehen und andere Medien, Mutter oder Schwiegermutter definieren das Soll. Kompetente Frauen tun dies. Auf solche ist Verlaß, wird selbstbewußt Bezug genommen, wenn es z.B. um die Verteilung der häuslichen Pflichten geht. Von Frauen fühlen Frauen sich am ehesten verstanden, wenn sie darüber sprechen, worum es ihnen täglich zu tun ist. Nur diese wissen nämlich konkret und praktisch, welche aufreibenden Koordinationsleistungen häufig vollbracht werden müssen, wenn „zuhause was schiefläuft". Von Frauen werden die Möglichkeiten des Erfahrungsaustausches mit Frauen sowie die gemeinsame Aufarbeitung dieser als relevante Felder erlebt und erwähnt.

Hier scheint eine entscheidende Quelle für die im Schnitt außergewöhnlich hohe Arbeitszufriedenheit von Frauen zu liegen, die sie selbst dann äußern, wenn sie höchsten Belastungen der Akkordarbeit ausgesetzt sind.[42] Der frauenspezifische

Hintergrund, täglich den Familienpflichten nachkommen zu müssen, wird zu einem Medium der verbindenden und identitätstiftenden Kommunikation. Nachbar- und freundschaftliche Beziehungen im häuslichen Umfeld vermögen diesen festen Rahmen des kontinuierlichen Zusammentreffens und Erfahrungsaustausches, wie er im Betrieb und in der Arbeitsgruppe stattfindet, nicht zu bieten. Die einzeln erfahrene Doppelbelastung von Frauen wird so zum gemeinsamen Kriterium der Identitätsbildung, in die ganz wesentlich auch die Abgrenzung von Männern eingeht.

Die widersprüchliche Situation läßt Lernmöglichkeiten:

„In der Fabrik arbeiten bedeutet objektiv in erster Linie Destruktion von Fähigkeiten, die gerade Frauen im Sozialisations- und Reproduktionsbereich ‚Familie' erworben haben und praktizieren. Dennoch gewinnen die Frauen dem Betrieb als Bereich vorwiegend männlich strukturierter Öffentlichkeit auch Selbsterweiterungsmöglichkeiten ab, die ihnen aufgrund häuslicher Arbeitsteilung und geschlechtsspezifischer Erziehung sonst verstellt sind: das Erlernen technischer und handwerklicher Fertigkeiten, Erfahrungen von Kooperation und Kooperationsfähigkeit, neue Interessenorientierungen im gesellschaftlichen und politischen Bereich. In der Isolation und Privatheit der Familie müßten Frauen erst einmal ein Stück Kollektivität, das in der Fabrik objektiv gesetzt ist, selbst organisieren, ehe ähnliche Erfahrungen in der Reproduktionssphäre gemacht werden könnten."[43]

Auch die positive Bestätigung der eigenen Leistung in der Fabrik erfolgt über den Vergleich und den Austausch mit dem Geleisteten an benachbarten Arbeitsplätzen. Das Gespräch und die Verständigung untereinander machen negative wie positive Bestätigung und Bewertung möglich. An der Basis der betrieblichen Hierarchie werden auf diese Weise differenzierte Verortungsmöglichkeiten von Frauen wahrgenommen, die jenseits der selbstverständlich angewandten Diskriminierungen liegen. Über diese Formen frauenbezogener Kommunikation und deren z.T. diffizile informelle Strukturen geben einige Untersuchungen interessanten Aufschluß, andere enthalten indirekte Hinweise auf deren Existenz. Insgesamt müßte dieser Aspekt aber näher erforscht werden und die frauenspezifischen Streitweisen einbeziehen, von denen häufig die Rede ist.[44]

Bei allen Dissonanzen, Differenzen und Austragungsformen, die mit Konkurrenz und negativer Abgrenzung zu tun haben, gibt es im betrieblichen Kontext neben dem bereits erwähnten Moment des gemeinsamen Erfahrungshintergrundes „Familie" noch eine weitere gemeinsam erfahrene Betroffenheit durch das Verhalten der Männer im Betrieb. Frauenarbeit wird im Betrieb „Weiberarbeit" genannt. Das soll bedeuten, Frauen seien weniger leistungsfähig, Frauenarbeit sei unqualifizierte Tätigkeit, Frauen würden ihre Arbeit nicht besonders ernst nehmen und sich nicht angemessen als Arbeitskraft in den Betrieb integrieren. Es heißt zudem, daß Frauen generell eine sehr viel höhere Toleranzschwelle als Männer hätten. Im Rahmen dieses Selbstverständnisses nehmen Männer als Kollegen und Vorgesetzte sich eine Menge heraus. Frauen erfahren dieses als Kränkung, als persönliche Anmache und ungerechte Übervorteilung. In einer drastischen, aber sehr eindrucksvollen Formulierung wird das z.B. so ausgedrückt:

„Beschuldigen 'ne Frau, und die hat hinterher keine Schuld. Ich meine, es geht ja nicht nur mir so, es geht ja auch anderen Frauen so, die holen immer erst die Frau her; ... die muß erst mal einen auf'n Deckel haben, weil die ja von ihren Obersten auch ein' auf'n Deckel kriegen, ne, müssen die an den Frauen dann die Wut auslassen, ne, das ist ja im Betrieb so der Fall, ne, daß die Frau, die da arbeitet, die ist der kleine Mann, und der muß das ausbügeln, und das finde ich ja so furchtbar: immer erst der kleine Mann."[45]

Daß hier eine Frau „kleingemacht" wird und als solche in die Kategorie „der kleine Mann" geschoben wird, sollte nicht übersehen werden: Es fehlen griffige Formeln für den wortreich beklagten Sachverhalt, daß Männer als Lohnabhängige ihre Wut, ihre Unterdrückung an Frauen auslassen. Das folgende Statement benennt die Diskriminierung von Frauen genauer:

„... und hauptsächlich die Redakteure sagen: die blöden Weiber! Das ist etwas, was mich sehr aufbringt, daß man als dumm und doof hingestellt wird. Das ist etwas, was mich eigentlich sehr, – wo ich mich dann auch ärgere und dann heißt es draußen, ich bin arrogant, ich merk das z. B. nicht, aber das ist so ein Ding, wo ich mich ärgere. Wir sind dann eigentlich abqualifiziert. Wogegen ich sagen muß, daß manche Artikel und manche Schreiber, man merkt sich ja auch die Namen, nicht so viel voraushaben, obwohl da einige Germanistik studiert haben. Das merkst du an den Manuskripten auch, daß das nicht so gescheit ist. Am Anfang hat mir das sehr schwer zu schaffen gemacht, bloß weil die so hochnäsig sind. Aber jetzt eigentlich nicht mehr..."[46]

Auseinandersetzungen mit Männern finden an vielen Knotenpunkten des betrieblichen Arbeitsablaufes statt, solidarisierende und identitätsstiftende Reaktionen unter Frauen rufen sie besonders in den Bereichen hervor, in denen Frauen als minderwertige und nachrangig bedeutsame Wesen behandelt werden. Wo Frauen bedienen und Kaffee kochen sollen, wo sie für das Anhören von Problemen und andere „typisch weibliche" Dienstleistungen herangezogen werden, regt sich Widerstand, wird Kritik laut. Gerade im Zusammenhang mit Automatisierungsprozessen fällt auf, daß Frauen sich mit ihrer Forderung, Abhängigkeiten nur noch sach- und nicht mehr personenbezogen einzugehen, durchzusetzen versuchen.[47] Der Abbau von körperlicher Arbeit, der die Kraft und Stärke betonende Arbeitsindentität von Facharbeitern ins Wanken bringt, ändert auch die Beziehungen der Geschlechter am Arbeitsplatz. Dem „schwachen" Geschlecht lassen sich nicht mehr so umstandslos die Resttätigkeiten, die als „Weiberarbeit" begriffen werden, zuweisen. Das sich stark dünkende Geschlecht wird Schwierigkeiten haben, neu- und umzudefinieren, was Männerarbeit sein soll. Im Zusammenhang mit der Bewältigung von gravierenden sozialen Folgen technischer und arbeitsorganisatorischer Rationalisierungsmaßnahmen kann sich auf diese Weise eine Neubestimmung der Geschlechterverhältnisse vollziehen. Änderungen, Neuerungen dieser Art schaffen offene Situationen, die eine Chance für die Umordnung sozialer Beziehungen bieten. Was ist zu tun, wie ist durch praktisches – gewerkschaftliches und politisches – Handeln zu intervenieren, um diese Möglichkeit progressiv zu nutzen? Wie sollen und können Frauen eingreifen, um – unter Wahrung der je positiven und produktiven Teil-Elemente gesellschaftlich gewordener männlicher und weiblicher Sozialcharaktere in die Richtung einer Eliminierung von Dominanz und Erhabenheit, von Unterwerfungsbereitschaft und Ergebenheit zu wirken?

3. Frauenspezifische Bewußtseinsinhalte und Verarbeitungsformen

Aus den – ansatzweise und ausschnitthaft – referierten Untersuchungen geht hervor, daß Frauen sich im Zwischenfeld von Familien- und Erwerbsarbeit bewegen und darauf orientiert sind, die z.T. konkurrierenden, z.T. widersprüchlichen Anforderungen beider Bereiche zu vermitteln und zu vereinbaren. Sie „kämpfen" dabei nicht nur mit der Uhr und knappen Zeiten, die zur kalkulierten Organisierung zwingt. Ihr Organisationstalent allein ist nicht ausschlaggebend für ein reibungsloses Abwickeln von komplexen Aufgaben und Anforderungen, die phasenweise gegensätzlich und gegenläufig sind. Auch qualitativ wird von ihnen Doppelgleisigkeit verlangt und erbracht.

Haus- und Erziehungsarbeiten sind nur im Sektor „materieller" Tätigkeiten routinisierbar und über kontinuierliche Arbeitspläne abzuwickeln. Die „Störanfälligkeit" ist hoch. Ein Kind, das sich morgens nur gegen ausdrücklichen Widerstand anziehen läßt, verursacht Hetze über Stunden. Das Zuspätkommen der Mutter muß durch Eile und Nacharbeit, durch Sorgfalt und Wohlverhalten kompensiert werden. Ein erkranktes Familienmitglied (Kind oder Ehemann etc.) wirft weit größere Probleme auf. Die Gleichzeitigkeit von nicht vorhersehbaren Komplikationen im Familien- und Erwerbsbereich stellt Frauen vor verknotete Situationen, in denen Personen unmittelbare Lösungsanforderungen an sie stellen. Das Nacheinander männlicher Lebens- und Alltagsplanung, das wunderbare Sektoralisierungen und Entzerrungen ermöglicht, läßt sich nicht übertragen. Wie Frauen sich in diesen Situationen entscheiden, um ungleichen aber gleichzeitig auftretenden Ansprüchen gerecht zu werden, wissen sie hinterher oft selbst nicht mehr. Sie haben sich – so irgendwie – durchgewuselt und sagen dies nicht ohne Stolz auf das Produkt allseitig hergestellter relativer Zufriedenheit.

Ihre Orientierung auf Personen, auf soziale Beziehungen in Familien- und Betriebszusammenhängen ist konstitutiv für ihr Bewußtsein. Dabei sind sie daran interessiert, die Verschiedenartigkeit von eigenständig herstellbaren Bekanntschaften über die mehr sachlich vermittelte Kooperation im Betrieb ebenso in ihr Leben zu integrieren wie die engen „gewachsenen" Bindungen im familiären Verbund. Diese sog. Personenorientiertheit wird Frauen häufig als Defizit an Sachlichkeit und arbeitsinhaltlicher Engagiertheit angelastet. Das Interesse von Frauen ist insofern in der Tat anders geprägt und geartet als das von Männern, bei denen Skepsis und Resignation angesichts neuer Arbeitsstrukturen und restringierter Identifikationsmöglichkeiten mit der Tätigkeit zunehmen. Frauen antworten ähnlich, wenn ihnen Kommunikationsmöglichkeiten genommen bzw. beschnitten werden.

Auch wenn Frauen, insbesondere die jüngeren, tendenzielle Entlastungen im familiären und Erziehungsbereich anstreben bzw. wahrnehmen, ist für sie nach eigenen Aussagen die Verantwortung für das private Zuhause von primärer Bedeutung. Faktisch haben wir es also auch hier mit dem Fortbestand von Frauenspezifika zu tun: Die doppelgleisigen Tätigkeits- und Verantwortungsbereiche verlangen von Frauen spezifische Kompetenzen, die – seit alters her – mit ihren beruflich erworbenen Qualifikationen verschmelzen.[48] Gesellschaftliche Normen stellen geschlechtsspezifische Aufforderungen an Frauen und diese finden und erfinden mit Kraft und Einfallsreichtum immer wieder Formen, die Widersprüche und Spannungen der Doppellast auszubalancieren. Frauen beantworten diese Erwartung, indem sie einen Lebensplan entwerfen, der – bei aller Relativierung des Stellenwerts von Familie – die Möglichkeit einer zeitlichen Koordination und inhaltlichen Nähe von Haus- und Erwerbsarbeit impliziert.

Das Design weiblicher Berufseinmündungen dokumentiert nach wie vor zum einen die individuell-private Zuständigkeit der Frau für das Funktionieren des Familienalltags, zum anderen die Hausarbeitsnähe, die „Hausfrauisierung" ihrer Erwerbstätigkeit.[49] Die Sozialisation zur und Erfahrung mit der Arbeit rund um Mann und Kind(er) schafft auf diese Weise ein „weibliches" oder besser „hausarbeitsnahes" Arbeitsvermögen. Dessen Funktionalisierung übernimmt ein gesellschaftlicher (Teil-)Arbeitsmarkt mit betrieblichen Verwertungsinteressen an Jederfrau-Fähigkeiten. Solcherart generalisierbare Kompetenzen werden weder zertifiziert noch honoriert. Die Bereitschaft von Frauen, „Mütterlichkeit", „Sozialengagement", „Zuwendung", „Verständnis für Kinder" und „Reife, Lebenserfahrungen" zu verberuflichen, ist groß, – obwohl Diskriminierungen ausgesetzt. Das vielfältig abgerufene Vermögen wird zum Unvermögen, zum spezifisch weiblichen Defizit, umdefiniert, um z.B. mit fehlender Stärke, Entscheidungsfreude und Durchsetzungsfähigkeit den geringen Anteil von Frauen in mittleren und oberen Berufspositionen zu erklären.[50] Einem ähnlichen Prozeß der Inanspruchnahme und Nicht-Bewertung unterliegen Arbeitshaltungen und Fertigkeiten, die in jahrelanger Hausfrauentätigkeit gewonnen wurden. Auf eine hochgradige Belastbarkeit von Frauen, die aus ihrem ständigen Bereitstehen für andere resultiert, wird betrieblich abgestellt. Das Putzen, Reinigen, Waschen, Sortieren, Lagern, Packen, Nähen, Verkaufen, Bedienen, Pflegen, Erziehen etc., etc. sind Tätigkeiten, die gesellschaftlich und betrieblich genutzt werden, ohne Ausbildungsaktivitäten zu erfordern und in die Lohnbemessung einzugehen.[51] Frauen finden sich – egal, welche Erwerbstätigkeits- und Lohnstatistik wir uns ansehen –, stets an der Basis der Arbeits- und Lohnhierarchie, obwohl sie ihr spezifisch geprägtes Arbeitsvermögen, insbesondere die sozialen Kompetenzen als „Beziehungsarbeit" generell in den Betriebsalltag einfließen lassen. Aber, – und das ist als Besonderheit weiblicher Arbeitsmotivationen zu registrieren, – das Interesse an Status- und Einkommensverbesserung ist für Frauen nachrangig. Sie passen sich aber den hierarchischen Strukturen und leistungszentrierten Umgangsweisen nicht „um jeden Preis", wie sie sagen, an.[52] Sie wollen ihr Einfühlungsvermögen, ihre Bereitschaft zur Intuition und Empathie nicht verschleißen. Darin steckt ein Stück Verweigerung, passive Verweigerung? Der Protest ist leise, die Kritik am patriarchalischen Berufs- und Statussystem drückt sich als anders gelebte Praxis aus, – ist das ein Rückzug ins Private? Welchen Lebenssinn verfolgen Frauen mit diesem aktiven Verhalten und Handeln?

Wir sollten die schnellen Antworten, die – vor allem als Defizitthesen zu, über oder gegen weibliche Eigenschaften und weibliche Verhaltensweisen – bereitliegen, auseinanderlegen und forschende, stimulierende Fragen stellen, die die Geschlechtsneutralität sozialwissenschaftlicher Problem- und Denkhorizonte durchkreuzen:

Wollen oder sollen Frauen so werden wie Männer? Es geht nicht darum, ein Rollentauschen zu initiieren. Ziel so fragender sozialwissenschaftlicher Frauenforschung könnte sein, traditionelle weibliche und männliche Tätigkeitsfelder mitsamt den dazugehörigen Handlungskompetenzen zunächst zu einem System gesellschaftlicher Mischarbeit zu verschmelzen, in dem Männer wie Frauen qua eigener Entscheidung und nicht qua Geschlecht gesellschaftliche Aufgaben wahrnehmen. Den Weg dahin kann eine Frauenforschung beschleunigen, die sich an theoretisch begründeten Normen und empirisch vorfindbaren Formen gelebter Weiblichkeit orientiert und abarbeitet.

Anmerkungen

1 Unter „Frauenforschung" sind die wissenschaftlichen Aktivitäten zu verstehen, die das Standardrepertoire verschiedener Disziplinen nach dem dort vorherrschenden Frauenbild und der Anordnung von Erkenntnissen und Eigenschaften durchforsten, die Frauen betreffen. Versucht wird, diese auf Basis des bereits vorhandenen bzw. selbst erhobenen Materials „gegen den Strich zu bürsten". Vgl. Sektion „Frauenforschung" der Deutschen Gesellschaft für Soziologie (Hrsg.) 1982: Beiträge zur Frauenforschung am 21. Deutschen Soziologentag in Bamberg, München; Ursula Lehr 1969: Die Frau im Beruf, Frankfurt/M, S. 4; Dies. 1981: Die Frau in der Arbeitswelt. In: Stoll (Hrsg.): Anwendungen im Berufsleben. Psychologie des 20. Jahrhunderts, Band 13, Zürich, S. 930–966.

2 So z. B. in den Hamburger und Bremer Frauenwochen, den Berliner Sommeruniversitäten für Frauen, den vermehrten Anstrengungen in Schulen, Hochschulen, Gewerkschaften und Parteien, frauenspezifische Themen in die Veranstaltungspläne aufzunehmen. Institutionalisierungsbestrebungen von Frauen in Lehre, Forschung und Personalstruktur sind Gegenstand eines BMBW-Forschungsprojektes in Hamburg, das von Juli 1982 bis Dezember 1983 stattfand. Vgl. Frauenforschungsprojekt Hamburg (Hrsg.) 1984: Abschlußbericht zu „Bedingungen und Möglichkeiten zentraler und dezentraler Institutionalisierung von Frauenstudien und Frauenforschung", Hamburg.

3 Vgl. Kuhn/Wolpe 1978: Feminism and Materialism. Women and Modes of Production, London; Maria Mies 1980: Gesellschaftliche Ursprünge der geschlechtlichen Arbeitsteilung. In: Beiträge zur feministischen Theorie und Praxis 3, „Frauen und Dritte Welt"; Christel Neusüß 1983: Und die Frauen? Tun die denn nichts? Oder: Was meine Mutter zu Marx sagt. In: Beiträge 9/10, „Neue Verhältnisse in Technopatria", S. 181–204. Es bereitet Vergnügen zuzusehen, wie hier mit einfachen Fragen Verwirrung und Konsensverlust über das „große Werk des alten Meisters" (Marx) produziert wird: „Der männliche Allmachtswahn, die Menschen würden in den Fabriken, bzw. mit dem, was die Fabriken so produzieren, selbst produziert, und dann noch ein bißchen triebhaft bestimmte Arbeit mit dem männlichen Fortsatz, der hat Folgen. Zu glauben, da wären die Frauen nicht dazu nötig, unnütz, unproduktiv, reine daseiende Natur, die nichts tut, nur so ist oder gar überhaupt fehlt, wie in großen Teilen des Marxschen Werkes, so was kann nicht konsequenzenlos für die Erkenntnis der Realität bleiben, da kann nichts Richtiges bei rauskommen, da entstehen Wahngebilde." Neusüß 1983, S. 204.

Vgl. dazu auch Hannah Ahrendt 1981: Vita activa oder vom täglichen Leben, München.

4 Zu den Versuchen, feministisches und sozialistisches Gedankengut zur Emanzipation der Frau zusammenzubinden, vgl. die Veröffentlichungen der Argument-Frauenredaktion Berlin seit 1982.

5 Vgl. Mohr/Rummel/Rückert (Hrsg.) 1982: Frauen. Psychologische Beiträge zur Arbeits- und Lebenssituation, München, S. 5 u. 11; vgl. Mitteilungen des Senats an die Bürgerschaft 1982: Familienpolitik in Hamburg, Drucksache 10/341, S. 34 ff.

6 Zur „magischen" Größe von 35 %, die seit 100 Jahren bestimmend sei, gibt es mittlerweile kritische Anmerkungen. Vgl. Anne Wenzel 1983: Zur Persönlichkeitsentwicklung von Frauen. In: Zeitschrift für sozialistische Politik und Wirtschaft, Heft 9/6. Jg., S. 167 ff.

7 Vgl. Ilona Ostner 1978: Beruf und Hausarbeit, Frankfurt/Main und den Aufsatz von Sabine Gensior in diesem Jahrbuch.

8 In der beruflichen Bildung und Weiterbildungsarbeit von Volkshochschulen und Gewerkschaften wurde dieses Konzept lange und bruchlos praktiziert. An verschiedenen Orten beginnen aber Frauen damit, die negativen Erfahrungen aufzuarbeiten und umzusetzen, um neue Wege zu probieren, die durch zweierlei gekennzeichnet sind: Es wird zum einen an den unmittelbaren Alltagserfahrungen von Frauen angeknüpft und zum anderen versucht, die typische Lebenslage von Frauen „zwischen zwei Welten" aufzugreifen. Vgl. dazu z.B. Janssen/Packmohr 1981: Hausarbeit und Berufsarbeit – Zwei widersprüchliche Arbeits- und Lebensbereiche von Frauen. Überlegungen zur Diskussion und beruflichen Bildung von Frauen. In: Bochm/Littek (Hrsg.): Technische Entwicklung, Arbeitsteilung und berufliche Bildung, Frankfurt/New York, S. 115–142.

9 Vgl. Großkurth/Volpert 1975: Lohnarbeitspsychologie, Frankfurt/Main, S. 238.

10 Vgl. W. Deppe 1983: Drei Generationen Arbeiterleben. Eine sozio-biographische Darstellung, Frankfurt/Main, S. 102 ff., 127 ff. etc.

11 Vgl. Carmen Tatschmurat 1980: Arbeit und Identität. Zum Zusammenhang zwischen gesellschaftlichen Lebens- und Arbeitsbedingungen und weiblicher Identitätsfindung, Frankfurt/Main, S. 186 u. 194 ff.

12 Es handelt sich dabei im wesentlichen um die Ergebnisse des Frauenprojekts am psychologischen Seminar der Universität Hannover. Im Rahmen des DFG-Schwerpunktes „Integration der Frau in die Berufswelt" wurde unter der Leitung von Regina Becker-Schmidt das Projekt „Probleme lohnabhängig arbeitender Mütter" durchgeführt. Daraus sind in der Zwischenzeit eine Reihe von Veröffentlichungen hervorgegangen. Eine Selbstdarstellung des Projektes findet sich in: Backhaus u.a. (Hrsg.) 1981: Gesellschaft 14, S. 52 f. Eine Übersicht über die bisherigen Veröffentlichungen vermittelt Regina Becker-Schmidt u.a. 1982: Nicht wir haben die Minuten, die Minuten haben uns. Zeitprobleme und Zeiterfahrungen von Arbeitermüttern in Fabrik und Familie, Bonn, S. 106 ff.

13 Vgl. Alva Myrdal-Klein 1971: Die Doppelrolle der Frau in Familie und Beruf, Köln (3. Auflage).

14 Vgl. Familienbericht II/1975, Drucksache 7/3502 der Bundesregierung, Bonn/Bad Godesberg.

15 Vgl. Statistisches Bundesamt (Hrsg.) 1983: Frauen in Familie, Beruf und Gesellschaft, Mainz, S. 26 f. „... betrug der Rückgang der lebend geborenen deutschen Kinder rund 50 %. Außer in Kriegszeiten hat es nie zuvor einen derartig starken, vorwiegend auf eine Änderung des generativen Verhaltens zurückzuführenden Einschnitt gegeben. Die allgemeine Geburtenziffer ..., die um die Jahrhundertwende noch bei 36 gelegen hatte, reduzierte sich von 17,7 im Jahre 1965 auf 9,7 im Jahre 1975." (Ebenda)

16 Vgl. M. Schreyer 1979: Der sogenannte Pillenknick. Materialien und Überlegungen zum generativen Verhalten der Frau in der BRD. In: Frauen und Mütter. Beiträge zur 3. Sommeruniversität von und für Frauen 1978, Berlin, S. 139.

17 Ebenda. Aber dieses Verhalten scheint sich nur schichtspezifisch in einem bestimmten Ausschnitt von Gesellschaft abzuspielen. Die Zahlen des Statistischen Bundesamtes weisen für den Bevölkerungsdurchschnitt ein Ansteigen der Ehedauer bis zur Geburt des 2. Kindes aus, vgl. Statistisches Bundesamt 1983, S. 27.

18 Ulrike Prokop 1976: Weiblicher Lebenszusammenhang. Von der Beschränktheit der Strategien und der Unangemessenheit der Wünsche, Frankfurt/Main, S. 48; vgl. Helge Pross 1975: Die Wirklichkeit der Hausfrau, Reinbek und A. Wagnerová 1976: Mutter – Kind – Beruf, Reinbek, S. 98.

19 Mädchen 1982. Eine repräsentative Untersuchung über die Lebenssituation von Mädchen in der BRD, durchgeführt vom Deutschen Jugendinstitut München im Auftrag der Zeitschrift Brigitte, Hamburg; vgl. auch Janssen/Packmohr 1981, S. 140.

20 Vgl. BMBW 1981: Bildungs- und Beschäftigungssystem. Band 4 – Zur Situation von Mädchen und Frauen im Bildungswesen – Zahlen und Daten, Bonn, S. 51 ff. Die ermutigenden Zuwächse dürfen allerdings nicht darüber hinwegtäuschen, daß von vorhandenen 300 Lehrberufen lediglich 30 von Frauen gewählt werden (können). Die frauenuntypischen gewerblich-technischen Arbeitsplätze werden nur zu ca. 2 % von Mädchen eingenommen. Der zunehmende Bildungseifer von Frauen löst also keineswegs alle Probleme, wie dies von mancher Seite propagiert wird. Vgl. Informationsdienst des Instituts der deutschen Wirtschaft 1982, 8. Jg./Heft 45, S. 1 f.

21 Vgl. Janssen/Packmohr 1981, S. 134 ff.
22 Vgl. Ebenda.
23 Vgl. Schreyer 1979, S. 147 f. und Barbara Stiegler 1982: Frauen in untypischen Berufen und Positionen. In: Frauen. Psychologische Beiträge zur Arbeits- und Lebenssituation, S. 85.
24 Vgl. Christel Eckart u.v.a. 1979: Frauenarbeit in Familie und Fabrik. Eine Untersuchung von Bedingungen und Barrieren der Interessenwahrnehmung von Industriearbeiterinnen, Frankfurt/Main, S. 572 f. und Eckart/Kramer 1981: Der Einfluß der Arbeit in der Familie auf die Möglichkeit der Interessenwahrnehmung von Frauen in der Fabrik. In: Beiträge zur Arbeitsmarkt- und Berufsforschung Nr. 53, Nürnberg, S. 127.
25 Vgl. Pross 1976, S. 90 ff. und Kontos/Walser 1979: „... weil nur zählt, was Geld einbringt", Gelnhausen.
26 Vgl. Prokop 1976, S. 49 und Pross 1976.
27 Vgl. Janssen/Packmohr 1981.
28 Prokop 1976, S. 93.
29 Ebenda.
30 M.M. Ferree 1982: Hausarbeit und Erwerbsarbeit. Neue Entwicklungen in der amerikanischen Frauenforschung. In: Sektion „Frauenforschung", S. 88.
31 Vgl. Regina-Becker-Schmidt u.v.a. 1982: Die Debatten, die diese Studie auf verschiedenen Tagungen verursacht hat, werden z.T. einbezogen. Vgl. dazu Becker-Schmidt 1983: Entfremdete Aneignung, gestörte Anerkennung, Lernprozesse. Über die Bedeutung von Erwerbsarbeit für Frauen. (Vgl. auch das Korreferat zu diesem Beitrag) In: Krise der Arbeitsgesellschaft? Verhandlungen des 21. Deutschen Soziologentages in Bamberg 1982, hrsg. von J. Matthes, S. 412–433.
32 Brock/Vetter 1982: Alltägliche Arbeiterexistenz. Soziologische Rekonstruktion des Zusammenhangs von Lohnarbeit und Biographie, Frankfurt/Main, S. 165.
33 Ferree 1982, S. 88.
34 Ebenda.
35 Vgl. Brock/Vetter 1982, S. 177. Vgl. auch den Beitrag von Rose-Marie Hansen in diesem Jahrbuch.
36 Ferree 1982, S. 88.
37 Ebenda, S. 86.
38 Vgl. Becker-Schmidt u.a. 1981, S. 63 f.
39 Ebenda, S. 66.
40 Ebenda, S. 300.
41 Ebenda.
42 Vgl. ebenda, S. 70 f.
43 Ebenda, S. 71.
44 Das gleichzeitige Auftreten von einerseits anziehenden und andererseits abstoßenden Dimensionen in den Arbeitsbeziehungen macht die Kooperationserfahrungen ambivalent. Insbesondere das unmittelbare Zusammenarbeiten im Gruppenakkord macht Balanceakte erforderlich, die zusätzlich Zeit und Kraft kosten. Frauen gehen mit diesen Konfliktpunkten anders um als Männer. Die Mechanismen der Selbstregulation sind vielfältig und informeller Natur. Die Beziehungs- und Sachebenen werden eng verknüpft. Das führt einerseits zu geladenen Stimmungen, die immer wieder angesprochen werden und untereinander zu praktisch spürbaren Behinderungen durch diskontinuierliches Kooperieren kommen. Andererseits zeigt eine Reihe von Belegen, daß Frauen in ihrer Bereitschaft zur solidarischen Kooperation auf langfristige und sehr stabile Beziehungen des wechselseitigen Rücksichtnehmens angewiesen sind und diese praktizieren. Vgl. ebenda, S. 36–41.
45 Becker-Schmidt 1982: Lebenserfahrung und Fabrikarbeit, psycho-soziale Bedeutungsdimensionen industrieller Tätigkeit. In: Materialien zu Industriesoziologie, Sonderheft 24 der KZfSS, hrsg. von König u.a., S. 301.
46 Brock/Vetter 1982, S. 175.
47 Vgl. Karl/Ohm 1982: Textautomation – Männersache? Frauensache? In: Das Argument 135, S. 653–663.
48 Vgl. Ostner/Willms 1983: Strukturelle Veränderungen der Frauenarbeit in Haushalt und Beruf. In: Krise der Arbeitsgesellschaft?, S. 206–226.
49 Vgl. Janssen/Packmohr, S. 127.
50 Vgl. ebenda, S. 126.
51 Vgl. ebenda, S. 129.
52 Vgl. ebenda, S. 126.

Ulla Ralfs

Frauenpolitik in den Gewerkschaften: Politik im Interesse lohnabhängiger Frauen?

1. *Problemaufriß*

Die Politikform für Frauen in den Gewerkschaften geht von einer zentralen Vorstellung aus: der Interessenidentität lohnabhängiger Männer und Frauen. Dieser Vorstellung von der vollkommenen Interessenidentität liegt die Auffassung zugrunde, daß die gesellschaftlichen Ursachen für die Lage lohnabhängiger Frauen nicht von denen der männlichen Lohnabhängigen verschieden sind. Die Gemeinsamkeiten im Gegnerbezug (Besitzer an Produktionsmitteln) und damit verknüpft in der Klassenlage (Nichtbesitz an Produktionsmitteln) lassen – folgt man dieser Analyse – eine einzige Perspektive des gewerkschaftlichen Handelns zu: den gemeinsamen Kampf lohnabhängiger Frauen und Männer. In dieser Konzeption werden die Ursachen für die Unterdrückung der Frau in den Kategorien „Eigentum" und „Herrschaft" gedacht; damit wird aber gleichzeitig die Vorstellung ausgeschlossen, daß es Mechanismen der Frauenunterdrückung gibt, die neben der ökonomischen und politischen Dimension existieren und eine Unterdrückung der Frau aufgrund ihres Geschlechts bedeuten. Das Insistieren auf die Interessenidentität lohnabhängiger Männer und Frauen läßt nicht die Frage zu, ob nicht parallel zur ökonomischen Unterdrückung beider Geschlechter Unterdrückung auch im Verhältnis der Geschlechter zueinander vorkommt und daraus resultierende Auseinandersetzungen weit in gewerkschaftliche Handlungsfelder hineinreichen und – zumindest für die Frauen – zweierlei Kämpfe notwendig machen.[1]

Gegen die Betonung der Interessenidentität und des gemeinsamen Kampfes spricht aber – jedenfalls auf den ersten Blick – die Tatsache, daß in den Gewerkschaften eine Vielzahl von Sondergremien für Frauen existieren und auch immer Bildungsangebote ausschließlich für Frauen angeboten wurden und werden. Wie wurden und werden diese Sonderbereiche gewerkschaftlicher Frauenpolitik begründet? Bis in die Anfänge gewerkschaftlicher Politik lassen sich zwei eng miteinander verknüpfte Erklärungsmuster ausmachen. Zum einen – so wird gesagt – sind es die Defizite der Frauen; Defizite, die es diesen nicht erlauben, sich ohne entsprechende kompensatorische Angebote in der Gewerkschaftspolitik durchzusetzen. In diesem Erklärungsmuster wird davon ausgegangen, daß es den Frauen entweder aufgrund ihrer Biologie oder ihrer Sozialisation gegenüber den männlichen Gewerkschaftern an Kompetenzen und Bewußtsein fehlt, an Klassen- und Selbstbewußtsein. Die Arbeit in den Sondergremien hat dann die Funktion, Frauen auf den Stand der männlichen Funktionäre zu bringen, sie so lange und so gut zu qualifizieren, bis sie „ihren Mann“ in der Organisation stehen können. Das andere Erklärungsmuster geht davon aus, daß es Probleme gibt, die ausschließlich und in erster Linie Probleme der Frauen sind. Als solche werden dann verstanden Probleme, die einerseits aus der Familienarbeit resultieren, wie etwa die Kinderaufzucht, Geburt und Empfängnisverhütung usw. und Probleme, die aus der Berufsarbeit erwachsen, aber eng mit der Biologie der Frau, ihrer Gebärfähigkeit, verknüpft sind und deshalb besondere Regelungen, etwa im Bereich des Arbeitsschutzes, notwendig machen.[2] Alle diese Themen gelten als Themen der Frauen, die sich diese in ihren Sondergremien erarbeiten und mit Hilfe von Forderungen in die Organisation einbringen dürfen, ohne daß sie allerdings integraler Bestandteil der gesamten Organisationsarbeit werden.

Diese beiden Erklärungsmuster werden aber nicht nur herangezogen, wenn es darum geht, die Notwendigkeit und die Existenz von Sondergremien für Frauen zu legitimieren; sie dienen gleichermaßen zur Begründung für die seit Beginn der Gewerkschaftsbewegung vorhandenen Lohnunterschiede zwischen Männern und Frauen. Wie ein roter Faden zieht sich durch die gewerkschaftliche Argumentation zur Erklärung der Lohnunterschiede die Behauptung, daß Frauen familien- und nicht berufsorientiert seien, zudem zur Bescheidenheit sozialisiert, aus beiden Gründen schwer organisierbar und nicht besonders aktiv bei der Durchsetzung ihrer Interessen.[3] Ich will an dieser Stelle nicht untersuchen, ob diese Behauptungen zutreffend sind[4]; ich möchte vielmehr einen anderen Argumentationsstrang verfolgen:

Wenn der Ausgangspunkt gewerkschaftlicher Politik zutreffend ist, nämlich die Interessenidentität zwischen lohnabhängigen Männern und Frauen, wenn es – dieser Analyse zufolge – nur einen gibt, der an der besonderen Ausbeutbarkeit weiblicher Arbeitskräfte, die sich in besonders niedrigen Löhnen und extrem belastenden Arbeitsbedingungen niederschlägt, ein Interesse hat, nämlich der Produktionsmittelbesitzer, dann ist auch die Frage erlaubt, warum die gewerkschaftlich organisierten Männer dann nicht mit ihrer ganzen Kraft für die Nivellierung der Lohnunterschiede kämpfen; zumal sie jederzeit die „Schmutzkonkurrenz“ der billigeren weiblichen Arbeitskraft fürchten müssen. Ich argumentiere übrigens nicht als erste auf diese Weise; vor fast hundert Jahren wurde eine ähnliche Argumentation von Frauen in den Organisationen der Arbeiterbewegung vorgetragen, um die männlichen Genossen überhaupt erst von der Notwendigkeit der *gemeinsamen* Organisierung von Männern und Frauen zu überzeugen.[5] Damals formulierten die Frauen sinngemäß: Die außerhäusliche Erwerbstätigkeit von Frauen ist innerhalb der kapitalistischen Wirtschaftsordnung nicht zu verhindern, zumal der Kapitalist ein Interesse an der billigen weiblichen Arbeitskraft im Verhältnis und als Konkurrenz zur teureren männlichen Arbeitskraft hat. Alle Versuche, ein generelles Verbot außerhäuslicher Erwerbstätigkeit von Frauen zu erreichen, müssen daher scheitern. Die Genossen sollen daher lieber gemeinsam mit den Frauen für die Verbesserung der Bedingungen weiblicher, außerhäuslicher Erwerbsarbeit streiten; eben auch aus Eigeninteressen heraus, um die „Schmutzkonkurrenz“ abzubauen.[6]

Allein die Tatsache, daß seit hundert Jahren die Differenz zwischen Frauen- und Männerlöhnen nicht aufgehoben ist und nur geringen Schwankungen unterliegt, zeigt an, daß die Vermutung, Fraueninteressen würden aufgrund der objektiven Bedingungen irgendwann und automatisch zu Männerinteressen werden, nicht richtig sein kann. Von daher ist es lohnenswert, die Lohn- und Arbeitszeitpolitik, die die bedeutendsten Handlungsfelder waren und sind, in einem historischen Abriß zu untersuchen, um Hinweise über die Interessen lohnabhängiger Männer in Bezug auf die Frauenarbeit zu erhalten.

2. *Der Kampf um den männlichen Familienlohn in der frühen deutschen Arbeiterbewegung*

In der frühen deutschen Arbeiterbewegung, zum Ende der 60er und im Verlauf der 70er Jahre des 19. Jh., wird den Frauen von Seiten der Männer, die diese Bewegung tragen, nicht nur das Recht auf eine eigenständige Erwerbstätigkeit abgesprochen. Von ihnen wird auch verlangt, die proletarische Reproduktion in einer geordneten Privatsphäre zu gewährleisten.

So heißt es in einer Denkschrift der Internationalen Arbeiterassoziation:

„Schafft Zustände, worin jeder herangereifte Mann ein Weib nehmen kann, eine durch Arbeit gesicherte Familie gründen kann.“[7]

Mit meinen Worten: Kämpft für einen Lohn, der ausreicht, allein durch die außerhäusliche Erwerbstätigkeit des Mannes eine Familie zu ernähren. Setzt den „männlichen“ Familienlohn durch, denn (nun wieder im Originalton)

„Den Frauen und Müttern gehören die Haus- und Familienarbeiten, die Pflege, Überwachung und erste Erziehung der Kinder...“[8]

Die Genossen der frühen deutschen Arbeiterbewegung formulieren ausdrücklich ein Interesse an der Familienarbeit von Frauen. Angesichts des zum damaligen Zeitpunkts katastrophalen Zustands der außerhäuslichen Frauenarbeit – insbesondere der Fabrikarbeit – mag diese Haltung fürsorglich und damit durchaus berechtigt gewesen zu sein. Dennoch gehen in sie auch andere, problematischere Elemente ein. Die außerhäusliche Erwerbsarbeit macht Frauen nicht nur zu Konkurrentinnen des Mannes auf dem Arbeitsmarkt, sie bedeutet außerdem – jedenfalls in den Augen des Mannes – eine Vernachlässigung der den Frauen zugewiesenen Tätigkeiten im Haus und damit den Entzug von Bequemlichkeiten. Und dieses Interesse an einer vollständigen Entlastung von den Haus- und Familienarbeiten war bei den aktiven Gewerkschaften und Sozialdemokraten umso größer, da ein nicht unbeachtlicher Teil der „arbeitsfreien“ Zeit durch die Partei- und Gewerkschaftstätigkeit gebunden wurde. So stößt die außerhäusliche Erwerbsarbeit bei der männlichen Arbeiterklasse nicht nur aus ökonomischen, sondern auch aus psychologischen Gründen auf Widerstand. Die Durchsetzung des männlichen Familienlohns und die Schaffung von Arbeitszeitstrukturen, die der Konstruktion „Proletarier = Ernährer“, Proletarierin = Hausfrau entsprechen, bestimmen die Interessenlage der

Träger der frühen Arbeiterbewegung. Aber während das eine – die geschlechtsspezifische Arbeitsteilung zwischen Mann und Frau im Kleinen durchgesetzt und den Frauen hundert Prozent der Familien- und Hausarbeiten zugewiesen wurden, konnte das andere, der männliche Familienlohn, auch durch die allmählich erstarkende Gewerkschaftsbewegung immer nur annähernd, nie aber vollständig durchgesetzt werden. Die proletarische Frau wurde zur „Zuverdienerin". Diese erweiterte Konstruktion „Proletarier = Ernährer", „Proletarierin = Hausfrau und Zuverdienerin" wurde nun im Nachhinein zur Erklärung der Lohnunterschiede zwischen Männern und Frauen genutzt. Die geschlechtsspezifische Arbeitsteilung im Kleinen als gegeben und *unverrückbar* vorausgesetzt, wird die Ansicht vertreten, daß – in Anlehnung an die Marxsche Arbeitswerttheorie – zwar der Wert der Arbeitskraft eines Mannes den Wert der zur Erhaltung seiner Ersatz„männer" notwendigen Lebensmittel einschließe, da er Familienvater sei, daß aber die Frau lediglich einen Lohn beanspruchen könne, der zur Deckung ihres Eigenbedarfs diene, da sie entweder (als ledige) nur sich, nicht aber Familienangehörige zu versorgen habe, oder (als Verheiratete) nur einen Zuschuß zu dem vom Mann eingebrachten Familienlohn *hinzuverdiene*, also auch hier kein Familienlohn zu beanspruchen sei. Demzufolge bestehe der Unterschied zwar nicht darin, daß etwa die Summe der zur Produktion, und das heißt auch zur Reproduktion der individuellen männlichen und weiblichen Arbeitskraft unterschiedlich hoch sei, aber darin, daß sie sich im Hinblick auf die Erhaltung der „Ersatzmänner" unterschiedlich gestalte: Der Männerlohn sei ein Familien-, der Frauenlohn ein Individuallohn.[9]

Ich will an dieser Stelle nicht überprüfen, ob eine solche Argumentation werttheoretisch, vor allen Dingen aber bezogen auf die zu jener Zeit vorfindbare soziale Situation der Frauenerwerbstätigkeit Bestand hat. Wichtiger scheint mir, zu zeigen, wie tief die Vorstellung von der Unveränderbarkeit weiblicher und männlicher Tätigkeiten und ihrer gesellschaftlichen Funktionen innerhalb der Arbeiterbewegung verankert war. In den Arbeitszeitforderungen, oder genauer, in der Art und Weise, wie diese Forderungen bezogen auf das Geschlecht differenziert und verstanden wurden, finden sich diese Auffassungen von weiblichen im Verhältnis zu männlichen Tätigkeiten wieder. Die Forderung nach einem Normalarbeitstag wurde im Kampf um den Acht-Stunden-Tag konkretisiert. Diese Begrenzung des Arbeitstages wird von Marx in der Adresse des Generalrats bereits als ein Sieg des Prinzips bezeichnet, als ein Sieg der politischen Ökonomie der Arbeiterklasse über die des Kapitals. In diesem Zusammenhang drückt Marx die Erwartung aus, daß die nunmehr zu verteidigende Restzeit, die nicht Arbeitstag im Betrieb ist, Kampfzeit der Arbeiter werden wird, d.h. Zeit zu lernen, der eigenen Lage bewußt zu werden, sich als Klasse zu assoziieren.[10] Die deutsche Arbeiterbewegung hat, anknüpfend an diese Marxschen Äußerungen, den Acht-Stunden-Tag mit der Begründung gefordert, daß es um die Teilhabe an der Bildung, Kultur und Politik, an der Teilhabe am öffentlichen Leben gehe. Und ich muß hinzufügen, daß es hier in erster Linie um die Teilhabe der proletarischen Männer an der öffentlichen Sphäre ging. Denn die erwerbstätigen Frauen wurden mit anderen Argumenten von der Notwendigkeit der Reduzierung ihrer täglichen außerhäuslichen Arbeitszeit angesprochen.

„Indem der Acht-Stunden-Tag der Proletarierin etliche Stunden freier Zeit, größere körperliche und geistige Frische bringt, ermöglicht er ihr höhere Pflichtleistungen als Mutter und Gattin. Zugleich gibt er ihr ein Stück von den Freuden des Familienlebens zurück, die ihr das Kapital zum großen Theile raubt."[11]

Die öffentliche Sphäre sollte für die Genossen erobert, die private, der Haushalt und die Familie, der Frau entgültig zugewiesen und schmackhaft gemacht werden. Diese Trennung, als geschlechtsspezifisch ausgerichtete Trennung von privat und öffentlich, wird nicht durch die Arbeiterbewegung transzendiert und aufgehoben, sondern verfestigt. Angesichts dieser Problematik stellt sich die Frage nach den Siegen und den Niederlagen in der Arbeiterbewegung neu: Ist es nicht angebracht, auf der Seite der männlichen Arbeiterbewegung als Erfolg und Sieg zu verbuchen, also etwa höhere Löhne und kürzere Arbeitszeiten, was sich auf der Seite der Frauen, jedenfalls teilweise, als Niederlage, als Festschreibung der Abhängigkeit vom Mann und als Verstellen des Zugangs zur öffentlichen Sphäre darstellt?

3. Das Konstrukt des Doppelverdienertums als Kampfbegriff gegen die Erwerbstätigkeit von Frauen

Daß das Recht auf Arbeit innerhalb der Arbeiterbewegung für Männer und Frauen nicht die selbe Bedeutung hat, wird in zwei historischen Kristallisationspunkten – in der Zeit nach der Novemberrevolution 1918 und in der Weltwirtschaftskrise gegen Ende der Weimarer Republik – deutlich. Beide Phasen sind durch ein extremes Ungleichgewicht auf dem Arbeitsmarkt gekennzeichnet und stellen somit gleichermaßen Überprüfungsmöglichkeiten für die gewerkschaftliche Prämisse der Interessenidentität erwerbstätiger Frauen und Männer dar. Die Zeit nach der Novemberrevolution betrifft zudem einen Zeitpunkt, bei dem es der Arbeiterbewegung zum ersten Mal gelang, relevanten Einfluß auf die Gestaltung der gesellschaftlichen Verhältnisse auszuüben. Zuerst zu den Fakten:

„Schneller, als die zum Kriegsdienst einberufenen Männer ersetzt, und schneller, als sie zum Zwecke der Produktionssteigerung die Zahl der in den Rüstungsbetrieben Beschäftigten vermehrt hatten, wurden die arbeitenden Frauen seit dem Waffenstillstand vom November 1918 aus ihren während des Krieges eingenommenen Arbeitsplätzen vertrieben."[12]

Verdrängt wurden die Frauen allerdings nicht aus den Industrien, die im Zuge der Herausbildung der geschlechtsspezifischen Arbeitsteilung im Großen typische Frauenindustrien geworden waren, also etwa der Textil- und Nahrungs- und Genußmittelindustrie, verdrängt wurden sie vielmehr aus den qualifizierten Tätigkeiten in der Metallindustrie. „So wurden die Frauen aus den Gebieten der Facharbeit ... von neuem in den Bannkreis der ungelernten Arbeit zurückgedrängt."[13] Hatten sich die Frauen als unfähig erwiesen, diese qualifizierten Tätigkeiten, Facharbeiten, auszuüben? Hören wir dazu einen Zeitgenossen. Er schreibt:

„Wesentlich und für die damalige Zeit völlig neu war es, daß sich insbesondere Frauen als sehr anstellig erwiesen, so daß die Betriebe die Frauenarbeit im allgemeinen günstig beurteilten.“[14]

Folgen wir noch einmal der in den Gewerkschaften weit verbreiteten Vorstellung, daß die Unternehmer die billige weibliche Arbeitskraft als Schmutzkonkurrenz gegen die teure männliche Arbeitskraft einsetzen, dann müßten wir es hier eigentlich mit einer historisch günstigen Konstellation für die Unternehmer zu tun haben. Die billige, weibliche Arbeit hatte sich schließlich in der Kriegsproduktion bewährt.

Aber bereits im Vorfeld solcher Überlegungen hatten sich im November 1918 die Verbände der Arbeitgeber mit den Gewerkschaften darüber verständigt, erwerbstätige Frauen massiv aus der Produktion und Verwaltung zu entfernen, um den aus dem Kriegsdienst entlassenen Männern Arbeitsgelegenheiten zu verschaffen. In der konkreten Umsetzung dieser Maßnahme spielten die gewerkschaftlich organisierten Männer in den Demobilmachungsausschüssen und den Betriebsräten eine herausragende Rolle. So trat am 28. März 1919 die „Verordnung über die Freimachung von Arbeitsstellen während der Zeit der wirtschaftlichen Demobilmachung“[15] in Kraft, die die zwischen Arbeitgeberverbänden und Gewerkschaften erzielten Vorstellungen zum Gegenstand hatte. Diese erlaubte den örtlichen Ausschüssen, selbständig in die Lösung von Arbeitsverhältnissen einzugreifen und die Entlassung von Arbeitskräften zu erzwingen. Die Entlassung von Frauen erfolgte nach den Gesichtspunkten:
- Entlassung der nicht auf Erwerbsarbeit angewiesenen Frauen. In diesem Zusammenhang wurde auch gerade von den gewerkschaftlich organisierten Männern der Begriff des „Doppelverdienertums“ geprägt.[16]
- Entlassung von Frauen, deren Männer Arbeit haben;
- Entlassung von Frauen, die während des Krieges in die Erwerbsarbeit eingetreten sind;
- Entlassung von Frauen, die an die Stelle von Männern getreten sind;
- Entlassung nach der Länge der Beschäftigung.[17]

Letztlich treffen diese Formulierungen jede erwerbstätige Frau und tatsächlich führten die Entlassungen weiblicher Arbeitnehmerinnen nicht selten dazu, daß überhaupt niemand, auch kein Mann, die frei gewordene Stelle einnehmen konnte.[18] In der von mir im Zusammenhang mit diesen Ergebnissen ausgewerteten Literatur findet sich folgender Satz:

„Die Beteiligung der männlichen Arbeiterschaft an diesen Aktionen war das Symptom einer unheilvollen Verwirrung unter den Angehörigen dieser Klasse.“[19]

Ich denke aber, daß die Aufarbeitung der Haltung der frühen deutschen Arbeiterbewegung zur Frauenerwerbstätigkeit zeigt, daß es sich hier nicht um Verwirrung, um eine aus der Not der Situation entstandene vorübergehende Haltung handelt. Vielmehr tritt in dieser Notsituation folgendes besonders deutlich hervor: In den Augen der männlichen Gewerkschafter gilt das Recht auf außerhäusliche Erwerbsarbeit für Frauen nur eingeschränkt. Außerhäusliche Arbeit von Frauen akzeptieren sie nur, wenn sie von unverheirateten und alleinversorgenden Frauen getan wird, bzw. wenn das Einkommen des Mannes nicht oder nicht mehr ausreicht. Auf diese, ihrer eigenen entgegengesetzten Interessenlage hatten sich erwerbstätige Frauen wiederum ganz besonders in der Zeit der Weltwirtschaftskrise einzustellen. So heißt es in einer Entschließung des Bundesausschusses des ADGB im März 1929:

„Es entspricht gewerkschaftlicher Praxis, in Zeiten großer Arbeitslosigkeit zu versuchen, die Arbeitsgelegenheiten nach Möglichkeiten zu strecken. Aus diesem Grunde haben die Gewerkschaften sich bemüht, durch Verzicht ihrer Mitglieder auf eine Anzahl Arbeitsstunden zugunsten arbeitsloser Kollegen zu wirken. Dieser grundsätzlichen und praktischen Betätigung entspricht auch die Haltung der Gewerkschaften zu den sogenannten Doppelverdienern und zu den Arbeitnehmern, die nicht unbedingt Not leiden, wenn sie kein eigenes Einkommen haben.

Der Vorstand des ADGB vertritt daher den Standpunkt, daß es in Zeiten großer und lang andauernder Arbeitslosigkeit sich nicht umgehen läßt, das nach der Verfassung jedermann gewährleistete Recht auf Arbeit insofern einzuschränken, daß Arbeitsplätze, die von Personen besetzt sind, die nicht unbedingt auf eigenen Arbeitsverdienst angewiesen sind, frei gemacht werden für solche Arbeitslose, die Erwerbsarbeit zur Deckung ihres Lebensunterhaltes brauchen.

Bei der Anwendung dieses Grundsatzes ist so zu verfahren, daß unbillige Härten vermieden werden.

Es entspricht nicht der Auffassung des ADGB, wenn in erster Linie – oder gar ausschließlich verheiratete Frauen – von den Arbeitsplätzen entfernt werden."[20]

Und im Kommentar zu diesem Beschluß heißt es in der Gewerkschaftszeitung:

„Es wird somit das Verbot der Erwerbsarbeit verheirateter Frauen als solches grundsätzlich abgelehnt, wodurch jedoch nicht ausgeschlossen werden soll, daß in Einzelfällen, soweit es unter konkreten Verhältnissen recht und billig ist, die nicht verheirateten Frauen, unter Umständen auch die Männer bevorzugt werden."[21]

In diesem Beschluß sind wiederum für die Geschlechter unterschiedliche „Botschaften" enthalten. So wird behauptet, daß sich die Gewerkschaften angesichts des bedrohlichen Ausmaßes der Arbeitslosigkeit bemüht hätten, ihre Mitglieder zu einem Verzicht auf Arbeitsstunden zu bewegen. Verzicht auf Arbeitsstunden – was wurde darunter konkret verstanden?

Im Zuge der Novemberrevolution war der Acht-Stunden-Tag als Regelarbeitstag durchgesetzt worden. In der folgenden Zeit problematisierten die Unternehmer die „schematische" Handhabung des Acht-Stunden-Tages und forderten die Gewerkschaften auf, flexibleren Arbeitszeitregelungen zuzustimmen. Die Gewerkschaften zeigten sich sehr bald konzessionsbereit und stimmten Mehrarbeitsregelungen ausdrücklich zu. Schon im Jahre 1924 zeichnete sich ein deutliches Anschwellen der durchschnittlich geleisteten wöchentlichen Arbeitszeit ab.

„Nur 2/3 der Arbeiterschaft arbeiteten nun noch 48 Stunden, die Mehrzahl über 48 Stunden, meist zu einem Drittel 51 bis 54 Stunden..., ein Achtel (13 %) gar über 54 bis zu 60 Stunden.

Hauptsächlich Beteiligte an dieser Mehrarbeit war die Stahlindustrie und Metallindustrie, besonders aber die Schwerindustrie in Rheinland-Westfalen und in Schlesien war unter den Arbeitszeiten über 54 Stunden vertreten."[22]

Die Metall-, insbesondere aber die Schwerindustrie waren zum damaligen Zeitpunkt überwiegend Männerindustrien. Wenn in dem Beschluß des ADGB von einem

Verzicht der Mitglieder auf eine Anzahl Arbeitsstunden gesprochen wird, kann es sich in erster Linie nur um einen Verzicht der männlichen Mitglieder auf Überstunden handeln. Dieser Feststellung entspricht auch die Tatsache, daß der ADGB zu Beginn der Weltwirtschaftskrise und in den folgenden Jahren durch Beschlüsse und in seinen Publikationen immer wieder an die Mitglieder appelliert, zu einem Abbau der Überstunden beizutragen, um zusätzliche Arbeitsplätze zu schaffen.[23] Wird nun von den Männern ein Verzicht auf Überstunden gefordert, so werden umgekehrt die Frauen zu einem Verzicht auf bezahlte Lohnarbeit aufgefordert.

4. Der Preis für eine an männlichen Interessen orientierte Lohn- und Arbeitszeitpolitik

Die frühe deutsche Arbeiterbewegung hatte, wie ich gezeigt habe, die Verkürzung der täglichen Arbeitszeit als Forderung erhoben und damit gleichzeitig zu einer Verfestigung der Trennung der Lebenswelten der Geschlechter beigetragen. Zu Beginn der 30er Jahre dieses Jahrhunderts ist die Verfestigung schon soweit vorangeschritten, daß es bei der gegen Ende der Weimarer Republik aufgestellten Forderung nach der 40-Stunden-Woche nun schon für die Männer auf die echte Freizeit, d.h. Freizeit in der Privatsphäre ankam.

Dieses Bedürfnis nach „echter Freizeit" wird im Zusammenhang mit der Forderung nach einer wöchentlichen Arbeitszeitverkürzung nicht ausdrücklich artikuliert; es taucht aber innerhalb der in den Gewerkschaften in den 20er und zu Beginn der 30er Jahre geführten Rationalisierungsdebatte immer wieder auf. Rationalisierung, verstanden als die Ausschöpfung menschlicher und technischer Leistungsreserven, als „die Anwendung aller technisch-organisatorischen Mittel ... zur ökonomischen Verwendung der Arbeitskraft"[24] wurde vom ADGB vorbehaltlos begrüßt. Die Steigerung der Produktivität – so die Argumentation, sei ja gerade die Voraussetzung für eine erfolgreiche Lohnpolitik, für eine Steigerung der Massenkaufkraft und somit der entscheidende Mechanismus zur Verbesserung der Lage der abhängig Beschäftigten. Durch die Verwendung von Maschinen und Sparmaßnahmen organisatorischer Art vermindere sich der Anteil der Lohnkosten am Produkt. Rationalisierung wirke sich daher in quantitativer und qualitativer Hinsicht positiv auf die Konsumtionsfähigkeit der arbeitenden Klasse aus.[24] Die Rationalisierungsbestrebungen der deutschen Wirtschaft fanden dann wohl auch deshalb Unterstützung in der Arbeiterbewegung, weil sich die organisierten Männer von ihnen eine Verbesserung des Lohnniveaus, d.h. aber auch eine größere Annäherung an den „männlichen" Familienlohn versprachen. Sie gingen davon aus, daß der bessere Konsum auch zu einer Entlastung der Frauen in der Hausarbeit beitragen und somit die Kleinfamilie in ihrer klassischen Struktur befestigen würde. Die organisierten Männer versuchten durch Aufklärung in entsprechenden Publikationen ihre Hausfrauen von der Notwendigkeit der Übertragung der Rationalisierungserkenntnisse aus den Betrieben zu überzeugen; sie propagierten den rationellen Haushalt.[25]

Der von Gewerkschaftlen und SPD mitgetragene soziale Wohnungsbau verstärkte Einzelhaushalt und Kleinfamilie; ja, es ist wohl charakteristisch für die deutsche Arbeiterbewegung, mit Hilfe der gewerkschaftseigenen Unternehmen, Konsumgenossenschaften usw. wegweisend im Wohnungsbau und in der Versorgung mit Konsumgütern und Massenartikel tätig gewesen zu sein; dabei aber gleichzeitig eine weitere Trennung der Lebenswelten von Männern und Frauen vorangetrieben zu haben.[26]

Das Interesse, die Frauen von den vorwiegend manuellen Tätigkeiten im Haushalt zu entlasten, entwickelte sich dabei parallel zu dem Bedürfnis, im häuslichen Bereich „Gegenerfahrungen" zur harten Außenwelt zu machen. Da die Folgen der Rationalisierung, die Zunahme restriktiver Arbeitsbedingungen und der Entfremdung, zwar gesehen, aber als naturnotwendig, d.h. als unabhängig von jeder Formbestimmtheit durch gesellschaftliche Verhältnisse begriffen wurde, wuchs der Wert der „arbeitsfreien" Zeit, wuchs der psychische Reproduktionswert der Familie. Freilich wurde die 40-Stunden-Woche nicht zu Beginn der 30er Jahre durchgesetzt. Sie blieb – zu diesem Zeitpunkt – Programm und Hoffnung der Gewerkschafter. Erst im sogenannten Wirtschaftswunder, gegen Ende der 50er und zu Beginn der 60er Jahre, konnte die 40-Stunden-Woche sukzessive realisiert werden. Die arbeitsmarktpolitischen Argumente spielten dabei angesichts des leergefegten „männlichen" Arbeitsmarktes keine Rolle. Mit dem Slogan: „Samstags gehört Vati mir" signalisierten dann auch die Gewerkschaften, daß für sie eine Arbeitszeitverkürzung in der Verlängerung des Wochenendes bestehen sollte. Erwerbstätige Frauen kommen in dieser Forderung allerdings nicht mehr vor: die Frauen sind in den Augen der Männer nun endgültig und in erster Linie „Hausfrauen" geworden. Auf Gewerkschaftstagen und Frauenkonferenzen wird, analog zu dem Frauenbild der männlichen Gewerkschafter, das Drei-Phasen-Modell über den weiblichen Lebenszusammenhang propagiert, denn die Unternehmer mobilisieren die Arbeiterehefrauen zu diesem Zeitpunkt. Das Drei-Phasen-Modell hält als Kristallisationspunkt an der Zuweisung der gesamten Haus- und Familienarbeit durch die Frau fest; es verspricht aber eine zeitliche Synchronisierung der Erwerbsarbeit mit der Zeit, in der die Frau ihrer eigentlichen Entsprechung als „Nur"-Hausfrau und Mutter folgt. Zu diesem Zeitpunkt finden auch Teilzeitarbeitsverhältnisse keine grundsätzliche Problematisierung. Sie werden als ideale Arbeitsverhältnisse für die Arbeiterehefrauen angesehen, ihre Verstärkung gewünscht.[27]

Im Zusammenhang mit der Bewertung der Gewerkschaftspolitik in den 50er und 60er Jahren wird häufig und ganz besonders innerhalb gewerkschaftlicher Diskussionszusammenhänge darauf insistiert, daß sich hier zum ersten Mal privatistische Freizeitorientierungen gezeigt hätten, die einer ehrenamtlichen Gewerkschaftsarbeit entgegen stehen würden. Diese Freizeitorientierung wird vorwiegend auf die Verarbeitung der Politisierung aller Lebensbereiche während der Zeit des Faschismus zurückgeführt: Diese Politisierung – so wird argumentiert – habe langfristig entpolitisierende Folgen gezeigt.

Ich würde dieses Problem allerdings anders nuancieren: wer die Kämpfe so führt, daß als ihr Ziel und in ihrer Folge die Trennung zwischen den Feldern Berufsarbeit und Politik und der privaten Lebenswelt, der Kleinfamilie, sich verschärft und dabei gleichzeitig aber das Aufeinanderangewiesensein der beiden Sphären verstärkt wird, der darf sich nicht wundern, wenn sich die Betroffenen entsprechend verhalten. Oder anders ausgedrückt: die Kämpfe trugen von vornherein als eine Konsequenz die „Entpolitisierung" des männlichen Arbeiters und Gewerkschafters in sich. Diese Entpolitisierung wird dadurch verdoppelt und verfestigt, daß die Politisierungspotentiale, die in der privaten Sphäre liegen, durch die Separierung der Geschlechter in unterschiedlichen Organisationsstrukturen gebannt werden. Solange die „privaten" Probleme der Männer als nicht politisierbar gelten und kein Thema der Gewerkschaftsarbeit sind und sich die Frauen in ihren Sondergremien an diesen Problemfeldern abarbeiten, ohne daß sie integraler Bestandteil der Gewerkschaftsarbeit werden, sind – so jedenfalls lautet meine Hypothese – diese entpolitisierenden Wirkungen nur schwer aufzuheben.

5. *Der Kampf um die Durchsetzung der 35-Stunden-Woche: Ein neues Kapitel in den Mann/Frau-Beziehungen?*

Die Beschwörung der gemeinsamen Interessen von Mann und Frau verdeckt nur oberflächlich die Widersprüche, die aus zum Teil divergierenden Interessen resultieren. Mehr Arbeitsplätze für Frauen bedeutet innerhalb der Logik des Kapitalismus weniger Arbeitsplätze für Männer und umgekehrt; bedeutet damit aber auch – wie die Betrachtung der Demobilmachung nach dem 1. Weltkrieg und der Weltwirtschaftskrise gezeigt hat – Auseinandersetzung und Konflikte zwischen den Geschlechtern. Politische und gewerkschaftliche Betätigung von Frauen bedeutet für die Männer einen Abzug von Bequemlichkeiten; bedeutet zumindest mehr Reibungsverluste im familiären Bereich, bedeutet Auseinandersetzung dort. Widersprüche aufgrund divergierender Interessen können zwar geleugnet, sie können aber nicht beseitigt werden. Die gegenwärtigen ökonomischen Rahmendaten lassen deshalb wiederum eine Zuspitzung der Konflikte zwischen den Geschlechtern vermuten, da die hohe Arbeitslosigkeit die Konkurrenz um Arbeitsplätze virulent macht. In der Vergangenheit haben die gewerkschaftlich organisierten Männer ihre Interessen – offensichtlich – nicht nur besser artikulieren, sondern auch besser durchsetzen können. Sie haben bestritten, daß auch für Frauen, unabhängig von deren Familienstand, ein Recht auf Arbeit besteht; sie haben ihren Anteil daran, wenn erwerbstätige Frauen als „Doppelverdienerinnen" oder „Zuverdienerinnen" benannt und aus dem Lohnarbeitsprozeß entfernt wurden. Hat sich daran etwas geändert?

Auf den ersten Blick scheinen sich an den Einstellungen und Haltungen zur weiblichen Erwerbstätigkeit Veränderungen abzuzeichnen. Das Recht auf (Lohn) arbeit wird, das zeigen Entschließungen und Resolutionen auf Konferenzen und Gewerkschaftstagen, *uneingeschränkt* für beide Geschlechter eingeklagt, Parolen wie „Frauen zurück an den Herd" oder der Begriff des „Doppelverdienertums" werden als konservative Ideologien identifiziert und attackiert. Die Forderung nach der Arbeitszeitverkürzung für alle – konkretisiert in der Forderung nach der 35-Stunden-Woche bei vollem Lohnausgleich – wird verstanden als wirksames beschäftigungspolitisches Instrument, das zugleich die Konkurrenz zwischen verschiedenen Beschäftigungsgruppen bannt und sie zwischen Erwerbstätigen und Arbeitsuchenden mildert. Ist somit auch die außerhäusliche Erwerbsarbeit von Frauen kein umstrittener Posten mehr in der Gewerkschaftsbewegung?

Eine solche Annahme ist zu relativieren:

– Empirische Untersuchungen, die den Arbeitsplatzabbau, insbesondere aber die Art und Weise, wie dieser Arbeitsplatzabbau realisiert werden konnte, zum Gegenstand haben, können die dahinter liegenden sozialen Prozesse erhellen.[28]

Die in der zweiten Hälfte der 70er Jahre angefertigten Untersuchungen mußten sich dabei vor allem mit der Frage auseinandersetzen, warum die im Gefolge der Rezession von 1974/75 entstandene hohe Arbeitslosigkeit weder zu einer wesentlichen Verschärfung der Arbeitskonflikte geführt noch die Stabilität des Systems industrieller Beziehungen in der Bundesrepublik – jedenfalls bis zu diesem Zeitpunkt[29] – gefährdet hatte. Aufgrund der empirischen Befunde zeigten sich folgende Ergebnisse:

Die relativ reibungslose Verarbeitung einer seit Mitte der 70er Jahre anhaltenden Massenarbeitslosigkeit läßt sich zum Teil dadurch erklären, daß ihre Verteilung in hohem Maße strukturiert war: Opfer der Arbeitslosigkeit waren vorzugsweise bestimmte Arbeitnehmergruppen, u.a. eben auch die Frauen. Verortet im Rahmen der Debatte über „Segmentierung" des Arbeitsmarktes ist es danach ein weitgehend akzeptierter Befund, daß im industriellen Bereich eine Differenzierung in Stamm- und Randbelegschaften stattfindet, wobei innerhalb der Randbelegschaften die sogenannten „Problemgruppen", zu denen wiederum die Frauen gehören, überdurchschnittlich häufig repräsentiert sind. Arbeitsplatzabbau verschärft nun die Spaltungstendenzen und läßt die Interessendivergenz zwischen den relativ begünstigten und relativ benachteiligten Gruppen wachsen.

Es wurde aber noch ein weiteres Problem deutlich: die Gewerkschaften haben bei der Krisenregulierung nicht nur eine passive Rolle gespielt und sich mit Protesten begnügt, sie haben vielmehr über die verschiedenen Mitbestimmungsebenen aktiv Einfluß genommen und dabei durchaus „Sonderinteressen" bestimmter Beschäftigungsgruppen wahrgenommen. Rationalisierungsschutzabkommen, Sozialpläne und andere Instrumente enthalten immer die Formel der sozial zumutbaren Entlassung, enthalten somit – ohne es ausdrücklich benennen zu müssen – die Möglichkeit, in erster Linie Frauen als „Doppel- oder Zuverdienerinnen" zu entlassen.

Die zwischen Arbeitgebern und Gewerkschaften ausgehandelten Regelungssysteme schließen die Diskriminierung erwerbstätiger Frauen ein.

Dem Bekenntnis zum uneingeschränkten Recht auf Berufsarbeit für Frauen entspricht auf der Handlungsebene nicht die praktische Politik.

– Daß das Recht auf Berufsarbeit für Frauen nicht mehr, soweit es die programmatischen Äußerungen angeht, umstritten ist, erkläre ich aber auch aus der Tatsache, daß Frauen zunehmend und nicht mehr nur geduldig und als Bittstellerinnen für ihre Rechte in den Gewerkschaften eintreten. Die Beispiele, die zeigen, daß gewerkschaftlich organisierte Frauen sich nicht mehr an eingefahrene Spielregeln halten und alt hergebrachte Diskussionsmuster in Frage stellen, mehren sich. In der Auseinandersetzung um die Beteiligung von Frauen in relevanten gewerkschaftlichen Gremien (in der IG Metall z.B. als Quotierungsdiskussion, d.h. der *zwingenden* Beteiligung von Frauen geführt) aber auch in der Durchsetzung zusätzlicher Frauenseminare argumentieren die Frauen nicht mit ihren eigenen Defiziten, sondern mit den Defiziten gewerkschaftlicher Organisationsstrukturen; nehmen die Frauen für sich in Anspruch, über Qualifikationen zu verfügen, die nützlich für die Entwicklung gewerkschaftlicher Arbeit sind. Sie kritisieren die extreme Arbeitsteilung und Hierarchie in den gewerkschaftlichen Gremien und nehmen für sich in Anspruch, selber Experte(in) für die Lebens- und Arbeitssituation zu sein. Vorbei die Zeiten, wo auf Frauenkonferenzen eigens herbeigeholte Wissenschaftler in stundenlangen, sicher ermüdenden Referaten den Frauen etwas über Belastung und Beanspruchung innerhalb arbeitswissenschaftlicher Konzeptionen erzählt haben und somit die Frauen zum Schweigen verurteilten.[30] Aus der differenzierten Wahrnehmung der eigenen Lebenssituation und der Veränderungen, der diese unterworfen ist, haben gewerkschaftlich organisierte Frauen frühzeitig für die Aufstellung der Forderung nach der generellen Arbeitszeitverkürzung, der 35-Stunden-Woche, gekämpft. Sie haben diese Forderung weiter konkretisiert, den Sieben-Stunden-Tag gefordert.

Sie begründen diese Festschreibung auf den Sieben-Stunden-Tag folgendermaßen:

> Zum einen habe sich in der Vergangenheit gezeigt, daß die Unternehmer als Zielgruppe zur Durchsetzung ihres Interesses an flexiblen Arbeitszeiten insbesondere Frauen angesprochen haben. Sie seien an besonders belastenden Arbeitsplätzen dazu übergegangen, Vollzeitarbeitsplätze in entsprechend weniger Teilzeitarbeitsplätze umzuwandeln, hätten damit eine Form der Arbeitszeitverkürzung ohne Lohnausgleich realisiert und somit die Arbeitssituation erwerbstätiger Frauen gravierend verschlechtert. Aufgrund der zunehmenden Automatisierung in Produktion und Verwaltung würde das unternehmerische Interesse an einer flexiblen Nutzung gesellschaftlicher Arbeitszeit zukünftig noch deutlicher hervortreten. So seien in Zukunft auch Heimarbeitsplätze nicht auszuschließen. Da diese Heimarbeitsplätze wiederum vor allem Frauen angeboten würden, würden erkämpfte Fortschritte in der Aufgabenteilung zwischen Männern und Frauen wieder „gewaltsam" rückgängig gemacht werden. Aus diesen Gründen sei den Frauen an einer täglichen Arbeitszeitverkürzung bei vollem Lohnausgleich gelegen.[31]

Die Gewerkschaften, die derzeitig im Tarifkampf um die Durchsetzung der 35-Stunden-Woche stehen, haben sich allerdings nicht auf eine solche Festschreibung der Lage und Verteilung der wöchentlichen Arbeitszeit festgelegt. Ich denke aber, daß an der Art und Weise, wie letztlich die Forderung konkretisiert wird, wieder deutlich werden wird, welche Interessen stärker zum Tragen kommen: die der

Männer oder die der Frauen. Schon wird von einem Sechs-Stunden-Tag geredet, von der Wiedereinführung der Samstagsarbeit und kontinuierlichen Schichten; Vorstellungen, die quer zu den Interessen der Frauen stehen. Die Auseinandersetzungen um die Arbeitszeitverkürzung werden so auch deutlich machen, ob und was sich gegebenenfalls in den Beziehungen zwischen den Geschlechtern geändert hat. Ihr Ausgang entscheidet mit darüber, ob den Frauen noch mehr Terrain an selbständiger Berufsarbeit genommen wird, ob sie wieder ganz zu Hausfrauen gemacht und reprivatisiert werden.

Anmerkungen

1 Verfolgt man die Geschichte der Arbeiter- und Gewerkschaftsbewegung unter der Fragestellung, wie sich die Frauen in ihr und im Verhältnis zu ihr organisierten, dann wird deutlich, daß die Frauen immer zwei Kämpfe führen mußten und geführt haben. Vgl. hierzu: Losseff-Tillmanns, G.: Frauenemanzipation und Gewerkschaften, Wuppertal 1978

2 Der Kampf um besondere Arbeitsschutzbestimmungen für Frauen, begründet mit der Gebärfähigkeit der Frau, hat immer einen wesentlichen Schwerpunkt gewerkschaftlicher Frauenpolitik ausgemacht. Damit haben sich die Frauen in der Arbeiterbewegung immer zugleich mit Strömungen in der ,,bürgerlichen" Frauenbewegung auseinandergesetzt, die in besonderen Schutzregelungen für Frauen eine Diskriminierung sahen. Vgl. exemplarisch für diese Kontroverse: Zepler, W.: Arbeiterinnenprobleme und bürgerliche Frauenbewegung, in: Kürbisch/Klucsarits (Hg.): Arbeiterinnen kämpfen um ihr Recht, Wuppertal 1981

3 Vgl. hierzu die vielfältigen Textbeispiele über die Schwierigkeiten der gewerkschaftlichen Organisierung von Frauen, in: Losseff-Tillmanns, G.: Frau und Gewerkschaft, Frankfurt a.Main 1982

4 Ich gehe davon aus, daß diese Positionen nur Teilwahrheiten enthalten. So zeigt ein Blick in die Geschichte der Tarifforderungen, daß Frauen vielfältig und immer wieder für eine bessere Entlohnung gestritten und dazu auch Arbeitskämpfe geführt haben. Liest man Gewerkschaftszeitungen und Protokolle von Konferenzen und verfolgt die Argumente der Frauen, ist man über die Geduld verblüfft, mit der Frauen immer wieder aufs Neue, mit ähnlichen Argumenten aufgetreten sind. Diese Geduld ist das zu Analysierende.

5 Es gibt inzwischen eine Vielzahl historischer Untersuchungen, die sich unter verschiedensten Gesichtspunkten mit dieser frühen Phase der Arbeiter- und Gewerkschaftsbewegung auseinandergesetzt haben. Genannt sei: Thönnessen, W.: Frauenemanzipation, Frankfurt a.M. 1969

6 Vgl. hierzu: Zetkin, C.: Für die Befreiung der Frau! (Rede auf dem Internationalen Arbeiterkongreß zu Paris, 19. Juli 1889), in: Zetkin: Ausgewählte Schriften und Reden, Bd. I, Berlin 1957, S. 9

7 Zit. nach Thönnessen, a.a.O., S. 19

8 ebenda

9 Vgl. hierzu die sehr gute Zusammenfassung dieser Diskussion von Bajohr, S.: Die Hälfte der Fabrik, Geschichte der Frauenarbeit in Deutschland 1914–1945, Marburg 1979, S. 70 ff.

10 Marx, K.: Grundrisse der Poltik der politischen Ökonomie, Berlin 1974, S. 89 ff.

11 Zit. nach Freier, A.: Dem Reich der Freiheit sollst du Kinder gebären, Frankfurt a.M. 1982, S. 106

12 Bajohr, S., a.a.O., S. 158

13 Lorenz, C.: Die gewerbliche Frauenarbeit während des Krieges, in: Der Krieg und die Arbeitsverhältnisse. Wirtschafts- und Sozialgeschichte des Krieges, Deutsche Serie 6 (Veröffentlichungen der Carnegie-Stiftung für internationalen Frieden) Stuttgart, Berlin, Leipzig 1928, S. 353

14 Preller, L.: Sozialpolitik in der Weimarer Republik, Düsseldorf 1978, S. 10

15 Vgl. hierzu Bajohr, a.a.O., S. 161

16 Der Begriff des Doppelverdienertums wird meistens als nazistisches Ideologem identifiziert. Er hat seinen Ursprung aber auch in den Reihen der Arbeiterbewegung.

17 Mit dieser Formulierung konnten auch Frauen entlassen werden, die bereits vor dem Krieg gearbeitet haben.

18 Gerade im Bereich der Verwaltung und des Öffentlichen Dienstes wurden Frauen aus dem Dienst entfernt, ohne daß Männer ihre Arbeit übernehmen konnten. Vgl. hierzu Bajohr, a.a.O., S. 165 und Thönnessen, a.a.O., S. 141

19 Bajohr, a.a.O., S. 166

20 Zit. nach Schwarz, S.: Handbuch der Gewerkschaftskongresse, Berlin 1930, S. 210

21 Ebenda, S. 211

22 Preller, a.a.O., S. 149

23 Vgl. hierzu Mayer/Ralfs: Rationalisierung und Rationalisierungsschutz, Darmstadt 1981, S. 46 ff.

24 Gegenwartsaufgaben der Deutschen Wirtschaftspolitik, Verlagsgesellschaft des Allgemeinen Deutschen Gewerkschaftsbundes, Berlin 1926, S. 30

25 Vgl. hierzu die Darstellung bei Uhlig, G.: Zur Geschichte des Einküchenhauses, in: Wohnen im Wandel, Niethammer (Hg.), Wuppertal 1979, S. 151 ff.

26 Ebenda, S. 165

27 In der Vorbereitung dieser Arbeit habe ich sämtliche Protokolle der Frauenkonferenzen der IG Metall ausgewertet. Insofern müssen diese Aussagen relativiert werden, da sie sich nur auf eine Gewerkschaft beziehen.

28 Vgl. hierzu u.a. Esser/Fach/Gierszewski/Väth: Krisenregulierung – Mechanismen und Voraussetzungen im Fall der saarländischen Stahlindustrie, in: Leviathan, Heft 1/1979, S. 79 ff.

29 Die derzeitigen Auseinandersetzungen, die um die Realisierung der 35-Stunden-Woche stattfinden, sind dann sicher auch der Tatsache geschuldet, daß die „sicheren" Belegschaftsgruppen auch vom Arbeitsplatzverlust betroffen sind.

30 So fanden bis Anfang der 70er Jahre nahezu keine Diskussionen auf den Frauenkonferenzen statt. Die Konferenzdramaturgie kreiste um Referate wissenschaftlicher Experten. Vgl. hierzu die Auswertung dieser Konferenzen durch Borris, M.: Frauenpolitik in der IG Metall, Schriftenreihe der IG Metall, Frankfurt a.M. 1979

31 Vgl. hierzu die Diskussion auf der 10. und 11. Frauenkonferenz der IG Metall, dokumentiert in dem Protokoll der 10. Frauenkonferenz und dem Protokoll der 11. Frauenkonferenz der Industriegewerkschaft Metall für die Bundesrepublik Deutschland

Doris Gunkel-Henning

Probleme weiblicher Emigranten in der Bundesrepublik

In der BRD lebten Ende 1982 ca. 4,6 Mill. Ausländer, darunter 1,9 Mill. Frauen.

Über die spezifischen Probleme der ausländischen Frauen liegen Untersuchungen, Unterlagen und statistisches Material nur in unzureichendem Maße vor. In jüngerer Zeit sind zwar einige wissenschaftliche Publikationen erschienen, in denen die Frauen nicht nur am Rande als Sozialisationsagenten für die „Zweite Generation" oder als Ehefrauen ausländischer Arbeitnehmer mitberücksichtigt werden;[1] die wissenschaftliche Auseinandersetzung mit diesem Personenkreis und seinen Problemen ist jedoch nach wie vor als defizitär zu bezeichnen; insbesondere statistisches Material über ausländische Frauen ist kaum vorhanden, so daß sich die folgenden Ausführungen auf die Ergebnisse von Untersuchungen sehr unterschiedlicher Art stützen, z.T. mußte auf ältere Daten zurückgegriffen werden. Einbezogen in die Überlegungen wurden auch die Ergebnisse einer Projektgruppe, die sich im Rahmen eines an der HWP durchgeführten Projekts „Ausländische Arbeitnehmer" speziell mit den Problemen ausländischer Frauen befaßt hat. Von der Projektgruppe wurden auch eine Reihe von qualitativen Interviews mit ausländischen Frauen durchgeführt.*

1. *Gemeinsame Strukturmerkmale*

Wenn man in der Öffentlichkeit von den ausländischen Frauen spricht, werden sie unterschiedslos als „die Gastarbeiterinnen", die „Ausländerinnen" bezeichnet, während in Publikationen fast immer eine Beschränkung auf eine bestimmte Nationalitätengruppe erfolgt, wobei die Literatur über türkische Frauen überwiegt.[2]

Im folgenden soll von *den* ausländischen Frauen die Rede sein. Ist es überhaupt möglich, eine solch heterogene Personengruppe gemeinsam zu behandeln? „Sie kommen aus der Türkei, aus Griechenland, aus Spanien, aus Jugoslawien, aus Portugal, aus Italien, aus Marokko, aus Tunesien. Sie sprechen die Staatssprachen ihres Landes oder die einer Minderheit oder etwas oder kein Deutsch. Sie leben in der Bundesrepublik seit einer Woche, seit zwei Jahren, seit 16 Jahren und sind verheiratet mit Männern, die ihre Eltern für sie ausgesucht haben oder die sie sich ausge-

* Den Teilnehmerinnen der Projektgruppe, Gabriele Böttcher, Regine Christiansen, Renate Krimse, Karin Wilsdorf, möchte ich an dieser Stelle für die fruchtbare Zusammenarbeit und anregende Diskussion danken.

sucht haben und die Geld bezahlt oder bekommen haben. Sie haben immer mit ihren Ehemännern zusammengelebt oder waren alleine nach Deutschland gekommen oder sind alleine in der Heimat gewesen. Sie haben keine Kinder (noch nicht) oder zwei oder sechs Kinder, die in der Heimat geboren wurden oder in der Bundesrepublik, Kinder, die ebenfalls hier leben oder in der Heimat, die hierhergeholt werden, wieder in die Heimat geschickt werden, wieder hierhergeholt werden, wieder ..."[3]

Sicher ist es richtig, daß eine analytische Trennung verschiedener Frauengruppen „nach Nationalität, sozio-kulturellem Hintergrund, ländlicher oder städtischer Herkunft, nach Bildungsstand und Berufsausbildung"[4] in vieler Hinsicht fruchtbar ist; richtig ist aber auch, daß die mitgebrachten Voraussetzungen der Frauen sich in vieler Hinsicht ähneln, daß die sozio-ökonomischen Strukturen der Herkunftsländer der Emigranten, die erst zur Migration zwingen, vergleichbar sind. „Wie auch der Türkei stehen den meisten Abgabeländern *große Reserven an Arbeitskräften zur Verfügung, die wegen ihrer ökonomischen, sozialen und politischen Situation in die Aufnahmeländer auswandern*:

– Durch mangelnde Industrialisierung, die extrem unterschiedliche Bodenverteilung und die beginnende maschinelle Bearbeitung des Bodens sind zu wenig bzw. häufig nicht ausreichend gesicherte Arbeitsplätze vorhanden, so daß die Bevölkerung gezwungen ist, außerhalb des Landes zu arbeiten.
– Ein weiterer Grund für die Auswanderung ist die beginnende Industrialisierung, wodurch den typisch vorindustriellen Betrieben, wie z. B. kleinen Handwerkerbetrieben die Existenzgrundlage entzogen wird."[5]

Akpinar weist auch darauf hin, daß das oft kolportierte Bild der türkischen Gastarbeiter aus dem anatolischen Dorf ein unzutreffendes Klischee ist, da der größte Teil der türkischen Arbeitsemigranten aus den relativ entwickelten Gebieten der Türkei stammt bzw. vor der Emigration schon eine Binnenwanderung aus unterentwickelten in entwickeltere Gebiete des Landes hinter sich hatte. Für die hier lebenden ausländischen Frauen gilt entsprechend, daß auch sie weniger häufig als allgemein angenommen aus ländlichen, unterentwickelten Gebieten stammen:

	Nationalität/Geschlecht									
	Griechen		Italiener		Jugoslawen		Spanier		Türken	
Herkunftsregion	w %	m %	w %	m %	w %	m %	w %	m %	w %	m %
Ballungsgebiet	4,1	6,5	1,0	1,6	24,5	23,6	18,3	15,2	35,3	29,4
Provinz	12,2	9,0	8,3	6,3	10,0	9,7	8,3	7,1	37,0	36,1
ländliche Gebiete	32,7	31,8	7,3	4,7	35,5	44,8	39,2	39,6	22,7	31,1
unterentwickelte Gebiete	51,0	52,7	83,3	87,4	30,0	21,8	34,2	38,1	5,0	3,3
	100	100	99,9	100	100	99,9	100	100	100	99,9

n =
N = 1476[6]

Während für den türkischen Lebensraum immer auf die Rolle des Islam für die Legitimierung der Unterdrückung der Frau verwiesen wird, muß auch gesehen werden, daß der Katholizismus in den übrigen Mittelmeerländern ähnlich patriarchalische Strukturen hervorgebracht hat und ähnliche gesellschaftliche Normen und Werte die Stellung der Frau bestimmen: auch hier sind also durchaus vergleichbare Strukturen vorhanden.

Wenn sich somit schon aufgrund ähnlicher Strukturen in den Herkunftsländern der Frauen Vergleichbarkeiten ergeben, so gilt dies umso mehr für die Ausgangssituation der ausländischen Frauen in der BRD. Hier unterliegen alle emigrierten Frauen ähnlichen Vorurteilen und sind denselben Benachteiligungen ausgesetzt, ihnen werden die gleichen stigmatisierenden Merkmale zugeordnet, sie haben keine deutsche Staatsbürgerschaft und unterliegen damit dem Ausländergesetz mit allen seinen diskriminierenden Konsequenzen. Viele Regelungen des Ausländerrechts treffen die Frauen in ganz besonderem Maße: Nur ungefähr ein Viertel der ausländischen Frauen wurde selbständig angeworben, die Mehrheit ist im Rahmen der Familienzusammenführung nachgereist und hat damit keinen eigenständigen Rechtsanspruch auf Aufenthalts- und Arbeitserlaubnis. Die Aufenthaltserlaubnis ist an die des Ehemannes gekoppelt, d.h. daß die Frauen im Falle einer Trennung ihr Aufenthaltsrecht verlieren, ein Antrag auf Arbeitserlaubnis kann erst nach 4 Jahren (nur in sehr begrenzten Ausnahmefällen, die allein von den Erfordernissen des bundesdeutschen Arbeitsmarktes bestimmt werden schon nach 2 Jahren!) gestellt werden und auch dann besteht keinerlei Rechtsanspruch.[7]

Das heißt nicht, daß dieselben Probleme für alle Ausländerinnen in gleicher Weise und in gleichem Ausmaß zutreffen, doch kann die These von der dreifachen Diskriminierung der ausländischen Frauen als Ausländerin, als Arbeiterin und als Frau für nahezu alle in der bundesrepublikanischen Emigration lebenden Frauen als zutreffend angenommen werden.

2. Die erwerbstätigen ausländischen Frauen

1981 waren von den ca. 1,4 Mill. in der BRD lebenden Ausländerinnen über 16 Jahren 658000 erwerbstätig; das entspricht einer Erwerbsquote von ca. 48% und einem Frauenanteil an allen ausländischen Beschäftigten von mehr als 30%.[8] Wenn auch die Zahl der erwerbstätigen Frauen absolut zurückgegangen ist und der Anteil der arbeitslosen Frauen mit ca. 16,5% sehr hoch ist (von 285000 ausländischen Arbeitslosen Ende Juni 1983 waren 107117 Frauen)[9], so hat sich der Frauenanteil an den ausländischen Beschäftigten doch als relativ konstant erwiesen: von den insgesamt 1785542 ausländischen Beschäftigten waren Ende September 1982 545571 Frauen.[10] Die tatsächliche Erwerbsquote der ausländischen Frauen dürfte jedoch noch wesentlich höher liegen, da ein nicht unerheblicher Teil gezwungen ist, schwarz oder illegal zu arbeiten und somit statistisch nicht erfaßt wird.

Der Anteil der erwerbstätigen Frauen ist national sehr unterschiedlich:

Nationalität	Berufstätige Frauen abs.	Anteil der berufstätigen Frauen an allen Berufstätigen der Nationalitätengruppe %	Anteil der berufstätigen Frauen der Nationalitätengruppe %
Türkei	135014	26,2	28,5
Jugoslawien	134954	36,5	51,4
Italien	73496	25,5	34,1
Griechenland	60957	41,5	42,5
Spanien	29287	31,6	36,9
Portugal	19626	33,4	39,2[11]

Die unterschiedlich hohe Frauenerwerbsquote hängt sicher auch davon ab, „ob und in welchem Ausmaß in dem jeweiligen Anwerbeland sozial, religiös und familiär motivierte Einschränkungen hinsichtlich der Erwerbstätigkeit weiblicher Kräfte im Ausland bestehen“.[12] Entscheidender jedoch dürften die Erfordernisse des deutschen Arbeitsmarktes sein: So stieg vor dem Erlaß des Anwerbestopps die Frauenquote zeitweise schneller als die der Männer und auch bei anhaltender wirtschaftlicher Rezession stieg der Anteil der Frauen an den ausländischen Erwerbstätigen bis 1978 kontinuierlich.[13]

Insgesamt wurde ca. ein Viertel der hier lebenden ausländischen Frauen selbständig angeworben, bei den Griechinnen jedoch mehr als ein Drittel. Entsprechend ist die Erwerbsquote der Griechinnen in der BRD sehr hoch, obwohl das keineswegs der heimatlichen Arbeitsmarktstruktur entspricht. Nach den Aussagen von Mehrländer war die Frauenerwerbsquote in Griechenland selbst von allen Anwerbeländern am geringsten (18 %).[14] Die verhältnismäßig geringe Erwerbsquote der Türkinnen in der BRD dürfte wohl im wesentlichen dadurch bedingt sein, „daß die Türkinnen im Durchschnitt erst eine kürzere Zeit in der Bundesrepublik sind und von daher von den Schwierigkeiten des Arbeitsmarktes besonders stark betroffen sind“.[15] Die im Rahmen der Familienzusammenführung nachgereisten Frauen werden infolgedessen natürlich auch am meisten von den restriktiven Bedingungen der Arbeitserlaubnisverordnung getroffen, die eine legale Arbeitsaufnahme unmöglich machen.

Die Mehrzahl aller hier lebenden ausländischen Frauen war in ihrer Heimat noch nie berufstätig, so daß die Arbeitsaufnahme in der BRD für viele die erste Berührung mit Industriearbeit bedeutet. Mehrländer gibt an, daß 69 % der Frauen vor ihrer Emigration keinen Industriebetrieb aus eigener Anschauung kannten und 72 % der Frauen keinerlei handwerkliche oder industrielle Berufserfahrung hatten.[16] Die Aufnahme der Berufstätigkeit stellt somit für die ausländischen Frauen eine völlige Veränderung ihrer bisherigen Lebenssituation dar und bedeutet eine Infragestellung internalisierter Werte und Normen. „Aus dem Vergleich der sehr niedrigen Erwerbsquote der Frauen in ihrem Herkunftskontext und deren massive Erhöhung durch die Emigration kann geschlossen werden, daß die Emigrantinnen innerhalb kürzester Zeit alle Phasen der Adaptation durchmachen (müssen), für die der industriellen Bevölkerung Jahrzehnte zur Verfügung standen. Zusätzlich ist in Betracht zu ziehen, daß die Aufnahme einer Berufstätigkeit keinem Wunsch, sondern vielmehr einer wirtschaftlichen Notlage entspricht."[17]

Die Aufnahme einer Berufstätigkeit ist somit der Hauptgrund für die Emigration: auch die im Rahmen der Familienzusammenführung nachgereisten Ehefrauen wollen fast alle berufstätig werden. Wobei ihnen oft nicht bekannt ist, daß das rechtlich gar nicht möglich ist. Das Mitverdienen der Frauen ist vorübergehend wichtiger als die Bewahrung traditioneller Werte und Rollen. Dafür spricht auch, daß 90 % der Ehemänner mit der Berufstätigkeit ihrer Frauen einverstanden sind.[18] Nur wenn beide Ehepartner verdienen – bei 64 % der in der BRD lebenden Ehepaare sind beide berufstätig – ist das eigentliche Ziel der Emigration, möglichst bald die finanziellen Voraussetzungen für eine Rückkehr in die Heimat zu schaffen, zu erreichen. „Da viele Arbeiter nicht nur nach Deutschland kommen, um der Arbeitslosigkeit in ihrem Heimatland zu entrinnen, sondern um durch Sparen die finanzielle Basis für eine gesicherte Rückkehr zu schaffen, ist es für sie von großem Vorteil, wenn die Ehefrau mitverdient. Der Verdienst des Mannes muß zum größeren Teil für Essen, Wohnung, Kleidung usw. ausgegeben werden, so daß nur ein kleiner Teil gespart werden kann. Arbeitet die Frau dagegen mit, kann fast der gesamte Lohn der Frau zurückgelegt werden."[19]

Die Emigration wird damit als reiner Arbeitsaufenthalt definiert, der vorübergehend auf sich genommen werden muß, um das gesteckte Ziel zu erreichen. Aus dieser Situationsdefinition resultiert auch die übermäßige Bereitschaft der Frauen, Arbeiten zu übernehmen, die an die Grenzen ihrer psychischen und physischen Belastbarkeit gehen. Neben ihrer regulären Berufstätigkeit nehmen viele Frauen noch „Schwarzarbeit" – vor allem Putzarbeiten – an. Aufgrund der Bedingungen des deutschen Arbeitsmarktes, aber auch wegen der mangelnden schulischen und beruflichen Vorbildung sowie fehlender Sprachkenntnisse haben ausländische Arbeitnehmerinnen noch weniger Beschäftigungs- und Aufstiegsmöglichkeiten als ausländische Männer, aber auch als deutsche Frauen. 68 % arbeiten in der Industrie, davon 41 % in Betrieben mit mehr als 500 Beschäftigten; sie verrichten dort überwiegend monotone, manuelle Tätigkeiten in untergeordneter Stellung als angelernte oder ungelernte Arbeitskräfte: 87,6 sind Arbeiterinnen, davon sind 10,5 % als Facharbeiterinnen tätig, 41 % als angelernte, 35,4 % als ungelernte Arbeiterinnen und nur 9,8 % als Angestellte[20], während z. B. von den deutschen Frauen mehr als die Hälfte als Angestellte beschäftigt sind. Zu sehen ist jedoch, daß offensichtlich doch ein beruflicher Aufstieg in begrenztem Rahmen stattgefunden hat: nach der Repräsentativuntersuchung von 1972 hatten nur 3 % der ausländischen Frauen in Facharbeiterpositionen inne.

Der Beschäftigungsschwerpunkt liegt bei ausländischen Frauen erheblich stärker als bei deutschen Arbeitnehmerinnen in Bereichen, in denen häufig im Akkord gearbeitet und/oder Schichtarbeit geleistet wird: 36 % arbeiten im Akkord, 28 % üben Schichtarbeit aus.[21] Am 30.9.82 arbeiteten über 50 % der Frauen im verarbeitenden Gewerbe, wobei wiederum eine starke Konzentration auf wenige Teilbereiche (elektronische-, Textil- und Nahrungsmittelindustrie) vorhanden war, ca. 31 % der ausländischen Arbeitnehmerinnen sind in Dienstleistungsberufen tätig.[22] Innerhalb des Dienstleistungsbereichs ist der Anteil der ausländischen und der deutschen Frauen nahezu gleich. Während jedoch die Mehrzahl der deutschen Arbeitnehmerinnen als Bürofach- oder Bürohilfskraft beschäftigt ist, bleiben den Ausländerinnen vor allem Reinigungstätigkeiten vorbehalten. Die doppelte Diskriminierung der ausländischen Frauen als Ausländerin und Hilfsarbeiterin setzt sich auch beim Einkommen fort: „Der Vergleich der Einkommen von Männern und Frauen ergibt in allen Nationalitäten (auch bei Deutschen) einen ganz erheblichen Einkommensnachteil der weiblichen Arbeit“.[23]

Aus der Tatsache, daß die ausländischen Frauen jedoch kaum weniger als die deutschen Arbeiterinnen verdienen, während ausländische Männer deutlich weniger als deutsche Arbeitskräfte verdienen, schließen Kremer/Spangenberg, daß „der geringe Einkommensunterschied zwischen ausländischen und deutschen Frauen zeigt, daß die geschlechtsspezifische Diskriminierung der Frauen die ethnische Diskriminierung der Ausländer deutlich überlagert“.[24] Dem ist entgegenzuhalten, daß die ausländischen Arbeitnehmerinnen körperlich anstrengendere oder unangenehmere Tätigkeiten übernehmen müssen, die besondere psychische und physische Anforderungen stellen und die in der beruflichen Hierarchie ganz unten angesiedelt sind. Eine Interviewpartnerin sagte dazu: „Ich habe als Näherin gearbeitet, Tücher zusammengenäht. Das war sehr schwer, ganz große Tücher. Ich habe im Akkord gearbeitet ... und meine Arbeit war ganz schön schwer. Ich war anschließend ganz kaputt, da war gar nichts mehr drin sonst. Wir waren viele ausländische Frauen und der Meister hat uns immer die schweren Arbeiten gegeben, die leichte Arbeit immer den deutschen Frauen.“ (Türkin, 35)

Die Arbeitsbedingungen der Mehrzahl der erwerbstätigen ausländischen Frauen bieten kaum Möglichkeiten zu privaten Kontakten und zur Kommunikation, was die Integration dieser Arbeitnehmerinnen in die industrielle Arbeitswelt erschwert. Vergrößert werden die ohnehin existierenden Kommunikations- und Integrationsschwierigkeiten noch durch mangelnde Sprachkenntnisse. „Die Frauen haben geringe verbale Kommunikationsmöglichkeiten, können sich bei Konflikten nicht artikulieren, müssen daher vieles kritiklos hinnehmen, was ihnen unangenehm ist. Sie haben vielfach keinen Überblick über Einstufung, Versetzung usw. und werden zu bloßen Befehlsempfängern. Unsicherheit und Hilflosigkeit führen zu einer Passivität, die sich nicht gegen Diskriminierungen wehren kann.“[25]

Die Diskriminierungsmöglichkeiten sind dabei sehr vielfältig: „Einstufung in eine niedrigere Lohngruppe als der Arbeitsbewertung entspricht, Zuweisung von schwereren, schmutzigen, unangenehmen oder sozial niedrig eingeschätzten Arbeiten, die von deutschen Arbeitern nicht mehr ausgeführt werden. Mißachtung im täglichen Umgang durch Vorgesetzte und Arbeitskollegen, sowie ungerechtfertigte Anschuldigungen und Drohung mit Kündigung.“[26]

Hinzu kommt, daß viele ausländische Frauen sehr große Angst vor dem Verlust des Arbeitsplatzes haben und deshalb besonders leistungsorientiert sind. Sie geraten dadurch oft in Konflikt mit deutschen Kolleginnen, solidarisches Verhalten wird dadurch zusätzlich erschwert. „Um ihre Existenz im Betrieb zu erhalten, sind die türkischen Frauen besonders leistungsorientiert. Sie wollen in kurzer Zeit möglichst viel Geld verdienen, d.h. sie müssen den Akkordsatz erhöhen, Überstunden und Schichtarbeit machen..."[27]

Zusätzliche Probleme ergeben sich für die berufstätige Ausländerin durch ihre Doppelbelastung als Hausfrau und Mutter: die Mehrzahl der erwerbstätigen Ausländerinnen ist verheiratet (78,4 %[28]) und hat Kinder (59,3 %)[29]. Im Vergleich zu den deutschen Frauen in der gleichen Situation kommt erschwerend hinzu, daß die ausländischen Männer aufgrund der für sie gültigen Rollenvorstellungen noch weniger als deutsche Männer bereit sind, im Haushalt mitzuhelfen. Zudem erschweren die beengten Wohnverhältnisse, die schlechtere Ausstattung mit Haushaltsgeräten[30] und die oft sehr arbeitsaufwendige Zubereitung der Mahlzeiten die Situation zusätzlich. Die alleinige Verantwortung für den Haushalt unter den erschwerten Bedingungen der Emigration und der Berufstätigkeit bedeutet eine große Belastung. Da viele Frauen Kinder im Vorschul- und Schulalter haben, kommt noch die Sorge um die Kinder hinzu; ausländische Familien haben es noch schwerer als deutsche, eine Unterbringungsmöglichkeit (Kinderhort, Kindergarten etc.) für die Kinder zu finden, wenig ältere Geschwister müssen deshalb oft die Versorgung der jüngeren übernehmen. Alle diese Faktoren ergeben Situationen, auf die viele Frauen mit einer erhöhten Tendenz zu physischen und psychischen Erkrankungen reagieren.[31]

Ein Teil der Frauen reagiert auf die von ihnen ausgeübte Doppelrolle als Berufstätige und als Hausfrau und Mutter, die de facto einen Konflikt zwischen der internalisierten Geschlechtsrolle und der tatsächlich ausgeübten Rolle bedeutet, mit einer Idealisierung der traditionellen Frauen- und Mutterrolle insbesondere im häuslichen Bereich. „Es wird der Eindruck erweckt, daß *die doppelt belasteten Frauen unter dem starken Druck stehen, mit dieser Doppelbelastung zu reüssieren.* Drei Viertel der Frauen sind mit dieser innerhäuslichen Arbeitsteilung einverstanden und zeigen sich mit der geringen Mithilfe der Familienangehörigen zufrieden. Dies kann als Hinweis darauf interpretiert werden, daß trotz der Belastung – die immer wieder erwähnt wird – eine paritätische Aufteilung der Hausarbeit zwischen den berufstätigen Eltern nicht gefordert wird. *Der Anspruch, der traditionellen Frauenrolle im Haushalt zu genügen, erweist sich als zu stark.* Dadurch, daß bei jenen Frauen, die die Doppelbelastung zu tragen haben – und sie machen die Mehrheit aus –, ein hohes Ausmaß an psychosomatischen Beschwerden nachzuweisen ist, erweist sich dieser Anspruch als Konfliktpotential."[32]

Teil dieser Konfliktlösungsstrategie ist bei vielen Frauen auch, das Leben in verschiedene getrennte Bereiche einzuteilen, die unterschiedlich bewertet und strukturiert werden. Im Bereich Kindererziehung, Partnerschaft und Gefühlswelt orientieren sich die Frauen an den heimatlichen Werten, während im betrieblichen Bereich die Normen der industriellen Arbeitswelt akzeptiert werden. Im Familienleben gelten die traditionellen Normen, die in der Erziehung vermittelt wurden. Der außerhäusliche Bereich, der erst in der Emigration wichtig wurde, wird durch in der Emigration übernommene Sinngebungen strukturiert ... So wird die generelle Verunsicherung „in der Schwebe gehalten“: man möchte ja ohnehin zurück, sobald es die Verhältnisse erlauben.[32a] Trotz der durch die Berufstätigkeit bedingten zusätzlichen Belastung und trotz der untergeordneten beruflichen Position der ausländischen erwerbstätigen Frauen, die es kaum ermöglicht, in der Arbeit selbst eine Befriedigung zu finden und die weiteren möglichen Aspekte der außerhäuslichen Tätigkeit wie Kontakte, gutes Einkommen, Anerkennung zu erfahren, hat die Mehrzahl der Frauen eine durchaus positive Einstellung zur Berufstätigkeit. Zwei Drittel der von K. Ley befragten Frauen äußerten, daß ihnen die Arbeit eine gewisse Befriedigung gäbe.[33]

Zusammenfassend läßt sich zur Berufstätigkeit sagen, daß die berufstätigen ausländischen Frauen in hohem Maße bereit sind, die zahlreichen negativen Erfahrungen und die Belastungen, die mit der Berufstätigkeit verbunden sind, zu ertragen in der Hoffnung, dadurch das eigentliche Ziel, die Rückkehr in die Heimat, schneller erreichen zu können.

3. Die nichterwerbstätigen Frauen

Während die übergroße Belastung durch die Berufstätigkeit und die alleinige Verantwortung für die Hausarbeit die Situation der erwerbstätigen Frauen kennzeichnet, ist demgegenüber „die Unterbelastung, resp. einseitige Belastung im Kleinhaushalt und die damit verbundene Isolation das große Problem der nicht berufstätigen Frau – subjektiv, indem Gefühle der Verlorenheit und Verlassenheit aufkommen – objektiv, weil damit jegliche Stimme zur Auseinandersetzung mit einer neuen Kultur, Sprache und Gesellschaft fehlen.“[34]

Die Isolation stellt wohl in der Tat das größte Problem für die nichterwerbstätigen ausländischen Frauen dar. Die Aussage einer Türkin macht das deutlich: „Obwohl ich nicht arbeite, bin ich sehr bedrückt, weil ich mich im fremden Land sehr einsam fühle. Mein Mann geht zur Arbeit, die Mädchen zur Schule. Du sitzt zu Hause den ganzen Tag. Ich habe überhaupt keine Beschäftigung. Ich stricke etwas. Wenn die Nachbarschaftlichkeit gut wäre, würde ich mich natürlich nicht so langweilen und einsam fühlen.“[34a] Eine unserer Interviewpartnerinnen äußerte: „Ich bin zu Hause den ganzen Tag allein. Ich spreche hier mit niemandem. Immer allein sein, das ist nicht gut, das macht krank.“ (Portugiesin, 33 J.)

Durch die meist sehr geringen Sprachkenntnisse haben sie kaum Möglichkeiten zu nachbarschaftlicher Kommunikation, sofern nicht Frauen der gleichen Nationalität im Hause leben. Im Alltagsleben ist Sprache weitgehend verzichtbar: der Einkauf im Supermarkt kann wortlos geschehen, in öffentlichen Verkehrsmitteln bedient man sich am Automaten etc. So kann sich auch bei jahrelangem Aufenthalt in der BRD die Sprachkenntnis auf einige Schlüsselwörter beschränken. „Wenn Ausländerinnen also nur in geringem Umfang über Deutschkenntnisse verfügen, dann aufgrund einer Kommunikationssituation, in der niemand an ihrer Mitteilung interessiert ist.“[35]

Untersuchungen belegen, daß die erwerbstätigen Frauen durchgängig über größere sprachliche Fähigkeiten verfügen. Auch wenn die sprachlichen Anforderungen, die im Berufsleben an die ausländischen Frauen gestellt werden in der Regel nicht sehr hoch sind und sich auf wenige Bereiche begrenzen, müssen sie doch „am Arbeitsplatz mit deutschen Kollegen und Vorgesetzten umgehen, sie müssen Probleme, die mit ihrer Berufstätigkeit verbunden sind, lösen, sie bewegen sich neun Stunden und mehr am Tag in deutschen Sprachdimensionen!"[36] Zu fragen ist hier allerdings, ob nicht andere Faktoren als die fehlende Sprachkompetenz für die Kontaktlosigkeit und Isolation verantwortlich zu machen sind. Auch deutsche Nachbarn wechseln oft nicht mehr als ein „Guten Tag" untereinander, und auch deutsche „Nur-Hausfrauen" leiden an ähnlichen Problemen. Die Situation der ausländischen „Nur-Hausfrauen" wird jedoch zweifellos durch eine Reihe von Faktoren verschärft. Da die Mehrzahl der Frauen nicht nur wegen der Familienzusammenführung hierhergekommen ist, sondern auch, um durch eigene Berufstätigkeit das Einkommen aufzubessern, um die Rückkehr in die Heimat schneller realisieren zu können, entwickeln viele Frauen ein starkes Schuldgefühl, „weil sie nichts zu dem Ziel beitragen, sondern im Gegenteil noch zusätzliche Kosten durch ihren Aufenthalt verursachen."[36]

Nach den Ergebnissen von Brandt sind auch zwei Drittel der ausländischen Frauen nur unfreiwillig Hausfrau. 41 % der befragten Frauen waren früher bereits erwerbstätig, 70 % möchten sofort, 30 % zu einem späteren Zeitpunkt wieder berufstätig werden.[37] Die Gründe für diese unfreiwillige Nicht-Erwerbstätigkeit sind: einmal die Stellenknappheit – Ausländerinnen sind von Arbeitslosigkeit besonders betroffen –, die fehlende Arbeitserlaubnis und die fehlende Unterbringungsmöglichkeit für die Kinder. Die Interviewpartnerinnen äußerten sich dazu folgendermaßen: „Ich habe 4 Kinder, eines ist krank. Früher habe ich gearbeitet, jetzt geht es nicht, wegen der Kinder, wo sollen sie hin, ich würde gerne, sehr gehre arbeiten." (Türkin, 30) „Seit ein paar Jahren arbeite ich nicht mehr, aber ich will wieder. Wenn ich einen Kindergartenplatz für das Kind finde, sofort! Am liebsten aber nur den halben Tag wegen dem Kind, damit ich zu Hause bin, wenn es kommt." (Spanierin, 31 J.) „Jetzt habe ich endlich einen Platz für das Kind. Ich suche Arbeit, aber wo gibt es welche? Ich würde alles machen, aber ich finde nichts und suche schon lange." (Portugiesin, 29 J.)

Die Emigration bedeutet auch eine starke Veränderung der ehelichen Beziehungen. Dadurch, daß die gewohnten Verwandtschafts- und Freundschaftsbeziehungen fehlen, sind besonders die Ehefrauen nahezu ausschließlich auf den Ehemann angewiesen, um sich in der fremden Umwelt zurechtzufinden. Für die erwerbslosen Frauen kommt zu der starken emotionalen Abhängigkeit noch die völlige ökonomische Abhängigkeit. In der Regel sind sie auch noch rechtlich vom Ehemann abhängig, da die Aufenthaltserlaubnis der im Rahmen der Familienzusammenführung nachgereisten Frauen an die des Mannes gebunden ist: Im Falle einer Trennung müssen die Frauen die BRD verlassen. „Verheiratete Frauen sind durch die Ausländergesetzgebung stärker als in den Heimatländern auf die Familie und die Ehe angewiesen. Die drohende Ausweisung bei Konflikten (z.B. Fürsorgeerziehung oder Ehescheidung) zwingt verheiratete Frauen immer wieder, Familienschwierigkeiten nicht nach außen dringen zu lassen. Mißhandlungen werden aus Angst vor den Gerichten hingenommen und zu vertuschen versucht. Nicht selten werden Schwierigkeiten mit der Erziehung der Kinder dadurch ‚gelöst', daß die Kinder ins Heimatland zurückgeschickt werden."[38]

Auch viele der nichterwerbstätigen Frauen reagieren auf diese Konfliktsituation mit einer besonders starken Orientierung an traditionellen Verhaltensnormen und einer Idealisierung der Frauenrolle. So tragen türkische Frauen z.B. hier wieder Kopftücher, die das in der Türkei längst nicht mehr getan haben, schicken die Kinder in Koranschulen. Aus Angst vor dem Einfluß der hiesigen liberaleren Lebensformen werden insbesondere die Mädchen sehr streng erzogen und ihnen z.T. jegliche außerhäusliche Aktivität untersagt.

Da die nichterwerbstätigen Mütter von allen relevanten Feldern sozialer Erfahrungen ausgeschlossen sind, haben sie aufgrund der Unkenntnis der gesellschaftlichen Bedingungen in der BRD auch kaum die Möglichkeit, den Kindern Verhaltensorientierungen zu vermitteln, die das Einleben erleichtern könnten. Oft sind es eher noch die Kinder, die den Müttern helfen müssen. Denn die Kinder leben sich viel schneller ein, erlernen die Sprache schneller und erlangen dadurch Kompetenzen, die sie in vielen Bereichen den Müttern überlegen machen. Je älter die Kinder werden, desto größer wird die Gefahr der Entfremdung zwischen Müttern und Kindern, da die Kinder sich zunehmend deutschen Werten anpassen und oft besser Deutsch als die Sprache ihrer Mütter sprechen, so daß es oft zu Kommunikationsproblemen kommt. „Besonders viele türkische, wohl aber auch griechische, italienische und spanische Mütter beziehen ihr Selbstwertgefühl weitgehend aus ihrer Mutterrolle; durch die Entfremdung der Kinder verlieren sie – real oder potentiell – einen wesentlichen Bezugspunkt ihrer Identität."[39]

Die berufstätigen Mütter sind der Gefahr einer Entfremdung nicht in gleicher Weise ausgesetzt, da sie aufgrund ihrer Erfahrungen im Berufsleben und der dort erworbenen Kontakte und Sprachfähigkeiten eher mithalten können.

Schlußbemerkungen

Ein zusammenfassender Vergleich zwischen den beiden hier behandelten Frauengruppen läßt die Schlußfolgerung zu, daß die konstatierte dreifache Benachteiligung der ausländischen Frauen als Frau, als Arbeiterin, als Ausländerin weitgehend zutreffend ist, auch wenn die einzelnen Dimensionen der Diskriminierung die einzelnen Frauen aufgrund ihrer unterschiedlichen Lebenssituation unterschiedlich treffen. Aus der konkreten Lebenssituation ergeben sich für die Frauen auch unterschiedliche Lösungs- und Ausweichmöglichkeiten, um die Situation der Emigration zu bewältigen. Einige reagieren mit einer kritiklosen Anpassung an hiesige Werte und Normen, andere mit einer verstärkten Rückbesinnung auf die traditionellen heimatlichen Vorstellungen. Welche Strategie zur Situationsbewältigung gewählt wird, hängt sicher von sehr vielen Faktoren ab. Deutlich ist jedoch, daß die nichterwerbstätigen Frauen kaum Möglichkeiten haben, ihren begrenzten Verhaltensspielraum zu durchbrechen. Die berufstätigen Frauen haben zweifellos größere Chancen einer positiven Bewältigung der Emigration. Wenn auch ihre berufliche Situation in der Regel kaum dazu dienen kann, im Beruf ein Stück Selbstverwirklichung zu erleben, so bedeutet die Berufstätigkeit aber doch, daß man das Haus verlassen, Kontakte knüpfen, ein Stück Unabhängigkeit und eine gewisse finanzielle Eigenständigkeit erlangen kann. Die Äußerungen einiger von uns interviewter ausländischer Frauen belegen in überzeugenden Worten, daß ihnen diese Tatsache sehr bewußt ist: „Ich weine immer ziemlich viel, und dann gibt es auch oft Streit, ja ich streite. Während ich gearbeitet habe, war es besser, da konnte ich raus. Den ganzen Tag zu Hause, das ist nicht schön, das geht nicht." (Türkin, 40 J.) „Als ich in der Anfangszeit hier war und danach als ich nicht gearbeitet habe, habe ich viel geraucht und auch getrunken. Als ich nur zu Hause war, habe ich immer nachgedacht, immer denken, denken. Alles hat mich immer bedrückt. Jetzt wo ich arbeite ist es besser." (Portugiesin, 27 J.)

Wenn die Berufstätigkeit auch keine Garantie für Aufstieg, Erfolg und Emanzipation der ausländischen Frauen ist, so liegt darin doch die Chance, durch die Konfrontation mit anderen Wertvorstellungen, durch das Erleben widersprüchlicher Verhaltensanforderungen die eigene Situation besser zu erkennen. So können diese Frauen leichter als nichtberufstätige die einengenden traditionellen Normen infrage stellen, sich der eigenen Benachteiligung und ihrer Ursachen bewußt werden und den Kampf gegen die Diskriminierung aufnehmen.

Anmerkungen

1 Vgl. z.B. Fritz Brandt, Situationsanalyse nichterwerbstätiger Ehefrauen ausländischer Arbeitnehmer in Bundesrepublik Deutschland, Bonn 1977, Elke Esser, Ausländerinnen in der Bundesrepublik, Frankfurt 1982

2 Vgl. z.B. Andrea Baumgartner-Karabak, Gisela Landesberger, Die verkauften Bräute, Reinbek 1978; Pia Weische-Alexa, Sozialkulturelle Probleme junger Türkinnen in der Bundesrepublik, Köln 1977

3 „... ich habe mich selber gekauft." Türkische Frauen in der BRD, in: Informationsdienst. Bildungsarbeit mit ausländischen Arbeitern, Sonderheft 2/81, S. 9

4 Irmgard Nölkensmeier, Ausländische Frauen in der BRD, in: dossier-europa emigrazione 1/1980, S. 14

5 Ünal Akpinar, Angleichungsprobleme Türkischer Familien, Berlin 1974, S. 5

6 Elke Esser, Ausländerinnen in der Bundesrepublik, a.a.O., S. 51

7 Vgl. Arbeitserlaubnisverordnung § 1, Abs. 1, in: Bundesgesetzblatt I 1981, S. 1042

8 Statistisches Bundesamt (Hrsg.), Frauen in Familie, Beruf und Gesellschaft, Ausgabe 1983, Mainz 1983, S. 102

9 Amtliche Nachrichten der Bundesanstalt für Arbeit (ANBA), 31. Jg. Nr. 8, 1983, S. 1057

10 Ebenda, S. 927

11 Nach: Irmgard Nölkensmeier, a.a.O., S. 15

12 Repräsentativuntersuchung 1972 der Bundesanstalt für Arbeit, Nürnberg „Beschäftigung ausländischer Arbeitnehmer", zitiert nach: I. Nölkensmeier, a.a.O., S. 15

13 Vgl. dazu: Rüdiger Bech, Renate Faust, Die sogenannten Gastarbeiter, Frankfurt 1981, S. 32 f.

14 Vgl. Ursula Mehrländer, Soziale Aspekte der Ausländerbeschäftigung, Bonn-Bad Godesberg 1974, S. 34
15 Fritz Brandt, a.a.O., S. 43
16 Vgl. U. Mehrländer, a.a.O., S. 74
17 Katharina Ley, Frauen in der Emigration. Emanzipation als Chance oder Barriere, in: dossier europa emigrazione 1/1980, S. 6
18 Vgl. Katharina Ley, a.a.O., S. 7
19 Maria Borries, Ausländische Arbeitnehmer in einer Großstadt, Frankfurt 1974, S. 165
20 Vgl. Bundesminister für Arbeits- und Sozialordnung, Situation der ausländischen Arbeitnehmer und ihrer Familienangehörigen in der Bundesrepublik Deutschland, Repräsentativuntersuchung '80, Bonn 1981, S. 117
21 Vgl. Ausländerinnen in Hamburg, Gesundheitswissen – Gesundheitsverhalten. Eine Untersuchung der Leitstelle Gleichstellung der Frau – Berichte und Dokumente aus der Freien und Hansestadt Hamburg, Nr. 670, März 1982, S. 7
22 Vgl. ANBA, a.a.O., S. 1056
23 Manfred Kremer, Helga Spangenberg, Assimilation ausländischer Arbeitnehmer in der Bundesrepublik Deutschland, Königstein/Taunus 1980, S. 69
24 Ebenda, S. 70
25 I. Nölkensmeier, a.a.O., S. 17
26 H. Stirn, Ausländische Arbeitnehmer in der Bundesrepublik Deutschland, Opladen 1974, S. 17
27 A. Baumgartner-Karabak, G. Landsberger, a.a.O., S. 86
28 Statistisches Bundesamt, a.a.O., S. 102
29 Berechnet nach: Statistisches Bundesamt, a.a.O., S. 89
30 Vgl. dazu u. a. A. Baumgartner-Karabak, G. Landsberger, a.a.O., S. 98
31 Vgl. dazu Ausländerinnen in Hamburg, a.a.O.
32 Katharina Ley, a.a.O., S. 9
32a A.a.O., S. 11
33 Vgl. Katharina Ley, Frauen in der Emigration, Stuttgart 1979
34a Ausländerinnen in Hamburg, a.a.O., S. 6
34 K. Ley in d:e, a.a.O., S. 9
35 Ülkü Gürkan u.a., Aus Erfahrung lernen, Königstein (Ts) 1982, S. 46
36 Elke Esser, a.a.O., S. 190
36a ... ich habe mich selber gekauft, a.a.O., S. 11
37 Fritz Brandt, a.a.O., S. 46
38 Christine Huth, Jürgen Miksch (Hrsg.), Ausländische Frauen, 2. Aufl., Frankfurt 1982, S. 42 f.
39 ... ich habe mich selber gekauft, a.a.O., S. 14

Rose Marie Hansen

Zur psychosozialen Situation alleinerziehender Frauen

I. Einleitung

Ansatzpunkt und zum Teil auch Grundlage dieses Aufsatzes ist eine empirische Studie, die im Rahmen eines soziologischen Praktikums im WS 82/83 an der Hochschule für Wirtschaft und Politik, Hamburg durchgeführt wurde.

Alleinerziehung innerhalb einer sog. Einelternfamilie nimmt aufgrund verschiedener Ursachen immer stärker zu; lebten 1971 nur 6,4 % aller Kinder in Einelternfamilien, so waren es 1980 schon 10 %.[1] Alleinerziehende gab es immer schon und meistens waren es Frauen. Allerdings haben sich in der letzten Zeit die Ursachen verschoben; „1961 waren fast die Hälfte aller alleinerzogener Kinder, Kinder von Witwen (48 %), 1979 sind bereits 60 % der alleinerzogenen Minderjährigen in der Bundesrepublik Kinder aus Trennungs- und Scheidungsehen".[2]

Alleinerziehung ob durch Tod, Scheidung/Trennung oder aber eine freiwillige Entscheidung zur Einelternfamilie, die in der letzten Zeit von immer mehr Frauen (zunehmend auch von Männern) getroffen wird, wirft eine Reihe von Problemen in finanzieller, sozialer und auch psychischer Hinsicht auf; soziale besonders deshalb, weil die immer noch gültige Norm der vollständigen Familie nicht erfüllt wird.

Zielsetzung der empirischen Studie war die Erfassung dieser Probleme bei alleinerziehenden Frauen, wie sie von ihnen erlebt, bewertet und gelöst wurden.

Als Ansprechgruppe für die auf Intensivinterviews basierende Studie wurden „Einelternfamilien, in denen ein Elternteil juristisch oder faktisch auf Dauer angelegt die Sorge für ein oder mehrere Kinder weitgehend wahrnimmt ... Es sind auch solche Alleinstehenden und Kinder alleinerziehender Eltern einbezogen, die entweder keinen gemeinsamen Haushalt bilden oder die zusammen mit anderen Personen in einer Haushaltsgemeinschaft leben"[3] definiert. Kontakte zum Verband alleinstehender Mütter und Väter (VAMV) ermöglichten uns Intensivinterviews mit 22 alleinerziehenden Müttern, die den oben definierten Kriterien entsprachen. Ohne den Auswertungsergebnissen der Interviews vorzugreifen, sollen an dieser Stelle zwei Aspekte herausgestellt werden, die im wesentlichen die Gesprächsinhalte mit den Interviewpartnerinnen bestimmten und im Verlauf der interpretativen Auswertung der Interviews immer stärker als Kristallisationspunkte hervortraten:

1. Die rein fürsorgerische, organisatorische Gestaltung der Situation „Alleinerziehung" wird von den meisten Interviewpartnerinnen als nicht allzu belastend und problematisch empfunden.

2. Gravierender waren die Konflikte und Probleme allerdings auf der Erfahrungsebene von Ehe und Familie. Die Mehrzahl unserer Interviewpartnerinnen lehnten diese Form des Zusammenlebens ab, bzw. stand ihr skeptisch gegenüber, was nicht verwunderlich ist, da alle interviewten Frauen geschieden oder getrennt waren, also offensichtlich in und an familiären Lebensstrukturen „gescheitert" waren. Dennoch aber wurde offen oder latent das Bedürfnis nach einer neuen Bindung, einer Partnerbeziehung sichtbar. Nur die Frage nach dem „Wie" – nach formaler und inhaltlicher Ausgestaltung einer neuen Partnerbeziehung – blieb unbeantwortet. Das entspricht der Feststellung, die B. Bronnen zu dem Thema „Mütter ohne Männer" gemacht hat: „Sie können nur von ihrer Erfahrung ausgehen, daß Partnerschaft zwischen Mann und Frau immer schwieriger wird" ... wobei nicht zu vergessen ist, „daß die Männer in einer ebenso großen, wenn nicht größeren Identitätskrise stecken, als die Frauen".[4]

Diese Situation trifft wahrscheinlich nicht nur für alleinerziehende Frauen zu, sondern spiegelt eine allgemein bestehende Unsicherheit im Verhältnis zwischen Mann und Frau, über die Gestaltung einer gemeinsamen Lebenspraxis wider, und zwar auf konkreter Ebene wie beispielsweise Wohnform, Formen der Arbeitsteilung aber auch auf der emotionalen Ebene der gegenseitigen Ansprüche, Erwartungen und Zumutbarkeiten.

II. Interpretation der Gesprächskontrolle

Wie schon erwähnt, wurden Gespräche mit 22 alleinerziehenden Müttern durchgeführt; diesen Gesprächen lag kein standardisierter Fragebogen zugrunde, sondern lediglich ein Gesprächsleitfaden. Beabsichtigt war, in qualitativen Interviews und in der Weise sozialbiographischer Fallstudien einige Problemaspekte weiblicher Einelternfamilien aufzuzeigen.

Sozialbiographische Methoden haben zum Ziel, das subjektive Erleben in seiner Vermitteltheit zu objektiven Gegebenheiten zu untersuchen. Wir gingen davon aus, daß unsere Gesprächspartnerinnen sog. „abweichende Biographien" hatten und vor dem Problem standen, eingespielte Orientierungs- und Bewältigungsmuster aufzugeben.

Die Fragen umfaßten in einer Grobgliederung folgende Themenbereiche:

a. Finanzielle und sorgenrechtliche Situation
b. Soziale Lebenssituation
c. Erziehungsverhalten
d. Erfahrung und Verarbeitung von Scheidung bzw. Trennung

Zu a)

Unsere Interviewpartnerinnen waren im Alter von 23–43. Über die Hälfte hatten zwei Kinder im Alter von 3–15 Jahren; die übrigen ein Kind in derselben Altersspanne.

Alle waren geschieden oder lebten von ihrem Ehepartner getrennt, wobei diese Entscheidung in den meisten Fällen von ihnen selbst getroffen war. Das entspricht auch den derzeitigen „Scheidungsusancen": 1950 reichten 48 % der Männer und 52 % der Frauen die Scheidung ein. 1976 dagegen waren es 71,1 % der Frauen und nur 28,9 %[5] der Männer.

Alle von uns interviewten alleinerziehenden Frauen lebten seit mehr als einem Jahr mit ihrem Kind bzw. Kindern allein und hatten auch das alleinige Sorgerecht. Über die Hälfte hatte eine höhere oder mittlere Schulausbildung; bis auf wenige, die sich noch in der Ausbildung befanden, waren sie in qualifizierten Berufen tätig, woraus sich auch ihre relativ gute finanzielle Lage erklären läßt. Erwähnt sei hier, daß diese Merkmale nicht repräsentativ für die Mehrzahl alleinerziehender Frauen sind, d.h. unsere Gesprächspartnerinnen gehörten einer privilegierten Gruppe an. Eine Untersuchung auf breiter statistischer Basis kennzeichnet Alleinerziehende als eine Gruppe, die:

- eine niedrige Schulbildung und geringe berufliche Qualifikation aufweist (bis zu 40 % Hauptschule ohne Lehre)
- der sozialen Unterschicht angehört (über 50 %).[6]

Zu b)

Fragen nach der sozialen Lebenssituation sollten Veränderungen und deren Verarbeitung innerhalb der gesellschaftlichen Bezüge (Freundes-, Berufs- und Interessenbereiche) feststellen.

Nur eine geringe Anzahl unserer Interviewpartnerinnen werteten die Auflösung ihrer Ehe als sozialen Abstieg; im Gegenteil, eine neugewonnene finanzielle Selbständigkeit wurde betont. Soziale Isolation im Sinne einer negativen Veränderung wie z.B. Rückzug von Verwandten, Freunden oder Bekannten war für die wenigsten eingetreten. Die Mehrzahl der Frauen hatte in irgendeiner Weise Unterstützung bei der eigenen Familie oder im Freundeskreis gefunden – sei es materiell oder bei der Betreuung und Versorgung der Kinder.

Auf Fragen nach einer Veränderung des Freizeitverhaltens äußerten die meisten unserer Gesprächspartnerinnen, daß sie dieses gegenwärtig aktiver planen, stärker nach außen orientieren und in größerem Maß ihre Kinder einbeziehen.

Obwohl in einigen Fällen zeitliche Probleme aufgrund der Berufstätigkeit – gekoppelt an die alleinige Kinderbetreuung – eingetreten waren, beschreiben fast alle Frauen ihre derzeitige Freizeitsituation als weitaus positiver, d.h. im Sinne von selbstbestimmter als zur Zeit ihrer Ehe.

Das dokumentieren Aussagen wie „keine Verpflichtung mehr an den Partner irgendetwas zu unternehmen" – oder – „mehr Möglichkeiten für Unternehmungen und des „Leute-Kennenlernens".[7]

Wesentlich für die Situationsbewältigung nach der Scheidung oder Trennung scheint die Integration in einen sozialen Kommunikationszusammenhang zu sein.

Zu c)

Innerhalb traditionellen Erziehungsdenkens besteht oftmals die Vorstellung, daß Kinder in nicht vollständigen Familien Sozialisationsdefizite aufweisen.

„Familien, in denen nicht beide leiblichen Eltern mit ihren Kindern leben, erhalten folgende Bezeichnungen: „gestörte Familie", „zerrüttete Familie", „unvollständige und gestörte Familie", „irreguläre" Familie oder schlicht „nicht normale Familien" ... Dagegen wird der zerrütteten, aber äußerlich intakten Familie mit leiblichen Elternteilen und nur leiblichen Kindern kaum solche Beachtung zuteil".[8]

Aus derartigen Etikettierungen resultieren oftmals Vorurteile im Hinblick auf mangelnde erzieherische Kompetenzen bei Alleinerziehenden, fehlende (insbesondere männliche) Autorität bis hin zu Mutmaßungen über eine zwangsläufig eintretende Vernachlässigung der Kinder.

Es mag sein, daß alleinerziehende und damit auch alleinverantwortliche Eltern häufiger mit Erziehungsproblemen, Zweifeln und Versagensängsten konfrontiert werden, die auch intensiver erlebt werden, da die Chance zu einer distanzierenden Kommunikation mit dem Ehepartner fehlt. Das aber kann nicht automatisch mit pädagogischer Unfähigkeit und geringen Sozialisationsleistungen gleichgesetzt werden.

Wie aber aus einer Untersuchung des Emnid-Institutes[9] über Alleinerziehende hinsichtlich ihrer Einstellungen zu den Kindern, Erwartungen über die eigene Zukunft und die ihrer Kinder hervorgeht, ergibt sich, daß auch geschiedene Mütter mit Kleinkindern ihre Lage – nämlich „ohne Ehepartner" dazustehen – „nicht besonders häufig oder nicht sehr negativ bewerten".[10]

Erziehungsunsicherheiten und Inkompetenzgefühle in der Rolle der Alleinverantwortlichen äußerte explizit keine unserer Gesprächspartnerinnen. Ob hier mangelnde Offenheit innerhalb der Interviewsituation vorlag oder aber auch ein gewisser Selbstschutz, kann nicht beurteilt werden.

Dagegen gab mehr als die Hälfte von ihnen an, nach der Scheidung bzw. Trennung positivere Verhaltensweisen den Kindern gegenüber gelernt und neue, bessere Vorstellungen von Erziehung entwickelt zu haben.

Diese Vorstellungen verdeutlichen in etwa die folgenden zusammengefaßten Aussagen:

- Verbesserung der Beziehung zu dem Kind/den Kindern.
- Intensivere gedankliche Beschäftigung mit dem Kind/den Kindern.
- Angstfreiheit und Offenheit gegenüber von den Kindern geäußerte Kritik.
- Akzeptierung der Wünsche und Bedürfnisse des Kindes/der Kinder.[11]

Auf Fragen nach einem veränderten Verhalten der Kinder nach der Scheidung bzw. Trennung – was für sie ja den Verlust der ständigen Anwesenheit einer Bezugsperson bedeutete – glaubte etwa die Hälfte unserer Interviewpartnerinnen bei ihren Kindern verringerte Schulleistungen, Schlafstörungen oder einen inneren Rückzug, der sich durch Schweigsamkeit äußerte, festgestellt zu haben. Die übrigen hatten keine offensichtlichen emotionalen Reaktionen bei ihren Kindern wahrgenommen ebenso wenig wie ein verändertes Verhalten im Kindergarten, in der Schule oder innerhalb ihres Freundeskreises bemerkbar war.

Begründet wurde dies z.T. damit, daß schon vor der faktisch vollzogenen Trennung eine Art langanhaltender Lösung beider Ehepartner und auch der Kinder stattgefunden hat, die – so die Aussagen der alleinerziehenden Frauen – gekennzeichnet war durch Desinteresse des Vaters, nachlassende Zuwendung, latente Aggressionsäußerungen bis hin zu offenen Gewalttätigkeiten.

Trennungen sind zumeist nicht plötzliche, unvorhergesehene Ereignisse, sondern ihnen gehen langfristige Entwicklungen voraus, die schließlich in der Trennung eskalieren, die auch von den Kindern als Befreiung und Erleichterung erlebt wird. Für die oben geschilderte Situation dürfte folgende Feststellung von B. Bronnen zutreffen:

„Doch wenn viele Partnerschaften zwischen Mann und Frau so schwierig sind, daß von beiden Seiten hauptsächlich Ängste in der Beziehung eingebracht werden und wenn einer allein möglicherweise stärker ist als beide zusammen – dann, finde ich, sollte man die Mutter-Kind-Familie als legitime Alternative akzeptieren".[12]

So weit die Kinder zur Zeit der Trennung alt genug für erklärende Gespräche waren, hat nach den Aussagen unserer Gesprächspartnerinnen eine Auseinandersetzung über die Trennung stattgefunden. Dabei spielten rationale Erklärungen und Begründungen unter Einbeziehung von Ursachen und Folgen der Trennung eine wesentliche Rolle; auch waren die Mütter bemüht, Verständnis für die gegenwärtige Situation bei ihren Kindern zu finden.

Kennzeichnend ist folgende Aussage:

... „Wir haben uns lang und breit und schwierig über die Trennung auseinandergesetzt und ich mache es heute noch sehr viel mit ihnen ... Ich hatte das dann so gemacht, Beispiele aus ihrem eigenen Erfahrungsbereich zu nehmen, Konfliktsituationen, die sie in der Kindergruppe hatten –, daß ich versuchte, ihnen klarzumachen, daß man Streit hat mit Leuten und diese Leute dann lange nicht mehr sehen mag."[13]

Der größere Teil der Frauen hat sich bemüht, die Darstellung und Bewertung des Vaters des Kindes bzw. der Kinder nach der Trennung – wenn auch nicht sehr positiv – so doch zumindest neutral ausfallen zu lassen. Ebenso haben sie sich bemüht, den Vater nicht zum Objekt einer Schuldzuschreibung zu machen. Inwieweit in diesem Punkt Wunsch und Wirklichkeit übereinstimmen oder Momente von Abwehr mit hineinspielen, kann aus den Aussagen unserer Gesprächspartnerinnen nicht entnommen werden. Diejenigen, die angaben, besonders in der ersten Zeit nach der Trennung eine negativ akzentuierte Einstellung zu ihrem ehemaligen Ehepartner gehabt zu haben und diese auch ihren Kindern vermittelt, hatten nach eigenen Aussagen Schwierigkeiten, die Scheidung bzw. Trennung zu bewältigen und anzunehmen.

Zu d)

Die Auflösung einer ehelichen Partnerschaft bedeutet für die meisten nicht nur eine Krisensituation, die Gefühle der Einsamkeit, des Verlustes und auch Aggressionen hervorruft. Sie führt auch zu einer Infragestellung der sozialen Identität und das insbesondere für Frauen, deren soziale Statuszuschreibung stärker als die der Männer innerhalb ehelicher und familiärer Strukturen erfolgt. Daneben bestehen aber auch Empfindungen der Befreiung; ehemalige Interessen werden aktiviert, neue Fähigkeiten entdeckt. Vorherrschend aber scheint die Gleichzeitigkeit positiver und negativer Gefühle zu sein, „sei es im Sinne eines Wechsels von euphorichen und depressiven Stimmungen oder sei es im Sinne eines komplexen Nebeneinanders solcher Gefühlszustände".[14]

Diese Ambivalenz war auch bei der Mehrzahl unserer Gesprächspartnerinnen spürbar; die Scheidungs- bzw. Trennungssituation wurde als krisenhafte Bedrohung erlebt, zugleich aber auch als Chance einer Neuorientierung.

M. Krantzler definiert die Möglichkeiten nach einer Trennungssituation wie folgt: ... „daß eine Frau, die sich dem Prozeß der Trauer völlig überlassen hat, als stärkere, sichere Persönlichkeit hervorgehen kann als der Mann, der weder in der Lage war, die Größe seines Verlustes zu akzeptieren, noch aus ihm zu lernen. Wenn das stimmt, würden Frauen trotz der größeren Anfangsschwierigkeiten letztlich doch mehr für ihre Persönlichkeitsfindung und die damit verbundene spätere Lebensqualität gewinnen".[15]

Da alle unsere Gesprächspartnerinnen – ob juristisch oder faktisch – von ihren ehemaligen Partnern getrennt lebten, lagen Fragen nach dem Erlebnis und der Bewältigung der Trennungssituation nah, zumal ihre Einstellung zu dem Status „Alleinerziehende" ebenso wie ihre Zukunftsperspektiven davon nicht unberührt bleiben dürften. Auch in Intensivinterviews ist dieser Problembereich sehr schwer anzusprechen, betrifft er doch sehr Persönliches, teilweise Ungelöstes und Verdrängtes.

In einer schematischen Einteilung lassen sich die unmittelbaren Reaktionen unserer Interviewpartnerinnen auf die Trennungssituation wie folgt unterscheiden:

- Reaktionen von Unsicherheit, diffuser Angst vor der alleinigen Verantwortung, Inkompetenz- und Schuldgefühle. Diese Reaktionen standen aber in Abhängigkeit zu der Zeitspanne, die seit der Trennung vergangen war.
- Reaktionen, die als Befreiung, Selbstfindung, Neudefinition persönlicher Ziele, Konzentration auf das Kind bzw. die Kinder, Erfahrung einer neuen Selbständigkeit und Auseinandersetzung mit der eigenen weiblichen Rolle beschrieben wurden.

Die letztgenannten Reaktionen überwogen bei den meisten unserer Gesprächspartnerinnen. Hier sei angemerkt, daß die oben vorgenommene Einteilung zwangsläufig nicht die komplexe Situation einer Trennung – weder nach subjektiver Beurteilung noch nach objektiven Gegebenheiten – vollständig erfassen kann. Fast alle Frauen betonten – wenn auch in Relation zu der inzwischen vergangenen Zeit – daß die Beendigung ihrer ehelichen Beziehung für sie mit einem größeren Maß an Selbständigkeit, Selbstsicherheit, Unabhängigkeit und Eigenverantwortung verbunden war.

Exemplarisch dafür kann folgendes Zitat stehen:

... „und seit der Trennung ist mein Selbstbewußtsein ganz schön gestiegen oder gewachsen, weil ich alles sehr viel stärker für mich erlebt habe".[16]

Die Erfahrung größerer Handlungskompetenz und -fähigkeit, von Leistungskapazitäten im häuslichen und beruflichen Bereich ebenso wie die alleinige Zuständigkeit und auch Bewältigung erzieherischer Aufgaben haben das Selbstwertgefühl dieser Frauen deutlich gestärkt.

In diesem Zusammenhang war es für sie bedeutsam, daß sich fast alle entweder Selbsthifegruppen wie dem VAMV angeschlossen oder Unterstützung durch Gespräche in Frauengruppen gefunden hatten. Waren diese Möglichkeiten gegeben, so wurde der gegenwärtige Zustand des „Alleinstehens" mit seinen sachgebundenen und gefühlsmäßigen Implikationen als angenehmer empfunden als der vorherige ihrer ehelichen Partnerschaft.

Eine Veränderung ihrer derzeitigen Lebenssituation – alle Interviewpartnerinnen lebten zur Zeit der Interviews mit ihrem Kind bzw. Kindern allein – lehnten die meisten Frauen ab. Auf Fragen nach längerfristigen Perspektiven, insbesondere nach einer neuen Partnerbeziehung, ließ die Mehrzahl diesen Wunsch mehr oder weniger deutlich erkennen, wobei allerdings die traditionelle Form der Ehe in Frage gestellt wurde.

In einer gewissen Widersprüchlichkeit zu den positiven Bewertungen, mit denen unsere Interviewpartnerinnen ihre gegenwärtige Lebenssituation beurteilten, schlossen aber die wenigsten eine neue Partnerschaft „– unter geänderten Bedingungen –" für sich als Zukunftsperspektive nicht aus. Nur bestand wenig Klarheit über diese „geänderten Bedingungen", unter denen eine neue Partnerschaft akzeptiert würde.

Intensives Nachfragen machte mehr oder weniger sichtbar, daß im Hinblick auf emotionale Ansprüche an eine Partnerbeziehung Erwartungen und Vorstellung bestanden, die von der traditionellen Ehe- und Familienideologie nicht weit entfernt waren.

Zwar stellten die meisten Frauen die Beziehung zu ihrem Kind in den Vordergrund, die nach ihren Angaben eine größere Wichtigkeit hatte als eine neue Partnerbeziehung. In welchem Grad hier aber Momente des Mutterschaftsmythos, altruistische Zurückstellung eigener Bedürfnisse hinter die der Kinder oder auch ein Ausweichen vor der eigenen Partnerschaftsproblematik zum Tragen kommen, ist schwer zu beurteilen.

Zusammenfassend kann gesagt werden:
Die von uns interviewten Frauen hatten in der Mehrzahl nicht jene psychischen und sozialen Schwierigkeiten, die gemeinhin bei Einelternfamilien vermutet werden.[17] Wie beispielsweise:

– soziale Isolation und Desintegration, große finanzielle Schwierigkeiten, Erziehungsprobleme oder sog. familiäre Irregularitäten. Im Gegenteil war ihre Lage gekennzeichnet durch:
– Relative finanzielle Absicherung
– Stabiles soziales Beziehungsgefüge
– Keine vorurteilsbehaftete oder sozial diskriminierende Erfahrunge als Einelternfamilie
– Gute Möglichkeiten zur Organisation der Kinderbetreuung
– Relativ wenig Probleme in der inhaltlichen Gestaltung der Kindererziehung
– Akzeptanz des Status „Alleinerziehende".

Der Tatbestand „Alleinerziehung" scheint für sie nicht das Problem zu sein; Belastungen und Anforderungen, die sich aus der Erziehung von Kindern allgemein ergeben, unterscheiden sich kaum von denjenigen, die auch in einer Zweielternfamilie auftreten. Ihre Schwierigkeiten und Konflikte definieren sich in einer anderen Dimension – in der von Partnerschaft, Ehe und Familie. Eine Problemebene, die sicherlich nicht nur für Alleinerziehende existiert, denn die „Ehe als Lebensform beginnt fragwürdig zu werden"[18] und die „Familie, Inbegriff des Privaten, des heimlichen Refugiums, ist Gegenstand öffentlicher Sorge geworden."[19]

III. Zur „Krisensituation" von Ehe und Familie

Diskussionen um Liebe, Ehe und Familie sind nicht neu; ihr Wert oder Unwert wurde und wird in Abhängigkeit von politisch-ökonomischen, rechtlichen, religiösen und ideologischen Verhältnissen debattiert. Seit längerer Zeit schon sind Ehe und Familie zu einer öffentlichen Angelegenheit geworden. Ehe- und Familienberatungsstellen, verschiedene Arten von Partner- und Familientherapien, Einrichtungen von Selbsthilfegruppen und die steigende Anzahl von Publikationen und Berichten in den Massenmedien sprechen dafür.

Hohe Scheidungsquoten, Anstieg der Einpersonenhaushalte ebenso wie das unkonventionelle Zusammenleben unverheirateter Paare deuten auf eine zunehmende Krise von Ehe und Familie hin, räumen der Familie den Status „Patient"[20] ein. In der familiensoziologischen Diskussion tauchte in den 50er Jahren die These vom Funktionsverlust der Familie im Zusammenhang mit ihrer Aufgabenverlagerung auf; sie wurde als Erklärung für die wachsende Kluft zwischen Norm und Wirklichkeit des Familienlebens, für Instabilität und Krisenanfälligkeit familiären Zusammenlebens überhaupt, herangezogen.

Zu diesem Funktionsverlust oder Funktionswandel – gemessen an der Entwicklungsgeschichte von der vor- zur nachindustriellen Familie – gehören u.a. der Abbau ihrer erzieherischen, religiösen, kulturellen und insbesondere ihrer ökonomisch-produktiven Aufgaben, dem ein Zuwachs an privater und emotionaler Aufgabenerfüllung gegenüberstand. Für den Sinn der Ehe und die Struktur der Familie hatte diese Entwicklung folgende Konsequenz:

„Der Verlust der wirtschaftlichen Funktion als Produktionsstätte konnte natürlich nicht ohne Folgen bleiben. An die Stelle der verlorenen wirtschaftlichen Funktion, die ursprünglich die Grundlage für Ehe und Familie darstellte, trat die früher eher nebensächliche personale Beziehung der Ehegatten und wurde nach und nach zur tragenden Kraft der familialen Gemeinschaft. Das Verhältnis zwischen Ehe und Familie hat sich zugunsten der Ehe verschoben; früher Grundstein der Familie, wurde die Ehe jetzt zu ihrem Mittelpunkt."[21]

Bildeten in der vorindustriellen Zeit die existenzabsichernde, geschlechtsorientierte Arbeitsteilung – wie es den familiären Funktionen entsprach – die Grundlage der Familie, so gilt die spezifische, personale und emotionale Beziehung als die wichtigste Basis der modernen, nachindustriellen Familie.

E. Shorter[22] glaubt, „daß eine Woge des Gefühls in drei verschiedenen Bereichen zur Überwindung der traditionellen Familienstruktur beigetragen hat".

- Die Brautwerbung: d.h. die „romantische Liebe" und das persönliche Glück brachte das Paar ohne Berücksichtigung von Besitz und Herkunft zusammen.
- Die Mutter-Kind-Beziehung, in der die mütterliche Liebe und Fürsorge das Wohlergehen des Kindes an die erste Stelle setzte.
- Der Zusammenhang zwischen Privatleben und dem öffentlichen Leben, d.h. die Verbindungen zur Außenwelt wurden geschwächt und die Bindungen zwischen den Mitgliedern der Familie verstärkt. Im Schutz der Häuslichkeit wurde die moderne Kernfamilie geboren, in der Zuneigung, Liebe und Sympathie an die Stelle „zweckgerichteter" Tätigkeiten traten, d.h. familiäre Funktionen änderten sich von instrumentellen zu affektiven.

Das bedeutet zugleich:

- Privatisierung der Familie;
- Intensivierung familiärer Gemeinsamkeit;
- Rückzug in den „Binnenraum" Familie;
- Emotionalisierung der familiären Beziehungen;
- Individualisierung der Beziehungen zwischen den Ehepartnern und den Kindern.

Ehe und Familie wurden zur Privatsphäre definiert, in der Individualität und Subjektivität gefördert wurden und „wenn auch das 19. Jahrhundert nicht die Liebe selbst entdeckte, so immerhin die Liebe, die persönliche emotionale Beziehung als Grundlage der Ehe und Familie."[23]

Die Bestimmung der Familie als ganz privaten Raum, in dem persönliche Erfüllung gesucht und persönliches Glück erhofft wird, hat aber auch eine unübersehbare Kehrseite:

- Die Familie gerät in die Vermittlerrolle zwischen personaler Identität und abstrakter Arbeitsorganisation – ein Resultat der Trennung zwischen der „öffentlichen Welt der Arbeit und Produktion und der privaten Welt der Familie und Reproduktion".[24]
- Innerhalb familiärer Beziehungen entwickeln sich übergroße affektive Ansprüche.
- Die Familienmitglieder geraten in eine gegenseitige emotionale Abhängigkeit.

Insbesondere für Frauen ergeben sich aus der privatisierten und individualisierten Aufgabenstruktur der Familie folgende Konsequenzen: Ihre ökonomische Abhängigkeit, ihre Beschränkung auf häusliche Aktivitäten, ihre Absonderung aus anderen gesellschaftlich-öffentlichen Bereichen schaffen eine Art „Sekundärpatriarchalismus"[25], in dem sich männliche Herrschaft und Autoritätsansprüche behaupten und verstärken können. „Die Familie zum Beispiel, die früher lose und durchlässig strukturiert war, ist jetzt eingeengt zur patriarchalischen Kernfamilie erstarrt."[26] Innerhalb dieser Familie – reduziert zur „Kernfamilie" – entwickelte sich eine spezifische Form der Arbeitsteilung.

Avancierte der Mann zum alleinigen Ernährer der Familie, vollzog sich bei ihm eine Trennung von „Arbeit und Leben"[27], so zentrierte sich die gesellschaftliche Existenz der Frau auf den emotionalen, personenbetonten Innenbereich der privatisierten Kleinfamilie, wesentlich bestimmt durch das Mutter-Kind-Verhältnis.

„Die Mutterliebe wurde zum Mittelpunkt des Sentiments, in dem es sich die moderne Familie bequem machen konnte und hielt viele Frauen von der Teilnahme am Leben der Gesellschaft fern."[28] Dem entsprach die geschlechtsspezifische Arbeitsteilung; die Zuweisung des Mannes zum Erwerbsbereich und die der Frau zum Arbeitsbereich „Familie". Dieser Arbeitsbereich umfaßte die materielle Hausarbeit ebenso wie die psychische Versorgung der Familienmitglieder. Die familiale Beziehung und insbesondere die Zunahme des Anteils emotionaler Anforderungen, der „Gefühlsarbeit"[29], wurde mehr und mehr zum Gegenstand der Arbeit der Frau und separierte sie damit zugleich von männlicher Arbeit.

Die Zuweisung unterschiedlicher Aufgabenbereiche – verstärkt durch die Betonung der emotionalen Komponente als weiblicher Sphäre der Familie – kennzeichnet das Privatleben der modernen Familie „innerhalb derer Männer und Frauen so vieles gemeinsam haben in der ihr Widerspruch so tief verwurzelt ist."[30]

Die Entlastung von Erwerbsarbeit kann möglicherweise einen größeren Spielraum für die Gestaltung des persönlichen Lebens bedeuten ebenso wie in familiären Lebenszusammenhängen Selbstverwirklichung und Erfüllung persönlichen Glücks gesucht und vielleicht auch gefunden werden kann; das ist davon abhängig, in welcher Weise es Frauen gelingt, „in der Familie ihre Interessen nach Versorgtsein, Kindern, Liebe zu verwirklichen"[31] und sie außerhalb dieses Bereiches wenig Ambitionen und Engagement entwickeln.

Eine solche Entlastung oder Freiheit „kann sich jedoch sehr schnell als Bumerang und als Unfreiheit besonderer Art erweisen, vor allem wenn man bedenkt, daß mit der geschlechtsspezifischen Funktionszuweisung zugleich unterschiedliche Macht zugeteilt wird, die sich in der Privatheit unkontrolliert entladen kann."[32]

Die Verantwortlichkeit für eine Privatsphäre, in der emotionale Forderungen und der „Anspruch auf Glück" erfüllt werden sollen, kann eher belastend werden und gerät schnell zur Verpflichtung und „eine Pflicht ist der Gegensatz von Macht."[33]

Die geänderten Gefühlsqualitäten, auf denen die moderne Familie beruht, lenkt die Aufgaben der ehelichen und familiären Lebensgemeinschaft in Richtung auf eine psychische Sicherung und Stabilisierung der Familienmitglieder, kann aber andererseits dazu führen, „daß die sachlichen Ehezwecke, die sich aus der Ehe als Bund zur Bewältigung des Lebens ergeben, insgesamt unterschätzt, mißverstanden und übersehen werden und als die einzige tragende Kraft der Ehe die emotionale Beziehung – die Liebe – zwischen den Ehepartnern betrachtet wird."[34]

Leider aber „haben emotionale Zuneigung und romantische Liebe ihre Quellen im Unbewußten und Unvorhersagbarkeiten und Flüchtigkeit gehören zum Wesen der Kreatur."[35]

E. Shorter[36] wertet die Vorstellung, daß die Ehe den idealen Rahmen für die Realisierung der „romantischen Liebe" abgibt, als eine der zentralen Krise der Gegenwartsfamilie, die er als eine emotionale Krise bezeichnet, eine der Zuneigung und Ablehnung.

Die Stilisierung der Gefühle, die ihren Kristallisationspunkt in der „romantischen Liebe" findet, betrifft aber zunächst die Frau, die damit viel höhere Erwartungen verbindet als der Mann, denn „für den Mann sind die zwischenmenschlichen Beziehungen Begleiterscheinungen des Lebens, für die Frau das Leben selbst."[37]

Das Lebensschicksal der Frau wird identisch mit ihrem ehelichen Schicksal und das ist von der emotionalen Solidarität des Mannes bestimmt.

S. Firestone umschreibt diesen Tatbestand als „Psychologie der Macht"[38], ermöglicht durch einen gefühlsbetonten Romantizismus, der ein „kulturelles Instrument der Männerherrschaft, das die Frauen daran hindern soll, ihre Lage zu erkennen"[39], ist.

Unterstützt durch eine Eheideologie, die für die Erfüllung des Bedürfnisses nach Liebe und Geborgenheit den Preis der Eigenständigkeit fordert, die eine persönliche Identität durch eine überpersönliche Identität im „Paar", im „Wir" fordert und die Beziehungen zwischen Mann und Frau auf komplementäre Geschlechterrollen beschränkt, konnte sich in der Tat eine starke psychische Abhängigkeit der Frau entwickeln.

„Das Ziel der Eheideologie ist es nicht, die Menschen glücklich zu machen, bzw. ihnen zum Glück zu verhelfen, wie es vorgetäuscht wird, sondern sie durch Wecken von falschen Vorstellungen und Erwartungen, insbesondere durch das Glücksversprechen an die Institution Ehe zu binden."[40]

Ideologische Elemente, verbunden mit einer „weiblichen Kultur" der Gefühlsbetontheit, lassen Idealvorstellungen von einer Familie entstehen, in der die Lage der Frau gekennzeichnet ist durch:

- ökonomische Abhängigkeit
- gesellschaftliche Isolation
- psychische Abhängigkeit.

In den letzten 20 Jahren sind einige Wandlungen eingetreten. Die zunehmende Berufstätigkeit der Frauen machte sie finanziell unabhängiger und verringerte den Grad ihrer Isolierung im familiär-häuslichen Bereich. Zudem hat die neue Frauenbewegung Zweifel aufgeworfen und neue Wege gezeigt im Hinblick auf die passive Hinnahme geschlechtsspezifischer Arbeitsteilung, Akzeptanz patriarchalische Autoritätsverteilung und männlicher Dominanz; und das nicht nur in partikularen familiären Strukturen, sondern im weiteren ökonomischen und gesellschaftspolitischen Raum.

Der psychischen Abhängigkeit sind neue Formen weiblichen Selbstverständnisses, die Suche nach einer autonomen, spezifisch weiblichen Identität und eine Art emotionaler Abgrenzung und Verweigerung entgegengesetzt.

Wie weit diese Aspekte tatsächlich zu veränderten Einstellungen und grundsätzlichen Neuorientierungen geführt haben, läßt sich noch nicht absehen. Wenn auch die Krise der post-modernen Familie nicht einzig darin begründet ist, so tragen die obengenannten Aspekte durchaus im positiven Sinn zur Verunsicherung der überkommenen familiären Rollenstrukturen bei.

IV. Schlußbetrachtung

Bezogen auf die von uns interviewten alleinerziehenden Frauen ist die Krise der gegenwärtigen Familie für sie konkrete Lebenswirklichkeit geworden – mit der zusätzlichen Konsequenz „Alleinerziehung".

Diese Situation stellte sie vor pragmatische Anforderungen, die sie auch durchaus bewältigten: Kindererziehung, Kinderbetreuung und -versorgung erwiesen sich für die Mehrzahl unter organisatorischen als auch inhaltlichen Aspekten als relativ unproblematisch.

Die gleichzeitige Bewältigung von Sozialisationsaufgaben, Hausarbeit und Erwerbsarbeit war auch ohne die Unterstützung eines Mannes möglich.

Auf dieser Erfahrungsebene haben unsere Interviewpartnerinnen gegenüber patriarchalischen Normen und Ansprüchen eine erhöhte Sensibilität entwickelt, die z.T. auch Ansatzpunkt einer Reflexion über gesellschaftliche Bedingungen weiblicher Lebensmöglichkeiten war.

Die Polarisierung männlicher und weiblicher Rollen und Rollenerwartungen wird von ihnen als persönliche Einschränkung und als traditionsbestimmte männliche Kontrollansprüche über das eigene Leben abgelehnt. Folgende Einstellung, die in einer empirischen Untersuchung über Alleinstehende[41] sichtbar wurde, kann auch für Alleinerziehende gelten:

„In jedem Fall gilt die Unabhängigkeit als zentraler, positiver Wert des Alleinlebens, und zwar Unabhängigkeit verstanden als Befreiung von dem Zwang der Rücksichtnahme auf den Partner, als Bewußtsein einer neu erworbenen Eigenverantwortlichkeit."[42]

Ebenso distanziert und ablehnend sind auch die Äußerungen unserer Interviewpartnerinnen über eine neue Ehe oder Partnerbeziehung, zumal sie ihre derzeitigen Lebensbedingungen weitgehend positiv bewerten und Ehe als Lebensziel, Identitätsfindung und Statusabsicherung durch den Mann sind weniger wichtig geworden. Trotzdem aber zeigte intensiveres Nachfragen über Zukunftsperspektiven, daß Selbständigkeit, Unabhängigkeit, Möglichkeiten zur Selbstentfaltung – Lebenschancen also, die ihnen gegenwärtig offenstehen – doch immer noch mit mehr oder weniger eingestandenen Wünschen nach einer neuen Bindung rivalisieren.

Dabei wurden Vorstellungen von einer Idealnorm entwickelt, „das Bild einer freien Beziehung emanzipierter Partner, die nur und so lange Bestand hat, wie sie den Beteiligten die uneingeschränkte Selbstverwirklichung ermöglicht und durch unverpflichtete Liebe lebendig bleibt. Von dieser Idealnorm sind nun aber viele – vielleicht alle – überfordert".[43]

Auch unsere Gesprächspartnerinnen äußerten den Wunsch nach Ungebundenheit und Selbstverwirklichung; der Hintergrund aber war eine Spannung zwischen dem Bedürfnis nach Freiheit und dem nach Bindung. Eine solche Bindung wurde oft mit „partnerschaftlichem Verhältnis" – ein Begriff, der in letzter Zeit reichlich strapaziert wurde – umschrieben. Die konkreten Inhalte einer solchen partnerschaftlichen Beziehung waren zunächst auf sachbezogenen Kriterien wie häusliche Arbeitsteilung, gemeinsame Kinderversorgung reduziert.

Im Verlauf der Interviews wurde aber immer deutlicher, daß die Partnerschaftsvorstellungen doch stark den Vorstellungen von Ehe und Familie auf der Basis „romantischer Liebe" ähnelten, auf der zweifelhaften Annahme beruhten, „Identität in einem überpersönlichem Wir"[44], Glück in einer gefühlsbetonten Nähe zu finden. Hier wurde ein Zwiespalt zwischen eigenständiger, unabhängiger Lebensbewältigung und dem romantischen Ideal „Liebe als exklusive Zweisamkeit"[45] sichtbar.

Es scheint, daß die von uns interviewten Frauen – und sicherlich nicht nur sie – mit der Erwartungshaltung emanzipierten Selbstverständnisses in einer Partnerschaft noch Schwierigkeiten haben; es besteht ein Bruch zwischen neuen Handlungsorientierungen und tieferliegenden Bewußtseinsinhalten. Sozialisiert nach überkommenen „weiblichen Wertvorstellungen" mit entsprechenden Rolleninhalten und -erwartungen stehen sie in einer Lebenssituation, in der diese nicht mehr realisiert werden können und auch von ihnen nicht mehr realisiert werden wollen. Dabei hat eine Neudefinition ihres Selbstverständnisses auf pragmatischer Ebene stattgefunden; die Ebene der emotionalen Erwartungen und Wünsche, ihr erfüllbarer oder unerfüllbarer Anspruchscharakter ist allerdings noch nicht überprüft.

Nicht zuletzt aber ist die Vereinbarung emotionaler Wünsche und der Anspruch nach Selbstverwirklichung – verbunden mit einer äußerlich und innerlich autonomen Lebensgestaltung – von männlichen Einstellungen und Verhaltensweisen abhängig. Weibliches Beharren auf Zuwendung und Liebe entspricht männlichen Machtansprüchen, die sich zu nicht geringen Teilen auf weibliche Emotionalität und Abhängigkeiten stützen. Wenn auch Frauen heute Ansätze zur Gestaltung neuer Formen des Zusammenlebens entwickeln, so sind Männer doch immer noch weit entfernt davon, ihre Privilegien aufzugeben und die Schwierigkeiten ihrer eigenen Emanzipation auf sich zu nehmen. Dazu müßten sie die ungleiche Verteilung gesellschaftlicher Macht und Prestige reflektieren ebenso wie die Vorstellungen weiblicher und männlicher Wesensunterschiede zu korrigieren wären.

In einer empirischen Untersuchung über Selbstbilder von Männern hat H. Pross[46] festgestellt, daß die stereotype Zuordnung von männlich und weiblich – auf der u.a. die bestehende Arbeitsteilung zwischen den Geschlechtern beruht – durchaus männlichen Interessen entspricht.

Eine Veränderung der sozialen Beziehungen und Umverteilung männlicher und weiblicher gesellschaftlicher Aufgaben, hätte für die Männer den Verlust sozialer Macht und Überlegenheit, persönlichen Selbstwertgefühls und privater, emotionaler Bequemlichkeit zur Folge. Eine tiefere Reflexion der psychosozialen Voraussetzungen und Bedingungen der Beziehungen zwischen Mann und Frau ist aber unerläßlich, um die Problematik des derzeitigen Geschlechtsrollenverhältnisses zu lösen.

Anmerkungen

1 Vgl. Berger, S., Häsing, H., Ich erziehe allein. Problemlösung und Ermunterung für die Erziehung ohne Partner. Hamburg 1980, S. 84
2 Ebenda, S. 88
3 Der Bundesminister für Jugend, Familie und Gesundheit. Junge Kinder in Einelternfamilien. O. Jg., S. 6
4 Bronnen, B., Mütter ohne Männer. Hamburg 1978, S. 11–12
5 Wagnerova, A. K., Scheiden aus der Ehe. Hamburg 1982, S. 33
6 Der Bundesminsiter für Jugend, Familie und Gesundheit, a.a.O., S. 58
7 Die Zitate sind den Interviews entnommen.
8 Der Bundesminister für Jugend, Familie und Gesundheit, a.a.O., S. 58–59
9 Emnid-Institut GmbH (Hrsg.)
10 Der Bundesminister für Jugend, Familie und Gesundheit, a.a.O., S. 63
11 Diese Kategorisierung ist anhand der Interviewaussagen vorgenommen worden
12 Bronnen, B., a.a.O., S. 14
13 Das Zitat ist einem Interview entnommen.
14 Schreiber, H., Singles. Allein leben. Frankfurt/M., Berlin, Wien 1980, S. 254
15 Krantzler, M., Die Wege aus dem Scheidungsschock. Bern, München, Wien 1975, S. 114
16 Das Zitat ist einem Interview entnommen.
17 Vgl. dazu: Der Bundesminister für Jugend, Familie und Gesundheit, a.a.O., S. 74
18 Vgl. dazu: Ostermeyer, H. (Hrsg.), Ehe. Isolation zu zweit. Mißtrauensvotum gegen eine Institution. Frankfurt/M. 1979, S. 7
19 Frisé, M., Erbarmen mit den Männern. Hamburg 1983, S. 61
20 Vgl. Richter, H.E., Patient Familie. Entstehung, Struktur und Therapie von Konflikten in Ehe und Familie. Hamburg 1972
21 Vgl. dazu: Wagnerova, A. K., a.a.O., S. 35
22 Shorter, E., Die Geburt der modernen Familie. Hamburg 1975
23 Vgl. dazu: Wagnerova, A.K., a.a.O., S. 35
24 Zaretsky, E., Die Zukunft der Familie. Frankfurt/M.-New York 1978, S. 29
25 Vgl. dazu: Mitterauer, M. und Sieder, R.; Vom Patriarchat zur Partnerschaft. München 1980, S. 90
26 Firestone, S., Frauenbefreiung und sexuelle Revolution. Frankfurt/M. 1975, S. 138
27 Zaretsky, E., a.a.O., S. 29
28 Shorter, E., a.a.O., S. 259
29 Vgl. Soziologie in der Gesellschaft. 20. Deutscher Soziologentag, Bremen 1980, S. 90
30 Zaretsky, E., a.a.O., S. 34
31 Soziologie in der Gesellschaft, a.a.O., S. 88
32 Ebenda, S. 88–89
33 Janssen-Jurreit, M.-L., Sexismus, München/Wien 1978, S. 381
34 Wagnerova, A. K., a.a.O., S. 160
35 Shorter, E., a.a.O., S. 20
36 Ebenda
37 Wagnerova, A. K., a.a.O., S. 127
38 Firestone, Frauenbefreiung und sexuelle Revolution. Frankfurt/M. 1975
39 Ebenda, S. 138–139
40 Wagnerova, A. K., a.a.O., S. 100
41 GETAS, Bremen 1977, in: Schreiber, H., a.a.O.
42 Ebenda, S. 56
43 Willi, Jürg., Die Zweierbeziehung, Hamburg 1975, S. 8
44 Wagnerova, A. K., a.a.O., S. 100
45 Willi, Jürg., a.a.O., S. 17
46 Pross, H., Die Männer. Hamburg 1978.